나눔의집 **사회복지사1급**

강의로 복습하는

기출회독

5영역

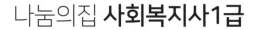

지역사회복지론

사회복지교육연구센터 편저

사회복지
전문출판 **나눔의집**

사회복지사1급, 이보다 완벽한 기출문제 분석은 없다!

1회 시험부터 함께해온 도서출판 나눔의집에서는 22회 시험까지의 기출문제를 모두 분석, 그동안 출제된 키워드를 정리하여 키워드별로 복습할 수 있도록 『기출회독』을 마련하였다.

최근 10년간 출제빈도를 중심으로 자주 출제된 키워드는 좀 더 집중력 있게 공부할 수 있도록 '**빈출**' 표시를 하였으며, 자주 출제되지는 않지만 언제든 출제될 가능성이 있는 키워드도 놓치지 않고 공부할 수 있도록 하였다.

10년간 출제되지 않았더라도 향후 출제가능성이 있다고 판단되거나 다른 키워드와 연계하여 봐둘 필요가 있다고 생각되는 경우에는 본 책에 포함하여 소개하였다.

기출문제를 풀어보는 것으로 그치는 것이 아니라 기출문제를 통해 23회 합격이 가능한 학습이 될 것이다.

키워드별 '3단계 복습'으로 효율적으로 공부하자!

『기출회독』은 키워드별 **3단계 복습** 과정을 제시하여 1회독만으로도 3회독의 효과를 누릴 수 있도록 구성하였다.

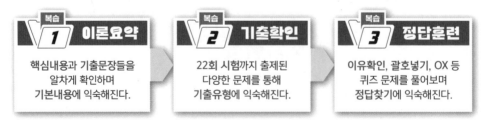

복습 1 이론요약	복습 2 기출확인	복습 3 정답훈련
핵심내용과 기출문장들을 알차게 확인하며 기본내용에 익숙해진다.	22회 시험까지 출제된 다양한 문제를 통해 기출유형에 익숙해진다.	이유확인, 괄호넣기, OX 등 퀴즈 문제를 풀어보며 정답찾기에 익숙해진다.

알림

- 이 책은 '나눔의집'에서 발간한 2025년 23회 대비 『기본개념』(2024년 4월 15일 펴냄)을 바탕으로 한다.
- 8회 이전 기출문제는 공개되지 않은 관계로 당시 응시생들의 기억을 바탕으로 검수 과정을 거쳐 기출문제를 복원하였다.
- <사회복지법제론>을 비롯해 법·제도의 변화와 관련된 기출문제의 경우 현재의 법·제도 내용이 반영될 수 있도록 수정하였다.
- 이 책에서 발생할 수 있는 오류 및 정정사항은 아임패스 내 '정오표' 게시판을 통해 확인할 수 있도록 게시할 예정이다.

기출회독 차례

기출회독 활용맵

들어가기 전에

이 장에서는
각 장마다 학습할 내용을 간략히 소개하였다.

10년간 출제분포도
이 책에서 키워드에 따라 분석한 기출문제 중 10년간 출제문항 수를 그래프로 구성하여 각 장의 출제비중이 얼마나 되는지, 어떻게 변화하고 있는지 등을 확인할 수 있다.

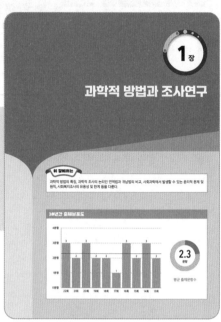

기출 키워드 확인!

이 책은 기출 키워드에 따라 학습하도록 구성하였다. 특히 자주 출제된 키워드나 앞으로도 출제 가능성이 높은 키워드는 따로 '빈출' 표시를 하여 우선 배치하였다. 빈출 키워드는 전체 출제율과 최근 10개년간의 출제율을 중심으로 하되 내용 자체의 어려움, 다른 과목과의 연계성 등을 고려하여 선정하였다.

강의 QR코드
모바일을 통해 해당 키워드의 동영상 강의를 바로 볼 수 있다.

10년간 출제문항수
각 키워드에서 최근 10년간 출제된 문항수를 안내하여 출제빈도를 확인할 수 있도록 하였다.

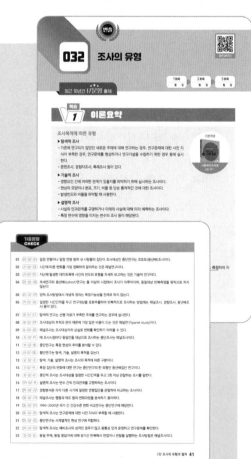

복습 1. 이론요약

요약 내용과 기출문장을 함께 담아 이론을 정답으로 연결하도록 구성하였다.

이론요약
주요 내용을 간략히 정리하였으며 부족한 내용을 보충할 수 있도록 기본개념서의 쪽수를 표시하였다.

기출문장 CHECK
그동안 출제되었던 기출문제의 문장들 중 꼭 알아두어야 할 문장들을 선별하여 제시하였다.

복습 2. 기출확인

바로 기출문제를 풀어보며 학습한 이론을 되짚어보도록 구성하였다.

기출문제 풀기
다양한 유형의 문제를 최대한 접해볼 수 있도록 선정하였다.

알짜확인!
해당 키워드에서 살펴봐야 할 내용들, 주의해야 할 사항들을 짚어주었다.

난이도
정답률, 내용의 어려움, 출제빈도, 정답의 혼란 정도 등을 고려하여 3단계로 구분하였다.

응시생들의 선택
5개의 선택지에 대한 마킹률을 표시하여 응시생들이 어떤 선택지들을 헷갈려했는지 등을 참고해볼 수 있도록 하였다.

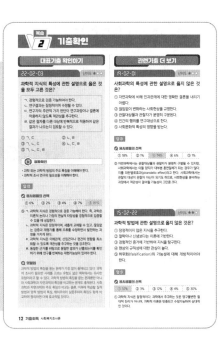

복습 3. 정답훈련

출제빈도와 난이도 등을 고려하여 정답찾기에 능숙해지도록 구성하였다.

이유확인 문제
제시된 문장에서 잘못된 부분을 확인함으로써 헷갈릴 수 있는 부분들을 짚어준다.

괄호넣기 문제
의외로 정답률이 낮게 나타나는 단답형 문제에 대비할 수 있다.

OX 문제
제시된 문장이 옳은 내용인지, 틀린 내용인지를 빠르게 판단해보는 훈련이다.

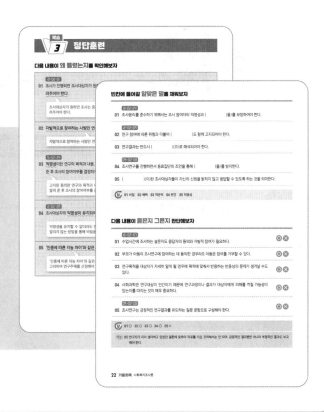

합격을 잡는 **학습방법**

아임패스와 함께하는 단계별 합격전략

나눔의집의 모든 교재는 강의가 함께한다. 혼자 공부하느라 머리 싸매지 말고, 아임패스를 통해 제공되는 강의와 함께 기본개념을 이해하고 암기하고 문제풀이 요령을 습득해보자. 또한 아임패스를 통해 선배 합격자들의 합격수기, 학습자료, 과목별 질문 등을 제공하고 있으니 23회 합격을 위해 충분히 활용해보자.

기본개념 학습 과정

강의로 쌓는 **기본개념**

어떤 유형의, 어떤 난이도의 문제가 출제되더라도 답을 찾기 위해서는 기본적인 개념이 탄탄하게 잡혀있어야 한다. 기본개념서를 통해 2급 취득 후 잊어버리고 있던 개념들을 되살리고, 몰랐던 개념들과 애매했던 개념들을 정확하게 잡아보자. 한 번 봐서는 다 알 수 없고 다 기억할 수도 없지만 이제 1단계, 즉 이제 시작이다. '이렇게 공부해서 될까?'라는 의심 말고 '시작이 반이다'라는 마음으로 자신을 다독여보자.

1
단계

기본개념 완성을 위한 **학습자료**

기본개념 강의, 기본쌓기 문제, ○X 퀴즈, 기출문제, 정오표, 묻고답하기, 지식창고, 보충자료 등을 아임패스를 통해 만나실 수 있습니다.

실전대비 과정

강의로 완성하는 **FINAL 모의고사** (3회분)

그동안의 학습을 마무리하면서 합격에 대한 확신을 가져보자. 답안카드를 포함하고 있으므로 시험시간에 맞춰 풀어보기 바란다.

4
단계

강의로 잡는 **회차별 기출문제집**

학습자가 자체적으로 모의고사처럼 시험 시간에 맞춰 풀어볼 것을 추천한다.

기출문제 번호 보는 법

'기출회차-영역-문제번호'의 순으로 기출문제의 번호 표기를 제시하여
어느 책에서든 쉽게 해당 문제를 찾아볼 수 있도록 하였다.

기출회차   영역   문제번호

기출문제 풀이 과정

2단계

강의로 복습하는 기출회독

한 번을 복습하더라도 제대로 된 복습이 되어야
한다는 고민으로 만들어진 책이다. 기출 키워드
마다 다음 3단계 과정으로 학습해나간다. 기출회
독의 반복훈련을 통해 내 것이 아닌 것 같던 개념
들이 내 것이 되어감을 느낄 수 있을 것이다.
1. 기출분석을 통한 이론요약
2. 다양한 유형의 기출문제
3. 정답을 찾아내는 훈련 퀴즈

강의로 잡는 장별 기출문제집

기본개념서의 목차에 따라 편집하여 해
당 장의 기출문제를 바로 풀어볼 수 있다.

3단계

요약정리 과정

강의로 끝내는 핵심요약집

8영역을 공부하다 보면 먼저 공부했던 영역
은 잊어버리기 일쑤인데, 요약노트를 정리해
두면 어디서 어떤 내용을 공부했는지를 쉽게
찾아볼 수 있다.

예상문제 풀이 과정

강의로 풀이하는 합격예상문제집

내 것이 된 기본개념들로 문제의 답을 찾아
보는 시간이다. 합격을 위한 필수문제부터
응용문제까지 다양한 문제를 수록하여 정답
을 찾는 응용력을 키울 수 있다.

사회복지사1급 출제경향

합격자 수
7,633 명

합격률
29.98 %

22회 시험 결과

22회 필기시험의 합격률은 지난 21회 40.70%보다 10%가량 떨어진 29.98%로 나타났다. 많은 수험생들이 3교시 과목을 어려워하는데, 이번 22회 시험의 3교시는 순간적으로 답을 찾기에 곤란할 만한 문제들이 더러 포진되어 있었고 그 결과가 합격률에 고르란히 나타난 듯하다. 이번 시험에서 정답논란이 있었던 사회복지정책론 19번 문제는 최종적으로 '전항 정답' 처리되었다.

22회 기출 분석 및 23회 합격 대책

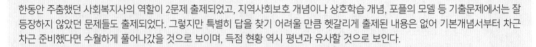

22회 기출 분석

한동안 주춤했던 사회복지사의 역할이 2문제 출제되었고, 지역사회보호 개념이나 상호학습 개념, 포플의 모델 등 기출문제에서는 잘 등장하지 않았던 문제들도 출제되었다. 그렇지만 특별히 답을 찾기 어려울 만큼 헷갈리게 출제된 내용은 없어 기본개념서부터 차근차근 준비했다면 수월하게 풀어나갔을 것으로 보이며, 득점 현황 역시 평년과 유사할 것으로 보인다.

23회 합격 대책

의외로 <지역사회복지론>을 지나치는 수험생들이 있는데, 이 영역도 총점을 올리기에 좋은 영역이다. 4장의 이론이나 5장의 모델들을 공부할 때는 다소 버겁게 느껴질 수 있겠지만, 지역사회의 개념부터 실천단계별 주요 사항들, 개입기술, 지역사회보장협의체 및 사회복지협의회, 사회복지관, 사회복지공동모금회, 사회적 경제 주체 등 빈출 키워드를 확인하면서 23회 시험을 준비하면 충분히 득점 전략 영역으로 만들 수 있다.

22회 출제 문항수 및 키워드

장	22회	키워드
1	1	지역사회의 기능(길버트와 스펙트)
2	3	지역사회보호, 상호학습, 지역사회복지실천의 원칙
3	2	우리나라 역사, 영국 역사
4	2	지역사회복지 관련 이론 비교, 다원주의 사례
5	2	로스만의 사회행동모델, 포플의 모델
6	2	사정 단계의 내용 및 특징, 실천과정의 순서 나열
7	2	조력자로서의 역할, 사회계획모델에서의 역할(샌더스)
8	2	사회자본이론, 연계기술의 특징
9	1	임파워먼트모델의 특징
10	1	지역사회보장계획의 과정 및 내용
11	2	지방자치제도의 특징, 공공 전달체계의 개편
12	4	사회복지관의 기능 및 사업에 관한 문제(2문제), 사회복지공동모금회, 마을기업
13	1	주민참여 8단계

1 장

지역사회의 개념과 유형

이 장에서는

지리적 의미와 기능적 의미의 지역사회 개념을 비롯하여, 공동사회와 이익사회, 상실이론/보존이론/개방이론, 지역사회의 유형화, 지역사회의 기능과 제도, 지역사회 기능의 비교 척도 등에 대해 학습한다.

10년간 출제분포도

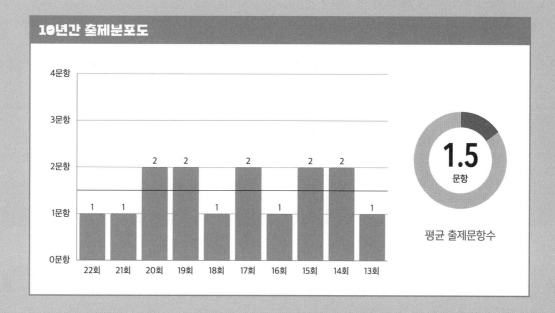

1.5
문항

평균 출제문항수

129 지역사회의 개념 등

강의 QR코드

월 일

2회독
월 일

3회독
월 일

복습
1 이론요약

지역사회의 개념

- 지리적 의미의 지역사회: 지리적, 공간적 속성에 근거한 집단
- 기능적 의미의 지역사회: 공통의 이해관계나 특성에 따라 모인 집단
- 지리적 의미의 지역사회에서 기능적 지역사회 개념으로 변화
- 시간과 공간을 뛰어 넘는 사이버공동체, 가상공동체(virtual community) 등 새로운 형태의 지역사회 출현

기본개념

지역사회복지론
pp.20~

지역사회에 대한 다양한 정의

- 파크와 버제스(Park & Burgess) – "지역사회라는 용어는 한 지역을 구성하는 사람들과 조직들의 지리적 분포라는 견지에서 고려될 수 있는 사회와 사회집단에 적용된다. 모든 지역사회는 사회이지만, 모든 사회가 지역사회는 아니다."
- 맥키버(MacIver) – "지역사회란 모든 형태의 공동생활지역으로서 부락 혹은 읍, 시, 도, 국가 혹은 더 넓은 지역까지도 포함한다. 어느 지역이 지역사회로 불리기 위해서는 다른 지역과 구별될 수 있어야 하고, 공동생활이란 그 지역의 개척자들이 부여한 특별한 의미를 가질 수 있는 자체적인 특성을 지녀야 한다."
- 워렌(Warren) – "지역사회는 지역적 접합성을 가지는 주요한 사회적 기능을 수행하는 사회적 단위 및 체계의 결합이다."
- 힐러리(Hillery) – "지역사회는 지역적 영역의 공유, 공동의 유대, 사회·문화적 상호작용 등의 3가지 구성요소가 나타난다."

지역사회를 바라보는 이론적 관점

- 지역사회 상실이론: 도시화로 인해 전통적인 공동체는 쇠퇴했다고 보는 관점으로 지역사회는 더 이상 존재하지 않는 잃어버린 것으로 간주
- 지역사회 보존이론: 상실이론에 대한 반론으로 제기된 이론. 도시에도 전통적 농촌사회와 같이 혈연, 이웃, 친구 등을 통해 사회적 지지를 받음
- 지역사회 개방이론: 기존의 지역성이라는 한정된 범주를 넘어 기능적 의미를 포괄. 사회적 지지망의 관점에서 비공식적 연계를 강조

공동사회와 이익사회(퇴니스)

서구 사회의 역사적 발전을 '**공동사회 연합체 → 공동사회 협의체 → 이익사회 협의체 → 이익사회 연합체**'의 순서로 설명

- 공동사회 연합체: 가족, 혈연, 이웃이나 친구를 통한 관계. 가족중심의 비공식복지
- 공동사회 협의체: 공동의 노동이나 직업적 소명에 기초한 관계. 교회나 길드 등에 의한 초기 형태의 공식복지
- 이익사회 협의체: 합리성 및 이해타산에 기초한 관계. 민간에 의한 자선적 조직 강조. 아직은 미약한 공식복지
- 이익사회 연합체: 산업화로 피폐해진 인간관계의 회복과 사회적 연대의 가치를 강조. 공식적·제도적 복지의 발전

좋은 지역사회의 특징(워렌)

- 구성원 사이의 인격적인 관계 형성
- 권력의 폭넓은 분산과 배분
- 다양한 소득집단, 인종집단, 종교집단, 이익집단을 포용
- 높은 수준의 지역적 통제
- 의사결정 과정에서 협력의 극대화, 갈등의 최소화
- 주민들의 자율성 보장

지역사회의 유형화(던햄)

- **인구 크기**: 대도시, 중소도시
- **경제적 기반**: 어촌, 산촌
- **정부 행정구역**: 특별시, 광역시, 시·군·구
- **인구구성의 사회적 특수성**: 외국인 밀집 지역 등

지역사회의 기능(길버트와 스펙트)

- **생산·분배·소비 → 경제제도**: 일상생활을 위해 필요한 재화와 서비스를 생산, 분배, 소비하는 과정과 관련된 기능
- **사회화 → 가족제도** : 지역사회 구성원들이 사회를 구성하는 가족, 집단, 조직, 지역사회의 지식, 가치, 행동유형을 터득하는 과정과 관련된 기능
- **사회통제 → 정치제도**: 지역사회가 그 구성원들에게 사회의 규범(법, 도덕, 규칙 등)에 순응하게 하는 기능
- **사회통합 → 종교제도**: 지역사회 구성원들의 상호 간 협력, 결속력 등을 강조하는 기능
- **상부상조 → 사회복지제도**: 지역사회 구성원들이 서로에게 도움을 주는 것과 관련된 기능

지역사회 기능의 비교척도(워렌)

- **지역적 자치성**: 지역사회의 기능을 수행하는 데 있어 타 지역에 의존하는 정도
- **서비스 영역의 일치성**: 서비스 영역이 동일지역 내에서 이루어지고 있는 정도
- **지역에 대한 주민들의 심리적 동일시**: 지역주민들이 가지는 소속감의 정도
- **수평적 유형**: 지역사회 내의 상이한 단위조직들의 상호 관련성

01 (22-05-02) 길버트와 스펙트가 제시한 지역사회의 기능 중 상부상조의 기능은 사회적 위험으로부터 어려움에 직면하게 되었을 때 구성원들 간에 서로 돕는 것이다.

02 (21-05-01) 길버트와 스펙트(N. Gilbert & H. Specht)의 지역사회 기능 중 사회통제 기능은 구성원들이 지역사회의 다양한 사회적 규범을 준수하고 순응하게 하는 것이다.

03 (20-05-01) 워렌(R. Warren)이 제시한 지역사회 비교척도 중 수평적 유형은 지역사회 내 상이한 단위 조직들 간의 구조적·기능적 관련 정도를 말한다.

04 (20-05-02) 생산·분배·소비 기능은 지역주민들이 필요한 재화와 서비스를 어느 정도 제공받을 수 있느냐를 결정하는 것을 의미하며, 사회통제 기능은 구성원들이 사회의 규범에 순응하게 하는 것을 의미한다.

05 (19-05-01) 기능적 공동체는 멤버십(membership) 공동체 개념을 말하며, 가상공동체인 온라인 커뮤니티도 포함된다.

06 (19-05-06) 던햄(A. Dunham)은 지역사회의 유형을 인구 크기, 산업구조 및 경제적 기반, 행정구역, 인구 구성의 사회적 특수성 등에 따라 구분하였다.

07 (18-05-02) 지역사회를 상호의존적인 집단들의 결합체로도 볼 수 있다(그린, Green).

08 (17-05-01) 지역사회의 기본요소(힐러리, Hillery): 사회적 상호작용, 공동의 유대감, 지리적 영역의 공유

09 (17-05-04) 다양성 존중과 사회가치의 공유, 구성원의 자율성 유지와 공동이익의 극대화, 법적 테두리 내에서 공동선의 추구와 조정 등은 지역사회의 역량을 향상시키는 요소이다.

10 (16-05-01) 던햄(A. Dunham)은 지역사회를 인구크기, 경제적 기반, 행정구역, 사회적 특수성으로 유형화했다.

11 (16-05-01) 퇴니스(F. Tönies)는 지역사회를 공동사회와 이익사회로 구분했다.

12 (15-05-02) 지역사회기능의 비교 척도: 서비스의 일치성, 심리적 동일시, 자치성, 수평적 유형

13 (15-05-03) 지리적 지역사회는 일정한 지리적 공간을 공유하는 사람들의 집단을 의미한다.

14 (14-05-01) 로스(Ross): 지역사회를 지리적인 지역사회와 기능적인 지역사회로 구분

15 (14-05-01) 워렌(Warren): 지역적 접합성을 가지는 주요한 사회적 기능수행의 단위와 체계의 결합

16 (14-05-02) 사회통합 기능의 예: '을' 종교단체가 지역주민 어르신을 대상으로 경로잔치를 개최하고 후원물품을 나누어준다.

17 (13-05-03) 모든 지역사회는 사회(society)이나, 모든 사회가 지역사회는 아니다.

18 (12-05-13) 외국인노동자 공동체는 일정한 지리적 공간 내에서 구성될 수 있다. 공동의 관심 및 정체성을 공유한다.

19 (11-05-02) 워렌은 좋은 지역사회를 위해서는 다양한 소득, 인종, 종교, 이익집단이 포함되어 있어야 하며, 구성원 사이에 인격적 관계가 이루어져야 한다고 보았다.

20 (10-05-02) 교통 및 통신수단의 발달로 과거에 비해 기능적 지역사회가 더 많이 나타나게 되었다.

21 (10-05-06) 사회통제의 기능: 지역사회 내 경찰과 사법권을 통해 그 구성원들에게 순응하도록 강제력을 발휘한다.

22 (09-05-01) 지역사회는 사회적 동질성에 의해 형성될 수 있다.

23 (08-05-01) 사이버 공동체, 가상 공동체 등이 지역사회로서 새롭게 등장하고 있다.

24 (07-05-01) 지역사회를 갈등의 장으로서 설명하기도 한다.

25 (06-05-01) 향우회, 읍·면·동, 동성애집단, 중산층이 모여 사는 아파트 등은 모두 지역사회로 볼 수 있다.

26 (05-05-01) 지역사회는 상호유대감, 공통된 문화 및 가치 등을 토대로 형성된다.

27 (03-05-01) 일정한 지리적 영역 내에서 같이 거주하는 사람들의 집합체는 지리적 의미의 지역사회이다.

대표기출 확인하기

18-05-02   난이도 ★★☆

지역사회에 관한 설명으로 옳지 않은 것은?

① 지역사회에 대한 정의나 구분은 학자에 따라 매우 다양하다.
② 현대의 지역사회는 지리적 개념을 넘어 기능적 개념까지 포괄하는 추세이다.
③ 지역사회를 상호의존적인 집단들의 결합체로도 볼 수 있다.
④ 펠린(P. F. Fellin)은 역량있는 지역사회를 바람직한 지역사회로 보았다.
⑤ 로스(M. G. Ross)는 지역사회의 기능을 사회통제, 사회통합 등 다섯 가지로 구분하였다.

▶ 알짜확인

• 지리적 의미의 지역사회와 기능적 의미의 지역사회에 대해 살펴보자.
• 상실이론, 보존이론, 개방이론 등 지역사회를 바라보는 이론적 관점에 대해 정리해두자.
• 공동사회에서 이익사회로 발전되었다고 본 퇴니스의 이론을 정리해두자.
• 던햄이 제시한 지역사회의 유형화에 대해 살펴보자.
• 길버트와 스펙트는 지역사회의 기능과 사회적 제도를 연결하여 설명하였다.
• 워렌이 제시한 지역사회 기능의 비교 척도에 대해 정리해두자.

답 ⑤

✔ 응시생들의 선택

① 1%	② 2%	③ 16%	④ 16%	⑤ 65%

⑤ 지역사회의 기능을 다섯 가지로 구분한 학자는 길버트와 스펙트(Gilbert & Specht)이다.

관련기출 더 보기

22-05-02   난이도 ★☆☆

길버트와 스펙트(N. Gilbert & H. Specht, 1974)가 제시한 지역사회의 기능은?

> 사회적 위험으로부터 어려움에 직면하게 되었을 때 구성원들 간에 서로 돕는 것

① 생산 · 분배 · 소비의 기능
② 사회화의 기능
③ 상부상조의 기능
④ 사회통합의 기능
⑤ 사회통제의 기능

답 ③

✔ 응시생들의 선택

① 0%	② 3%	③ 86%	④ 9%	⑤ 2%

지역사회의 기능(길버트와 스펙트)
• 생산 · 분배 · 소비의 기능: 일상생활을 위해 필요한 재화와 서비스를 생산, 분배, 소비하는 과정과 관련된 기능
• 사회화의 기능: 사회가 향유하고 있는 지식, 사회적 가치 등을 지역사회 구성원에게 전달하는 기능
• 사회통제의 기능: 지역사회가 그 구성원들에게 사회의 규범(법, 도덕, 규칙 등)에 순응하게 하는 기능
• 사회통합의 기능: 지역사회 구성원들의 상호 간 협력, 결속력 등을 강조하는 기능
• 상부상조의 기능: 구성원들이 기존 사회제도에 의해서 욕구를 충족할 수 없는 경우에 강조되는 기능

난이도 ★★★

다음은 워렌(R. Warren)이 제시한 지역사회 비교 척도 중 어느 것에 해당하는가?

> 지역사회 내 상이한 단위 조직들 간의 구조적·기능적 관련 정도

① 지역적 자치성
② 서비스 영역의 일치성
③ 수평적 유형
④ 심리적 동일성
⑤ 시민통제

답 ③

✅ 응시생들의 선택

① 29%	② 32%	③ 32%	④ 6%	⑤ 1%

③ 워렌(R. Warren)이 제시한 지역사회 비교척도 중 수평적 유형은 지역사회 내의 상이한 단위조직들의 상호 관련성을 말한다.

난이도 ★☆☆

길버트와 스펙트(N. Gilbert & H. Specht)가 제시한 지역사회의 기능으로 옳은 것은?

> • (ㄱ) 기능: 지역주민들이 필요한 재화와 서비스를 어느 정도 제공받을 수 있느냐를 결정하는 것
> • (ㄴ) 기능: 구성원들이 사회의 규범에 순응하게 하는 것

① ㄱ: 생산·분배·소비,   ㄴ: 사회통제
② ㄱ: 사회통합,   ㄴ: 상부상조
③ ㄱ: 사회통제,   ㄴ: 사회통합
④ ㄱ: 생산·분배·소비,   ㄴ: 상부상조
⑤ ㄱ: 상부상조,   ㄴ: 생산·분배·소비

답 ①

✅ 응시생들의 선택

① 90%	② 2%	③ 4%	④ 3%	⑤ 1%

• 생산·분배·소비: 일상생활을 위해 필요한 재화 및 서비스의 생산·분배·소비에 관한 기능 → 경제제도
• 사회통제: 지역사회가 그 구성원들에게 사회의 규범에 순응하게 하는 기능 → 정치제도

난이도 ★☆☆

기능적 공동체에 관한 설명으로 옳은 것을 모두 고른 것은?

> ㄱ. 멤버십(membership) 공동체 개념을 말한다.
> ㄴ. 외국인근로자 공동체의 사례가 포함된다.
> ㄷ. 가상공동체인 온라인 커뮤니티도 포함된다.
> ㄹ. 사회문화적 동질성이 기반이 된다.

① ㄱ   ② ㄴ, ㄹ
③ ㄷ, ㄹ   ④ ㄱ, ㄴ, ㄹ
⑤ ㄱ, ㄴ, ㄷ, ㄹ

답 ⑤

✅ 응시생들의 선택

① 2%	② 2%	③ 7%	④ 6%	⑤ 83%

기능적 공동체는 지역적 경계를 넘어 공통된 관심사나 유사한 특징 등을 기반으로 형성되는 커뮤니티를 말한다.

➕ 덧붙임
외국인근로자 공동체는 밀집 지역에서 형성될 수도 있고(지리적 지역사회), 인터넷 동호회 등을 통해 지역과 무관하게 형성될 수도 있다(기능적 지역사회).

난이도 ★☆☆

던햄(A. Dunham)의 지역사회유형 구분과 예시의 연결로 옳지 않은 것은?

① 인구 크기 – 대도시, 중·소도시 등
② 산업구조 및 경제적 기반 – 농촌, 어촌, 산업단지 등
③ 연대성 수준 – 기계적연대 지역, 유기적연대 지역 등
④ 행정구역 – 특별시, 광역시·도, 시·군·구 등
⑤ 인구 구성의 사회적 특수성 – 쪽방촌, 외국인 밀집지역 등

답 ③

✅ 응시생들의 선택

① 4%	② 5%	③ 71%	④ 4%	⑤ 16%

던햄은 지역사회를 유형화하는 기준으로 인구의 크기에 따른 기준, 경제적 기반에 따른 기준, 정부의 행정구역에 따른 기준, 인구구성의 사회적 특수성에 따른 기준 등 네 가지를 제시하였다. ③ 연대성 수준은 유형화 기준에 해당하지 않는다.

지역사회의 역량을 향상시키는 요소로 옳은 것을 모두 고른 것은?

> ㄱ. 다양성 존중과 사회가치의 공유
> ㄴ. 하위집단의 집합적인 동질성 강조
> ㄷ. 구성원의 자율성 유지와 공동 이익의 극대화
> ㄹ. 법적 테두리 내에서 공동선의 추구와 조정

① ㄱ, ㄴ　　　　　　② ㄱ, ㄹ
③ ㄴ, ㄷ　　　　　　④ ㄱ, ㄷ, ㄹ
⑤ ㄴ, ㄷ, ㄹ

답 ④

✅ 응시생들의 선택

① 5%	② 4%	③ 2%	④ 85%	⑤ 4%

ㄴ. 지역사회의 역량을 향상시키기 위해서는 다양한 소득집단, 인종집단, 종교집단, 이익집단을 포용하면서 의사소통을 통해 협력을 극대화할 수 있도록 하는 것이 필요하다.

지역사회(community)에 관한 설명으로 옳지 않은 것은?

① 로스(M. G. Ross): 지역사회를 지리적인 지역사회와 기능적인 지역사회로 구분
② 메키버(R. M. MacIver): 인간의 공동생활이 영위되는 일정한 지역을 공동생활권으로 설명
③ 워렌(R. L. Warren): 지역적 접합성을 가지는 주요한 사회적 기능수행의 단위와 체계의 결합
④ 길버트와 스펙트(N. Gilbert & H. Specht): 지리적 영역, 사회·문화적 상호작용, 공동의 유대 등 3가지로 구성
⑤ 던햄(A. Dunham): 지역사회의 유형을 인구의 크기, 경제적 기반 등의 기준으로 구분

답 ④

✅ 응시생들의 선택

① 6%	② 19%	③ 18%	④ 37%	⑤ 20%

④ 길버트와 스펙트는 지역사회가 생산·분배·소비의 기능, 사회화의 기능, 사회통제의 기능, 사회통합의 기능, 상부상조의 기능 등을 공통적으로 수행한다고 말했다.
지리적 영역, 사회·문화적 상호작용, 공동의 유대 등 3가지의 구성요소를 제시한 학자는 힐러리(Hillery)이다.

지역사회기능의 비교 척도로 옳지 않은 것은?

① 사회성: 지역사회의 사회적 분화 정도
② 서비스의 일치성: 지역사회 내 서비스 영역이 동일지역 내에서 일치하는 정도
③ 심리적 동일시: 지역주민들이 자기 지역을 중요한 준거집단으로 생각하는 정도
④ 자치성: 지역사회가 타 지역에 의존하지 않는 정도
⑤ 수평적 유형: 상이한 조직들의 구조적·기능적 관련 정도

답 ①

✅ 응시생들의 선택

① 28%	② 17%	③ 13%	④ 8%	⑤ 34%

워렌은 지역사회기능의 비교 척도로 지역적 자치성, 서비스 영역의 일치성, 지역에 대한 주민들의 심리적 동일시, 수평적 유형 등 4가지를 제시하였다. ①의 사회성은 포함되지 않는다.

다음에서 설명하는 지역사회 기능은?

> 지역사회 내 경찰과 사법권을 통해 그 구성원들에게 순응하도록 강제력을 발휘한다.

① 사회통제
② 생산, 분배, 소비
③ 사회화
④ 사회통합
⑤ 상부상조

답 ①

✅ 응시생들의 선택

① 95%	② 1%	③ 1%	④ 2%	⑤ 1%

① 사회통제 기능은 지역사회 구성원들에게 사회의 규범(법, 도덕 등)에 순응하게 하는 기능을 의미한다.

다음 내용이 왜 틀렸는지를 확인해보자

08-05-01

01 지리적 지역사회가 **기능적 지역사회의 의미를 포괄**한다.

> 지리적 지역사회는 지리적 범위 내에서 지역사회를 살펴보는 것이고, 기능적 지역사회는 지리적 범위를 넘어선 개념이기 때문에 지리적 지역사회가 기능적 지역사회를 포괄하는 것은 아니다.

02 던햄(Dunham)이 제시한 지역사회의 유형화는 **기능적 의미의 지역사회를 고려**하였다.

> 던햄의 지역사회 유형화는 지리적 차원에서 제시된 것이다.

10-05-02

03 산업화 이후 **공동사회(Gemeinschaft)가 발전**되어 왔다.

> 산업화 이후에는 이익사회 형태가 발전하였다.

10-05-02

04 장애인 부모회는 **지리적 지역사회에 해당**한다.

> 지리적 범위를 넘어 구성될 수도 있다.

05 지역사회 보존이론에서 말하는 지역사회는 지역성의 의미에서 벗어나 **기능적 의미의 지역사회를 고려**하였다.

> 기능적 차원을 고려한 것은 개방이론이다.
> 보존이론은 전통적으로 지역사회에 있던 기능들이 여전히 유효하게 일어나고 있다고 본 입장이다.

11-05-02

06 좋은 지역사회가 되기 위해서는 **지역주민들의 자율권이 적절히 제한되어야** 한다.

> 좋은 지역사회가 되기 위해서는 지역주민의 자율권이 보장되어야 한다.

빈칸에 들어갈 알맞은 말을 채워보자

10-05-02
01 지역사회를 지리적 의미와 기능적 의미로 구분하여 제시한 학자는 (   )이다.

17-05-01
02 힐러리는 지역사회의 기본 3요소로 (   ), 공동의 유대감, 지리적 영역의 공유 등을 제시하였다.

14-05-01
03 지역사회의 기능을 측정하는 기준으로 지역적 자치성, 서비스 영역의 일치성, 심리적 동일시, 수평적 유형 등 4가지를 제시한 학자는 (   )이다.

16-05-01
04 던햄(Dunham)은 인구 크기 기준, (   ) 기준, 행정구역 기준, 사회적 특수성 기준 등에 따라 지역사회를 유형화하였다.

05 지역사회 (   )이론은 상실이론에 대한 반론으로 제기되어 현대에도 전통사회와 유사하게 지역사회의 사회적 기능이 이루어지고 있다고 본 관점이다.

14-05-02
06 '을' 종교단체가 지역주민 어르신을 대상으로 경로잔치를 개최하고 후원물품을 나누어준 것은 지역사회의 기능 중 (   ) 기능의 사례에 해당한다.

07 퇴니스에 따르면, (①   )사회는 전통적이고 정서적인 관계를 기반으로 하며, (②   )사회는 개인주의 및 합리적 이익추구를 기초로 한다.

15-05-02
08 지역사회 비교 척도 중 (   )은/는 지역주민들이 자기 지역을 중요한 준거집단으로 생각하는 정도를 말한다.

16-05-01
09 길버트와 스펙트는 지역사회의 (   ) 기능이 현대의 사회복지제도로 정착되었다고 보았다.

21-05-01
10 길버트와 스펙트의 지역사회 기능 중 구성원들이 지역사회의 다양한 사회적 규범을 준수하고 순응하게 하는 것은 (   ) 기능에 해당한다.

답 **01** 로스(Ross) **02** 사회적 상호작용 **03** 워렌(Warren) **04** 경제적 기반 **05** 보존 **06** 사회통합 **07** ① 공동 ② 이익
08 심리적 동일시 **09** 상부상조 **10** 사회통제

다음 내용이 옳은지 그른지 판단해보자

15-05-03

01 지리적 지역사회는 일정한 지리적 공간을 공유하는 사람들의 집단을 의미한다.

14-05-02

02 '갑' 마을에서 인사 잘하는 마을 만들기를 위하여 조례를 제정하고, 위반하는 청소년에게 벌금을 강제로 부과하도록 하는 것은 지역사회의 사회화 기능에 해당한다.

13-05-03

03 모든 지역사회는 사회(society)이나, 모든 사회가 지역사회는 아니다.

04 맥키버(MacIver)는 공동생활권의 차원에서 지역사회를 설명하며 지역사회의 범위를 부락, 읍 단위로 한정하였다.

05 워렌(Warren)은 좋은 지역사회는 구성원 사이에 인격적 관계를 바탕으로 한다고 보았다.

16-05-01

06 기능적 지역사회는 이념, 사회계층, 직업유형 등을 중심으로 이루어진다.

12-05-13

07 외국인노동자 공동체와 유사한 공동체는 공동의 관심을 바탕으로 정체성을 공유하면서도 상호작용이 활발히 일어나지 않는 특징이 있다.

15-05-03

08 지역사회는 이익사회에서 공동사회로 발전한다.

답 01○ 02× 03○ 04× 05○ 06○ 07× 08×

해설 **02** 조례 제정과 같이 제도, 규범 등을 따르도록 하는 기능은 사회통제의 기능에 해당한다.
04 모든 형태의 공동생활지역으로 부락이나 읍 외에 시·도, 국가 혹은 더 넓은 지역도 지역사회로 포함된다고 설명하였다.
07 공동의 관심과 정체성을 공유하면서 상호작용이 활발히 일어나게 된다.
08 지역사회는 공동사회에서 이익사회로 발전한다(퇴니스).

2장

지역사회복지와
지역사회복지실천

이 장에서는

지역사회복지와 지역사회복지실천의 개념 및 의미를 살펴본다. 지역사회복지와 관련된 이념 및 개념을 비롯해 지역사회복지실천의 목적 및 기능, 원칙 등에 대해 학습한다.

10년간 출제분포도

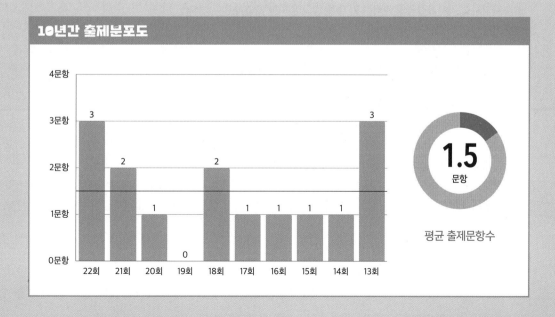

평균 출제문항수

지역사회복지실천의 원칙 및 가치 등

강의 QR코드

최근 10년간 **9문항** 출제

이론요약

지역사회복지실천의 원칙

기본개념

지역사회복지론
pp.40~

- 지역사회는 있는 그대로 이해하고 수용
- 일차적인 클라이언트는 지역사회
- **지역사회의 개별화** 존중 원칙
- 문제해결에 있어 **다양성을 존중**해야 함
- **주민참여**, 이용자의 주체적 참여 강조
- 지역사회 내 **다양한 계층**의 적극적 참여
- 지역사회의 네트워크화
- 기관 간 협력 및 분담
- **민·관 협동**
- 욕구의 가변성에 대한 이해
- **지역사회복지실천은 목적이 아니라 수단(궁극적 목적은 인간의 복지와 성장)**
- **지역사회는 자기결정의 권리를 가지며**, 강요에 의한 사업 추진은 거부
- 기관의 이익보다 지역주민의 욕구 우선
- 민주적 태도 견지
- 특정 계층이나 특정 집단이 아닌 **광범위한 집단의 이익을 고려**

지역사회복지실천의 가치

- 다양성 및 문화의 이해: 다양한 문화가 인간행동과 사회에 미치는 영향, 기능을 파악하는 것
- 임파워먼트: 지역사회주민의 참여를 강조. 주민의 주체성을 키우고 부정적 자아상을 불식시키는 것
- 사회정의와 균등한 자원배분: 억압적이거나 정의롭지 못한 사회현실을 개혁하기 위한 노력
- 상호학습: 사회변화의 과정에서 실천가와 지역사회주민이 동등한 파트너와 교육자로서 적극적 학습자가 되는 것
- **비판의식 개발**: 억압을 조장하는 사회의 메커니즘을 이해하고 그러한 사회 구조 및 의사결정 과정에 주의를 집중하는 것

01 (22-05-08) 사회복지사는 자신이 가지고 있는 가치와 신념, 행동과 관습 등이 참여자보다 상위에 있는 전문가라고 생각할 수 있기 때문에 상호학습을 통하여 참여자들의 문화적 배경에 대해 배우고자 하는 자세가 필요하다.

02 (22-05-09) 지역사회복지실천 과정에서 지역사회 욕구 변화에 유연하게 대응해야 한다.

03 (22-05-09) 지역사회복지실천 과정에서 개입 목표 설정과 평가는 지역주민을 중심으로 이루어져야 한다.

04 (22-05-09) 지역사회복지실천에서는 지역사회의 자기결정권이 강조된다.

05 (21-05-08) 지역사회복지실천의 원칙으로 지역사회 기관 간 협력관계 구축, 지역사회 특성을 반영한 계획 수립, 욕구 가변성에 따른 실천과정의 변화 이해, 지역사회 변화에 초점을 둔 개입 등이 있다.

06 (20-05-06) 지역사회복지실천의 원칙: 지역주민 간의 상생협력화, 지역사회 특징을 반영한 실천, 지역사회 구성원 관점의 목표 형성, 지역사회 문제의 구조적 요인을 고려한 개입 등

07 (18-05-07) 지역사회복지실천은 억압을 조장하는 사회구조 및 의사결정과정을 주시하고 이해해야 하며, 억압적이고 정의롭지 못한 사회현실을 개혁하기 위해 노력해야 한다.

08 (18-05-07) 지역사회복지실천가는 불리한 조건에 처한 주민들의 역량강화에 주목해야 한다.

09 (17-05-05) 지역주민 간의 협력 관계 구축, 지역사회 구성원 중심의 목표 형성과 평가, 사회문제의 구조적 요인을 반영한 개입 방안 마련, 지역사회 변화에 초점을 둔 단계적 개입 등은 지역사회복지실천의 원칙이 된다.

10 (13-05-06) 지역사회복지실천은 문화적 다양성 존중, 배분적 사회정의, 임파워먼트, 상호학습 등의 가치를 추구한다.

11 (13-05-09) 지역사회복지실천에 있어 지역사회는 개인과 동일하게 자기결정의 권리를 갖는다.

12 (13-05-09) 지역사회복지실천에 있어 지역사회는 있는 그대로 이해되고 수용되어야 한다.

13 (12-05-02) 지역사회복지실천을 위해 지역사회에 대한 지역주민들의 불만을 집약한다.

14 (12-05-02) 지역사회복지실천을 위해 지역사회에서 달성하려는 공동의 목표와 이를 실천할 수 있는 방법을 수립한다.

15 (12-05-02) 지역사회복지실천에서는 지역주민들이 의사를 자유롭게 표현하도록 한다.

16 (12-05-02) 지역사회복지실천을 위해 지역주민들의 공감을 얻을 수 있는 풀뿌리 지도자를 발굴한다.

17 (11-05-09) 지역사회복지실천 활동은 지역주민과 그들의 욕구에 관심을 가져야 한다.

18 (11-05-09) 지역사회복지실천의 일차적인 클라이언트는 지역사회이어야 한다.

19 (08-05-02) 지역사회복지실천은 다양성, 역량강화, 배분적 사회정의, 비판의식 개발 등의 가치를 추구한다.

20 (07-05-05) 지역사회복지실천에서는 개별화의 원칙을 준수한다.

21 (07-05-05) 지역사회복지실천에서는 주민의 다양성을 인정하고, 각 계층의 적극적인 참여를 목표로 한다.

22 (06-05-12) 지역사회복지실천에서는 여러 계층의 적극적인 참여를 장려한다.

23 (06-05-12) 지역사회복지실천은 지역사회를 있는 그대로 이해하고 수용한다.

24 (06-05-12) 지역사회복지실천은 지역주민의 욕구충족을 목적으로 한다.

25 (06-05-12) 지역사회복지실천에 있어 사업을 진행하는 구조는 단순한 것이 좋다.

26 (06-05-21) 지역사회복지실천가들이 지역주민을 조직화하는 과정에서 서로 동등한 파트너로서 상호이해가 필요하다.

27 (06-05-21) 지역사회복지실천을 위해서는 지역사회에서 살아가는 사람들의 다양성과 문화를 이해할 필요가 있다.

28 (06-05-21) 지역사회복지실천에 있어 지역사회의 구조 및 의사결정과정에 대해 이해할 수 있는 비판적인 의식이 필요하다.

29 (06-05-21) 지역사회복지실천을 통해 지역사회의 불균등한 자원과 권력이 평등하게 분배될 수 있도록 한다.

대표기출 확인하기

22-05-09
난이도 ★★☆

지역사회복지실천 원칙으로 옳은 것을 모두 고른 것은?

> ㄱ. 지역사회 욕구 변화에 따른 유연한 대응
> ㄴ. 지역사회 주민을 중심으로 개입 목표 설정과 평가
> ㄷ. 지역사회 특성의 일반화
> ㄹ. 지역사회의 자기결정권 강조

① ㄱ, ㄴ
② ㄷ, ㄹ
③ ㄱ, ㄴ, ㄷ
④ ㄱ, ㄴ, ㄹ
⑤ ㄱ, ㄴ, ㄷ, ㄹ

 알짜확인

- 지역사회복지실천에 있어서 고려해야 할 사항들인 원칙과 가치에 대해 살펴보자.
- 학자들마다 제시한 원칙이나 가치가 조금씩 다르기는 하지만 큰 틀에서 이해하면서 정리해두면 어렵지 않은 내용이다.
- 지역사회에도 개별화의 원칙이 적용된다는 점, 지역사회 내의 다양성이 존중되어야 한다는 점, 지역사회를 있는 그대로 이해하고 수용해야 한다는 점 등은 꼭 기억해두자.

답 ④

✅ **응시생들의 선택**

① 3%	② 2%	③ 4%	④ 77%	⑤ 14%

ㄷ. 개인과 개인이 다른 것처럼 지역사회와 지역사회도 다르기 때문에 지역사회복지에 있어서도 개별화의 원칙이 적용되어야 한다.

관련기출 더 보기

20-05-06
난이도 ★☆☆

지역사회복지실천의 원칙으로 옳지 않은 것은?

① 지역사회 특성과 문제의 일반화
② 지역주민 간의 상생협력화
③ 지역사회 특징을 반영한 실천
④ 지역사회 구성원 관점의 목표 형성
⑤ 지역사회 문제의 구조적 요인을 고려한 개입

답 ①

✅ **응시생들의 선택**

① 79%	② 6%	③ 2%	④ 7%	⑤ 6%

① 하나의 지역사회는 다른 지역사회와는 다른 특성과 문제를 갖고 있기 때문에 지역사회복지에서도 개별화의 원칙이 강조된다.

18-05-07
난이도 ★☆☆

지역사회복지실천 가치에 관한 설명으로 옳지 않은 것은?

① 상호학습이 없으면 비판적 의식은 제한적으로 생성됨
② 억압을 조장하는 사회구조 및 의사결정과정을 주시하고 이해함
③ 억압적이고 정의롭지 못한 사회현실 개혁을 위한 끊임없는 노력이 필요함
④ 실천가가 주목해야 할 역량강화는 불리한 조건에 처한 주민들의 능력 고취임
⑤ 다양한 문화에 대한 이해를 바탕으로 특수 문화가 있는 지역에서 일어나는 억압은 인정됨

답 ⑤

✅ **응시생들의 선택**

① 5%	② 18%	③ 1%	④ 4%	⑤ 72%

⑤ 지역사회복지실천에서는 인간의 다양성과 다양한 문화에 대한 이해를 바탕으로 하며, 특수 문화에 대해 억압적인 사회적 분위기와 구조를 인식하고 비판하는 것도 중요하다.

난이도 ★★☆

지역사회복지실천의 원칙으로 옳지 않은 것은?

① 지역주민 간의 협력 관계 구축
② 지역사회 구성원 중심의 목표 형성과 평가
③ 지역사회의 특성과 문제의 일반화
④ 사회문제의 구조적 요인을 반영한 개입방안 마련
⑤ 지역사회 변화에 초점을 둔 단계적 개입

답 ③

✔ 응시생들의 선택

① 1%	② 11%	③ 64%	④ 17%	⑤ 7%

③ 지역사회의 특성과 문제에 대해서는 개별화된 접근이 필요하다.

난이도 ★☆☆

지역사회복지실천의 원칙으로 옳지 않은 것은?

① 지역사회에 대한 지역주민들의 불만을 집약한다.
② 사업추진의 효율성을 위하여 지역사회의 능력 탐색은 보류될 수 있다.
③ 지역사회에서 달성하려는 공동의 목표와 이를 실천할 수 있는 방법을 수립한다.
④ 지역주민들이 의사를 자유롭게 표현하도록 한다.
⑤ 지역사회에서 주민의 공감을 얻을 수 있는 풀뿌리 지도자를 발굴한다.

답 ②

✔ 응시생들의 선택

① 3%	② 94%	③ 0%	④ 0%	⑤ 3%

② 지역사회의 자원을 토대로 지역사회의 문제와 지역주민의 욕구를 해결할 수 있기 때문에 지역사회의 능력 탐색은 사업추진의 효율성을 위해 반드시 필요하다.

난이도 ★★☆

지역사회복지 실천원칙에 관한 설명으로 옳은 것을 모두 고른 것은?

ㄱ. 지역사회는 개인과 동일하게 자기결정의 권리를 갖는다.
ㄴ. 지역사회는 있는 그대로 이해되고 수용되어야 한다.
ㄷ. 개인과 집단처럼 각 지역사회는 상이하다.
ㄹ. 문제해결 접근방법에서 다양성은 배제되어야 한다.

① ㄱ, ㄴ, ㄷ   ② ㄱ, ㄷ
③ ㄴ, ㄹ   ④ ㄹ
⑤ ㄱ, ㄴ, ㄷ, ㄹ

답 ①

✔ 응시생들의 선택

① 67%	② 17%	③ 5%	④ 4%	⑤ 9%

ㄹ. 문제해결 접근방법에서 다양성을 존중하도록 해야 한다.

난이도 ★☆☆

지역사회복지실천의 원칙으로 옳지 않은 것은?

① 사회복지기관들이 서로 협력하고 기능을 분담하도록 한다.
② 지역사회복지실천 활동은 지역주민과 그들의 욕구에 관심을 가져야 한다.
③ 일차적인 클라이언트는 지역사회이어야 한다.
④ 사회복지기관의 효과적인 운영을 위해 집중과 분산이 병행되어야 한다.
⑤ 사회복지기관의 이익을 우선해야 한다.

답 ⑤

✔ 응시생들의 선택

① 0%	② 0%	③ 1%	④ 0%	⑤ 99%

⑤ 지역사회복지실천에서는 기관의 이익보다 지역주민의 욕구를 우선적으로 고려해야 한다.

다음 내용이 왜 틀렸는지를 확인해보자

06-05-12

01 지역사회복지실천은 지역사회의 특성을 일반화해야 한다.

> 지역사회의 특성을 개별화해야 한다.

13-05-06

02 지역사회복지실천은 문화적 다양성 존중, 배분적 사회정의, 임파워먼트 등의 가치를 추구하며, 비판의식을 지양한다.

> 지역사회복지실천은 지역사회 내에 있는 문제를 인식하고, 억압을 조장하는 사회구조를 파악하여 문제가 해결될 수 있도록 노력한다는 점에서 비판의식을 지양하는 것이 아니라 지향한다.

06-05-12

03 지역사회복지실천을 위해서는 지역사회에 대한 비판적 수용이 요구된다.

> 지역사회를 이해하고 있는 그대로 수용해야 한다.

---

04 지역사회복지실천은 지역사회에서 소외된 계층의 이익 확대라는 제한된 목적으로 이루어져야 한다.

> 지역사회복지실천은 소외된 계층뿐만 아니라 지역사회 전체의 이익을 도모한다. 따라서 그 참여에 있어서도 특정 계층이나 특정 집단이 아닌 다양한 집단들의 참여를 강조한다.

13-05-09

05 지역사회복지실천은 문제해결 접근방법에서 다양성을 배제해야 한다.

> 다양성을 존중해야 한다.

12-05-02

06 지역사회복지실천에 있어 사업추진의 효율성을 위해 지역사회의 능력탐색은 보류될 수 있다.

> 지역사회의 능력, 강점, 자원을 토대로 지역사회의 문제와 지역주민의 욕구를 해결할 수 있기 때문에 지역사회의 능력탐색은 사업추진의 효율성을 위해 반드시 필요하다.

다음 내용이 옳은지 그른지 판단해보자

01 지역사회복지실천은 사회복지 실현을 위한 목적이다. ◎ ⊗

02 지역복지 활동의 토대는 개인적 욕구를 넘어서는 사회적 욕구이다. ◎ ⊗

03 지역사회복지실천에서 일차적인 클라이언트는 지역사회 내 소외계층이다. ◎ ⊗

`21-05-08`
04 지역사회복지실천에서는 지역사회 기관 간 협력관계 구축을 중요시한다. ◎ ⊗

`21-05-08`
05 지역사회복지실천에서는 욕구의 가변성에 따른 실천과정의 변화를 이해해야 한다. ◎ ⊗

`22-05-08`
06 사회복지사는 자신이 가지고 있는 가치와 신념, 행동과 관습 등이 참여자보다 상위에 있는 전문가 라고 생각할 수 있기 때문에 상호학습을 통하여 참여자들의 문화적 배경에 대해 배우고자 하는 자 세가 필요하다. ◎ ⊗

07 지역사회복지실천에 있어 주민참여를 확대하기 위해 주민에 대한 강제적인 참여 방안을 기획하는 것이 필요하다. ◎ ⊗

(답) **01**× **02**○ **03**× **04**○ **05**○ **06**○ **07**×

(해설) **01** 지역사회복지실천은 목적이 아니라 수단이다.
03 지역사회복지실천에서 일차적인 클라이언트는 지역사회이다.
07 주민의 참여는 어디까지나 주체적이고 자율적으로 이루어져야 한다.

131 지역사회복지 관련 개념

강의 QR코드

1 회독	2 회독	3 회독
월 일	월 일	월 일

최근 10년간 **2문항** 출제

이론요약

복습 1

시설보호
- 주거 개념을 포함하며 직원이 함께 거주
- <u>규율과 절차에 따라 자유와 선택이 제한되며 폐쇄적임</u>

시설의 사회화
- **시설 자원을 지역사회에 제공**, 사회복지에 대한 주민교육과 체험을 돕는 활동
- 시설과 서비스의 개방, 시설 운영의 개방
- 시설생활자의 지역사회 참여, 시설의 지역사회활동 참여 및 지원

기본개념

지역사회복지론
pp.34~

지역사회보호
- 시설보호의 문제점을 해결하기 위한 대안으로 제기된 개념
- 지역사회에서 일상적 삶을 유지하면서 살아갈 수 있도록 사회복지서비스를 제공
- **가정이나 유사한 지역사회 내의 환경에서 서비스 제공**

재가보호(재가복지)
- 서비스 제공자가 **클라이언트 집에 찾아가 서비스를 제공**
- 방문서비스나 단기보호서비스 등도 포함
- 기관에 의해 이루어지는 **공식적 서비스**와 가족이나 이웃 등에 의해 이루어지는 **비공식적 서비스를 모두 포함**

지역사회조직
- 전통적인 전문사회복지실천의 한 방법으로서 공공과 민간 사회복지기관의 전문사회복지사에 의해 수행
- 조직적이고 의도적·계획적이며 과학적인 지식과 기술을 사용

지역사회개발
- 주민들 스스로 삶의 질 향상을 위해 대처기술을 획득하도록 지원하는 활동
- 사회자본의 증대로 이어짐

기출문장 CHECK

01 (22-05-01) 지역사회보호는 1950년대 영국의 정신장애인과 지적장애인 시설수용보호에 대한 문제제기로 등장하였으며, 지역사회복지의 가치인 정상화와 관련이 있다.

02 (16-05-02) 지역사회조직(community organization)은 전통적인 전문 사회복지실천방법 중 하나이다.

03 (16-05-02) 지역사회보호(community care)는 가정 또는 그와 유사한 지역사회 내의 환경에서 서비스를 제공하는 사회적 돌봄의 형태이다.

04 (16-05-02) 재가보호(domiciliary care)는 대상자의 가정에서 서비스를 받는 것을 의미한다.

05 (12-05-01) 지역사회개발을 통하여 지역사회 구성원들의 사회적 관계를 향상시킬 수 있다.

06 (10-05-01) 지역사회조직: 전통적인 전문사회사업실천의 한 방법이며, 공공과 민간 사회복지기관의 전문사회복지사에 의해 수행된다. 이것은 보다 조직적이고, 추구하는 변화에 대해 의도적이며, 과학적인 지식과 기술을 사용한다.

07 (07-05-21) 시설의 사회화: 사회복지시설의 자원을 지역사회에 제공하고, 사회복지에 대한 주민들의 교육, 체험을 돕는 제반 활동을 의미한다.

08 (05-05-18) 시설 서비스의 개방, 지역사회 행사에의 참여, 지역주민에게 시설 개방 등은 생활시설의 사회화와 관련된 내용이다.

09 (04-05-01) 지역사회조직은 전통적인 전문사회사업의 방법 중의 하나이다.

10 (04-05-01) 지역사회조직은 지역사회를 중심으로 이루어지는 사회복지실천이다.

11 (03-05-20) 재가복지는 다양한 욕구충족을 위한 서비스 연계체계 구축에도 관심을 둔다.

12 (02-05-08) 지역사회조직은 공공성, 연대성, 자발성, 책임성 등의 성격을 갖는다.

13 (02-05-24) 생활시설의 개방화를 위해서는 시설의 설비 및 공간을 적극적으로 활용하고 시설생활자의 지역활동에의 참여를 지원해야 한다.

대표기출 확인하기

지역사회복지 관련 개념에 대한 설명으로 옳지 않은 것은?

① 지역사회조직(community organization)은 전통적인 전문 사회복지실천방법 중 하나이다.
② 지역사회개발(community development)은 지역사회 문제를 해결하기 위해 전문가에 의한 주도적 개입을 강조한다.
③ 지역사회보호(community care)는 가정 또는 그와 유사한 지역사회 내의 환경에서 서비스를 제공하는 사회적 돌봄의 형태이다.
④ 지역사회복지실천(community practice)은 지역사회를 대상으로 하는 사회복지실천을 포괄적으로 일컫는 개념이다.
⑤ 재가보호(domiciliary care)는 대상자의 가정에서 서비스를 받는 것을 의미한다.

▶ 알짜확인

• 시설보호, 시설의 사회화, 지역사회보호, 재가복지, 지역사회조직, 지역사회개발, 지역사회계획, 지역사회교육, 지역사회행동 등 지역사회복지와 관련된 개념들을 정리해두자.

답 ②

✔ 응시생들의 선택

① 13%	② 78%	③ 5%	④ 1%	⑤ 3%

② 지역사회개발은 지역주민의 참여가 핵심이다. 주민들이 함께 연대감을 갖고 상호신뢰와 공동체 의식을 바탕으로 지역사회의 문제를 해결해나간다.

관련기출 더 보기

다음이 설명하는 것은?

> 1950년대 영국의 정신장애인과 지적장애인 시설수용보호에 대한 문제제기로 등장하였으며, 지역사회복지의 가치인 정상화(normalization)와 관련이 있다.

① 지역사회보호
② 지역사회 사회·경제적 개발
③ 자원개발
④ 정치·사회행동
⑤ 주민조직

답 ①

✔ 응시생들의 선택

① 79%	② 7%	③ 1%	④ 8%	⑤ 5%

지역사회보호는 시설보호의 문제점이 지적되면서 그 대안으로서 지역사회에서 일상적인 삶을 살아가면서 복지서비스를 받을 수 있도록 제기된 개념이다. 탈시설화 및 정상화 원리와 관련된다.

다음에서 설명하는 것은?

> 전통적인 전문사회사업실천의 한 방법이며, 공공과 민간 사회복지기관의 전문사회복지사에 의해 수행된다. 이것은 보다 조직적이고, 추구하는 변화에 대해 의도적이며, 과학적인 지식과 기술을 사용한다.

① 지역화폐운동
② 지역사회보호
③ 가상공동체
④ 시설보호
⑤ 지역사회조직

답 ⑤

✔ 응시생들의 선택

① 2%	② 13%	③ 1%	④ 4%	⑤ 80%

⑤ 지역사회조직은 사회사업의 전통적인 방법 중 하나로서, 지역사회를 구성하는 개인, 집단, 이웃의 사회복지를 향상시키기 위해 지역사회 수준에서 전개되는 일련의 활동을 말한다.

3 정답훈련

다음 내용이 왜 틀렸는지를 확인해보자

`07-05-21`

01 **시설의 전문화**는 사회복지시설의 자원을 지역사회에 제공하고, 사회복지에 대한 주민들의 교육, 체험을 돕는 제반활동을 의미한다.

> 시설의 사회화에 관한 설명이다.

02 지역사회조직은 **주민들 간에 자연발생적인 조직을 지역사회복지를 위한 기반으로 삼는다**는 것이다.

> 지역사회조직은 지역사회복지실천을 위해 전문 사회복지사가 의도적이고 계획적으로 주민들을 조직화하는 것이다.

03 재가보호는 **장기 서비스**를 전제로 한다.

> 재가보호를 통해 장기 서비스만 제공되어야 하는 것은 아니다.

04 시설의 사회화는 시설생활자의 인권존중 및 생활보장이라는 공공성을 기초로 하며, **시설보호를 기반**으로 한다.

> 탈시설화 이념과 맥락을 같이 한다.

05 시설보호는 주거를 포함한 복지 서비스로, **지역사회 내에서 정상적인 생활, 일상적인 삶을 영위할 수 있도록 함**을 전제로 한다.

> 시설보호는 지역사회와 분리된 폐쇄적 운영으로 인해 비판받게 되면서 그 대안으로서 지역사회 내에서 정상적인 생활, 일상적인 삶을 영위을 할 수 있도록 해야 한다는 정상화 원리가 대두되었다.

다음 내용이 옳은지 그른지 판단해보자

04-05-01
01 지역사회조직은 지역주민들의 자조적인 활동이다. ◎ ⊗

02 지역사회조직은 개별사회복지실천, 집단사회복지실천 등과 함께 전통적인 전문사회사업실천의 한 방법이다. ◎ ⊗

12-05-01
03 지역사회보호는 시설보호의 강점을 유지하기 위해서 등장한 개념이다. ◎ ⊗

04 재가복지는 이용자의 통원 서비스를 포함하지 않는다. ◎ ⊗

03-05-20
05 재가복지서비스는 시설에 의한 서비스에 한정된 개념은 아니다. ◎ ⊗

12-05-01
06 지역사회조직사업은 민간조직이 아닌 공공조직을 통하여 달성되는 영역이다. ◎ ⊗

07 지역사회개발은 사회자본의 증대와 밀접한 관련이 있다. ◎ ⊗

답 01 ✕ 02 ○ 03 ✕ 04 ✕ 05 ○ 06 ✕ 07 ○

해설 **01** 조직가 혹은 사회복지사 등의 전문가들이 적극적으로 주민들을 조직하여 원조하며 계획적이고 의도적으로 진행된다는 점에서 주민들의 자조적인 활동이라고 보기는 어렵다.
03 지역사회보호는 시설보호의 문제점을 해결하기 위한 대안으로 제시된 것이다.
04 재가복지라고 하면 보통 가정에서 서비스를 받는 것만 생각하기 쉬운데, 가정봉사원 파견 등 서비스 제공자가 이용자의 집에서 제공하는 방문 서비스와 클라이언트가 시설에 찾아와 서비스를 받는 통원 서비스를 모두 포함하는 개념이다.
06 지역사회조직사업은 공공조직과 민간조직의 협력을 바탕으로 달성되는 영역이다.

132 지역사회복지의 이념

강의 QR코드

★★★ 최근 10년간 **2문항** 출제

1 이론요약

정상화

- 특별한 욕구나 장애를 가진 사람도 지역사회와 분리된 시설이나 병원이 아닌 일상적인 삶을 유지할 수 있도록 해야 함
- **지역사회 내에서의 통합된 생활을 강조**하는 개념
- 덴마크에서는 1951년부터 기존의 격리보호주의에 대한 반대하는 움직임이 일면서, 1959년 정신지체인법에서 '정상화'라는 용어가 처음으로 등장

기본개념

지역사회복지론
pp.31~

사회통합

- 계층의 격차를 줄이고 **사회의 전반적인 불평등을 줄이는 것을 추구**
- 지역사회의 갈등 및 갈등의 가능성을 줄여나가는 것
- 사회적 약자가 평등하게 지역사회에서 살아가도록 하는 것

탈시설화

- **시설의 규모를 최소화**하고 **지역사회 내에서의 통합된 삶을 추구**하는 개념
- **지역사회와 분리된 폐쇄적인 대규모 수용시설의 문제를 지적하면서 해체를 주장**
- 그룹홈, 주간보호시설, 단기보호시설 등 **다양한 시설의 형태를 제시**
- 시설의 직원 중심으로 운영되어온 시스템에서 더 나아가 자원봉사자 등 지역주민이 참여하는 개방적 운영체제로의 변화(시설의 사회화)를 내포함

주민참여

- 지역사회의 문제를 해결하는 데 있어 **지역주민들이 직접 문제의 해결과정에 참여하고 권한을 행사함으로써 주체가 되어야 함을 강조**
- **지방분권화, 지방자치제 실시와 함께 더욱 강조되는 이념**
- 지자체와 주민 간 파트너십 형성
- 자원봉사 활동

네트워크

- 지역사회주민의 욕구에 적합한 서비스를 제공하기 위해 지역 내 복지자원의 연계와 주민의 조직화 등을 추구하는 개념
- 서비스 공급자간 연계망 구축, 이용자 간의 조직화 등 다양한 연계망을 구성할 수 있음
- 이용자 중심의 서비스 제공
- 포괄적인 서비스 제공

기출문장
CHECK

01 (21-05-02) 주민참여는 개인의 자유와 권리 증진의 순기능이 있으며, 의견수렴 과정을 통해 합리적 의사결정을 할 수 있고, 지역주민의 공동체 의식을 강화한다.

02 (14-05-03) 정상화는 1950년대 덴마크를 비롯한 북유럽에서 시작된 이념이다.

03 (11-05-06) 주민참여: 지방자치의 실시로 그 중요성이 강조되는 원리이다. 주민과 지방자치단체와의 동등한 파트너십을 형성하는 방법이기도 하다.

04 (09-05-07) 정상화 이념은 휴먼서비스 영역에서 계획의 지침이 될 수 있다.

05 (05-05-02) 지역사회복지실천은 주민참여, 탈시설화, 정상화, 사회통합 등의 이념을 바탕으로 한다.

06 (02-05-09) 지역사회복지실천은 정상화, 주민참여, 사회통합, 지역 네트워크 등을 추구한다.

대표기출 확인하기

14-05-03
난이도 ★★☆

지역사회복지 이념에 관한 설명으로 옳은 것은?

① 정상화는 1950년대 덴마크를 비롯한 북유럽에서 시작된 이념이다.
② 탈시설화는 무시설주의를 지향하는 것이다.
③ 네트워크를 통하여 지역구성원의 개인정보를 누구나 공유할 수 있다.
④ 주민참여 이념은 주민자치, 주민복지로 설명되며 지역유일주의를 지향한다.
⑤ 사회통합은 세대간, 지역간 차이에서 발생하는 경제적 우위를 추구하기 위하여 노력한다.

 알짜확인

• 정상화, 사회통합, 탈시설화, 주민참여, 네트워크 등 지역사회복지실천의 발달을 이끈 이념들에 대해 정리해두도록 하자.

답 ①

응시생들의 선택

| ① 66% | ② 16% | ③ 3% | ④ 9% | ⑤ 6% |

② 탈시설화는 시설의 폐지나 무시설주의를 의미하는 것이 아니라 거주시설의 형태를 그룹홈, 주간보호시설, 단기보호시설 등 소규모의 다양한 형태로 변화시켜가는 것을 의미한다.
③ 네트워크는 포괄적, 통합적 욕구충족을 위해 공급자 및 유관기관과의 연계체계를 구축하는 것을 의미하는 것이며, 이 과정에서 개인정보가 무분별하게 유출되는 것을 방지하기 위한 노력을 기울여야 한다.
④ 주민참여 이념은 주민자치, 주민복지를 위한 주민의 주체성을 강조한다. 하지만 지역유일주의, 지역이기주의를 지향하는 것은 아니다.
⑤ 사회통합은 사회에 전반적으로 나타나는 불평등과 갈등을 감소시키기 위한 노력이다.

관련기출 더 보기

21-05-02
난이도 ★☆☆

다음의 설명에 해당하는 지역사회복지 이념은?

• 개인의 자유와 권리 증진의 순기능이 있다.
• 의견수렴 과정을 통해 합리적 의사결정을 할 수 있다.
• 지역주민의 공동체 의식을 강화한다.

① 정상화
② 주민참여
③ 네트워크
④ 전문화
⑤ 탈시설화

답 ②

응시생들의 선택

| ① 4% | ② 89% | ③ 6% | ④ 0% | ⑤ 1% |

② 주민참여는 지방자치의 실시로 더욱 강조되는 원리이다. 주민의 욕구 및 문제를 해결하기 위한 주체로서 주민의 주체성을 강조하는 것이다. 지방자치단체와의 동등한 파트너십을 형성하는 방법이기도 하며, 주민들의 자원봉사활동과도 밀접한 관계가 있다.

09-05-07
난이도 ★★★

지역사회복지실천에서 정상화(normalization)의 이념에 관한 설명으로 옳은 것은?

① 전통적 복지서비스 이데올로기에 부합하는 개념이다.
② 일탈은 문화적으로 규정되며 절대적인 특성을 갖는다.
③ 시설집중화에 대하여 찬성하는 입장이다.
④ 휴먼서비스 영역에서 계획의 지침이 될 수 있다.
⑤ 1959년 미국의 정신지체법에서 출발하였다.

답 ④

응시생들의 선택

| ① 3% | ② 17% | ③ 12% | ④ 43% | ⑤ 25% |

① 현대적 복지서비스 이데올로기에 부합되는 개념이다.
② 일탈은 문화적으로 규정되며 상대적인 특성을 갖는다.
③ 시설집중화가 아닌 탈시설화에 찬성하는 입장이다.
⑤ 1959년 덴마크의 정신지체법에서 출발하였다.

다음 내용이 왜 틀렸는지를 확인해보자

09-05-07
01 정상화 이념은 1959년 **미국**의 정신지체법에서 출발하였다.

> 1959년 덴마크의 정신지체법에서 출발하였다.

02 사회통합은 지역사회 내 다양한 계층 사이에 발생하는 **갈등 문제를 인식하지 못한다는 한계**가 있다.

> 다양한 계층 사이에 발생하는 갈등을 인식하고, 이러한 사회적 갈등을 대화와 토론, 타협 등을 통해 줄여나가려는 것이 사회통합이다.

14-05-03
03 탈시설화 이념은 **무시설주의를 지향**하는 것이다.

> 탈시설화는 시설의 폐쇄적인 운영을 비판한 것이지 시설 자체를 없애야 한다고 주장한 것은 아니다.

04 지역사회복지에서 자원봉사 활동은 **주민참여를 약화**시킨다.

> 자원봉사 활동은 주민참여의 한 가지 방법이기도 하다.

05 탈시설화의 영향으로 그룹홈, 주간보호시설, **대규모 생활시설** 등이 발달되었다.

> 탈시설화는 기존의 생활시설이 갖고 있던 폐쇄성을 지적하면서 시작된 개념으로, 그룹홈, 주간보호시설, 단기보호시설 등 다양한 형태의 소규모 시설이 발달하는 바탕이 되었다.

02-05-09
06 지역사회복지실천은 정상화, 통합화, 주민참여, **차별화** 등을 이념으로 한다.

> 차별화는 해당하지 않는다.

1회독	2회독	3회독
월 일	월 일	월 일

최근 10년간 **2문항** 출제

 복습 1 이론요약

지역사회복지의 개념 및 특성

▶ 개념
- 시설보호와 대치되는 개념
- **목표: 지역주민의 삶의 질 향상**
- 지역사회 문제의 예방, 문제적 제도의 변화를 꾀함
- 지역사회 및 지역주민의 역량강화
- 지역 내 복지 향상을 위한 **전문적, 비전문적 활동을 모두 포함**
- **특정 대상 중심의 활동이 아닌 지역성이 강조되는 활동**
- 일정한 지역 내에서 이루어지지만 지역성과 기능성을 모두 포함

▶ 특성
- **예방성**: 지역사회 내 문제를 조기에 발견하여 대응
- **통합성**: 서비스 제공기관 간 네트워크 구축을 통해 종합적 서비스 제공(서비스 공급자 관점)
- **포괄성**: 지역사회 주민들의 복잡하고 다양한 욕구충족과 문제해결을 위해 보건·복지·의료·교육 등 전반적인 영역을 다각도로 포괄(서비스 이용자 관점)
- **연대성·공동성**: 주민들이 연대를 형성하고 공동의 행동을 통하여 해결, 주민운동
- **지역성**: 주민의 생활권역을 기초로 전개, 물리적인 거리뿐만 아니라 **심리적인 거리까지 포함**

지역사회복지실천의 개념 및 목적

▶ 개념
- 지역사회를 대상으로 하는 사회복지실천
- **지역사회는 실천의 대상인 동시에 실천을 위한 수단이 됨**

▶ 목적
- 지역사회 참여·통합 강화
- 문제대처능력 향상
- 사회조건·서비스 향상
- 불이익집단의 이익 증대

기본개념

지역사회복지론
pp.33~, pp.37~

▶ 기능(던햄)

- 지역사회계획 활동
- 적절한 프로그램 운영
- 사실발견과 조사
- 공적인 관계형성
- 기금 확보와 배당
- 근린집단사업
- 지역사회개발
- 지역사회행동
- 기타 지역사회조직 및 지역사회개발을 위한 교육·자문 등 지역복지의 실현을 위한 활동 수행

기출문장 CHECK

01 (13-05-01) 지역사회복지는 전문 또는 비전문 인력이 지역사회 수준에서 개입하는 것이다.

02 (13-05-01) 지역사회복지는 지역성과 기능성을 포함하는 지역사회 내에서 이루어진다.

03 (13-05-01) 지역사회복지는 지역사회 내에 존재하는 각종 제도에 영향을 준다.

04 (13-05-01) 지역사회복지는 공공과 민간의 협력이 강조되고 있는 추세이다.

05 (12-05-01) 지역사회는 지역사회복지의 실천수단이 된다.

06 (12-05-01) 지역사회복지실천은 공식적인 전문가에 의해서만 이루어지는 것은 아니다.

07 (11-05-04) 지역사회복지의 지역성: 지역사회복지는 주민의 생활권역을 기초로 하여 전개되는 것이다. 생활권역은 주민생활의 장이면서 동시에 사회참가의 장이므로 이 특성을 고려하여야 한다. 주민의 기초적인 생활권역을 구분하는 기준은 다양하며, 물리적 심리적 내용까지 파악해야 한다.

08 (09-05-02) 지역사회복지는 지역사회의 역량강화, 사회통합 구현, 사회적 연계망 구축 등을 추구한다.

09 (07-05-02) 지역사회복지는 지역주민의 삶의 질 향상이라는 목표를 갖는다.

10 (07-05-02) 지역사회복지는 지역사회 수준에 개입하는 일체의 사회적 노력을 의미한다.

11 (02-05-01) 지역사회복지는 지역 문제에 대한 예방적 효과 및 지역사회의 참여와 통합을 추구한다.

대표기출 확인하기

13-05-01
난이도 ★☆☆

지역사회복지에 관한 설명으로 옳지 않은 것은?

① 전문 또는 비전문 인력이 지역사회 수준에서 개입한다.
② 지역성과 기능성을 포함하는 지역사회 내에서 이루어진다.
③ 지역사회 내에 존재하는 각종 제도에 영향을 준다.
④ 공공과 민간의 협력이 강조되고 있는 추세이다.
⑤ 개인 및 가족 등 미시적 수준의 사회체계와 대립적인 위치에 있다.

 알짜확인

• 지역사회복지 및 지역사회복지실천의 개념을 정리해두도록 하자.
• 지역사회복지실천이 어떤 목적으로, 어떤 기능을 하는지, 어떤 특성을 갖는지 등에 대해 살펴보자.

답 ⑤

✔ **응시생들의 선택**

① 2%	② 0%	③ 0%	④ 1%	⑤ 97%

⑤ 지역사회복지는 개인, 가족 등 미시적 수준의 사회체계와 대립적인 위치에 있는 것이 아니라 연속선상에 놓여 있는 것이다.

관련기출 더 보기

11-05-04
난이도 ★★☆

다음에서 설명하는 지역사회복지 특성은?

> 지역사회복지는 주민의 생활권역을 기초로 하여 전개되는 것이다. 생활권역은 주민생활의 장이면서 동시에 사회참가의 장이므로 이 특성을 고려하여야 한다. 주민의 기초적인 생활권역을 구분하는 기준은 다양하며, 물리적·심리적 내용까지 파악해야 한다.

① 연대성 　　　　② 예방성
③ 지역성 　　　　④ 통합성
⑤ 공동성

답 ③

✔ **응시생들의 선택**

① 7%	② 0%	③ 64%	④ 25%	⑤ 3%

③ 지역사회복지는 일정한 지리적 권역을 고려하여 추진된다. 이는 주민의 생활권역을 중심으로 이루어지는데, 이러한 특성을 지역성이라고 한다.

다음 내용이 왜 틀렸는지를 확인해보자

01 지역사회복지실천의 대상은 지역사회 내 **불이익집단**이다.

> 지역사회복지실천은 불이익집단의 역량강화를 목표로 삼기는 하지만 기본적인 대상은 지역사회 전체이다.

02 지역사회복지는 지역주민의 삶의 질 향상을 목적으로 하기 때문에 **개별 주민의 문제해결 및 행동변화에 초점을** 둔다.

> 지역사회복지는 지역주민의 삶의 질 향상을 목적으로 한다. 이때 그 대상은 개별 주민이 아닌 지역사회 전체이다. 따라서 개별 주민의 문제해결 및 행동변화에 초점을 두는 것이 아니라 지역사회가 가진 문제를 해결하고 지역사회의 역량을 강화하는 데에 초점을 두게 된다.

03 지역사회복지실천은 **전문가에 의한 전문적 활동만을 의미**한다.

> 지역사회복지실천은 전문적 활동 외에 비전문적 활동을 모두 포괄한다. 가족, 이웃, 친구, 자조모임과 같은 집단 등을 통해서도 지역사회복지실천이 이루어질 수 있다.

09-05-02

04 지역사회복지는 지역주민의 복지 강화를 위해 **생활시설의 확충을 추구**한다.

> 지역사회복지는 시설보호와 대치되는 개념이다. 폐쇄적인 시설이 아닌 지역사회 내에서 지역주민을 보호하고 문제를 예방 및 해결하면서 복지를 추구한다.

05 지역사회복지실천은 **지리적 의미의 지역사회라는 한계를 갖는다.**

> 지역사회복지실천의 특성 중 하나인 지역성은 주민들의 생활권역이라는 물리적 거리를 기본으로 하면서도 심리적 거리까지 포괄하는 개념이다.

12-05-01

06 지역사회 자체는 지역사회복지의 **실천수단이 될 수 없다.**

> 지역사회복지실천에서 지역사회는 대상이자 수단이기도 하다. 이는 지역사회복지실천이 지역사회 및 지역주민을 위한 실천활동을 진행하면서도, 한편으로는 실천활동을 위한 인적·물적 자원들을 지역사회에서 얻기 때문이다.

3장

지역사회복지의 역사

이 장에서는

자선조직협회와 인보관 운동부터 영국의 지역사회보호 관련 보고서, 그리고 우리나라의 지역사회복지 발달 흐름 등에 대해 학습한다.

10년간 출제분포도

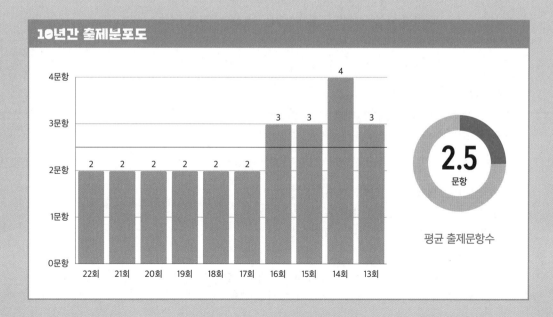

평균 출제문항수

2.5 문항

134 우리나라 지역사회복지의 발달

강의 QR코드

최근 10년간 **15문항** 출제

복습 1 이론요약

기본개념

지역사회복지론
pp.55~

전통적인 인보상조 관행 및 국가제도

▶ **관행**
- 계: 큰 지출에 대비하기 위한 경제적 상부상조
- 두레: 농사일 협력을 위한 마을 전체의 공동노력
- 품앗이: 대체로 개인간 또는 소규모로 구성되어 노동력 상시 교환
- 향약: 마을 단위로 실시된 향촌의 자치규약. 현재의 조례와 유사
- 사창: 흉년에 대비하여 미리 향민에게 곡식을 징수·기증받아 저장해 두는 촌락단위의 구휼제도

▶ **국가제도**
- **오가작통법**: 5가구를 한 통으로 묶어 연대책임을 지움. 지방자치적 성격
- 의창: 흉년이 든 해에 기민을 구제하기 위하여 양곡을 저장·보관해두는 제도
- 상평창: 평상시 빈민에 대해 곡물을 대여함. 상환의 의무가 있음
- 진휼청: 조선시대 흉년에 곡물(진휼미)을 풀어 빈민을 구제하고 곡가를 조절하는 국가 기관
- 동서대비원: 치료를 목적으로 하는 의료구호 기관
- 혜민국: 의약, 의복제공 기관

일제강점기
- 전통적인 자생 복지활동은 위축·해체
- 조선구호령 실시(해방 이후 1961년 생활보호법이 제정됨에 따라 폐지)

해방 이후

▶ **외국민간원조단체 한국연합회(KAVA)**
- 전쟁 난민 및 고아를 돕기 위한 시설보호사업으로 시작
- 보건사업, 교육, 지역개발사업, 전문 사회복지사업 전개

▶ **새마을운동**
- 1958년 지역사회개발위원회 규정 공포, 이후 1970년대 새마을운동으로 전환

- 지역사회개발 사업으로서 근면, 자조, 협동을 기본이념으로 함
- 농촌의 생활환경개선 사업에서 시작해 소득증대 사업으로 확대

1980년대

▶ **지역사회복지의 정착**
- 1983년 사회복지사업법 개정으로 사회복지관 운영에 대한 국가적 지원에 관한 규정 마련
- 1987년 사회복지전문요원 도입
- 1989년 주택건설촉진법, 1991년 주택건설 기준 등에 관한 규칙 등에 따라 일정 규모 이상의 저소득층 영구임대아파트 건립 시 사회복지관 설치 의무화

▶ **지역사회행동의 확산**
- **1980년대**를 거치면서 민간단체들을 중심으로 한 **사회행동이 증가**
- 저소득층 지역사회의 재개발반대운동, 핵발전소설치반대운동 등 지역을 배경으로 지역사회문제를 해결하기 위한 사회 행동도 증가

1990년대

- 지방자치제도 실시(1995년 지방자치단체장 직선)
- 1992년 재가복지봉사센터 설립(2010년 재가복지봉사센터가 종합사회복지관으로 흡수·통합됨)
- 1997년 사회복지공동모금법 제정(1999년 사회복지공동모금회법으로 개정)
- 1999년 1기 사회복지 시설평가 시작

2000년대

- **2000년 국민기초생활보장법 시행으로 지역사회 중심의 자활지원 사업 시작**
- **2003년 사회복지사업법 개정으로 4년마다 지역사회복지계획 수립 의무화**(2005년 지역사회복지협의체 개소, 2007년 1기 계획 시작, 현재 지역사회보장계획)
- **2004년 아동복지법 개정으로 지역아동센터 법제화**
- 2007년 지역사회서비스투자사업 실시, 전자바우처 사회서비스 사업 시행
- **2010년 사회복지통합관리망 행복e음 개설**
- **2012년 시·군·구 희망복지지원단 설치**
- **2013년 사회보장정보시스템 개통**
- 2014년 사회보장급여의 이용·제공 및 수급권자 발굴에 관한 법률 제정, 2015년 시행
- **2016년 행정복지센터를 통한 '읍·면·동 복지허브화' 사업 실시**
- 2017년 주민자치형 공공서비스 실시, 읍·면·동 찾아가는 보건복지팀 설치
- 2019년 공공 체계를 통해 돌봄 서비스를 직접 제공하기 위한 사회서비스원 개소
- 2022년 차세대 사회보장정보시스템(희망이음) 개통

01 (22-05-03) 향약은 주민 교화 등을 목적으로 한 지식인 간의 자치적인 협동조직이다.

02 (22-05-03) 반열방은 메리 놀스에 의해 설립되었다(1906년).

03 (22-05-03) 태화여자관은 메리 마이어스에 의해 설립되었다(1921년).

04 (22-05-03) 새마을운동은 농촌에서 시작하여 도시까지 확대되었다.

05 (21-05-03) 2006년에 '자활후견기관'이 '지역자활센터'로 명칭이 변경되었고, 2007년부터 운영되었다.

06 (20-05-03) 1989년 주택건설촉진법 등에 의해 저소득층 영구임대아파트 건립 시 일정 규모의 사회복지관 건립을 의무화하였다.

07 (20-05-03) 국민기초생활보장법은 1999년 제정되어 2000년부터 시행되었다.

08 (20-05-03) 「사회보장급여의 이용·제공 및 수급권자 발굴에 관한 법률」이 2014년에 제정되어 2015년에 시행됨에 따라 지역사회복지협의체에서 지역사회보장협의체로 명칭이 변경되었다.

09 (19-05-03) 새마을 운동은 정부 주도적 지역사회 개발이었다.

10 (19-05-03) 사회복지관 운영은 지역사회 기반의 복지서비스를 촉진시켰다.

11 (19-05-03) 복지사각지대 발굴의 효과를 제고하고자 읍·면·동 복지허브화를 추진하였다.

12 (19-05-03) 국민기초생활보장제도의 시행은 지역사회 중심의 자활사업을 촉진시켰다.

13 (18-05-03) 1998년 사회복지공동모금제도 실시

14 (18-05-03) 2003년 사회복지사업법 개정으로 지역사회복지계획 수립의 법제화

15 (18-05-04) 2010년 사회복지통합관리망(행복e음) 구축

16 (17-05-07) 2012년 시·군·구 희망복지지원단 설치

17 (17-05-07) 2007년 지역사회서비스투자사업 실시

18 (16-05-03) 2000년대 도입된 지역사회서비스투자사업의 사회서비스이용권 비용 지급·정산은 사회보장정보원이 담당한다.

19 (16-05-03) 1990년대에는 재가복지서비스의 확대가 이루어졌다.

20 (16-05-03) 1950년대 외국원조기관은 구호 및 생활보호 등에 기여하였다.

21 (15-05-08) 진휼청은 조선시대 흉년으로 인한 이재민과 빈민을 구제한 국가기관이다.

22 (15-05-22) 2016년부터 '읍·면·동 복지허브화' 사업이 실시되었다.

23 (14-05-07) 사회복지공동모금회의 출범은 민간 재원의 발굴이라는 의의를 갖는다.

24 (14-05-07) 사회복지시설평가제도 도입은 기관운영의 효율성을 증가시키고자 한다.

25 (14-05-19) 우리나라 새마을운동은 지역사회개발사업과 관련 있다.

26 (14-05-19) 새마을운동은 근면·자조·협동을 주요 정신으로 한다.

27 (14-05-19) 매년 4월 22일은 정부지정 새마을의 날이다.

28 (13-05-15) 향약은 지역민의 순화, 덕화, 교화를 목적으로 한 자치적 협동조직이다.

29 (13-05-15) 계(契)는 조합적 성격을 지닌 자연발생적 조직이다.

30 (13-05-15) 품앗이는 농민의 노동력을 서로 차용 또는 교환하는 것이다.

31 (12-05-11) 1990년대에는 16개 광역 시·도에 사회복지공동모금회가 설립되었다.

32 (11-05-07) 새마을운동은 농한기 농촌마을가꾸기 시범사업 형태로 시작되었다.

33 (11-05-07) 새마을운동은 근면·자조·협동을 주요 정신으로 한다.

34 (11-05-07) 새마을운동은 농촌생활환경개선운동으로 시작되었으나 소득증대운동으로 확대되었다.

35 (11-05-07) 새마을운동은 도시민의 의식개선운동으로도 전개되었다.

36 (09-05-06) 2003년 사회복지사업법 개정으로 지방자치단체에 지역사회복지협의체가 구성되고 지역사회복지계획이 수립되었다.

37 (09-05-06) 2004년 아동복지법 개정으로 지역아동센터를 아동복지시설로 법제화하였다.

38 (07-05-04) 외국 민간원조단체 한국연합회(KAVA)는 보건, 교육, 사회복지, 구호 및 지역사회개발 등의 분야에서 전문화된 사회복지사업을 우리나라에 도입했다.

39 (06-05-05) 2000년대에 들어서 지역아동센터가 법제화되었다.

40 (06-05-05) 1992년 사회복지사업법 개정으로 사회복지전담공무원에 대한 법적 근거가 마련되었다.

41 (04-05-30) 품앗이는 농촌의 가장 대표적인 노동협력 양식이며, 물품과 서비스를 주고받는 지역화폐의 기능도 갖는다.

대표기출 확인하기

21-05-03　　　　난이도 ★★☆

한국의 지역사회복지 역사에 관한 설명으로 옳은 것은?

① 1960년대 – 지역자활센터 설치 · 운영
② 1970년대 – 사회복지관 운영 국고보조금 지원
③ 1980년대 – 희망복지지원단 설치 · 운영
④ 1990년대 – 재가복지봉사센터 설치 · 운영
⑤ 2010년대 – 사회복지사무소 시범 설치 · 운영

 알짜확인

• 우리나라 지역사회복지의 발달 흐름을 주요 사건을 중심으로 정리해두자. 2000년대 이후의 변화는 특히 중요하다.
• 전통적인 인보상조 관행이나 조선시대 국가에 의한 인보제도에 대해서도 살펴봐야 한다.
• 새마을운동의 성격, 실행과정 등에 관한 문제도 가끔씩 출제되곤 했다.

답 ④

✔ 응시생들의 선택

① 3%	② 21%	③ 11%	④ 55%	⑤ 10%

① 2000년대 – 지역자활센터 설치 · 운영(2006년 '자활후견기관'을 '지역자활센터'로 명칭 변경, 2007년 운영)
② 1980년대 – 사회복지관 운영 국고보조금 지원(1983년)
③ 2010년대 – 희망복지지원단 설치 · 운영(2012년)
⑤ 2000년대 – 사회복지사무소 시범 설치 · 운영(2004~2006년)

관련기출 더 보기

22-05-03　　　　난이도 ★★★

우리나라의 지역사회복지 역사에 관한 설명으로 옳지 않은 것은?

① 향약은 주민 교화 등을 목적으로 한 지식인 간의 자치적인 협동조직이다.
② 오가통 제도는 일제강점기 최초의 인보제도이다.
③ 메리 놀스(M. Knowles)에 의해 반열방이 설립되었다.
④ 태화여자관은 메리 마이어스(M. D. Myers)에 의해 설립되었다.
⑤ 농촌 새마을운동에서 도시 새마을운동으로 확대되었다.

답 ②

✔ 응시생들의 선택

① 25%	② 46%	③ 8%	④ 7%	⑤ 14%

② 오가통은 5개 가구(많게는 10개 가구)를 하나의 통으로 묶어 관리한 마을행정 조직이다. 실시된 시기가 분명하지는 않지만 조선 세종실록에 처음 기록된 것으로 알려져 있다.

난이도 ★★☆

우리나라 지역사회복지 역사를 과거부터 순서대로 옳게 나열한 것은?

ㄱ. 영구임대주택단지 내에 사회복지관 건립이 의무화되었다.
ㄴ. 지역사회복지협의체가 지역사회보장협의체로 명칭이 변경되었다.
ㄷ. 국민기초생활 보장법 제정으로 공공의 책임성이 강화되었다.

① ㄱ → ㄴ → ㄷ   ② ㄱ → ㄷ → ㄴ
③ ㄴ → ㄱ → ㄷ   ④ ㄴ → ㄷ → ㄱ
⑤ ㄷ → ㄴ → ㄱ

답②

✔ 응시생들의 선택

① 9%	② 63%	③ 5%	④ 7%	⑤ 16%

ㄱ. 1989년 주택건설촉진법 등에 의해 저소득층 영구임대아파트 건립 시 일정 규모의 사회복지관 건립을 의무화하였다.
ㄷ. 국민기초생활 보장법은 1999년 제정되어 2000년부터 시행되었다.
ㄴ. 「사회보장급여의 이용·제공 및 수급권자 발굴에 관한 법률」이 2014년에 제정되어 2015년에 시행됨에 따라 지역사회복지협의체에서 지역사회보장협의체로 명칭이 변경되었다.

난이도 ★★☆

2000년대 이후 한국의 지역사회복지발달에 영향을 미친 주요 사건을 모두 고른 것은?

ㄱ. 지방자치단체의 장 직접 선출
ㄴ. 시·군·구에 희망복지지원단 설치
ㄷ. 영구임대아파트단지 내 사회복지관 건립 의무화
ㄹ. 지역사회서비스투자사업 실시

① ㄱ, ㄴ   ② ㄴ, ㄹ
③ ㄷ, ㄹ   ④ ㄱ, ㄴ, ㄷ
⑤ ㄴ, ㄷ, ㄹ

답②

✔ 응시생들의 선택

① 5%	② 58%	③ 3%	④ 6%	⑤ 28%

ㄱ. 우리나라에 지방분권화가 도입된 것은 1990년대로, 지방의회 선거는 1991년, 지방자치단체장 선거는 1995년 6월 실시됨에 따라 현행 지방자치제의 본격적인 시작은 1995년 7월 1일로 본다.
ㄷ. 1989년 주택건설촉진법, 1991년 주택건설 기준 등에 관한 규정 및 주택건설 기준 등에 관한 규칙 등을 통해 저소득층 영구임대아파트 건립 시 일정 규모의 사회복지관 건립을 의무화하였다.

난이도 ★★★

우리나라 지역사회복지의 역사적 흐름에 관한 설명으로 옳지 않은 것은?

① 1950년대 외국원조기관은 구호 및 생활보호 등에 기여하였다.
② 1970년대 사회복지관 국고보조금 지침이 마련되었다.
③ 1980년대 민주화 운동으로 전개된 지역사회 생활권 보장을 위한 활동은 사회행동모델에서 비롯되었다.
④ 1990년대 재가복지서비스의 확대가 이루어졌다.
⑤ 2000년대 도입된 지역사회서비스투자사업의 사회서비스 이용권 비용 지급·정산은 사회보장정보원이 담당한다.

답②

✔ 응시생들의 선택

① 3%	② 30%	③ 11%	④ 15%	⑤ 41%

② 1983년 사회복지사업법 개정으로 사회복지관이 공식적으로 국가지원을 받을 수 있게 되었으며, 1989년 「사회복지관 운영·건립 국고보조사업지침」에 따라 국가지원금 산출방식이 마련되었다.

우리나라 새마을운동에 관한 설명으로 옳지 않은 것은?

① 지역사회개발사업과 관련이 있다.
② 농촌생활환경 개선운동으로 시작되었으나 소득증대운동으로 발전하지 못하였다.
③ 근면·자조·협동을 주요 정신으로 한다.
④ 1970년대 새마을운동 기록물은 유네스코 세계기록유산에 등재되어 있다.
⑤ 매년 4월 22일은 정부지정 새마을의 날이다.

답 ②

✅ 응시생들의 선택

① 2%	② 69%	③ 1%	④ 16%	⑤ 12%

② 1970년대 농촌의 생활환경개선 사업으로 시작된 새마을운동은 소득증대 사업으로 확대되었으며, 도시지역에서는 의식개선 운동으로 전개되기도 하였다. 1980년대에 들어선 이후 민간주도로 전환되었다.

우리나라 지역사회복지 역사에 관한 설명으로 옳지 않은 것은?

① 오가통(五家統)은 지역이 자율적으로 주도한 인보제도이다.
② 두레는 촌락단위의 농민상호협동체이다.
③ 향약은 지역민의 순화, 덕화, 교화를 목적으로 한 자치적 협동조직이다.
④ 계(契)는 조합적 성격을 지닌 자연발생적 조직이다.
⑤ 품앗이는 농민의 노동력을 서로 차용 또는 교환하는 것이다.

답 ①

✅ 응시생들의 선택

① 58%	② 22%	③ 7%	④ 10%	⑤ 3%

① 오가통은 각 하급 지방행정 구획을 일정수의 호수로 세분화하여 그 구역 내에 거주하는 성원이 인보상조와 연대책임으로 서로 돕도록 한 것으로, 지방자치제도적 성격을 갖는다.

우리나라의 지역사회복지 발달에 관한 설명으로 옳은 것을 모두 고른 것은?

> ㄱ. 1950년대 - 외국공공원조단체 한국연합회 조직
> ㄴ. 1960년대 - 최초 사회복지관 건립
> ㄷ. 1970년대 - 재가복지봉사센터 설치 및 운영
> ㄹ. 1990년대 - 16개 광역 시·도에 사회복지공동모금회 설립

① ㄱ, ㄴ, ㄷ　　　　② ㄱ, ㄷ
③ ㄴ, ㄹ　　　　④ ㄹ
⑤ ㄱ, ㄴ, ㄷ, ㄹ

답 ④

✅ 응시생들의 선택

① 7%	② 27%	③ 17%	④ 30%	⑤ 19%

ㄱ. 1950년대 - 외국민간원조단체 한국연합회 조직(1952년)
ㄴ. 1920년대 - 최초 사회복지관 건립(태화여자관, 1921년)
ㄷ. 1990년대 - 재가복지봉사센터 설치 및 운영(1992년)

우리나라 지역사회복지 발달 순서를 바르게 나열한 것은?

> ㄱ. 1기 시·군·구 지역사회복지계획 수립
> ㄴ. 재가복지봉사센터 설립
> ㄷ. 국민기초생활보장제도 시행
> ㄹ. 사회복지시설평가 법제화

① ㄱ → ㄴ → ㄷ → ㄹ　　　② ㄱ → ㄴ → ㄹ → ㄷ
③ ㄴ → ㄹ → ㄷ → ㄱ　　　④ ㄷ → ㄱ → ㄹ → ㄴ
⑤ ㄹ → ㄴ → ㄷ → ㄱ

답 ③

✅ 응시생들의 선택

① 16%	② 17%	③ 22%	④ 28%	⑤ 17%

ㄴ. 1992년 재가복지봉사센터 설립
ㄹ. 1997년 사회복지사업법 개정 및 1998년 시행규칙 개정으로 3년마다 1회 시설평가 의무화
ㄷ. 국민기초생활보장법 1999년 제정, 2000년 시행
ㄱ. 2005년 사회복지사업법 개정 법률 시행으로 2006년 1기 시·군·구 지역사회복지계획 수립, 2007년부터 실행

다음 내용이 왜 틀렸는지를 확인해보자

14-05-05

01 한국의 지역사회복지는 <u>2000년대 들어서면서 중앙집권이 강화되는 경향</u>을 보였다.

> 1990년대에 시작된 지방자치제의 영향을 받아 사회복지 역시 지방분권이 이루어졌다.

09-05-06

02 <u>2000년대 들어서면서 사회복지공동모금법이 제정</u>되어 민간단체에 의한 공동모금사업이 실시되었다.

> 사회복지공동모금법이 제정된 것은 1997년(시행은 1998년)이다. 현재는 사회복지공동모금회법(1999년 개정)으로 시행되고 있다.

03 사회복지시설에 대한 평가 의무화는 <u>1997년 사회보장기본법 개정</u>을 통해 이루어졌다.

> 1997년 사회복지사업법 개정으로 시설평가가 의무화되었다. 시설평가에 관한 법률조항의 시행은 이듬해인 1998년이었고, 실제 시설평가가 처음 진행된 것은 1999년이다.

13-05-19

04 2012년에는 사회보장기본법상의 <u>'사회서비스'가 '사회복지서비스'로 변경</u>되었다.

> '사회복지서비스'가 '사회서비스'로 변경, 확장되었다.

08-05-03

05 <u>1990년대</u>에는 지방자치 시대를 맞아 지역사회복지계획(현 지역사회보장계획)이 수립되었다.

> 지역사회복지계획에 관한 법 규정은 2003년 사회복지사업법 개정을 통해 마련되었고 2005년 7월부터 시행되어 2007년 제1기 계획이 시작되었다.

16-05-03

06 1970년대에는 <u>사회복지관 국고보조금 지침</u>이 마련되었다.

> 1983년 사회복지사업법 개정으로 사회복지관이 공식적으로 국가 지원을 받을 수 있게 되었으며, 1989년 「사회복지관 운영·건립 국고보조사업지침」에 따라 국가지원금 산출방식이 마련되었다.

07 12-05-11 1960년대 들어 우리나라 최초의 사회복지관이 건립되었다.

> 1921년에 설립된 태화여자관이 우리나라 최초의 사회복지관으로 평가되고 있다.

08 새마을운동은 **1980년대** 농촌의 지역사회개발 사업으로서 시작되었다.

> 새마을운동은 1970년대에 시작되었다.

09 12-05-11 1950년대 우리나라에는 **외국공공원조단체** 한국연합회(KAVA)가 조직되었다.

> KAVA는 외국의 공공이 아닌 민간 원조단체였다.

10 03-05-04 계, 두레, 향약, **오가작통** 등은 민간이 주도했던 자생적인 인보관행이었다.

> 오가작통은 국가적으로 실시했던 인보제도였다.

11 혜민국, 상평창, 의창, 진휼청, **공굴** 등은 국가에서 상시적으로 운영했던 복지기구의 성격을 갖는다.

> 공굴은 중병 혹은 장애가 있는 사람이나 과부 등 농사를 짓기 어려운 사람들을 위해 마을 사람들이 공동으로 농사를 지어주던 관행이었다.

12 04-05-30 조선시대 오가작통은 오늘날 **공공근로의 성격**을 가졌다.

> 오가작통은 지방자치제도의 성격을 띠었다.

빈칸에 들어갈 알맞은 말을 채워보자

01 `10-05-05`
( )년에는 사회복지시설평가를 위한 사회복지사업법 개정이 이루어졌다.

02 `10-05-05`
국민기초생활보장제도가 시행된 것은 ( )년이다.

03 2019년에는 공공부문에서 사회서비스 근로자를 직접 고용하고 사회서비스를 직접 제공하기 위해 ( ) 을/를 출범하였다.

04 2016년 읍·면·동 ( ) 사업을 추진하면서 동주민센터는 행정복지센터로 탈바꿈하였다.

05 `15-05-22`
2014년 제정된 「사회보장급여의 이용·제공 및 수급권자 발굴에 관한 법률」에 따른 지역사회보장계획은 ( )년마다 수립하도록 규정되어 있다.

06 `17-05-07`
( )년에 시·군·구 단위에 설치된 희망복지지원단은 통합적 사례관리를 추진한다.

07 `14-05-19`
새마을운동은 근면, 자조, ( ) 등을 주요 정신으로 한다.

08 2015년 사회보장급여의 이용·제공 및 수급권자 발굴에 관한 법률의 시행으로 지역사회(①)계획은 지역사회(②)계획으로 그 범위가 확대되었다.

답 **01** 1997 **02** 2000 **03** 사회서비스원 **04** 복지허브화 **05** 4 **06** 2012 **07** 협동 **08** ① 복지 ② 보장

다음 내용이 옳은지 그른지 판단해보자

17-05-07
01 2000년대에 들어서면서 저소득층 영구임대아파트 건립 시 일정 규모의 사회복지관 건립을 의무화 했다.

02 새마을운동은 농촌 지역의 소득증대, 생활환경 개선, 의식개혁을 목적으로 추진된 민간운동이었다.

15-05-08
03 조선시대 흉년으로 인한 이재민과 빈민을 구제한 국가기관은 동서대비원이다.

04 1990년대 지방자치제도 실시 이후 2000년대에는 지역 중심의 복지 전달체계 개편이 이루어졌다.

05 1986년에 자활지원센터의 시범사업이 실시되었다.

13-05-15
06 향약은 유교적 예속의 보급, 공동체적 결속, 지역의 체제안정을 위해 마을 단위로 실시된 향촌의 자 치규약을 말한다.

07 국민기초생활보장제도가 시행되면서 지역사회 중심의 자활지원사업이 본격적으로 전개되었다.

18-05-04
08 2018년에는 주민자치센터가 행정복지센터로 명칭 변경이 이루어졌다.

답 01✕ 02✕ 03✕ 04○ 05✕ 06○ 07○ 08✕

해설 **01** 1989년 주택건설촉진법, 1991년 주택건설 기준 등에 관한 규정 및 주택건설 기준 등에 관한 규칙 등을 통해 저소득층 영구임대아파트 건립 시 일정 규모의 사회복지관 건립을 의무화하였다.
02 새마을운동은 국가사업으로 실시되었다.
03 조선시대 흉년으로 인한 이재민과 빈민을 구제한 국가기관은 진휼청이다.
05 1996년에 자활지원센터의 시범사업이 실시되었다.
08 2016년 읍 · 면 · 동 복지허브화 사업 추진으로 주민센터가 행정복지센터로 탈바꿈하였다.

135 영국 지역사회복지의 발달

강의 QR코드

최근 10년간 **7문항** 출제

1회독	2회독	3회독
월 일	월 일	월 일

이론요약

근대 지역사회복지의 시작

- 1601년 이후 구빈법에 따른 수용과 구제 중심의 지역사회복지
- 1869년 런던, 자선조직협회 설립
- 1884년 런던, 인보관 토인비홀 설립

기본개념

지역사회복지론
pp.48~

지역사회복지 태동기(1950년대~1960년대 후반)

- 폐쇄적 시설에 대한 인권 문제 및 지방정부의 재정 부담 등이 제기되면서 새로운 보호
  의 장으로서 지역사회를 인식하기 시작
- 1959년 정신보건법(Mental Health Act) 제정으로 재가복지서비스 중심의 지역사회보호 정책 기틀 마련

지역사회보호 형성기

▶ **시봄 보고서(1968년)**
- 지역사회보호로 전환되는 계기가 된 보고서
- **지역사회를 사회서비스 제공자로 인식(비공식 서비스의 필요성 인식)하여 지역사회 기반의 서비스 제공 강조**
- **서비스의 협력적, 통합적 제공을 위한 행정개편을 주장**하며 사회서비스 부서 창설 및 지역별 전담사무소 설치 제안

▶ **하버트 보고서(1971년)**
- 가족과 근린 지역사회의 비공식 서비스를 통한 긴급한 욕구충족을 강조
- **공공 및 민간 사회서비스의 주요 과업은 비공식 서비스를 지원하는 것**에 있음을 역설

▶ **바클레이 보고서(1982년)**
- 대부분의 지역사회보호는 지역주민들 사이의 비공식 돌봄망을 통해 이루어짐을 인식
- **비공식 서비스와 공식 서비스 간의 파트너십 개발을 강조**

지역사회보호 발전기

▶ **그리피스 보고서(1988년)**
- 신보수주의 경향 하에서 케어의 혼합경제, 복지다원주의 논리를 따름
- **지역사회보호의 일차적 책임은 지방정부**에 있으며 계획은 지자체에서 수립

- 지방정부는 서비스의 공급자가 아닌, 서비스의 구매자 · 조정자로서의 역할을 해야 함
- 서비스 조직화의 원리로서 **사례관리 도입**

▶ **그리피스 보고서 이후**

- 그리피스 보고서의 주요 내용은 1990년에 제정된 「국민보건서비스 및 지역사회보호법(National Health Services and Community Care Act)」에 반영됨
- 개별화 원리, 이용자의 선택권 강화 및 욕구주도로 전환
- 케어 매니지먼트 도입

기출문장 CHECK

01 (22-05-04) 시봄보고서는 사회서비스의 협력과 통합을 제안하였다.

02 (22-05-04) 그리피스보고서는 지방정부의 책임을 강조하였다.

03 (20-05-04) 1959년 정신보건법(Mental Health Act) 제정으로 지역사회보호가 법률적으로 규정되었다.

04 (20-05-04) 영국의 지역사회복지는 시설보호에서 지역사회보호로 전환이 이루어졌다.

05 (20-05-04) 그리피스 보고서는 지역사회보호의 권한과 재정을 지방정부로 이양할 것을 권고하였다.

06 (19-05-07) 1980년대 그리피스(E. Griffiths) 보고서는 복지 주체의 다원화에 영향을 미쳤다.

07 (16-05-05) 영국의 그리피스 보고서는 지역사회보호를 위한 권한과 재정을 지방정부에 이양할 것을 주장하였다.

08 (16-05-05) 영국의 그리피스 보고서는 서비스의 적절성 확보를 위한 케어 매니지먼트를 강조하였다.

09 (15-05-07) 영국의 시봄 보고서는 사회서비스 부서의 창설을 제안하고 서비스의 협력 및 통합을 강조했다.

10 (07-05-03) 1970년대 영국에서는 비공식 서비스의 중요성을 강조한 하버트 보고서가 출판되었다.

대표기출 확인하기

영국의 지역사회복지 역사에 해당하지 않는 것은?

① 자선조직협회(COS)는 사회진화론에 영향을 받았다.

② 토인비홀은 사무엘 바네트(S. Barnett) 목사가 설립한 인보관이다.

③ 헐하우스는 제인 아담스(J. Adams)에 의해 설립되었다.

④ 시봄(Seebohm)보고서는 사회서비스의 협력과 통합을 제안하였다.

⑤ 그리피스(Griffiths)보고서는 지방정부의 책임을 강조하였다.

▶ 알짜확인

• 영국의 발달사는 최근 출제율이 높다. 영국 사회복지 발달의 특징이라 할 수 있는 지역사회보호와 관련된 보고서들을 살펴보도록 하자.

답 ③

✔ 응시생들의 선택

① 7%	② 10%	③ 44%	④ 24%	⑤ 15%

③ 제인 아담스가 설립한 헐하우스는 미국 시카고에 세워진 것이다.

관련기출 더 보기

영국의 지역사회복지 역사에 관한 설명으로 옳은 것은?

① 헐 하우스(Hull House)는 빈민들의 도덕성 향상을 위해 노력하였다.

② 우애방문단은 기존 사회질서를 비판하고 개혁을 주장하였다.

③ 인보관 이념은 우애방문단 활동의 기반이 되었다.

④ 1960년대 존슨행정부는 '빈곤과의 전쟁'을 선포하고 다양한 지역사회 개혁을 단행하였다.

⑤ 1980년대 그리피스(E. Griffiths) 보고서는 복지 주체의 다원화에 영향을 미쳤다.

답 ⑤

✔ 응시생들의 선택

① 8%	② 3%	③ 9%	④ 19%	⑤ 61%

① 헐 하우스(Hull House)는 1889년 미국 시카고에 설립된 인보관이므로 영국의 역사는 아니다. 또한, 빈민들의 도덕성 향상을 강조한 것은 자선조직협회이다.

②③ 우애방문단은 자선조직협회의 활동가들이며, 사회질서의 비판 및 개혁을 주장한 것은 자선조직협회가 아닌 인보관 운동에 해당한다.

④ 1960년대 존슨행정부는 '빈곤과의 전쟁'을 선포하고 다양한 지역사회 개혁을 단행했는데, 이는 미국의 역사이다.

영국 지역사회복지의 발달에 영향을 미친 주요 사건을 순서대로 나열한 것은?

> ㄱ. 토인비홀(Toynbee Hall) 설립
> ㄴ. 정신보건법(Mental Health Act) 제정
> ㄷ. 그리피스(Griffiths)보고서
> ㄹ. 하버트(Harbert)보고서
> ㅁ. 시봄(Seebohm)보고서

① ㄱ - ㄴ - ㄷ - ㅁ - ㄹ
② ㄱ - ㄴ - ㅁ - ㄹ - ㄷ
③ ㄱ - ㅁ - ㄹ - ㄴ - ㄷ
④ ㄴ - ㄱ - ㅁ - ㄹ - ㄷ
⑤ ㄴ - ㄷ - ㅁ - ㄹ - ㄱ

답 ②

✔ 응시생들의 선택

① 11%	② 51%	③ 32%	④ 4%	⑤ 2%

ㄱ. 토인비홀(Toynbee Hall) 설립: 1884년
ㄴ. 정신보건법(Mental Health Act) 제정: 1959년
ㅁ. 시봄(Seebohm)보고서: 1968년
ㄹ. 하버트(Harbert)보고서: 1971년
ㄷ. 그리피스(Griffiths)보고서: 1988년

➕ 덧붙임

시봄 보고서(1968), 하버트 보고서(1971), 바클레이 보고서(1982), 그리피스 보고서(1988) 등은 모두 지역사회보호를 바탕으로 전개되었다는 점 같이 기억해두자.

영국의 그리피스 보고서(Griffiths Report, 1988)에서 강조하고 있는 지역사회보호에 관한 설명으로 옳은 것을 모두 고른 것은?

> ㄱ. 지역사회보호를 위한 권한과 재정을 지방정부에 이양할 것을 주장하였다.
> ㄴ. 지역사회보호를 위한 지방정부의 서비스 공급자 역할을 강조하였다.
> ㄷ. 서비스의 적절성 확보를 위한 케어 매니지먼트(care management)를 강조하였다.
> ㄹ. 지역사회보호 실천주체 다양화를 추구하였다.

① ㄱ, ㄴ   ② ㄱ, ㄹ
③ ㄴ, ㄷ   ④ ㄱ, ㄷ, ㄹ
⑤ ㄴ, ㄷ, ㄹ

답 ④

✔ 응시생들의 선택

① 17%	② 12%	③ 5%	④ 42%	⑤ 24%

ㄴ. 그리피스 보고서는 국가의 역할보다는 민간 부문에서 다양한 서비스가 공급되도록 해야 한다고 주장하면서 지방정부는 서비스의 구매·조정자로서의 역할을 해야 한다고 보았다.

영국의 지역사회보호 역사 중 다음의 특성 모두와 관련 있는 것은?

> • 사회서비스 부서 창설 제안
> • 대인사회서비스
> • 지역사회를 사회서비스 제공자로 인식
> • 서비스의 협력 및 통합

① 시봄(Seebohm) 보고서
② 하버트(Harbert) 보고서
③ 바클레이(Barclay) 보고서
④ 그리피스(Griffiths) 보고서
⑤ 베버리지(Beveridge) 보고서

답 ①

✔ 응시생들의 선택

① 20%	② 26%	③ 11%	④ 24%	⑤ 19%

① 시봄 보고서는 비공식적 서비스와 지역사회주민의 참여를 강조하며, 여러 부서에 산재되어 있는 서비스를 통합하도록 행정을 개편해야 한다고 주장했다.

다음 내용이 왜 틀렸는지를 확인해보자

01 1959년에는 정신보건법이 제정되면서 **시설보호에 관한 기틀**이 마련되기 시작하였다.

> 재가복지서비스 중심의 지역사회보호에 관한 기틀이 마련되기 시작하였다.

02 영국에서 발표된 지역사회보호 관련 보고서 중 가장 최초로 제시된 것은 **그리피스 보고서**로 당시 영국 사회복지 제도의 개혁을 강조하였다.

> 시봄 보고서이다.

`20-05-04`

03 영국 지역사회복지 발달과정에서 지역사회보호가 강조되면서 **민간서비스 및 비공식 서비스의 역할은 점차 감소**하였다.

> 지역사회보호가 강조되면서 민간서비스, 비공식 서비스의 역할은 더욱 강조되었다.

04 그리피스 보고서는 지역사회보호의 일차적 책임주체가 **중앙정부**임을 강조하였다.

> 그리피스 보고서는 지역사회보호의 일차적 책임주체가 지방정부임을 강조하였다.

`21-05-04`

05 하버트 보고서는 **헐하우스 건립의 기초**가 되었다.

> 헐하우스는 1889년 미국에 세워진 인보관이다. 하버트 보고서는 1971년 영국에서 발표되었기 때문에 시기적으로 맞지 않는 서술이다.

빈칸에 들어갈 알맞은 말을 채워보자

15-05-07
01 1968년 발표된 ( ) 보고서는 사회서비스 부서 창설, 대인사회서비스, 서비스의 협력 및 통합 등을 골자로 하였다.

02 영국 지역사회보호 형성기에는 다양한 보고서가 제출되었으며, 그 중 ( ) 보고서는 비공식 보호서비스와 공식 보호서비스 간의 파트너십 개발을 강조하였다.

16-05-05
03 1988년 발표된 ( ) 보고서는 지역사회보호를 위한 권한과 재정을 지방정부에 이양할 것을 주장하면서 서비스의 적절성 확보를 위한 케어 매니지먼트(care management)를 강조하였다.

04 1971년에 발표된 ( ) 보고서는 가족체계와 근린 지역사회를 통해 이루어지는 비공식 서비스의 중요성을 강조하였다.

답 **01** 시봄 **02** 바클레이 **03** 그리피스 **04** 하버트

다음 내용이 옳은지 그른지 판단해보자

01 영국 지역사회보호 형성기에는 시봄 보고서, 하버트 보고서, 그리피스 보고서 등 다양한 보고서가 발표되었다.

07-05-03
02 1930년대 영국에서는 시봄 보고서가 발표되면서 지역사회보호가 형성되기 시작하였다.

07-05-03
03 1970년대 영국에서는 비공식 서비스의 중요성을 강조한 하버트 보고서가 출판되었다.

04 시봄 보고서는 서비스의 통합적 제공을 위한 행정개편을 주장하였다.

16-05-05
05 그리피스 보고서는 지역사회보호를 위한 지방정부의 서비스 공급자 역할을 강조하였다.

답 **01**× **02**× **03**○ **04**○ **05**×

(해설) **01** 시봄 보고서, 하버트 보고서, 바클레이 보고서는 지역사회보호 형성기, 그리피스 보고서는 지역사회보호 발전기로 분류된다.
02 시봄 보고서는 1968년에 발표되었다.
05 그리피스 보고서는 지방정부는 서비스의 구매자 및 조정자로서 역할을 해야 한다고 보았다.

136 자선조직협회와 인보관 운동

강의 QR코드

최근 10년간 **2문항** 출제

복습
1 이론요약

COS(자선조직협회)

- 영국 – 1869년 런던(러스킨)
- 미국 – 1877년 뉴욕(거틴)
- **상류층, 부유층 등을 중심**으로 조직
- **빈곤을 개인의 문제로 봄**
- **사회진화론, 적자생존의 논리**
- 이전의 무분별한 자선활동을 조직화하여 체계적, 효율적 자선활동 진행
- **서비스의 조정에 초점**
- 가치있는 빈민과 가치없는 빈민을 구분하여 **선별적 구호활동** 진행
- 우애방문원을 조직하여 **우애방문원을 통한 개별방문지도** 실시
- **개별사회사업의 효시**

인보관

- 영국 – 1884년 런던 '토인비홀'(바넷)
- 미국 – 1886년 뉴욕 Neighborhood Guild(코이트), 1889년 시카고 '헐하우스'(제인 애덤스)
- **대학생 등 지식인층을 중심**으로 조직
- **빈곤을 산업화, 도시화에 따른 사회적 산물로 봄**
- **자유주의, 급진주의, 계몽주의를 바탕**으로 함
- 3R: **빈민과 함께 거주**(Residence), **사회조사**(Research), **사회개혁**(Reform)
- 주민의 조직화, 환경개선, 의식화 교육, 문화활동, 사회개혁 운동 진행
- **서비스의 제공에 초점**
- **빈곤해결 자체, 제도적 변화에 관심**
- 동료애, 우정을 바탕으로 관계 형성
- **집단사회사업으로 발전**

기본개념

지역사회복지론
pp.46~

01 (22-05-04) 자선조직협회는 사회진화론에 영향을 받았다.

02 (22-05-04) 토인비홀은 사무엘 바네트 목사가 설립한 인보관이다.

03 (20-05-04) 자선조직협회는 사회진화론의 영향을 받았다.

04 (14-05-08) 세계 최초 인보관은 영국의 토인비홀이다.

05 (14-05-08) 인보관 운동의 주요 이념은 자유주의, 급진주의이다.

06 (14-05-08) 인보관 운동은 빈곤문제 해결을 위하여 환경에 관심을 갖고 접근하였다.

07 (13-05-13) 인보관 운동은 사회구조의 변화에 관심을 가졌다.

08 (13-05-13) 인보관 운동은 빈민들과 함께 거주하면서 사회문제를 해결하려 하였다.

09 (11-05-01) 자선조직협회에서는 우애방문원들이 가정방문을 진행했으며, 이들은 오늘날 사회복지사의 모태가 되었다.

10 (10-05-08) 자선조직협회는 가난의 책임이 개인에게 있다고 여겼다.

11 (08-05-04) 인보관 운동은 지역주민을 대상으로 다양한 교육활동을 펼치기도 했다.

12 (08-05-04) 자선조직협회의 주요 특징: 가치 있는 빈민과 가치 없는 빈민으로 구분, 자선기관의 서비스 조정, 사회조사 실시, 우애방문원을 통한 사례개입

13 (06-05-04) 인보관은 서비스를 직접 제공하는 한편 사회개혁 운동을 진행하기도 했다.

14 (05-05-03) 자선조직협회는 서비스의 연계 및 조정 등 지역복지의 기원이 되었다.

15 (04-05-10) 자선조직협회는 빈민의 개조에 역점을 두었다.

16 (03-05-03) 인보관 운동은 빈민들과 함께 거주하며 진행되었다.

17 (02-05-04) 인보관 운동은 사회개혁을 강조했다.

18 (02-05-05) 자선조직협회는 산발적 자선모금 활동을 체계화하고, 불합리하게 진행되던 자선사업을 개선하고, 빈곤조사를 실시하며, 우애방문원을 통해 서비스를 제공하기도 했다.

대표기출 확인하기

14-05-08
난이도 ★★★

인보관에 관한 설명으로 옳지 않은 것은?

① 세계 최초 인보관은 영국의 토인비홀이다.
② 일본의 인보관은 간다(神田)의 킹스레이관에서 시작되었다.
③ 우애방문 활동을 중심으로 전개하였다.
④ 주요 이념은 자유주의, 급진주의이다.
⑤ 빈곤문제 해결을 위하여 환경에 관심을 갖고 접근하였다.

 알짜확인

• 자선조직협회 및 인보관 운동의 특징에 대해 파악해두어야 한다. 주로 이 둘의 차이점을 파악하고 있는지를 확인하는 문제가 출제되고 있기 때문에 학습할 때에도 둘의 차이점을 비교하면서 정리해두는 것이 필요하다.
• 둘 모두 지역사회복지의 발전에 영향을 미쳤지만, 자선조직협회는 빈곤의 책임을 개인에게 돌렸고, 인보관 운동은 빈곤문제를 산업화의 산물로 봤다는 근본적인 차이가 있다. 이 둘은 근본적인 관점이 다르기 때문에 활동 내용이나 이념 등도 다르다.

답 ③

✔ 응시생들의 선택

① 1%	② 4%	③ 87%	④ 6%	⑤ 2%

③ 자선조직협회는 우애방문원들로 하여금 빈곤자들에 대해 개별 방문지도 활동을 수행하도록 하였다.

관련기출 더 보기

11-05-01
난이도 ★★★

자선조직협회(COS)와 인보관에 관한 설명으로 옳지 않은 것은?

① 자선조직협회에서는 우애방문원들이 가정방문을 하였다.
② 성직자나 대학생 등이 중심이 되어 인보관 운동을 전개하였다.
③ 우애방문원은 오늘날 사회복지사의 모태라고 할 수 있다.
④ 인보관 운동은 사회개혁을 추구했다.
⑤ 인보관 운동은 사회진화론에 바탕을 두었다.

답 ⑤

✔ 응시생들의 선택

① 2%	② 7%	③ 7%	④ 5%	⑤ 81%

⑤ 사회진화론은 변화하는 사회환경에 스스로의 능력으로 적응해나가는 존재만이 살아남을 수 있다고 하는 적자생존의 원리를 강조하며, 이는 자선조직협회의 사상적 바탕이 되었다. 자선조직협회는 이러한 사상에 입각하여 빈곤의 책임은 빈민 스스로에게 있다고 여기고, 개인의 노력을 강조하였다.

08-05-04
난이도 ★★★

인보관 활동에 대한 설명으로 옳은 것은?

① 지역주민 대상의 교육
② 가치있는 빈민과 가치없는 빈민으로 구분
③ 자선기관의 서비스 조정
④ 사회조사(social survey)의 실시
⑤ 우애방문원을 통한 사례개입

답 ①

✔ 응시생들의 선택

① 79%	② 0%	③ 4%	④ 15%	⑤ 2%

②③④⑤ 자선조직협회에 해당하는 설명이다.

다음 내용이 옳은지 그른지 판단해보자

05-05-03
01 인보관 운동은 서비스의 연계 및 조정 등 지역복지의 기원이 되었다. ◎ ⊗

13-05-13
02 인보관 운동은 1:1 방문서비스를 원칙으로 하였다. ◎ ⊗

06-05-04
03 인보관 운동은 서비스를 직접 제공하는 한편 사회개혁 운동을 전개하기도 하였다. ◎ ⊗

04 인보관 운동은 함께 생활함으로써 문제를 파악할 수 있다는 전제를 가졌다. ◎ ⊗

10-05-08
05 자선조직협회는 급진적 이데올로기로 설명된다. ◎ ⊗

06 자선조직협회 활동은 개별사회사업의 발전에, 인보관 운동은 집단사회사업의 발전에 영향을 주었다. ◎ ⊗

04-05-10
07 자선조직협회는 자선기관들의 네트워크를 형성하였고 자선활동을 체계화하기 위해 노력했다. ◎ ⊗

08 인보관 운동은 빈민들의 의존문화 근절에 초점을 두고 문맹퇴치 등 다양한 교육활동을 진행했다. ◎ ⊗

 **01**✕ **02**✕ **03**○ **04**○ **05**✕ **06**○ **07**○ **08**✕

(해설) **01** 서비스의 연계 및 조정 등의 기원이 된 것은 자선조직협회의 활동이다.
02 자선조직협회는 우애방문원을 통해 1:1 방문서비스를 진행하였다.
05 자선조직협회는 사회진화론, 적자생존의 논리를 바탕으로 하며, 인보관 운동은 급진주의, 계몽주의, 자유주의를 바탕으로 한다.
08 인보관 운동에서는 문맹퇴치를 비롯한 다양한 교육활동을 진행했지만, 빈민들의 의존문화 근절에 초점을 둔 것은 자선조직협회에 해당한다.

미국 지역사회복지의 발달

강의 QR코드

★★★
최근 10년간 **1문항** 출제

이론요약

지역사회복지의 태동기(1890~1910년대)

- 산업화에 따른 농촌인구의 도시화나 급증한 이민자들로 인한 도시빈곤, 남북전쟁 후의 흑인문제, 주택문제, 질병 등의 사회문제를 개선하려는 지역단위의 노력이 필요한 상황에서 국가의 역할은 국민의 재산권 보호와 자유 수호, 인권의 보장에 한정되어야 한다는 주장이 제기됨
- 이념적으로는 **사회진화론, 실용주의, 자유주의 등의 영향이 크게 작용**
- 사회적 문제해결을 위한 활동으로 영국의 영향을 받아 자선조직협회와 인보관 운동이 활발하게 추진

기본개념

지역사회복지론
pp.51~

지역사회복지의 형성기(1920~1950년대)

- 20세기 초 사회복지기관의 재정난과 모금활동의 투명성 의혹 등에 따라 자선가 중심의 지역공동모금제도 및 지역복지협의회를 설립
- 자선조직협회 활동을 근간으로 하여 지역사회의 문제와 욕구를 충족시키기 위해 복지사업을 계획, 조정하는 것을 목적으로 사회복지기관협의회를 설립
- 사회문제나 빈곤의 해결방법을 개인이 아닌 지역사회조직화로부터 찾고자 하는 노력인 **지역사회조직화(CO: Community Organization)의 발달**
- 대공황 등으로 인한 복지수요 급증으로 기존의 민간 복지서비스로는 이를 담당하기 부족하여 연방정부의 개입이 확산됨에 따라 지역사회의 사업들도 정부기관으로 이양되거나 연방정부 단위의 사업으로 확대

지역사회복지의 정착기(1960년대 이후)

- **1960년대 빈곤과의 전쟁**으로 연방정부의 책임 확대, 1965년 헤드스타트 프로그램 도입
- 1960년대 인종차별철폐운동, 반동운동, 여성해방운동 등 **시민운동의 성장으로 1970년대 지역사회조직사업 촉진**
- 1970년대 반복지주의적 물결 태동
- 1981년 신보수주의적 레이거노믹스 정책으로 '작은 정부'를 추진하면서 사회복지 부문의 민영화 진행

01 (16-05-04) 1970년대 미국에서 일어난 인종차별 금지와 반전(反戰) 운동은 지역사회조직사업을 촉진하였다.

02 (10-05-03) 사회진화론, 급진주의, 실용주의, 자유주의 등은 1800년대 후반부터 1900년대 초반의 미국 지역사회복지 발달에 영향을 미쳤다.

03 (09-05-05) 미국의 지역사회복지 역사에서 지역사회조직사업은 1960년대 들어와서 사회사업 전문분야의 위치를 확고히 하였다.

04 (09-05-05) 미국에서 인보관 운동은 자선조직협회보다 뒤에 시작되었다.

05 (08-05-06) 미국의 지역사회복지 역사에서 자선조직협회는 기관 간 서비스를 조정하기 위한 활동을, 인보관은 다양한 사회문제에 대처하기 위한 활동을 전개했다.

06 (08-05-06) 제1차 세계대전 이후 미국에서는 공동모금이 활성화되었다.

복습 2 기출확인

대표기출 확인하기

16-05-04   난이도 ★★★

미국 지역사회복지의 역사적 특징으로 옳은 것은?

① 대공황 이전에는 공공이 지역사회복지실천의 주요 전달체계를 담당하였다.
② 케네디와 존슨 행정부의 '빈곤과의 전쟁'은 사회복지의 지방정부 역할과 책임을 강조하였다.
③ 1970년대 인종차별 금지와 반전(反戰)운동은 지역사회조직사업을 촉진하였다.
④ 1990년대 '복지개혁(Welfare Reform)'은 풀뿌리 지역사회조직활동을 강조하였다.
⑤ 오바마 행정부는 연방정부 중심의 지역사회복지 프로그램 평가에 주안점을 두었다.

 알짜확인

• 미국의 역사에서 빈곤과의 전쟁, 신보수주의, 민영화 등의 흐름은 눈여겨 살펴봐야 한다. 지역사회복지와 관련해서는 세계대전을 거치며 시작된 공동모금과 1960~70년대 인권운동, 시민권운동 등이 지역사회조직사업의 발달로 이어졌다는 점은 기억해둘 만하다.

답 ③

✅ **응시생들의 선택**

① 15%	② 23%	③ 19%	④ 30%	⑤ 13%

① 대공황 이후 다양한 공공 복지사업이 마련되었다.
② 케네디와 존슨 행정부의 '빈곤과의 전쟁'은 연방정부의 역할과 책임을 강조하였다.
④ 1990년대 미국의 사회복지는 기관의 행정, 계획, 조직발전, 평가개발을 중심으로 이루어졌다. 1996년 복지개혁은 개인책임에 따른 근로연계복지가 핵심이었고, 공공부조에 대해서는 주정부에 권한과 책임을 이양했다.
⑤ 오바마 전 미국 대통령은 지역사회운동을 했던 활동가이기도 했고, 이를 바탕으로 이른바 '풀뿌리식' 선거운동을 진행하였다. 이로써 당선 이후 풀뿌리 지역사회조직활동에 대한 학문적, 실천적 관심이 더욱 확대되었다.

관련기출 더 보기

12-05-16   난이도 ★★☆

미국의 지역사회복지 발달 과정을 빠른 연대 순으로 배치한 것은?

ㄱ. 헐 하우스(Hull House) 건립
ㄴ. 자선조직협회 창설
ㄷ. 지역공동모금을 위한 상공회의소의 자선연합회 출현
ㄹ. '작은 정부' 지향으로 복지에 대한 지방정부 책임 강조
ㅁ. '빈곤과의 전쟁' 선포로 사회복지에 대한 연방정부 역할 증대

① ㄱ — ㄴ — ㄷ — ㄹ — ㅁ
② ㄱ — ㄴ — ㄷ — ㅁ — ㄹ
③ ㄱ — ㄷ — ㄴ — ㄹ — ㅁ
④ ㄴ — ㄱ — ㄷ — ㅁ — ㄹ
⑤ ㄴ — ㄷ — ㄱ — ㅁ — ㄹ

답 ④

✅ **응시생들의 선택**

① 3%	② 15%	③ 3%	④ 67%	⑤ 12%

ㄴ. 1877년 – ㄱ. 1889년 – ㄷ. 1913년 – ㅁ. 1960년대 – ㄹ. 1970년대 후반 이후

10-05-03   난이도 ★★☆

1800년대 후반부터 1900년대 초반의 미국 지역사회복지 발달에 영향을 미친 이념이 아닌 것은?

① 사회진화주의
② 급진주의
③ 실용주의
④ 자유주의
⑤ 민권운동

답 ⑤

✅ **응시생들의 선택**

① 11%	② 10%	③ 25%	④ 12%	⑤ 42%

⑤ 미국에서 민권운동이 활발하게 진행된 시기는 1960년대~1970년대에 해당한다.

다음 내용이 옳은지 그른지 판단해보자

`08-05-06`

01 1990년대 이후 미국에서는 지역사회조직에 기초한 옹호적 접근이 강조되었다.

---

02 1980년대 미국에서는 신보수주의에 입각하여 국민의 복지에 대한 국가의 책임이 강조되었다.

---

03 제1차 세계대전을 거치면서 전시모금회가 생겨났고, 이는 이후 공동모금회로 발전하였다.

`16-05-04`

04 미국에서 케네디 및 존슨 행정부의 '빈곤과의 전쟁'은 사회복지에 대한 지방정부의 역할과 책임을 강조하였다.

---

05 1960년대 미국에서는 베트남 전쟁으로 인한 반전운동을 시작으로 이후 인종차별철폐운동, 여성해방운동 등 다양한 사회행동이 일어났고, 이는 지역사회조직사업의 발전으로 이어졌다.

`10-05-03`

06 사회진화론, 급진주의, 실용주의, 자유주의 등의 이념은 1800년대 후반부터 1900년대 초반의 미국 지역사회복지 발달에 영향을 미쳤다.

`09-05-05`

07 미국에서는 레이거노믹스 이후 복지예산 삭감에 대한 압력이 줄어들었다.

 01× **02**× **03**○ **04**× **05**○ **06**○ **07**×

(해설) **01** 1990년대 이후에는 지역사회조직에 기초한 옹호적 접근보다는 사회복지기관의 기획 및 마케팅 같은 행정적 능력이나 프로그램 평가 등이 강조되었다.
02 1980년대는 신보수주의에 따라 사회복지에 대한 정부지원이 축소되고 사회복지 영역들도 민영화가 단행되기 시작했다.
04 빈곤과의 전쟁은 지방정부가 아닌 연방정부(중앙정부)의 역할과 책임을 강조하고 확대했다.
07 1980년대 신보수주의 경향을 레이거노믹스라고 일컫는다. 레이거노믹스에 따라 복지예산 삭감에 대한 압력은 증가했다.

지역사회복지의 주요 이론

이 장에서는

구조기능론, 갈등이론, 교환이론, 자원동원이론, 생태이론 등을 비롯해 지역사회복지에 함의를 주는 다양한 이론들을 살펴본다.

10년간 출제분포도

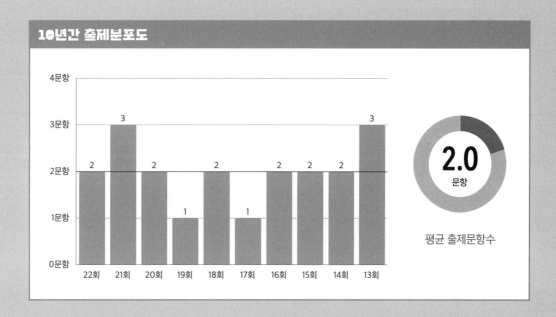

평균 출제문항수

138 지역사회복지실천 이론들

강의 QR코드

최근 10년간 **20문항** 출제

복습 1 이론요약

구조기능이론

• 지역사회는 여러 부분으로 구성되어 있고, 각 부분은 전체가 기능을 잘 발휘할 수 있도록 기여
• **지역사회의 균형과 안정을 강조**

갈등이론

• **사회의 권력과 자원 등이 불평등하기 때문에 갈등은 본질적으로 발생하는 불가피한 현상이라고 봄**
• **갈등을 사회변화를 가능하게 하는 주요 기제로 간주**
• 어느 한 집단이 다른 집단을 성공적으로 완전히 지배함에 따라 안정이 일어날 수 있지만 이는 일시적인 현상일 뿐 사회는 본래 분열되어 있다고 봄

기본개념

지역사회복지론
pp.66~

※ **알린스키(Alinsky)**

– 갈등이론을 지역사회조직화에 적용한 대표적인 학자
– 모든 사람이 재화와 서비스에 평등하게 접근할 수 있어야 하며, 지역사회조직의 목표는 지배집단과 피지배집단이 동등한 혜택을 받는 것이라고 주장
– 소수의 지배집단이 갖고 있는 자원과 의사결정의 권한을 가져오기 위한 피지배집단의 조직화와 대항을 강조

사회체계이론

• 다양한 체계들 간의 상호작용을 강조
• 지역사회의 각 구성요소들이 상호 긴밀하게 연결되어 집단이 형성되고, 여러 집단이 서로 결합되어 제도를 이루고, 여러 제도들이 서로 결합되어 지역사회를 이룬다고 봄

생태(체계)이론

• 인간과 그를 둘러싼 사회환경을 하나의 거대한 생태계로 파악(**환경 속 인간 관점**)
• **사회환경의 변천과정을 역동적으로 설명**할 수 있는 이론
• **경쟁, 지배, 집중화, 계승, 분산 등의 개념을 통해 지역사회의 변화과정을 설명**

- 인간은 환경과 상호작용하면서 환경에 적응하는 동시에 진화하는 역동적 존재임을 가정하면서도, **환경에 대한 적응 (환경과의 적합성)을 전제로 체계의 안정성을 지향하기 때문에 적극적인 변화나 저항을 추구하지는 않음**

자원동원이론

- **사회운동조직의 역할과 한계를 규명**하는 이론
- 조직의 활성화를 위해 자원이 필요하며 **자원의 유무에 따라 사회운동의 성패가 결정된다고 봄**
- **자원에는 돈, 정보, 사람, 조직원 간의 연대성, 사회운동의 목적과 방법에 대한 정당성 등이 포함됨**
- 자원동원의 핵심 과제는 '조직원을 어떻게 확보할 것인가'와 '잠재적 조직원에게 조직의 철학과 이념을 어떻게 전달할 것인가'에 있음

교환이론

- 사회적·물질적 자원의 **교환을 인간 상호작용의 근본 형태로 파악**
- 지역사회복지실천도 교환의 장에서 이루어짐
- 교환자원: 상담, 지역중심 서비스, 기부금, 재정지원, 정보, 정치적 권력, 의미, 힘 등
- **교환관계의 단절이나 불균형, 교환자원의 부족 및 고갈 등으로 인해 지역사회문제가 발생할 수 있음**

※ **하드캐슬의 권력균형전략**
- **경쟁**: 교환에 참여하는 대신 다른 자원을 찾는 것
- **재평가**: A가 B의 자원을 재평가하여 종속을 피하는 방법
- **호혜성**: A와 B가 서로에게 필요한 교환관계임을 인식하게 하여 A와 B의 관계를 독립적이고 동등한 관계로 바꾸는 것
- **연합**: B에 종속된 A, C, D 등이 힘을 합쳐 B의 권력에 대항하는 전략
- **강제**: 물리적 힘을 동원하여 B가 갖고 있는 자원을 A가 장악하는 전략(법적, 윤리적 문제가 발생할 수 있으므로 유의해야 함)

엘리트주의와 다원주의

- 엘리트주의: 소수의 지배 엘리트 집단(정치와 경제 등에서 중요한 정책을 결정할 때 우월한 지위에서 영향을 미치는 사람 또는 집단)이 국가의 정책을 좌우하는 권력을 장악하고 있다고 봄
- 다원주의: 다원화된 현대사회에서는 각 이익집단의 대결과 갈등을 정부가 종합하여 균형적인 결정을 내린다는 것

사회구성론

- 지식의 객관성을 강조하는 전통적인 실증주의를 비판
- **개인이 처한 사회나 문화 속 맥락에 따라 현실의 문제나 상황을 구성 또는 재구성할 수 있다는 관점**
- **다양한 문화를 가진 클라이언트**와의 지속적이고 집중적인 대화과정을 강조함
- 클라이언트의 행동에 영향을 끼치는 사회·경제 및 정치적 구조에 대한 이해를 갖고, 클라이언트의 다양한 문화적 가치와 규범에 대한 민감성을 강조

권력의존이론

- 집단들이 갖고 있는 자원의 크기에 따라 권력이 발생하며 **권력이 작은 집단은 권력이 큰 집단에 의존하게 된다는 관점**
- **지역사회 내 집단들 사이에 힘의 획득, 분산 등 권력구조를 파악**하기 위한 이론적 토대가 됨

01 (22-05-05) 교환이론은 자원의 교환을 통한 지역사회의 발전을 강조한다.

02 (21-05-05) 갈등이론은 이해관계의 대립을 불평등한 분배로 설명한다.

03 (21-05-07) 사회복지관이 지방정부로부터 보조금 집행에 대한 지도점검을 받는 것은 권력의존이론의 관점으로 이해할 수 있다.

04 (20-05-07) 사회구성(주의) 이론: 가치나 규범, 신념, 태도 등은 다양한 문화적 집단에 따라 다르게 구성된다.

05 (19-05-02) 사회구성주의이론은 지역사회 문제를 객관적 사실로 인정하지 않고, 특정 집단에 의해 규정된다고 본다.

06 (18-05-05) 갈등이론은 갈등현상을 사회적 과정의 본질로 간주한다.

07 (17-05-08) 사회구성론의 적용 예: A사회복지사는 결혼이주여성들을 지원하는 과정에서 그들의 행동에 영향을 미쳤던 자국의 사회, 경제 및 정치적 구조를 이해하고 그들의 문화적 가치와 규범에 대한 의미를 해석해야 한다.

08 (16-05-07) 생태체계이론의 적용 예: 도농복합지역 A시의 최근 10년간 사회지표 분석결과, 원도심 지역은 공동화가 이루어지면서 노인가구 및 1인 가구 증가율이 급상승한 반면, 농촌지역은 공공기관 이전으로 인구의 평균연령이 낮아져 A시가 계층화되고 있는 것으로 나타났다.

09 (15-05-01) 다원주의이론의 관점: 다양한 집단과 조직이 이익을 표출함으로써 정책과정에 영향을 미칠 수 있다. 지역사회복지정책은 이익집단들 간의 갈등과 타협의 산물로 간주된다. 지역사회복지정책 결정은 이익집단들의 상대적 영향력 정도에 따라 달라진다.

10 (15-05-05) 권력의존이론의 적용 예: 사회복지관은 생존차원에서 외부 재정지원을 필요로 하지만 재정지원자의 요구를 무시하기 어렵다. 이런 상황에서 A사회복지관은 기관운영 재원을 마련하기 위해 다양한 후원기관을 발굴하였고, 이를 통해 직원들은 사업운영의 자율성이 확대되는 것을 경험하였다.

11 (14-05-04) 기능주의 관점에서는 조화, 적응, 안정, 균형을 중시한다.

12 (14-05-04) 기능주의 관점에서는 사회변화가 점진적으로 이루어진다고 전제한다.

13 (14-05-06) 사회구성주의에서는 지식은 사회적으로 구성되는 것이라고 본다.

14 (13-05-21) 사회체계이론은 보수적 이론으로 비판받지만 지역사회의 구조와 기능을 설명할 수 있다.

15 (13-05-21) 사회교환이론은 비영리 조직의 마케팅이나 네트워킹 활동을 설명할 수 있다.

16 (13-05-22) 생태학이론: 지역사회는 공간을 점유하는 인간집합체로서 경쟁, 중심화, 분산 및 분리 등의 현상이 존재한다. 지역사회의 변환과정을 역동적 진화과정으로 설명할 수 있다.

17 (12-05-14) 자원동원이론: 사회운동을 발전시키기 위하여 회원들을 적극적으로 참여하도록 독려한다. 조직의 발전을 위해서 구성원 모집, 자금 확충, 직원 고용에 힘쓴다.

18 (11-05-03) 자원동원이론은 힘의존이론(power dependency theory)에 영향을 받았다.

19 (11-05-05) 생태이론의 특징: 지역사회가 변화에 순응하면 살아남고 순응하지 못하면 도태된다는 자연의 섭리를 강조한다. 중심화나 분산 등의 개념을 사용하여 지역사회의 변환과정을 역동적으로 설명할 수 있다.

20 (10-05-04) 갈등론적 관점을 기반으로 한 지역사회복지실천은 지역사회의 불평등 관계를 바꾸는 데에 초점을 둔다.

21 (10-05-07) 교환이론에서 하드캐슬(Hardcastle)은 권력균형전략으로 경쟁, 재평가, 호혜성, 연합, 강제 등을 제시하였다.

22 (09-05-03) 자원동원론: 사회운동조직들의 역할과 한계를 설명한다.

23 (08-05-08) 체계이론: 다양한 체계들 간의 상호작용을 강조하며, 수평적인 관점과 수직적인 관점에 초점을 둔다.

24 (07-05-06) 갈등이론은 사회행동모델과 관련이 깊다.

25 (06-05-10) 갈등이론에서는 갈등이 지역사회 내부의 결속력을 강화시켜주기도 한다고 보았다.

대표기출 확인하기

22-05-07 　　　　　난이도 ★★★

다음을 설명하고 있는 이론은?

> 최근 A지방자치단체와 B지방자치단체는 중앙정부로부터 각각 100억 원의 복지 예산을 지원받았다. 노인복지단체가 많은 A지방자치단체는 지역 노인회의 요구로 노인복지 예산 편성 비율이 전체 예산의 50%를 차지하게 되었고, 상대적으로 젊은 층이 많이 거주하고 있는 B지방자치단체는 노인복지 예산의 편성비율이 20% 수준에 그쳤다.

① 교환이론　　　　　② 갈등주의이론
③ 사회체계이론　　　④ 사회자본이론
⑤ 다원주의이론

 알짜확인

- 하나의 이론이 한 문제로 출제되기도 하지만 한 문제에서 여러 이론들이 종합적으로 다뤄지는 경우가 많아 몇몇 이론만 집중적으로 공부해서는 안 된다.
- 각 이론의 주요 특징들을 주요 키워드와 함께 정리하여 헷갈리지 않도록 하자.
- 단순히 특징만 파악하는 문제뿐만 아니라 이론이 실제 어떻게 적용될 수 있는지를 생각해보는 문제도 출제된다는 점에서 다소 깊이 있는 공부가 요구된다.

답 ⑤

✔ 응시생들의 선택

① 3%	② 7%	③ 34%	④ 31%	⑤ 25%

다원주의는 사회는 여러 독립적인 이익집단이나 결사체로 이루어져 있으므로 집단 간의 경쟁, 갈등, 협력에 의해 민주적으로 운영된다는 사상이다. 주어진 지문의 내용을 보면 A지방자치단체는 지역 내 '노인회'라는 이익집단 결사체가 예산확보에 대해 영향력을 행사하고 있는 반면, B지방자치단체는 젊은 층이 많이 거주하고 있어 노인인구의 영향력이 상대적으로 약하게 나타나고 있음을 알 수 있다. 이러한 사례는 다원주의의 이론을 전제로 설명할 수 있다. 또한 이 사례에서는 분권화에 따라 중앙정부의 일률적인 정책이 아닌 지역사회마다 다른 다원적 정책 실시가 가능함도 알 수 있다.

관련기출 더 보기

21-05-05 　　　　　난이도 ★☆☆

갈등이론에 관한 설명으로 옳은 것은?

① 이익과 보상으로 사회적 관계가 유지된다.
② 특정 집단이 지닌 문화의 의미를 해석한다.
③ 지역사회는 상호의존적인 부분들로 구성되어 있다.
④ 조직구조 개발에 자원동원 과정을 중요하게 여긴다.
⑤ 이해관계의 대립을 불평등한 분배로 설명한다.

답 ⑤

✔ 응시생들의 선택

① 10%	② 4%	③ 6%	④ 3%	⑤ 77%

① 사회교환이론에 관한 설명이다.
② 사회구성론에 관한 설명이다.
③ 구조기능론에 관한 설명이다.
④ 자원동원이론에 관한 설명이다.

지역사회복지를 권력의존이론의 관점에서 설명한 것을 모두 고른 것은?

> ㄱ. 장애인 편의시설 설치를 위해 다양한 장애인 단체가 의사결정에 참여하도록 한다.
> ㄴ. 노인복지관은 은퇴노인의 재능을 활용한 봉사활동을 기획한다.
> ㄷ. 사회복지관은 지방정부로부터 보조금 집행에 대한 지도점검을 받았다.

① ㄱ   ② ㄷ
③ ㄱ, ㄴ   ④ ㄱ, ㄷ
⑤ ㄱ, ㄴ, ㄷ

답 ②

✔ 응시생들의 선택

① 4%	② 55%	③ 3%	④ 30%	⑤ 8%

ㄱ. 장애인 편의시설 설치를 위해 다양한 장애인 단체가 의사결정에 참여하도록 하는 것은 다원주의이론에 해당한다.
ㄴ. 노인복지관이 은퇴노인의 재능을 활용한 봉사활동을 기획하는 것은 교환이론, 사회자본이론 등의 맥락으로 볼 수 있다.

이론과 주요 개념의 연결이 옳지 않은 것은?

① 사회체계이론 – 체계와 경계
② 생태학적 관점 – 분리(segregation), 경쟁, 침입, 계승
③ 사회자본이론 – 네트워크, 일반화된 호혜성 규범
④ 갈등이론 – 갈등전술, 내부결속
⑤ 사회교환이론 – 자기효능감, 집단효능감

답 ⑤

✔ 응시생들의 선택

① 1%	② 48%	③ 9%	④ 3%	⑤ 39%

⑤ 사회교환이론은 인간은 자신의 이익을 추구하기 때문에 누군가와 사회적, 물질적 자원의 교환이라는 상호작용을 맺게 된다는 것이다.

지역사회복지 관련 이론과 내용의 연결로 옳은 것은?

① 다원주의이론: 인간과 환경과의 상호작용에 초점을 둔다.
② 구조기능론: 지역사회 내 갈등이 변화의 원동력이다.
③ 사회구성주의이론: 지역사회 문제를 객관적 사실로 인정하지 않고, 특정 집단에 의해 규정된다고 본다.
④ 권력관계이론: 지역사회는 구성 부분들의 조화와 협력으로 발전된다.
⑤ 사회자본이론: 지역사회 내 소수의 엘리트 집단의 권력이 정책을 좌우한다.

답 ③

✔ 응시생들의 선택

① 40%	② 16%	③ 32%	④ 6%	⑤ 6%

① 인간과 환경의 상호작용에 초점을 둔 이론은 생태이론이다.
② 갈등을 변화의 원동력으로 본 것은 갈등론적 관점이다.
④ 지역사회가 구성 부분들의 조화와 협력으로 발전된다고 본 것은 구조기능적 관점이다.
⑤ 지역사회 내 소수의 엘리트 집단의 권력이 정책을 좌우한다고 본 것은 엘리트주의이다.

다음 사례에 해당하는 지역사회복지 실천이론이 올바르게 짝지어진 것은?

> A사회복지관은 지역의 B단체로부터 많은 후원금을 지원받았고 단체 회원들의 자원봉사 참여가 많았다. 그러나 최근에는 B단체의 후원금과 자원봉사자가 감소하여 교육을 통해 주민들의 역량을 강화시켜 복지관 사업에 함께 참여하도록 하고 있다. 또한, 다양한 후원기관을 발굴하고자 노력 중이다.

① 사회학습이론, 권력의존이론
② 권력의존이론, 사회구성이론
③ 사회구성이론, 다원주의이론
④ 다원주의이론, 엘리트이론
⑤ 엘리트이론, 사회학습이론

답 ①

✔ 응시생들의 선택

① 29%	② 44%	③ 22%	④ 1%	⑤ 4%

• 사회학습이론: 지역사회 및 환경에 대한 학습을 통해 주민들의 역량을 강화시킴으로써 지역사회의 발전을 이끌어낼 수 있다고 본다.
• 권력의존이론: 지역주민이나 집단 또는 조직의 힘의 소유 여부가 지역사회의 발전에 중대한 영향을 미친다는 것을 강조한다.

14-05-04 | 난이도 ★☆☆

지역사회에 관한 기능주의 관점을 설명한 것으로 옳은 것을 모두 고른 것은?

> ㄱ. 사회는 항상 불안하다고 전제한다.
> ㄴ. 조화, 적응, 안정 균형을 중시한다.
> ㄷ. 소수 엘리트에 의한 주도적 가치판단을 중시한다.
> ㄹ. 사회변화가 점진적으로 이루어진다고 전제한다.

① ㄱ, ㄴ, ㄷ   ② ㄱ, ㄷ
③ ㄴ, ㄹ   ④ ㄹ
⑤ ㄱ, ㄴ, ㄷ, ㄹ

답 ③

✓ 응시생들의 선택

① 3%	② 5%	③ 87%	④ 3%	⑤ 2%

ㄱ. 사회불안과 갈등을 본질적 속성으로 본 이론은 갈등이론이다.
ㄷ. 엘리트주의에 해당하는 내용이다.

13-05-18 | 난이도 ★★★

사회복지사는 '아동보호를 위한 마을만들기 지원사업'을 시작하기 위해 지역사회복지 이론에 기초한 실천을 계획하였다. 다음 중 옳은 것을 모두 고른 것은?

> ㄱ. 사회체계이론의 관점에서 학교나 병원과 같은 아동관련 하위체계를 조사하고 방문할 계획이다.
> ㄴ. 생태학이론의 관점에서 과거부터 지금까지의 아동관련 지역사회 활동을 조사할 계획이다.
> ㄷ. 사회자본이론의 관점에서 '아동이 살기 좋은 마을은 모두에게 안전한 마을'이라는 슬로건 하에 지역사회의 호혜성을 강화할 계획이다.
> ㄹ. 갈등이론의 관점에서 학부형의 연대가 중요하므로 비학부형은 참여대상에서 제외할 계획이다.

① ㄱ, ㄴ, ㄷ   ② ㄱ, ㄷ
③ ㄴ, ㄹ   ④ ㄹ
⑤ ㄱ, ㄴ, ㄷ, ㄹ

답 ①

✓ 응시생들의 선택

① 31%	② 64%	③ 2%	④ 1%	⑤ 2%

ㄹ. 갈등이론은 갈등을 해결해나가는 과정이 곧 사회발전의 과정으로 이어진다고 본다. 따라서 학부형이 아니어도 참여할 수 있다.

12-05-20 | 난이도 ★★★

하드캐슬(Hardcastle)이 제시한 전략 중 A정신건강복지센터가 사용한 전략은?

> A정신건강복지센터는 B정신병원으로부터 클라이언트를 의뢰받고 있다. 최근에 B정신병원이 클라이언트를 의뢰해 주는 조건으로, 입원환자들을 위한 상담서비스에 A정신건강복지센터의 자원봉사자를 활용할 수 있도록 요구하였다. A정신건강복지센터는 현재의 자원봉사인력을 고려할 때, 이러한 조건을 들어주기가 어려웠다. 이에 인근에 있는 C정신병원과 새롭게 연계하여 필요한 클라이언트를 의뢰받기로 하였다.

① 경쟁   ② 연합
③ 강압   ④ 타협
⑤ 호혜

답 ①

✓ 응시생들의 선택

① 22%	② 52%	③ 1%	④ 14%	⑤ 11%

① A정신건강복지센터는 B정신병원과의 교환 관계에서 문제가 발생하자 다른 C정신병원을 통해 당면 문제를 해결하고자 하는 것이기 때문에 경쟁 전략에 해당한다.

11-05-03 | 난이도 ★★★

자원동원이론에 관한 설명으로 옳은 것은?

① 사회적 불만의 팽배가 사회운동의 직접적 원인이다.
② 지역사회의 신뢰, 네트워크, 호혜성을 강조한다.
③ 의사결정 시 각 조직 간의 자원 불균형을 고려하지 않는다.
④ 자원동원이론은 힘의존이론(power dependency theory)에 영향을 받았다.
⑤ 자원에는 연대성이 포함되지 않는다.

답 ④

✓ 응시생들의 선택

① 8%	② 44%	③ 3%	④ 44%	⑤ 1%

④ 갈등이론, 힘(권력)의존이론, 자원동원이론 등은 모두 힘과 관련된 이론들로 서로 연관성이 있다.

다음 내용이 왜 **틀렸는지**를 확인해보자

01 갈등이론에서는 <u>갈등으로 인해 사회가 분열되고 사회변화가 제한된다</u>고 보았다.

> 갈등이론에서는 사회가 분열되어 있다고 보며, 갈등 상황에서 해결책을 만들어 나가는 과정을 곧 사회발전의 과정이라고 보았다.

02 다원주의는 개인 혹은 개별 집단이 자신의 목표와 이익을 달성하기 위해 각자의 의견을 표출함으로써 대립과 타협이 일어나며 **그 과정에서 가장 큰 힘을 가진 개인 혹은 집단이 권력을 갖고 정책을 좌우하게 된다**는 것이다.

> 다원주의에서는 개인과 집단 사이에 갈등이 일어날 때 정부가 공정하고 종합적인 입장에서 조정하여 균형 있는 정책을 내놓는다고 본다.

03 생태이론은 <u>인간과 환경 사이의 갈등, 환경에 대한 인간의 저항 등을 설명한다.</u>

> 생태이론은 기본적으로 체계의 안정성을 지향하기 때문에 갈등이나 저항을 설명하지 못하며, 환경에 대한 인간의 변화 노력은 적극적인 변화가 아닌 대안 제시 정도에 그친다.

04 사회구성론은 다양한 문화적 배경을 가진 클라이언트와 함께하는 사회복지사에게 문화적 민감성을 가질 수 있는 함의를 제공하면서도 **지배구조에 대한 적응을 강조한다는 한계**가 있다.

> 사회구성론은 기존 지식이 지배집단의 이익을 대변하는 경향에 대해 비판적이다. 따라서 지배구조나 잘못된 제도에 대한 적응을 강조하지 않는다. 오히려 이에 대해 어떻게 대항해야 할 것인지에 관심을 갖는다.

05 교환이론에서는 **교환이 반복될수록 당사자 간에 갈등이 커진다**고 보았다.

> 교환이론에서는 교환행위가 반복됨에 따라 당사자 사이에 사회적 관계가 더욱 강화된다고 보았다.

06 자원동원이론은 **신뢰, 네트워크, 호혜성 등의 개념을 통해** 자원이 사회운동의 성패에 미치는 영향력을 설명하였다.

> 자원동원이론은 조직원의 충원, 자금조달, 적절한 조직구조의 개발 등 자원의 유무에 따라 사회운동의 성패가 결정된다고 보았다.
> 신뢰, 네트워크, 호혜성 등은 사회자본이론에서 제시된 개념들이다.

빈칸에 들어갈 알맞은 말을 채워보자

15-05-05

01 (   )이론의 예: 사회복지관은 생존차원에서 외부 재정지원을 필요로 하지만 재정지원자의 요구를 무시하기 어렵다. 이런 상황에서 A사회복지관은 기관운영 재원을 마련하기 위해 다양한 후원기관을 발굴하였고, 이를 통해 직원들은 사업운영의 자율성이 확대되는 것을 경험하였다.

13-05-22

02 (   )이론: 지역사회는 공간을 점유하는 인간집합체로서 경쟁, 중심화, 분산 및 분리 등의 현상이 존재한다. 지역사회의 변환과정을 역동적 진화과정으로 설명할 수 있다.

12-05-14

03 (   )이론: 사회운동을 발전시키기 위하여 회원들을 적극적으로 참여하도록 독려한다. 조직의 발전을 위해서 구성원 모집, 자금 확충, 직원 고용에 힘쓴다.

10-05-07

04 하드캐슬이 제시한 권력균형전략: 경쟁, (   ), 호혜성, 연합, 강제

15-05-01

05 (   )이론: 다양한 집단과 조직이 이익을 표출함으로써 정책 과정에 영향을 미칠 수 있다. 지역사회복지정책 결정은 이익집단들의 상대적 영향력 정도에 따라 달라진다.

17-05-08

06 (   )이론의 예: A사회복지사는 결혼이주여성들을 지원하는 과정에서 그들의 행동에 영향을 미쳤던 자국의 사회, 경제 및 정치적 구조를 이해하고 그들의 문화적 가치와 규범에 대한 의미를 해석해야 한다.

09-05-03

07 (   )이론: 전체 사회는 크고 작은 하위체계로 구성되어 있다고 보면서 다양한 하위체계들 사이의 상호작용을 강조하였다.

21-05-06

08 (   )이론의 예: A지역은 외국인 노동자의 유입으로 특정 국적의 외국인 주거 공동체가 형성되기 시작하면서 주민 간 갈등이 발생하였다.

답 **01** 권력의존 **02** 생태 **03** 자원동원 **04** 재평가 **05** 다원주의 **06** 사회구성 **07** 체계 **08** 생태

다음 내용이 옳은지 그른지 판단해보자

01 `13-05-21`
갈등이론은 갈등을 둘러싼 연대와 권력형성의 도구가 될 수 있다는 측면에서 사회행동모델에 유용하다.

02 `22-05-05`
기능주의이론은 지역사회 변화의 원동력을 갈등으로 간주한다.

03 `22-05-05`
자원동원이론은 이익집단들 간의 갈등과 타협을 강조한다.

04 `11-05-03`
자원동원이론에서 말하는 자원에 연대성은 포함되지 않는다.

05 `09-05-04`
사회교환론은 사회복지조직이 생존을 위해 외부의 재정적 지원에 의존하게 되는 현실을 설명하는 이론이다.

06 `11-05-05`
생태이론은 지역사회가 변화에 순응하면 살아남고 순응하지 못하면 도태된다는 자연의 섭리를 강조한다.

07 `13-05-21`
자원동원이론은 재정자원에 초점을 두고 있어 사회적 소수자의 권리옹호를 위한 실천에는 유용하지 않다.

08 `09-05-03`
사회구성론은 모든 현상에 대한 객관적 진실이 존재한다는 점에 의구심을 던지며, 개인이 처한 사회문화적 맥락에 따라서 현실의 문제나 상황을 구성 또는 재구성할 수 있다고 보았다.

(답) 01 ○ 02 × 03 × 04 × 05 × 06 ○ 07 × 08 ○

(해설) **02** 갈등을 지역사회 변화의 원동력으로 본 것은 갈등이론이다.
03 사회를 구성하는 여러 이익집단들이 서로 경쟁, 갈등, 협력하면서 정책결정이 이루어진다고 본 것은 다원주의이론이다.
04 자원동원이론에서의 자원은 물질적인 차원에 한정된 것은 아니다.
05 사회복지조직이 생존을 위해 외부의 재정적 지원에 의존하게 됨을 설명한 이론은 권력의존이론이다.
07 사회운동조직이 비주류계층 및 사회적 약자의 권리옹호나 대변 등을 포함한 사회적 항의 활동을 할 때 동원할 수 있는 자원의 정도와 범위에 따라 활동의 역할과 한계가 규정된다는 점에서 자원동원이론을 적용해볼 수 있다.

5장

지역사회복지 실천모델의 이해

이 장에서는

로스만의 제시한 지역사회개발모델, 사회계획모델, 사회행동모델을 비롯해 웨일과 갬블의 모델, 테일러와 로버츠의 모델, 포플의 모델 등 지역사회복지 실천모델에 대해 살펴본다.

10년간 출제분포도

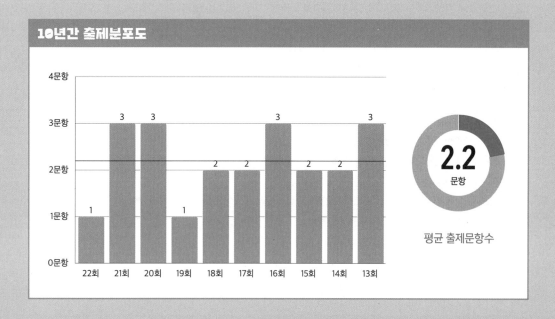

평균 출제문항수

빈출

139 로스만의 모델

강의 QR코드

1회독	2회독	3회독
월 일	월 일	월 일

최근 10년간 **9문항** 출제

복습 1

이론요약

기본개념

지역사회복지론 pp.88~

지역사회개발모델

- 지역사회의 변화를 위한 주민참여 강조
- **과업지향적 소집단 활용**
- **자조정신, 자발적 협동, 민주적 절차, 교육, 토착 지도자 개발에 초점**
- 일부 집단이 아닌 다양한 집단의 참여를 강조
- **과정중심 목표**
- **전술: 합의, 대화, 집단토의**
- 기본 전략: "함께 모여서 이야기해보자"
- 사회복지사의 역할: 촉매자, 조정자, 교육자

사회계획모델

- **사회문제 해결에 초점**
- **전문가에 의한** 조사·분석, 대안모색, 합리적·체계적 계획 수립 및 실행
- **과업중심 목표**
- 전술: 문제분석, 사정, 목표설정, 실행, 평가(상황에 따라 합의, 갈등 활용)
- 기본 전략: "진상을 파악해서 합리적인 조치를 강구하자"
- 사회복지사의 역할: 계획가, 전문가, 분석가

사회행동모델

- 지역사회에 존재하는 권력관계와 불평등에 초점, 공정한 자원 분배의 요구
- 사회정의와 민주주의에 입각하여 기존 구조의 변화를 모색
- 피지배집단 내지는 억압받는 집단의 조직화 강조
- **과정중심 목표, 과업중심 목표 모두 강조**(다만 때때로 과정중심 목표가 무시되기도 함)
- **전술: 갈등 및 대결, 항의, 시위 등**
- 기본 전략: "억압자(지배집단)를 분쇄하기 위해 규합하자"
- 사회복지사의 역할: 옹호자, 행동가, 중재자, 조직가

혼합모델

각각의 모델은 다음과 같이 혼합적으로 활용할 수 있다.

- **계획·개발모형**: 새로운 계획 과정에 주민의 참여를 강조한다.
- **행동·계획모형**: 다양한 형태의 사회행동과 함께 문제해결을 위한 과학적 조사와 연구도 병행한다.
- **개발·행동모형**: 과정에서는 개발모델의 특성을 나타내면서 목적에서는 사회행동모델을 따른다.

※ 지역사회복지실천의 목표

로스만(Rothman)은 지역사회복지실천의 목표를 크게 과업중심 목표와 과정중심 목표로 구분하였고, 던햄(Dunham)은 과업중심 목표와 과정중심 목표에 관계중심 목표를 추가하여 설명하였다.

- **과정중심 목표**: 문제해결을 위한 수단과 방법에 있어 지역사회의 역량강화 및 협동관계 수립, 참여 등을 강조한다.
- **과업중심 목표**: 어떤 사업을 기획할 것인지, 어떤 입법 활동이 필요할 것인지 등 문제에 대한 분석을 토대로 지역사회에 대한 개입에 따른 성과(혹은 결과)에 초점을 맞춘다.
- **관계중심 목표**: 지역사회 구성요소 간의 사회관계에 있어 변화를 시도하는 데에 역점을 둔다.

기출문장 CHECK

01 (22-05-16) 사회행동모델의 변화를 위한 기본 전략은 억압자에 대항하기 위한 규합이다.

02 (22-05-16) 사회행동모델은 지역사회 내 불평등한 권력구조의 변화를 지향한다.

03 (22-05-16) 사회행동모델은 변화 매개체로 대중조직을 활용한다.

04 (22-05-16) 사회행동모델은 여성운동, 빈민운동, 환경운동 등 시민운동에도 활용될 수 있다.

05 (21-05-10) 사회행동모델에서는 지역사회 내 집단들이 갈등관계로 인해 타협과 조정이 어렵다고 본다.

06 (20-05-09) 지역사회개발모델은 지역사회의 아노미 상황에 사용할 수 있다.

07 (20-05-09) 지역사회개발모델은 변화를 위한 전략으로 문제해결에 다수의 사람을 참여시킨다.

08 (20-05-09) 지역사회개발모델은 지역사회 변화를 위한 전술로 합의방법을 사용한다.

09 (20-05-09) 지역사회개발모델에서 변화의 매개체는 과업지향의 소집단이다.

10 (18-05-08) 사회행동모델은 불이익을 받거나 권리가 박탈당한 사람의 이익을 옹호한다.

11 (18-05-08) 지역사회개발모델은 지역사회나 문제의 아노미 또는 쇠퇴된 상황을 전제한다.

12 (17-05-06) 지역사회 내 자원 배분과 권력 이양에 초점을 두는 것은 사회행동모델에 해당하며, 고도의 복잡한 지역사회문제를 조사·분석하고 해결방안을 모색하는 데에 초점을 두는 것은 사회계획모델에 해당한다.

13 (16-05-09) 지역사회개발모델의 주요 특징: 지역사회 주민의 광범위한 참여를 전제로 한다. 조력자, 촉매자, 조정자로서의 사회복지사 역할을 강조한다. 과업의 성취보다는 과정중심 목표에 중점을 둔다. 변화의 매개체로 과업지향적인 소집단을 활용한다.

14 (15-05-12) 로스만의 지역사회개발모델은 합의와 집단토의 등을 변화전술과 기법으로 활용한다.

15 (14-05-22) 지역사회개발모델+사회계획모델의 예: 사회복지사로 종사하는 '갑'은 지역 내에 독거노인들이 급격히 증가하면서 여러 가지 생활 어려움에 직면해 있는 현실을 직시하고, 동시에 관련 자료의 수집 및 분석과 분야의 전문가들을 만나서 설명과 그 문제해결을 위한 모임을 갖기로 하였다. 그리고 지역주민들이 참여하는 토론회 개최 등을 통해 문제해결방안을 모색한다.

16 (13-05-02) 로스만의 지역사회개발모델은 변화 매개체로서 과업지향의 소집단을 활용한다.

17 (12-05-15) 사회계획모델의 예: 2014년 A시의 지역복지전문가들이 보건, 교육, 주택, 고용, 복지 등 지역사회 문제를 해결하고자 문제규명, 욕구사정, 목표개발 등을 실행하려는 움직임이 있다.

18 (11-05-11) 로스만의 지역사회개발모델은 지리적 측면에서의 지역사회 전체를 대상 집단으로 본다.

19 (11-05-15) 사회행동모델에서는 '지역사회는 혜택과 권한의 배분에 따른 계층이 유지되고 있다'고 본다.

20 (11-05-19) 로스만의 사회행동모델에서는 갈등이나 대결을 전술로 이용한다.

21 (10-05-10) 로스만의 사회행동모델은 지역사회집단들 간에 적대적이거나 이해가 상반되는 문제가 있는 경우나 논의·협상으로 결정하기 어려운 문제를 해결하는 데 적합하다.

22 (10-05-29) 대중조직 개발, 조직적 대항, 입법로비 활동, 불매운동 등은 사회행동모형에서 사용하는 행동 및 전술 유형이다.

23 (09-05-09) 지역사회개발모델의 개입목표는 지역사회 능력의 향상과 통합에 있다.

24 (09-05-10) 사회계획모델은 객관적 자료분석 결과를 고려한 합리성에 기반하며, '위로부터의 접근'의 속성을 갖는다.

25 (09-05-11) 사회개발+사회계획 모형의 사례: 사회복지사 A의 사회조사결과, 모금활동과 관련한 주민참여가 취약하다는 점이 발견되었다. 이에 A는 주민들의 참여방안을 수립하였으며, 주민들은 모금 관련 교육 훈련에 참가하였다. 6개월 후 주민조직을 결성하여 주체적으로 모금활동을 전개하였다.

26 (08-05-11) 지역사회개발모델은 지역 내 관련 집단 간에 합의와 협력을 이끌어내기가 현실적으로 어렵다는 한계가 있다.

27 (07-05-10) 사회행동모델에서의 클라이언트 집단은 주로 희생자나 불이익을 받는 집단이다.

28 (07-05-29) 사회행동모델은 문제해결을 위한 전술로 대결을 활용한다.

29 (06-05-07) 청소년 비행, 불량주택, 실업자 등의 사회문제해결에 역점을 두는 모델은 사회계획모델이다.

30 (05-05-05) 지역사회개발모델에서는 지역사회 구성원을 문제해결이 가능한 사람으로 본다.

31 (05-05-07) 사회행동모델은 대중조직과 정치과정의 활용을 매개로 하는 지역사회복지실천모델이다.

32 (05-05-22) 로스만의 실천모델 중 전문가들에 의해 지역사회문제를 해결하고 규명하는 모델은 사회계획모델이다.

33 (04-05-14) 지역사회개발모델은 문제해결에 필요한 지역사회 역량기반의 강화를 강조한다.

34 (03-05-05) 사회계획모델은 범죄, 주택 등의 사회문제를 해결하고자 하는 과정이다.

35 (03-05-06) 지역사회개발모델은 전체 지역사회를 클라이언트 집단으로 간주한다.

대표기출 확인하기

22-05-16 　　　　　　　　 난이도 ★★☆

로스만(J. Rothman)의 사회행동 모델에 해당하지 않는 것은?

① 클라이언트 집단을 소비자로 본다.
② 변화를 위한 기본 전략은 '억압자에 대항하기 위한 규합'을 추구한다.
③ 지역사회 내 불평등한 권력구조의 변화를 지향한다.
④ 변화 매개체로 대중조직을 활용한다.
⑤ 여성운동, 빈민운동, 환경운동 등 시민운동에도 활용될 수 있다.

 알짜확인

• 각 모델의 초점 및 목표, 변화를 위한 전략, 전술 및 기법, 변화 매개체 등에 대해 꼼꼼하게 학습해두어야 한다.
• 3가지 모델은 혼합된 형태로 활용될 수 있음을 함께 살펴봐야 한다.
• 어떤 상황에서 어떤 모델이 적용될 수 있는지를 이해함으로써 사례제시형 문제에 대비해두어야 한다.

답 ①

✔ 응시생들의 선택

① 69%	② 13%	③ 8%	④ 8%	⑤ 2%

① 클라이언트 집단을 소비자로 보는 것은 사회계획모델에 해당한다.

관련기출 더 보기

21-05-10 　　　　　　　　 난이도 ★★☆

로스만(J. Rothman)의 지역사회복지 실천모델에 관한 설명으로 옳은 것을 모두 고른 것은?

> ㄱ. 지역사회개발모델은 지역사회 구성원의 조직화를 주요 실천과정으로 본다.
> ㄴ. 지역사회개발모델의 변화 매개체는 공식적 조직과 객관적 자료이다.
> ㄷ. 사회계획모델에서 사회복지사의 핵심 역할은 협상가, 옹호자이다.
> ㄹ. 사회행동모델에서는 지역사회 내 집단들이 갈등관계로 인해 타협과 조정이 어렵다고 본다.

① ㄱ, ㄷ
② ㄱ, ㄹ
③ ㄴ, ㄷ
④ ㄱ, ㄴ, ㄹ
⑤ ㄱ, ㄷ, ㄹ

답 ②

✔ 응시생들의 선택

① 24%	② 44%	③ 6%	④ 18%	⑤ 8%

ㄴ. 지역사회개발모델의 변화 매개체는 과업지향적 소집단이다. 사회계획모델에서의 변화 매개체는 공식적 조직이며, 변화를 위한 전술로 객관적 자료를 분석한다.
ㄷ. 사회복지사의 핵심 역할이 협상가, 옹호자인 것은 사회행동모델이다.

17-05-06 난이도 ★★☆

다음 예시문의 (   )에 들어갈 내용을 옳게 나열한 것은?

> 지역사회복지실천의 효과성을 높이기 위해 로스만(J. Rothman)의 모델을 순차적으로 적용해볼 수 있다. 즉 (ㄱ)모델로 지역사회 내의 자원 배분과 권력 이양을 성취한 후, 고도의 복잡한 지역사회문제를 조사·분석하고 해결방안을 모색하기 위해 (ㄴ) 모델을 적용할 수 있다.

① ㄱ: 사회행동, ㄴ: 사회계획
② ㄱ: 지역사회개발, ㄴ: 계획
③ ㄱ: 사회행동, ㄴ: 근린지역의 지역사회조직
④ ㄱ: 근린지역의 지역사회조직, ㄴ: 계획
⑤ ㄱ: 연합, ㄴ: 사회계획

답 ①

✔ **응시생들의 선택**

① 76%	② 12%	③ 5%	④ 3%	⑤ 4%

- ㄱ: 지역사회 내의 자원 배분과 권력 이양을 성취하기 위해서는 사회행동모델을 적용할 수 있다. 사회행동모델은 지역사회에는 권력과 자원의 불평등한 관계가 존재한다는 전제하에 이를 완화하기 위한 사회변화를 꾀한다.
- ㄴ: 고도의 복잡한 지역사회문제를 조사·분석하고 해결방안을 모색하는 것은 사회계획모델에 해당한다. 사회계획모델은 전문가에 의한 합리적인 계획 수립 및 실행을 강조하는 모델이다.

16-05-09 난이도 ★★★

로스만(J. Rothman)의 지역사회개발모델에 관한 설명으로 옳지 않은 것은?

① 지역사회 주민의 광범위한 참여를 전제한다.
② 조력자, 촉매자, 조정자로서의 사회복지사 역할을 강조한다.
③ 과업의 성취보다는 과정중심 목표에 중점을 둔다.
④ 변화의 매개체로 과업지향적인 소집단을 활용한다.
⑤ 변화전략은 표적대상에 대한 조치를 취할 수 있도록 주민을 동원하는 것이다.

답 ⑤

✔ **응시생들의 선택**

① 4%	② 11%	③ 15%	④ 35%	⑤ 35%

- ⑤ 집단행동을 조직하여 표적집단에 대한 조치를 취할 수 있도록 하는 것은 사회행동모델의 변화전략에 해당한다.

12-05-15 난이도 ★★☆

다음은 지역사회복지실천 모델 중 어떤 모델에 관한 설명인가?

> 2014년 A시의 지역복지전문가들이 보건, 교육, 주택, 고용, 복지 등 지역사회 문제를 해결하고자 문제규명, 욕구사정, 목표개발 등을 실행하려는 움직임이 있다.

① 지역사회개발모델
② 사회계획모델
③ 사회행동모델
④ 연합모델
⑤ 기능적인 지역사회모델

답 ②

✔ **응시생들의 선택**

① 23%	② 63%	③ 7%	④ 2%	⑤ 5%

- ② 사회계획모델은 범죄, 주택, 정신건강과 같은 사회문제의 해결에 있어 전문가에 의한 합리적인 계획 수립과 기술적 과정, 통제된 변화를 강조한다.

11-05-11 난이도 ★★☆

로스만(J. Rothman)의 지역사회복지실천모델에 관한 설명으로 옳은 것은?

① 지역사회개발모델은 과업중심의 목표를 강조한다.
② 지역사회개발모델은 지리적 측면에서의 지역사회 전체를 대상 집단으로 본다.
③ 사회계획모델은 과정중심의 목표를 강조한다.
④ 사회계획모델에서는 클라이언트가 전문가의 동지로 여겨진다.
⑤ 사회행동모델에서는 권력의 소재를 전문가의 후원자나 고용기관으로 본다.

답 ②

✔ **응시생들의 선택**

① 8%	② 65%	③ 7%	④ 7%	⑤ 12%

- ① 지역사회개발모델은 과정중심의 목표를 강조한다.
- ③ 사회계획모델은 과업중심의 목표를 강조한다.
- ④ 사회계획모델에서 전문가는 문제해결의 주체이며, 클라이언트는 수혜자에 머무른다.
- ⑤ 사회행동모델에서 권력의 소재는 시정해야 할 대상이나 불합리하고 불평등한 권력구조이다.

다음 내용이 왜 틀렸는지를 확인해보자

`08-05-11`

01 지역사회개발모델에서는 전략적 수단에 대해 주민들의 저항이 일어날 수 있다는 한계가 있다.

> 수단에 대한 주민들의 저항은 사회행동모델에서 발생할 수 있는 한계이다. 지배집단에 대한 갈등 및 대결, 항의, 시위 등을 추진하기 때문에 주민들이 이러한 전술에 대해 과격하다고 느껴 반대나 저항이 일어나기도 한다.

`10-05-29`

02 보건교육활동, 대중조직개발 등은 사회행동모델의 주요 행동 내용이다.

> 사회행동모델은 대중조직 활동은 진행하지만 보건교육활동은 거리가 멀다.

---

03 사회계획모델에서 사회복지사는 분석가, 계획가, 전문가로서 **주민들 간 대화를 통해 합의를 이끌어내는 데 초점**을 둔다.

> 주민들 간 대화와 합의는 지역사회개발모델에서의 전술이다. 사회계획모델에서는 사회복지사가 문제를 분석하고 사정하여 적절한 계획을 세우고 실행해나가는 것이 전술이다.

`04-05-22`

04 사회행동모델의 기본 전략은 **논리적 조치를 강구**하는 것이다.

> 논리적 조치를 강구하는 것은 사회계획모델의 기본 전략이다.

`07-05-09`

05 ○○단체는 뉴타운 개발로 거주지에서 밀려나게 된 ○○지역 주민들의 현황과 문제점을 조사하고, 이를 기반으로 주민들의 주거권을 옹호하기 위한 활동을 진행하였다. → 이는 **사회계획모델과 지역사회개발모델**이 혼합된 사례이다.

> 주민들의 현황 및 문제점 조사는 사회계획모델에 해당하며, 옹호 활동은 사회행동모델에 해당한다. 따라서 사회계획모델과 사회행동모델이 혼합된 형태의 사례이다.

다음 내용이 옳은지 그른지 판단해보자

05-05-05
01 지역사회개발모델은 지역사회에는 전문가가 해결해야 할 문제가 많다고 전제한다. ◎⊗

02 지역사회개발모델에서는 권력을 가진 사람들도 지역사회를 위한 공동의 목적에 따라 공동의 노력을 기울인다고 전제한다. ◎⊗

03 소비자운동이나 환경운동 등은 사회행동모델과 사회계획모델이 혼합된 형태로 진행되기도 한다. ◎⊗

04 사회행동모델에서는 지역사회의 근본적인 제도적, 구조적 변화를 추구하기 때문에 과정중심적 활동은 일어나지 않는다. ◎⊗

04-05-15
05 변화를 위한 전술에서 사실 여부와 기술적 과정을 강조하는 지역사회복지실천모델은 사회행동모델이다. ◎⊗

05-05-07
06 대중조직과 정치과정을 변화의 매개체로 활용하는 모델은 사회행동모델이다. ◎⊗

08-05-10
07 사회계획모델에서 클라이언트는 서비스를 받는 수혜자의 위치에 머무른다. ◎⊗

08 지역사회개발모델은 지역주민들이 문제해결에 필요한 역량이나 잠재적 능력이 없다고 전제한다. ◎⊗

16-05-09
09 지역사회개발모델은 변화의 매개체로 과업지향적인 소집단을 활용한다. ◎⊗

10 권력구조에 있는 구성원을 협력자로 인식하며 변화전략으로 문제해결에 있어 지역사회 다수의 사람을 참여시키는 모델은 지역사회개발모델이다. ◎⊗

(답) 01× 02○ 03○ 04× 05× 06○ 07○ 08× 09○ 10○

(해설) **01** 지역사회에는 전문가가 해결해야 할 문제가 많다고 전제하는 것은 사회계획모델이다.
04 대중조직의 규합이 사회행동에서의 힘이 되기 때문에 조직화를 강조하며 구성원들의 정치적 영향력을 증대시키는 데에 관심을 두게 되는데, 이는 과정중심적 활동이다. 이렇듯 사회행동모델은 과업중심적이기도 하지만 과정중심적인 성격을 갖기도 한다.
05 사실 여부와 기술적 과정을 강조하는 모델은 사회계획모델이다.
08 지역사회개발모델에서는 지역주민들이 문제를 해결해나갈 수 있는 잠재력을 가지고 있다고 전제하며, 전문가는 이 잠재력을 끌어내기 위한 조력자로서의 역할을 해야 한다고 본다.

140 웨일과 갬블의 모델

강의 QR코드

최근 10년간 **8문항** 출제 ★★★

복습 1 이론요약

8가지 모델의 주요 특징

기본개념

지역사회복지론
pp.93~

▶ **근린 지역사회조직모델**
- **지리적 의미의 지역사회 내에서** 지역사회개발을 통한 지역주민의 삶의 질 향상을 목표로 함
- 지역사회 구성원들의 능력개발을 강조

▶ **기능적 지역사회조직모델**
- 지리적인 의미의 지역사회가 아닌 동일한 정체성이나 관심사, 이해관계를 기초로 한 **기능적 지역사회의 조직에 초점**
- 이 모델의 구성원들은 지리적으로 흩어져 있기 때문에 사회복지사는 이들 사이의 원활한 소통을 위한 정보전달자로서의 역할을 수행하게 됨

▶ **지역사회의 사회·경제 개발모델**
- 지역사회의 전반적인 개발을 위해서 **사회적 개발과 경제적 개발이 동시에 진행**되어야 함을 강조
- 방글라데시의 그라민 뱅크가 대표적인 예

▶ **사회계획모델**
- 객관성, 합리성에 기반을 두고 지역사회 문제를 해결하려는 모델
- **전문가의 지식과 기술, 객관적 조사와 자료분석 등을 기초로 함**

▶ **프로그램 개발과 지역사회 연계모델**
- 사회계획모델을 바탕으로 하면서도 지역의 욕구를 충족하기 위해서는 **지역사회와의 연계 및 주민의 참여가 중요함을 강조**하는 모델

▶ **정치·사회 행동모델**
- 지역주민의 **정치적 권력의 강화와 기존 제도의 변화를 추구**
- 정치적 캠페인, 옹호, 집단소송, 로비활동 등을 진행

▶ **연대활동(연합)모델**
- 한 집단의 노력으로는 문제해결이 어렵다는 점에서 **분리된 개별 조직을 집합적인 활동에 동참**시키는 모델

- 다양한 개별 집단, 조직들이 독립성을 유지하면서 새로운 조직을 구성하거나 연대하여 사회변화 행동을 진행

▶ **사회운동모델**
- <u>사회운동을 통해 바람직한 사회변화를 추구</u>하는 것을 강조하는 모델
- <u>사회정의 실현</u>을 위한 사회전체의 변화에 초점
- 인권운동, 여성운동, 반전운동 등

4가지 유형

8가지 모델은 기능과 특성에 따라 4가지 유형으로 다음과 같이 재분류할 수 있다.
- 개발: 지역사회의 사회·경제개발모델
- 조직화: 근린지역사회조직모델, 기능적 지역사회조직모델
- 계획: 프로그램 개발과 지역사회 연계모델, 사회계획모델
- 사회변화: 정치·사회행동모델, 연대활동모델, 사회운동모델

로스만 모델과의 비교

웨일과 갬블의 모델은 다음과 같이 로스만의 모델을 바탕으로 세분화한 것이다.
- 지역사회개발모델 – 근린지역사회조직모델, 기능적 지역사회조직모델, 지역사회의 사회·경제개발모델
- 사회계획모델 – 프로그램 개발과 지역사회 연계모델, 사회계획모델
- 사회행동모델 – 정치·사회행동모델, 연대활동모델, 사회운동모델

01 (21-05-09) 기능적 지역사회조직은 일반 대중 및 정부기관을 변화의 표적체계로 파악한다.

02 (20-05-10) 정치·사회행동 모델의 특징: 기회를 제한하는 불평등에 도전, 사회적·정치적·경제적 정의를 위한 행동, 표적체계에 선출직 공무원도 해당

03 (19-05-05) 근린지역사회조직 모형은 대면접촉이 이루어지는 가까운 지역사회에 초점을 둔다. 사회복지사의 역할은 조직가, 촉진자, 교육자, 코치 등이다.

04 (18-05-08) 기능적 지역사회조직모델은 발달장애아동의 부모 모임과 같이 공통 이슈를 지닌 집단의 이해관계를 기반으로 한다.

05 (18-05-08) 연합모델의 표적체계는 선출직 공무원이나 재단 및 정부당국이 될 수 있다.

06 (18-05-13) 사회·경제 개발모델: 주민의 관점에서 개발계획을 수립하고, 주민들이 사회·경제적 투자를 이용하도록 준비시킨다.

07 (17-05-03) 프로그램 개발과 지역사회연계 모델에서 사회복지사는 계획가, 관리자, 프로포절 제안자로서의 역할을 수행한다.

08 (16-05-08) 사회운동모델의 성취목표는 특정 대상집단 또는 이슈 관련 사회정의를 위한 행동이다.

09 (15-05-09) 연합모델: 프로그램의 방향 또는 자원을 최대한 끌어낼 수 있는 조직 기반을 형성하는 것을 목표로 한다. 변화의 표적체계는 선출된 공무원, 재단, 정부기관 등이다. 일차적 구성원은 특정 이슈에 이해관계가 있는 조직이다. 사회복지사의 역할은 중재자, 협상가, 대변인 등이다.

10 (13-05-12) 근린지역사회조직모델: 사회적·경제적 환경의 변화를 위한 구성원의 능력개발을 목표로 하며, 사회복지사의 주된 역할은 조직가, 교사, 촉진자이다.

11 (11-05-21) 기능적 지역사회조직모델: 지리적 의미의 지역사회보다는 기능적 지역사회에 초점을 두고 있다. 이해관계 즉, 학교폭력 추방이나 정신지체아동의 사회재활과 같은 특정의 공통 관심사나 이슈를 기반으로 조직화되는 특성이 있다.

12 (11-05-26) 근린지역사회조직모델은 지역사회개발모델에서 그 원형을 찾을 수 있다.

13 (08-05-13) 정치·사회행동모델의 사례: 지적장애아동의 성공적인 사회재활을 위해 장애인에 대한 차별적 처우를 시정하도록 정부당국의 조치를 촉구하고 있다.

14 (05-05-06) 지역사회의 사회·경제개발모델은 지역주민을 표적체계로 한다.

15 (04-05-19) 사회운동모델은 일반 대중이나 정치제도를 변화를 위한 표적체계로 하여 사회변화를 추구하는 모델이다.

기출확인

대표기출 확인하기

21-05-09 난이도 ★★★

다음에서 설명하는 웨일과 갬블(M. Weil & D. Gamble)의 지역사회복지 실천모델은?

- 공통 관심사나 특정 이슈에 대한 정책, 행위, 인식의 변화에 초점
- 일반 대중 및 정부기관을 변화의 표적체계로 파악
- 조직가, 촉진자, 옹호자, 정보전달자를 사회복지사의 주요 역할로 인식

① 사회계획
② 기능적 지역사회조직
③ 프로그램 개발과 지역사회 연계
④ 연합
⑤ 정치사회행동

 알짜확인

- 8가지 모델의 종류를 암기하는 것은 기본이다. 웨일과 갬블은 로스만의 3가지 모델을 기반으로 8가지 모델로 확장하여 제시하였다. 따라서 8가지 모델의 특징을 정리할 때에는 로스만의 모델과 비교하면서 어떻게 세분화되었는지를 살펴보면 좀 더 수월하게 학습할 수 있을 것이다.

답 ②

응시생들의 선택

① 7%	② 18%	③ 9%	④ 7%	⑤ 59%

① 사회계획모델: 지역사회의 사회적 욕구 통합과 사회서비스 관계망 조정 등에 관심을 두며, 사회복지사는 조사자, 관리자, 프로포절 작성자 등의 역할을 한다.
③ 프로그램 개발과 지역사회 연계 모델: 사회복지사는 대변인, 계획가, 관리자, 프로포절 제안자 등의 역할을 수행하며 특정 대상이나 지역사회를 위한 서비스를 개발한다.
④ 연합모델: 특정 이슈에 이해관계가 있는 조직들이 자원을 동원하고 복합적인 권력기반을 구축하기 위한 모델이다. 사회복지사는 중재자, 협상가, 대변가 등의 역할을 한다.
⑤ 정치사회행동모델: 정책 및 정책결정자의 변화에 초점을 둔 모델로 선거권자, 선출직 공무원 등을 표적체계로 한다. 사회복지사는 옹호자, 조직가, 조사자, 조정자 등의 역할을 한다.

관련기출 더 보기

20-05-10 난이도 ★☆☆

다음의 설명에 해당되는 웨일과 갬블(M. Weil & D. Gamble)의 실천모델은?

- 기회를 제한하는 불평등에 도전
- 사회적·정치적·경제적 정의를 위한 행동
- 표적체계에 선출직 공무원도 해당

① 근린·지역사회 조직화 모델
② 지역사회 사회·경제개발 모델
③ 프로그램 개발과 지역사회연계 모델
④ 정치·사회행동 모델
⑤ 사회계획 모델

답 ④

응시생들의 선택

① 3%	② 11%	③ 2%	④ 80%	⑤ 4%

① 근린·지역사회 조직화 모델: 지리적으로 가까운 지역 사회조직화에 초점을 두고, 지역주민의 삶의 질 향상에 관심을 둔다. 로스만의 지역사회개발모델과 유사한 모델이다.
② 지역사회 사회·경제개발 모델: 지역주민의 소득, 자원 등과 관련하여 지역사회의 사회적 개발과 경제적 개발이 동시에 이루어져야 함을 강조한다. 로스만의 지역사회개발모델에서 파생된 모델이다.
③ 프로그램 개발과 지역사회연계 모델: 지역주민의 욕구충족을 위해서는 지역사회와 프로그램이 연계되어야 함을 강조한다. 로스만의 사회계획모델에서 세분화된 모델이다.
⑤ 사회계획 모델: 객관적 조사를 토대로 지역사회의 문제를 합리적으로 해결하려는 모델이다. 로스만의 사회계획모델과 유사한 모델이다.

다음에서 설명하는 웨일과 캠블(M. Weil & D. Gamble)의 지역사회복지 실천모형에 해당하는 것은?

- 대면접촉이 이루어지는 가까운 지역사회에 초점을 둔다.
- 조직화를 위한 구성원의 능력개발, 지역주민의 삶의 질 증진을 목표로 한다.
- 사회복지사의 역할은 조직가, 촉진자, 교육자, 코치 등이다.

① 근린지역사회조직 모형
② 프로그램개발 모형
③ 정치사회적행동 모형
④ 연합 모형
⑤ 사회운동 모형

답 ①

응시생들의 선택

① 83%	② 10%	③ 1%	④ 2%	⑤ 4%

① 근린지역사회조직 모형은 지리적으로 가까운 지역사회 조직화에 초점을 두고, 지역사회주민의 삶의 질에 관심을 두고 있다. 주요 전략은 지역사회의 변화를 유도하기 위한 지역사회주민의 능력개발과 외부개발자들이 지역에 미칠 영향을 조절하는 것이다. 사회복지사는 조직가, 교사, 코치, 촉진자 등의 역할을 수행한다.

다음에서 설명하는 지역사회복지실천모델은?

주민의 관점에서 개발계획을 수립하고, 주민들이 사회·경제적 투자를 이용하도록 준비시킨다.

① 사회운동모델
② 정치·사회적 행동모델
③ 근린지역사회 조직모델
④ 지역사회 사회·경제 개발모델
⑤ 프로그램 개발과 지역사회 연결모델

답 ④

응시생들의 선택

① 1%	② 2%	③ 8%	④ 78%	⑤ 11%

④ 지역사회 사회·경제 개발모델은 지역주민의 소득, 자원, 사회적 지원의 개발 등 지역사회의 경제개발과 사회개발이 동시에 진행되어야 한다는 관점이다. 지역주민의 삶의 질 향상을 목적으로 시민참여를 통한 사회·경제적 발전을 도모한다.

웨일과 캠블(M. Weil & D. Gamble)의 지역사회복지실천모델에 관한 설명으로 옳은 것을 모두 고른 것은?

ㄱ. 사회운동모델: 성취목표는 특정 대상집단 또는 이슈 관련 사회정의를 위한 행동이다.
ㄴ. 근린지역사회조직모델: 사회복지사의 역할은 정보전달자, 관리자 등이다.
ㄷ. 사회계획모델: 관심영역은 특정 욕구를 가진 대상자를 위한 서비스 개발이다.
ㄹ. 정치·사회행동모델: 일차적 구성원은 선출된 공무원, 사회복지기관 등이다.

① ㄱ   ② ㄱ, ㄴ
③ ㄴ, ㄷ   ④ ㄷ, ㄹ
⑤ ㄱ, ㄷ, ㄹ

답 ①

응시생들의 선택

① 22%	② 31%	③ 10%	④ 3%	⑤ 34%

ㄴ. 근린지역사회조직모델에서 주된 사회복지사의 역할은 조직가, 교사, 코치, 정보전달자, 촉진자 등이다.
ㄷ. 사회계획모델은 지역사회의 사회적 욕구 통합과 사회서비스 관계망 조정에 관심을 둔다. 관심영역을 특정 욕구를 가진 대상자를 위한 서비스 개발에 두는 것은 프로그램 개발과 지역사회연계모델에 해당한다.
ㄹ. 정치·사회행동모델의 일차적 구성원은 정치적 권한이 있는 시민이다. 선출된 공무원은 변화를 위한 표적체계에 해당한다.

다음에서 설명하는 웨일과 갬블(Weil & Gamble)의 지역사회복지실천모델은?

> • 목표는 프로그램의 방향 또는 자원을 최대한 끌어낼 수 있는 조직 기반
> • 변화의 표적체계는 선출된 공무원, 재단, 정부기관
> • 일차적 구성원은 특정 이슈에 이해관계가 있는 조직
> • 사회복지사의 역할은 중재자, 협상가, 대변인

① 연합
② 정치적 권력강화
③ 근린지역사회조직
④ 기능적인 지역사회조직
⑤ 프로그램의 개발과 조정

답 ①

✅ 응시생들의 선택

① 14%	② 35%	③ 30%	④ 12%	⑤ 9%

② 정치적 권력강화 모델과 ⑤ 프로그램의 개발과 조정 모델은 테일러와 로버츠의 모델 중 하나이다.
③ 근린지역사회조직 모델은 지리적 의미의 지역사회 내에서 지역사회개발을 통한 지역주민의 삶의 질 향상을 목표로 하며, 지역사회 구성원들의 능력개발을 강조한다.
④ 기능적인 지역사회조직 모델은 동일한 정체성이나 관심사, 이해관계를 기초로 한 기능적 지역사회의 조직에 초점을 둔다.

웨일과 갬블(M. Weil & D. Gamble)의 지역사회복지 실천모델에 관한 설명으로 옳은 것을 모두 고른 것은?

> ㄱ. 프로그램 개발과 지역사회연계모델의 목적은 특정 대상 집단이나 이슈에 대한 사회정의를 실현하는 것이다.
> ㄴ. 정치·사회행동모델은 선거권자와 공무원 등을 표적체계로 하고 특정 대상자를 위한 서비스 개발을 목적으로 한다.
> ㄷ. 연합모델의 관심영역은 지역사회의 사회적 욕구통합과 사회서비스 관계망 조정 등이다.
> ㄹ. 근린지역사회조직모델은 지역사회개발모델에서 그 원형을 찾을 수 있다.

① ㄱ, ㄴ, ㄷ　　　　　② ㄱ, ㄷ
③ ㄴ, ㄹ　　　　　　　④ ㄹ
⑤ ㄱ, ㄴ, ㄷ, ㄹ

답 ④

✅ 응시생들의 선택

① 7%	② 21%	③ 26%	④ 27%	⑤ 18%

ㄱ. 프로그램 개발과 지역사회연계모델은 지역주민들의 욕구충족을 위해 지역사회와 연계된 다양한 프로그램을 개발하고 확대하는 것을 목표로 한다.
ㄴ. 정치·사회행동모델은 정책 또는 정책결정자의 변화를 통해 사회정의를 추구한다.
ㄷ. 연합모델은 연합을 구성하는 집단과 특정 이슈에 관심을 둔다.

➕ 덧붙임

근린지역사회조직모델, 기능적 지역사회조직모델, 지역사회의 사회·경제개발모델 등 3가지는 모두 로스만의 지역사회개발모델을 세분화한 모델이기 때문에 헷갈리기 쉽다.
가장 큰 차이점을 정리하면, 근린지역사회조직모델은 지리적 의미의 지역사회를, 기능적 지역사회조직모델은 기능적 의미의 지역사회를 토대로 하며, 지역사회의 사회·경제개발모델은 사회개발과 경제개발이 같이 이루어져야 한다는 입장의 모델로 주로 저소득층이 일차적 구성원이 된다.

다음 내용이 왜 틀렸는지를 확인해보자

11-05-26

01 프로그램 개발과 지역사회연계모델의 목적은 특정 대상집단이나 이슈에 대한 **사회정의를** 실현하는 것이다.

> 사회정의 실현을 목적으로 하는 모델은 사회운동모델이다.
> 프로그램 개발과 지역사회연계모델은 사회계획모델에서 세분화된 모델로, 특정 대상이나 지역사회를 위한 서비스를 개발하는 데에 목적을 둔다.

---

02 지역사회의 사회 · 경제 개발모델은 **로스만의 사회계획모델에서 그 원형을 찾을 수 있다.**

> 사회 · 경제 개발모델은 로스만의 지역사회개발모델을 토대로 세분화된 모델 중 하나이다.

11-05-26

03 연합모델의 관심영역은 **지역사회의 사회적 욕구통합과 사회서비스 관계망 조정** 등이다.

> 지역사회의 사회적 욕구통합과 사회서비스 관계망 조정 등에 관심을 두는 모델은 사회계획모델에 해당한다.
> 연합모델은 특정 문제의 해결을 위해 다양한 집단의 연대를 끌어내는 데에 초점을 둔다.

---

04 기능적 지역사회조직모델은 **지리적 의미의 지역사회에 초점**을 둔 모델이다.

> 기능적 지역사회조직모델은 기능적 의미의 지역사회에 초점을 둔 모델이다.

---

05 사회운동모델에서 사회복지사는 **중재자, 협상가, 조직가로서의 역할을 강조**한다.

> 사회운동모델에서 사회복지사는 옹호자, 촉진자로서의 역할을 수행한다.

11-05-26

06 정치 · 사회행동모델은 선거권자와 공무원 등을 표적체계로 하고 **특정 대상자를 위한 서비스 개발을 목적으로** 한다.

> 특정 대상자를 위한 서비스 개발을 목적으로 하는 모델은 프로그램 개발과 지역사회연계모델에 해당한다.
> 정치 · 사회행동모델은 선거권자와 공무원 등을 표적체계로 하지만, 정치권력의 형성, 제도의 변화 등에 관심을 둔다.

빈칸에 들어갈 알맞은 말을 채워보자

13-05-12
01 (　　　　　　) 모델: 사회적 · 경제적 환경의 변화를 위한 지역사회 구성원의 능력개발을 목표로 하며, 사회복지사의 주된 역할은 조직가, 교사, 촉진자이다.

04-05-19
02 (　　　　　　) 모델: 일반 대중이나 정치제도를 표적체계로 하여 옹호하거나 이슈화를 진행한다.

10-05-11
03 (　　　　　　) 모델: 자원을 동원할 수 있는 잠재력을 가진 연대조직체를 형성하여 집합적으로 문제를 해결하고자 한다.

11-05-21
04 (　　　　　　) 모델: 학교폭력 추방이나 정신지체아동의 사회재활과 같은 특정의 공통 관심사나 이슈를 기반으로 조직화되는 특성이 있다.

18-05-13
05 (　　　　　　) 모델: 주민의 관점에서 개발계획을 수립하고, 주민들이 사회 · 경제적 투자를 이용하도록 준비시킨다.

10-05-11
06 (　　　　　　) 모델: 객관성과 합리성에 기반을 두고 지역사회문제를 해결하려는 모형으로, 전문가의 지식과 기술, 객관적 조사와 자료분석 등을 기초로 한다.

17-05-03
07 (　　　　　　) 모델: 사회복지사는 계획가, 관리자, 프로포절 제안자 등의 역할을 주로 수행한다.

16-05-08
08 (　　　　　　) 모델: 일차적 구성원은 정치적 권한이 있는 시민이다. 선출직 공무원을 표적체계로 하여 기존 제도의 변화를 추구한다.

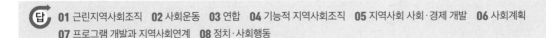
답 **01** 근린지역사회조직　**02** 사회운동　**03** 연합　**04** 기능적 지역사회조직　**05** 지역사회 사회 · 경제 개발　**06** 사회계획
07 프로그램 개발과 지역사회연계　**08** 정치 · 사회행동

테일러와 로버츠의 모델

강의 QR코드

★★★
최근 10년간 **5문항** 출제

복습
1

이론요약

테일러와 로버츠가 제시한 5가지 모델

- 프로그램 개발 및 조정 모델: 지역사회의 변화를 효과적이고 효율적으로 유도하기 위해 공공기관을 중심으로 프로그램을 개발하고 조정해나가는 모델로, 클라이언트의 참여는 매우 제한적이다.
- 계획모델: 로스만의 사회계획모델이 지나치게 합리적이고 과학적인 접근을 지향한다는 점을 지적하며 의사결정에 있어 상호교류와 인간지향적 특성을 추가하고자 한 모델이다.
- 지역사회연계모델: 클라이언트의 개별적 문제를 지역사회에 연계하여 지역사회의 문제를 해결하고자 하는 모델이다.
- 지역사회개발모델: 지역사회의 자체적 역량을 개발하여 지역사회 문제를 스스로 해결할 수 있도록 지지하고 지원하는 것에 초점을 둔다.
- 정치적 권력강화(역량강화)모델: 사회적으로 배제된 집단과 그 구성원들에 초점을 두면서 배제된 집단구성원의 사회참여 노력을 확대시키는 것에 중점을 둔다. 클라이언트의 참여와 결정권이 가장 강하게 나타나는 모델이다.

기본개념

지역사회복지론
pp.98~

기출문장 CHECK

01 (21-05-11) 테일러와 로버츠(S. Taylor & R. Roberts)의 지역사회개발모델은 지역주민의 참여와 자조를 중시한다.

02 (14-05-23) 테일러와 로버츠의 모델: 프로그램 개발 및 조정 모델, 계획모델, 지역사회연계모델, 지역사회개발모델, 정치적 권력강화모델

03 (13-05-17) 테일러와 로버츠의 계획모델은 합리적 기획모델에 기초한 조사전략 및 기술을 강조한다. 특히 사람들과의 상호교류적 노력을 강조하고, 옹호적이며 진보적인 접근을 포함한다.

대표기출 확인하기

21-05-11   난이도 ★★☆

테일러와 로버츠(S. Taylor & R. Roberts)의 지역사회복지 실천모델에 관한 설명으로 옳지 않은 것은?

① 프로그램 개발과 조정: 지역주민의 역량강화 및 지도력 개발에 관심
② 계획: 구체적 조사전략 및 기술 강조
③ 지역사회연계: 지역사회 문제해결을 위한 관계망 구축 강조
④ 지역사회개발: 지역주민의 참여와 자조 중시
⑤ 정치적 역량강화: 상대적으로 권력이 약한 시민의 권한 강화에 관심

> ▶ 알짜확인
>
> • 테일러와 로버츠의 모델 자체는 출제율이 높은 편은 아니지만, 로스만의 모델이나 웨일과 갬블의 모델에 관한 문제에서 선택지로 구성되어 응시생들을 혼란에 빠뜨릴 때가 종종 있다. 따라서 각 학자가 제시한 모델 이름을 정확히 기억해두는 것이 필요하다.

답 ①

✅ 응시생들의 선택

① 45%	② 17%	③ 4%	④ 9%	⑤ 25%

① 지역주민의 역량강화 및 지도력 개발에 관심을 두는 것은 지역사회개발모델이다. 프로그램 개발과 조정 모델은 지역사회의 변화를 효과적이고 효율적으로 유도하기 위해 공공기관을 중심으로 프로그램을 개발하고 조정해나가는 모델이다. 서비스는 행정기관이 직접 전달하거나, 민간단체나 협회를 통해 전달할 수 있다. 후원자가 전적으로 의사결정을 하고 클라이언트(대상자)는 이들에 의해 기획된 서비스를 제공받으며, 클라이언트의 참여는 매우 제한적이다.

관련기출 더 보기

22-05-10   난이도 ★★☆

포플(K. Popple, 1996)의 지역사회복지실천 모델을 모두 고른 것은?

ㄱ. 지역사회개발	ㄴ. 지역사회보호
ㄷ. 지역사회조직	ㄹ. 지역사회연계

① ㄱ, ㄴ   ② ㄷ, ㄹ
③ ㄱ, ㄴ, ㄷ   ④ ㄱ, ㄴ, ㄹ
⑤ ㄱ, ㄴ, ㄷ, ㄹ

답 ③

✅ 응시생들의 선택

① 4%	② 3%	③ 14%	④ 13%	⑤ 66%

ㄹ. 지역사회연계 모델을 제시한 학자는 테일러와 로버츠이다. 테일러와 로버츠는 후원자의 권한과 클라이언트의 권한 정도에 따라 프로그램 개발 및 조정 모델, 계획모델, 지역사회연계 모델, 지역사회개발 모델, 정치적 역량강화 모델 등을 제시하였다.

➕ 덧붙임

최근에는 커뮤니티케어가 강조되는 정책적 흐름을 반영하여 지역사회보호 모델을 제시한 포플의 모델도 시험에 등장하기 시작했다. 아직 상세하게 출제되지는 않았으나 지역사회보호, 지역사회조직, 지역사회개발, 사회·지역계획, 지역사회교육, 지역사회행동, 여권주의적 지역사회사업, 인종차별철폐 지역사회사업 등 제시한 모델을 기억해두는 것은 필요하다.

테일러와 로버츠(S. Taylor & R. Roberts) 모델에 해당되는 것을 모두 고른 것은?

> ㄱ. 프로그램 개발 및 조정
> ㄴ. 지역사회개발
> ㄷ. 정치적 권력(역량)강화
> ㄹ. 연합
> ㅁ. 지역사회연계

① ㄱ, ㄴ   ② ㄴ, ㄷ
③ ㄱ, ㄹ, ㅁ   ④ ㄱ, ㄴ, ㄷ, ㅁ
⑤ ㄱ, ㄷ, ㄹ, ㅁ

답 ④

✅ **응시생들의 선택**

① 3%	② 4%	③ 15%	④ 54%	⑤ 24%

ㄹ. 연합모델은 웨일과 갬블의 모델에 해당한다.

테일러와 로버츠(S. H. Taylor & R. W. Roberts)의 지역사회복지실천모델이 아닌 것은?

① 정치적 권력강화
② 지역사회개발
③ 지역사회연계
④ 연합
⑤ 계획

답 ④

✅ **응시생들의 선택**

① 47%	② 6%	③ 4%	④ 36%	⑤ 7%

④ 테일러와 로버츠는 후원자의 권한과 클라이언트의 권한 비율에 따라 프로그램 개발 및 조정, 계획모델, 지역사회연계모델, 지역사회개발모델, 정치적 권력강화모델 등 5가지를 제시하였다. 왼쪽에서 오른쪽으로 갈수록 후원자의 권한보다 클라이언트의 권한이 강하게 나타난다.

다음 내용이 **왜 틀렸는지**를 **확인해보자**

01 정치적 역량강화모델은 로스만의 <u>지역사회개발모델</u>을 <u>바탕으로</u> 한다.

> 정치적 역량강화모델은 로스만의 사회행동모델과 유사하다.

`14-05-23`

02 테일러와 로버츠의 모델: 정치적 권력강화, 지역사회개발, 지역사회연계, **연합**, 계획

> 연합모델은 웨일과 갬블이 제시한 모델이다.

03 테일러와 로버츠의 계획모델은 조사전략 및 기술을 강조하기 때문에 **과정을 무시한다는 한계**가 있다.

> 이 모델은 로스만의 사회계획모델이 지나치게 합리적이고 과학적인 접근만을 지향한다는 한계를 지적하면서 의사결정에 있어 클라이언트와의 교류를 강조하는 등 과정적 측면을 고려하였다.

`12-05-04`

04 지역사회연계 모델은 **후원자가 클라이언트보다 더 많은 결정권한**이 있다.

> 지역사회연계모델은 클라이언트와 후원자의 영향력이 동등한 모델이다.

05 지역사회개발모델보다 프로그램 개발 및 조정모델에서 **클라이언트의 권한**이 더 크게 나타난다.

> '프로그램 개발 및 조정 < 계획 < 지역사회연계 < 지역사회개발 < 정치적 역량강화'의 순서대로 클라이언트의 권한이 강하게 나타난다.

`16-05-10`

06 테일러와 로버츠의 모델 중 <u>지역사회개발</u> 모델은 갈등이론과 다원주의 사회에서 다양한 이익집단의 경쟁원리에 기초한 모델로, 시민참여를 보장하고 극대화하는 데에 중요한 목적이 있다.

> 지역사회개발 모델이 아닌 정치적 역량강화 모델에 관한 설명이다.

6장

지역사회복지 실천과정

이 장에서는

지역사회복지의 실천과정 및 각 과정별 과업에 관한 사항을 학습한다. 기본적으로 각 과정을 순서대로 나열할 수 있어야 하며, 각 과정에서 요구되는 과업을 파악해두어야 한다.
※ 알림: 이 책은 출제빈도를 우선으로 구성하고 있어 사정 단계를 먼저 소개하지만, 실제 실천과정은 '문제확인 → 사정 → 계획 및 실행 → 평가'의 순서로 진행된다.

10년간 출제분포도

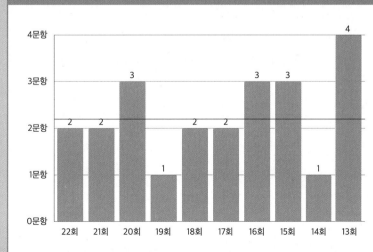

2.3
문항

평균 출제문항수

142 사정 단계

강의 QR코드

1회독	2회독	3회독
월 일	월 일	월 일

★ ★ ★
최근 10년간 **12문항** 출제

이론요약

사정의 개념 및 원칙

기본개념

- 문제확인 단계에서 파악된 문제를 해결하기 위한 <u>서비스나 프로그램을 개발하기 위한 준비단계</u>
- 주요 원칙: 사정의 목표와 초점의 명확화, 제한된 자원과 역량을 고려, 구체적 쟁점이나 문제에 초점, 지역주민의 참여

지역사회복지론
pp.106~

사정에서 고려할 사항

- 지역사회의 발전 과정
- 정치적·사회적 구조
- 경제적 상황
- 사회문화적 특징

사정의 유형

- 포괄적 사정: 특정한 문제나 표적집단에 한정하지 않고 지역사회 전반을 대상으로 한 사정 유형
- 문제중심 사정: 지역사회에서 우선적으로 해결이 필요한 중요한 영역에 초점을 둔 유형
- 하위체계 사정: 지역사회의 특정 하위체계를 중심으로 사정
- 자원사정: 권력, 전문기술, 재정, 서비스 등 인적·물적 자원 영역을 검토
- 협력 사정: 지역사회 참여자들이 완전한 파트너로서 조사계획, 참여관찰, 분석과 실행 국면 등에 관계되면서 지역사회에 의해 수행되는 사정

사정을 위한 자료수집 방법

▶ **양적 접근**

- 구조화된 서베이
  - 구조화된 질문지를 통해 설문조사를 진행하여 응답을 구하는 방식
- 사회지표 분석
  - 통계청, 국가기관, 복지 관련 전문 기관 등에서 진행한 수치화된 자료를 활용하여 욕구를 파악하는 방법

▶ 질적 접근
- 델파이기법
  - 문제와 관련된 전문가에게 **이메일이나 우편 등을 통해 개방형 질문으로 설문지를 발송하여 의견을 취합**하는 방식
  - **참여자 간의 영향력은 방지**할 수 있지만 정해진 기간 안에 의견 취합이 안 되는 경우가 많으며, 반복적으로 진행하다 보면 점점 답변 회수율이 떨어질 수 있음
- **명목집단기법**
  - **참여자들이 의견을 무기명으로 적어 제출**하면 사회자가 각 내용을 발표한 후 투표를 진행하여 우선순위 결정
  - 참여자들이 서로 누가 어떤 의견을 냈는지 모른다는 점은 델파이기법의 장점과 동일함
- 초점집단기법
  - 소집단으로 구성하여 **참여자들의 토론 및 질의응답**을 통해 문제에 대한 의견을 듣는 방법
  - 전문가도 참여하지만 **수혜자, 잠정적 수혜자, 지역주민 등이 참여하는 직접적 욕구조사 방법**
- 주요정보제공자기법
  - 문제와 관련된 전문가, 실무자 등을 통해 대상집단 및 욕구를 파악하는 방법
  - 서비스 제공자, 관련 단체의 대표자 등 **전문가들이 주로 참여하는 간접적 욕구조사 방법**
- 지역사회포럼
  - **모든 지역주민들에게 공개적으로 진행**하는 방식으로, 토론자들이 먼저 관련 문제에 대한 설명 및 토론 등을 진행한 후 방청한 지역주민들과의 질의응답 시간을 진행함
  - 지역주민의 욕구나 문제에 대한 지역주민의 인식을 알 수 있음
  - 다양한 의견이 제시될 수 있으나 문제의 본질이나 욕구파악이 오히려 어려울 수 있음
- 공청회
  - 정부의 프로그램이나 계획에 대해 의견을 개진할 수 있는 기회를 제공
  - 공청회에 참석한 참석자들의 견해가 전체 지역주민을 대표하는지를 확신하기 어려우며, 통제가 어렵다는 한계가 있음
  - ※ 포럼과 진행방식은 동일하지만 공청회의 주체는 국가 및 지자체
- 참여관찰
  - 지역주민의 일상적인 삶에 참여하여 주민들의 문제를 직접 보고 들으며 체험하는 방법

01 (22-05-12) 지역사회 사정을 통해 지역사회의 욕구를 파악한다.

02 (22-05-12) 지역사회 사정을 위해 지역 공청회를 통해 주민 의견을 수렴할 수 있다.

03 (22-05-12) 지역사회 사정을 위해 명목집단 등을 활용하여 욕구의 우선순위를 결정할 수 있다.

04 (22-05-12) 지역사회 사정을 위해 서베이, 델파이기법 등을 활용하여 자료를 수집할 수 있다.

05 (21-05-13) 지역사회포럼은 지역주민이 참여할 수 있는 공개 모임을 개최하여 구성원의 의견을 모색한다.

06 (20-05-15) 델파이 기법: 전문가 패널의 의견을 수렴하는 방법, 합의에 이르기까지 여러 번 설문 실시, 반복되는 설문을 통하여 패널의 의견 수정 가능

07 (19-05-10) 자원봉사자 수, 예산 규모, 이용자 수 등에 관한 사정은 자원 사정에 해당한다.

08 (17-05-11) 델파이 기법은 응답 내용이 합의에 이르기까지 여러 번에 걸쳐 설문 과정을 반복한다.

09 (15-05-10) 초점집단(Focus Group) 기법: 지역사회집단의 이해관계를 가장 잘 대표할 수 있는 참여자들을 선정하여 한 곳에 모여 특정 문제에 대한 의견을 집단으로 토론한다.

10 (14-05-09) 자원 사정은 지역사회에서 이용할 수 있는 권력, 전문기술, 재정, 서비스 등을 조사하는 사정이다.

11 (13-05-08) 명목집단기법은 문제이해, 목표확인, 행동계획 개발 등에 활용된다.

12 (10-05-21) 명목집단기법: 지역주민을 한 자리에 모아 지역에 영향을 미치는 문제나 이슈를 제시하도록 하고, 참가자들로 하여금 열거된 문제에 대한 우선순위를 매기도록 하는 과정을 거친다.

13 (07-05-07) 지역사회포럼을 통해 지역주민들은 자신이 생각하는 지역사회 문제에 대한 의견을 이야기할 수 있다.

14 (06-05-15) 비공식적 인터뷰, 민속학적 방법 등은 지역사회의 정보를 얻기 위해 사용하는 질적 접근 방법이다.

대표기출 확인하기

21-05-13 난이도 ★☆☆

지역사회 욕구사정 방법에 관한 설명으로 옳은 것은?

① 명목집단기법: 지역주민으로부터 설문조사를 통해 직접적으로 자료를 획득
② 초점집단기법: 전문가 패널을 대상으로 반복된 설문을 통해 합의에 이를 때까지 의견을 수렴
③ 델파이기법: 정부기관이나 사회복지 관련 조직에 의해 수집된 기존 자료를 활용
④ 지역사회포럼: 지역주민이 참여할 수 있는 공개 모임을 개최하여 구성원의 의견을 모색
⑤ 사회지표분석: 지역사회 문제를 잘 파악하고 있는 사람들을 대상으로 정보를 확보

▶ 알짜확인

• 사정의 원칙, 고려해야 할 사항, 사정의 유형 등 다양한 내용을 꼼꼼히 살펴봐야 한다.
• 사정방법(욕구조사 방법)은 자칫 헷갈릴 수 있는 비슷한 방법들이 있으니 잘 구분할 수 있도록 방법적 차이를 파악해두어야 한다.

답 ④

✔ 응시생들의 선택

① 4%	② 5%	③ 3%	④ 85%	⑤ 3%

① 지역주민으로부터 설문조사를 통해 직접적으로 자료를 획득하는 것은 서베이 조사에 해당한다.
② 전문가 패널을 대상으로 반복된 설문을 통해 합의에 이를 때까지 의견을 수렴하는 것은 델파이기법에 해당한다.
③ 정부기관이나 사회복지 관련 조직에 의해 수집된 기존 자료를 활용하는 것은 사회지표분석에 해당한다.
⑤ 지역사회 문제를 잘 파악하고 있는 사람들을 대상으로 정보를 확보하는 것은 초점집단기법에 해당한다.

관련기출 더 보기

22-05-12 난이도 ★★☆

지역사회 사정에 해당하지 않은 것은?

① 지역사회의 욕구를 파악한다.
② 협력 · 조정을 위한 네트워크를 구축한다.
③ 지역 공청회를 통해 주민 의견을 수렴한다.
④ 명목집단 등을 활용한 욕구의 우선순위를 결정할 수 있다.
⑤ 서베이, 델파이기법 등을 활용하여 자료를 수집한다.

답 ②

✔ 응시생들의 선택

① 3%	② 52%	③ 1%	④ 21%	⑤ 23%

② 협력 · 조정을 위한 네트워크의 구축은 계획 및 실행단계에서의 과업이다.

22-05-13 난이도 ★☆☆

지역사회복지실천 과정의 순서로 옳은 것은?

ㄱ. 지역사회 사정	ㄴ. 실행
ㄷ. 성과평가	ㄹ. 실행계획 수립

① ㄱ→ㄴ→ㄷ→ㄹ ② ㄱ→ㄹ→ㄴ→ㄷ
③ ㄹ→ㄱ→ㄴ→ㄷ ④ ㄹ→ㄱ→ㄷ→ㄴ
⑤ ㄹ→ㄴ→ㄷ→ㄱ

답 ②

✔ 응시생들의 선택

① 1%	② 76%	③ 18%	④ 3%	⑤ 2%

ㄱ. 지역사회 사정: 지역사회의 문제 및 욕구 파악
ㄹ. 실행계획 수립: 목표설정, 자원확보, 구체적인 활동 계획
ㄴ. 실행: 계획에 따른 실행 및 점검
ㄷ. 성과평가: 실행에 따른 결과 평가

난이도 ★★☆

다음 자료를 활용한 지역사회 사정(assessment) 유형에 해당하는 것은?

- 사회복지시설 및 기관의 자원봉사자 수
- 관할 지방자치단체의 사회복지분야 예산 규모
- 기업의 사회공헌 프로그램 유형과 이용자 수

① 하위체계 사정   ② 포괄적 사정
③ 자원 사정   ④ 문제중심 사정
⑤ 협력적 사정

답 ③

✔ 응시생들의 선택

① 1%	② 9%	③ 86%	④ 1%	⑤ 3%

③ 자원 사정은 권력, 전문기술, 재정, 서비스 등 인적·물적 자원 영역을 검토한다.

난이도 ★★☆

지역사회복지실천에서 이루어지는 초기 욕구사정에 관한 설명으로 옳지 않은 것은?

① 욕구의 상대적 중요성을 확인하는 목적이 있다.
② 지역사회복지 실천을 위한 성과평가의 의미를 갖는다.
③ 욕구사정에 대한 다양한 방법론을 이해해야 한다.
④ 문제확인과 해결의 우선순위에 주안점을 둔다.
⑤ 욕구사정의 초점은 서비스 및 접근가능성이 포함된다.

답 ②

✔ 응시생들의 선택

① 3%	② 86%	③ 2%	④ 8%	⑤ 1%

② 욕구사정은 주민들의 문제와 욕구를 살펴보고 프로그램 설계를 위해 정보를 분석하는 과정으로, 성과평가의 의미를 갖는 것은 아니다.

난이도 ★★★

지역사회를 분석하기 위해서는 지역사회 사정(assessment)을 해야 하는데, 다음의 지역사회사정과정 중 사회복지사가 확인한 변수는?

A종합사회복지관에 근무하는 사회복지사는 지역에 혼자 사는 노인에게 밑반찬서비스를 제공하는 지역부녀회, 기초노령연금을 지급하는 동주민센터, 후원금을 지원하는 종교단체가 있다는 사실을 확인하였다.

① 사람   ② 사회문제
③ 가치   ④ 자원의 유용성
⑤ 서비스 전달 조직

답 ⑤

✔ 응시생들의 선택

① 0%	② 0%	③ 1%	④ 22%	⑤ 77%

사례는 지역사회 내 노인복지와 관련하여 서비스를 전달하고 있는 조직들을 사정한 것으로 하위체계 사정에 해당한다.

난이도 ★★★

지역사회복지실천 과정 중 욕구사정 단계에서 고려해야 할 사항을 모두 고른 것은?

ㄱ. 프로그램의 적절성 정도
ㄴ. 지역사회 문제해결을 위해 필요한 재원 확보
ㄷ. 사회변화를 추구하는 집단 간의 합의 도출
ㄹ. 지역사회의 사회구조와 경제적인 상황

① ㄱ, ㄴ, ㄷ   ② ㄱ, ㄷ
③ ㄴ, ㄹ   ④ ㄹ
⑤ ㄱ, ㄴ, ㄷ, ㄹ

답 ④

✔ 응시생들의 선택

① 6%	② 13%	③ 29%	④ 24%	⑤ 28%

ㄱ. 계획단계에서 적절성에 따라 프로그램을 수립하기도 하며, 평가단계에서 결과적으로 적절했는지를 살펴보기도 한다.
ㄴ. ㄷ. 지역사회 문제해결을 위해 필요한 재원 확보 및 사회변화를 추구하는 집단 간의 합의 도출은 지역사회복지실천 계획을 수립하고 실행해나가는 과정에서 고려해야 할 사항에 해당한다.

다음 내용이 왜 틀렸는지를 확인해보자

01 사정단계는 지역사회의 전반적인 분위기를 파악하고 문제나 욕구를 확인하기 위해 **정보를 수집하는 데에 초점을 둔다.**

> 사정단계는 서비스나 프로그램을 개발하기 위한 준비단계이기 때문에 정보수집에 그치는 것이 아니라 수집된 정보를 토대로 문제를 구체화시켜야 한다.

13-05-08

02 하위체계사정은 하위체계의 **정태적인 이해를 높이는 데 활용**된다.

> 하위체계사정은 하위체계의 역동성을 고려하여 동태적으로 파악할 수 있도록 진행해야 한다.

03 초점집단조사방법은 **다수의 사람들이** 정보와 의견을 나눌 수 있도록 하는 욕구조사방법이다.

> 초점집단조사방법은 문제와 관련 있는 소수의 사람들이 한 자리에 모여 정보와 의견을 나눔으로써 욕구조사를 진행하는 방법이다.

17-05-11

04 델파이기법에서 설문지는 **폐쇄형 질문으로 구성**한다.

> 설문구성은 개방형으로 시작해서 이후에는 유사한 응답내용을 폐쇄형으로 구성하여 질문한다.

13-05-08

05 민속학적(ethnographic) 방법은 일반적으로 **표준화된 면담도구를 사용**한다.

> 민속학적 방법은 표준화된 면담도구를 사용하기보다는 현지 관찰을 통해 지역주민의 삶, 행동, 문화, 가치 등을 파악한다.

06 협력 사정을 통해 지역사회에 존재하는 재정, 서비스, 전문기술 등 **인적, 물적 자원 영역을 검토**한다.

> 인적, 물적 자원 영역을 검토하는 것은 자원 사정에 해당한다.
> 협력 사정은 문제에 관한 조사 계획부터 관찰, 분석, 실행 등의 과정에 지역사회 참여자들이 완전한 파트너로서 협조하며 함께하는 사정을 말한다.

`07-05-07`

07 지역사회포럼은 공청회와 달리 <u>참석자들에 대한 통제가 용이하다.</u>

> 지역사회포럼과 공청회는 진행방식이 동일하다. 전문가들이 주제와 관련된 화제를 제시하고 청중들이 질문이나 의견을 제시하게 되는데, 분위기가 과열될 경우 통제가 어렵다.

`13-05-08`

08 <u>비공식적 인터뷰</u>는 자료수집과정에서 신뢰도와 일관성을 높이는 방법이다.

> 비공식 인터뷰는 질적 방법에 해당하는데, 대체로 질적 방법은 양적 방법에 비해 신뢰도와 일관성에 취약하다.

빈칸에 들어갈 알맞은 말을 채워보자

`16-05-16`

01 (　　　　　　) 기법은 모든 참여자가 직접 만나 욕구에 대한 우선순위를 결정한다. 욕구순위에 대한 합의의 과정이 반복시행을 거쳐 이루어질 수 있다.

`17-05-11`

02 (　　　　　　) 기법은 지역사회문제에 대한 전문지식을 갖고 있는 주요 정보제공자로 구성하며, 응답 내용이 합의에 이르기까지 여러 번에 걸쳐 설문 과정을 반복한다.

`09-05-13`

03 (　　　　　　) 기법은 질적 자료수집 방법 중 하나로써 소집단으로 구성되며 여러 명이 동시에 질의와 응답에 참여할 수 있고, 집중적인 토론에 유용한 지역사회사정 방법이다.

04 (　　　　　　) 사정은 해결이 필요한 특정 이슈나 영역에 초점을 두어 진행하는 사정 유형이다.

`14-05-09`

05 (　　　　　　) 사정은 지역사회에서 이용할 수 있는 권력, 전문기술, 재정, 서비스 등을 조사하는 사정이다.

`06-05-15`

06 민속학적 방법, 비공식 인터뷰는 질적 자료수집 방법이며, 사회지표 분석은 (　　　　　　) 방법이다.

답 **01** 명목집단　**02** 델파이　**03** 초점집단　**04** 문제중심　**05** 자원　**06** 양적

다음 내용이 옳은지 그른지 판단해보자

[22-05-12]
01 지역사회 사정 과정에서는 명목집단 등을 활용하여 욕구의 우선순위를 결정할 수 있다.　◎ ✕

02 욕구조사단계에서는 주요 정보제공자 인터뷰, 지역사회포럼 개최, 사회지표 등을 활용할 수 있다.　◎ ✕

[13-05-20]
03 목적 및 목표 설정단계는 지역주민 욕구사정 이전에 진행한다.　◎ ✕

04 지역사회 사정에서는 지역사회의 문제 및 지역주민의 욕구를 파악하는 데에 주력한다.　◎ ✕

05 우선적으로 해결해야 할 지역사회의 문제 영역에 초점을 두는 사정 유형은 자원 사정이다.　◎ ✕

[17-05-11]
06 델파이 기법은 응답 내용이 합의에 이르기까지 여러 번에 걸쳐 설문 과정을 반복한다.　◎ ✕

07 사정을 통해서 지역사회의 문제를 욕구로 변환하여 서비스 개발로 연결할 수 있도록 해야 한다.　◎ ✕

답 01○ 02○ 03✕ 04○ 05✕ 06○ 07○

해설 **03** 사정의 결과를 토대로 목적 및 목표 설정을 한다.
05 우선적으로 해결해야 할 지역사회의 문제 영역에 초점을 두는 사정 유형은 문제중심 사정이다.

143 문제확인 단계

강의 QR코드

1회독	2회독	3회독
월 일	월 일	월 일

최근 10년간 **2문항** 출제

 **이론요약**

주요 내용

- 이미 발생한 문제 외에 잠재적 문제도 파악
- 지역사회의 문제를 탐색함에 있어서는 **개방적인 태도**를 가져야 함
- 객관적 자료 확보, 관련 당사자·전문가 등과 인터뷰 등 다양한 조사방법 활용
- 문제를 둘러싼 지역사회의 관련 상황 파악
- 문제로 인해 이익을 보는 집단과 손해를 보는 집단을 분석
- 문제의 원인 및 지속 요인 확인
- 여러 문제들에 대한 우선순위 선정
- 표적집단은 문제를 겪는 동시에 변화가 필요한 집단으로 **시간과 자원의 한계에 따라 표적집단을 파악**

기본개념

지역사회복지론
pp.105~

기출문장 CHECK

01 (20-05-11) 문제확인 단계의 과업: 이슈의 개념화, 이슈와 관련된 다양한 가치관 고려, 이슈와 관련된 이론과 자료 분석

02 (12-05-05) 문제확인 단계에서는 문제에 대해 공식적으로 인정하고 지역사회행동을 위한 어젠다(agenda)로 채택한다.

03 (12-05-05) 지역사회문제를 규명하기 위해 해당 문제와 관련된 문헌을 검토한다.

04 (12-05-05) 문제확인 단계에서는 문제해결을 위한 장애 요인과 문제의 지속 요인을 파악한다.

05 (10-05-13) 문제확인 단계에서는 초기에는 개방적인 태도를 가지고, 관련된 당사자들과 폭넓게 대화를 나누며, 다양한 조사방법을 통해 객관적인 자료를 확보해야 한다.

06 (10-05-13) 문제확인 단계에서는 시간과 자원의 양에 따라 표적집단을 결정하는 것이 필요하다.

대표기출 확인하기

20-05-11 난이도 ★★★

다음의 설명에 해당하는 지역사회복지실천 단계는?

- 이슈의 개념화
- 이슈와 관련된 다양한 가치관 고려
- 이슈와 관련된 이론과 자료 분석

① 문제확인 단계   ② 자원동원 단계
③ 실행 단계   ④ 모니터링 단계
⑤ 평가 단계

 알짜확인

- 문제확인 단계의 과업과 함께 주의해야 할 사항들을 정리해두도록 하자.

답 ①

응시생들의 선택

① 79%	② 6%	③ 7%	④ 7%	⑤ 1%

지역사회의 문제 및 문제와 관련된 다양한 지형들을 살펴보는 과정은 문제확인 단계에 해당한다.

관련기출 더 보기

13-05-25 난이도 ★☆☆

다음은 지역사회복지실천 과정 중 어느 단계에 관한 설명인가?

주거빈곤의 어려움을 호소하는 클라이언트에 대해 사회복지사는 해당 지역에 대한 조사를 실시한 후 이를 개인의 경제적 문제, 지역사회의 불량주택문제, 공공임대주택정책의 문제 중 어떤 문제로 볼 것인지를 결정하였다.

① 자원계획 및 동원단계   ② 목적 및 목표 설정단계
③ 문제발견 및 분석단계   ④ 실행단계
⑤ 평가단계

답 ③

응시생들의 선택

① 2%	② 10%	③ 88%	④ 0%	⑤ 0%

사례의 내용은 상담과정에서 나타난 클라이언트의 문제를 분석하고, 확인하는 활동으로 문제발견 및 분석단계에 해당한다.

10-05-13 난이도 ★☆☆

지역사회복지실천 과정에서 문제확인에 관한 설명으로 옳지 않은 것은?

① 관련된 당사자들과 폭넓게 대화를 나눈다.
② 문제의 범위 설정에 있어 초기에는 개방적인 태도를 갖는다.
③ 시간과 자원의 양에 따라 표적집단을 결정하는 것이 필요하다.
④ 과거의 지역사회복지실천을 위한 장애요인은 무시해야 한다.
⑤ 문제확인을 위해서는 다양한 조사방법을 통해 객관적인 자료를 확보해야 한다.

답 ④

응시생들의 선택

① 1%	② 1%	③ 1%	④ 96%	⑤ 1%

④ 지역사회의 문제해결을 위한 과거의 접근방법과 노력들, 장애요인, 실패이유 등을 파악하는 것이 필요하다.

다음 내용이 옳은지 그른지 판단해보자

01 지역사회의 문제를 살펴볼 때에는 현재 나타난 문제뿐만 아니라 잠재적 문제도 살펴봐야 한다.

`10-05-13`

02 문제확인 단계에서는 과거에 나타났던 문제해결의 장애요인은 무시해야 한다.

`12-05-05`

03 지역사회의 문제를 확인하는 단계에서는 지역사회 지도자, 공직자, 토착주민, 지역운동가 등 유력인 사의 인식은 배제한다.

04 문제를 확인하는 과정에서는 표적집단의 규모를 파악해두는 것이 필요하다.

05 문제를 확인하기 위해서는 문제로 인해 손해를 보게 된 집단에 대해서만 집중적으로 조사해야 한다.

 01 ○ **02** × **03** × **04** ○ **05** ×

해설 **02** 과거에 나타났던 장애요인들을 확인해야 한다.
03 지역 내 유력인사의 인식도 포함해야 한다.
05 문제를 확인하는 단계에서는 문제와 관련된 다양한 정치적 지형을 살펴보는 것이 필요하다. 따라서 문제로 손해를 보게 된 집단뿐만 아니라 이익을 얻게 된 집단도 함께 살펴봐야 한다.

144 계획 및 실행 단계

최근 10년간 **5문항** 출제

1회독	2회독	3회독
월 일	월 일	월 일

복습 1 이론요약

기본개념
지역사회복지론
pp.110~

준비/계획 단계

- 목표 설정: 미션 > 목적 > 목표로 구체화됨
- 목표에 따라 프로그램 계획
- 예산 수립
- 프로그램 홍보

실행 단계

- 계획에 맞춰 실행
- 주민조직화, 참여자들의 동기 강화, 참여자들 간 갈등 관리
- 진행상황을 점검하며 상황변화에 대응
- 지역사회의 서비스 공급주체 간 연계 협력을 추진

기출문장 CHECK

01 (21-05-12) 실행 단계에서는 재정자원의 집행, 추진인력의 확보 및 활용, 협력과 조정을 위한 네트워크 구축 등을 수행한다.

02 (20-05-12) 실행 단계의 과업: 재정자원 집행, 참여자 간의 갈등 관리, 클라이언트의 적응 촉진, 협력과 조정을 위한 네트워크 구축

03 (18-05-10) 프로그램을 기획하는 과정에서는 업무 설계, 구체적인 실행 방법 수립 등을 진행한다.

04 (18-05-10) 프로그램 기획의 목적은 개별 사회복지기관이 다룰 수 있는 영역과 범위 안에 있는 이슈를 해결하기 위함이다.

05 (15-05-15) 실행 단계에서는 참여자의 적응을 촉진하고, 참여자 간 저항과 갈등을 관리한다.

06 (09-05-14) 목적은 미션보다 좀 더 구체적인 방향을 제시한다. 목표들은 목적에 통합될 수 있어야 한다.

07 (09-05-14) 결과목표는 표적집단을 어떠한 상태로 향상시킬 것인가의 내용을 담고 있어야 한다.

08 (09-05-14) 과정목표는 무슨 일을 누가 어떻게 할 것인지에 관해 기술한다.

09 (03-05-11) 계획 단계에서는 실천 목표를 설정하고, 목표 달성을 위한 방법을 선택한다.

대표기출 확인하기

21-05-12   난이도 ★☆☆

지역사회복지 실천과정에서 다음 과업이 수행되는 단계는?

- 재정자원의 집행
- 추진인력의 확보 및 활용
- 협력과 조정을 위한 네트워크 구축

① 문제발견 및 분석 단계
② 사정 및 욕구 파악 단계
③ 계획 단계
④ 실행 단계
⑤ 점검 및 평가 단계

▶ 알짜확인

- 문제를 해결하기 위해 프로그램에 대한 계획을 세우고 실행에 옮기는 과정에서 고려해야 할 사항들을 생각해보자.
- 계획을 세우기에 앞서 목표를 설정하게 되는데 이와 관련된 사항들을 정리해두자.

답 ④

✔ 응시생들의 선택

① 2%	② 4%	③ 19%	④ 73%	⑤ 2%

④ 실행 단계에서는 지역사회복지실천의 다양한 개입 전략과 전술을 고려하여 선택한다. 계획에 맞춰 자원을 집행하고 프로그램을 실행하며, 문제해결의 주체가 되는 지역주민의 참여를 조직화한다. 참여자들의 동기를 강화하고 반응을 확인하며, 참여자들 간 갈등을 관리한다. 진행상황을 점검하며 상황변화에 대응하고, 지역사회의 서비스 공급주체 간 연계·협력을 추진한다.

관련기출 더 보기

20-05-12   난이도 ★☆☆

지역사회복지 실천의 '실행 단계'에 해당하지 않는 것은?

① 재정자원 집행
② 참여자 간의 갈등 관리
③ 클라이언트의 적응 촉진
④ 실천계획의 목표 설정
⑤ 협력과 조정을 위한 네트워크 구축

답 ④

✔ 응시생들의 선택

① 5%	② 3%	③ 5%	④ 84%	⑤ 3%

④ 목표 설정은 계획 단계에 해당한다. 설정된 목표에 따라 계획을 수립하고 수립된 계획을 실행에 옮기게 된다.

18-05-10   난이도 ★☆☆

다음에서 설명하는 사회복지사의 활동방법은?

- 업무 설계 기재
- 구체적인 실행방법 명시
- 개별 사회복지기관이 다룰 수 있는 영역과 범위 안에 있는 이슈를 해결하기 위함

① 사회지표 분석   ② 프로그램 기획
③ 커뮤니티 프로파일링   ④ 지역사회 지도 그리기
⑤ 청원

답 ②

✔ 응시생들의 선택

① 6%	② 72%	③ 18%	④ 3%	⑤ 1%

①③④ 지역사회를 조사하는 과정에서 진행될 수 있는 활동들이다.
⑤ 청원은 특정 조직이나 기관이 일정한 조치를 요청하기 위해 다수인의 서명지를 제출하는 것이다.

다음 내용이 **왜 틀렸는지**를 **확인해보자**

`03-05-11`

01 계획 단계에서는 지역주민들이 **문제를 어떻게 경험하고 어떻게 인식하고 있는지를 파악**하는 데 중점을 둔다.

> 문제를 어떻게 경험하고 어떻게 인식하고 있는지를 파악하는 것은 계획 단계 이전에 이루어져야 한다.

`15-05-15`

02 지역사회복지실천 과정에서 참여자의 적응 촉진, 참여자 간 저항과 갈등 관리 등은 **문제확인 단계**에서의 과업이다.

> 실행 단계에서의 과업이다.

---

03 계획 과정에서는 **인적, 물적 자원을 동원하기 위한 사정**을 반드시 진행해야 한다.

> 자원에 대한 사정은 계획 과정 이전에 진행되며, 사정의 결과를 계획 수립에 반영하게 된다.

`09-05-14`

04 목적과 목표를 설정하는 과정에는 **클라이언트를 참여시킬 수 없다.**

> 목적과 목표를 설정할 때에 클라이언트를 참여시킴으로써 소비자주권주의를 실현할 수 있다.

강의 QR코드

최근 10년간 **4문항** 출제

이론요약

평가 유형

- 양적 평가: 수량화된 자료를 바탕으로 한 평가 방식으로 주로 성과 정도를 파악할 때 이용
- 질적 평가: 인터뷰, 관찰 등을 통해 진행하는 평가 방식으로 수량화가 어려운 부문에서 진행하거나 모니터링의 용도로 사용됨
- 형성평가: 진행과정의 문제점을 발견하여 수정·보완하기 위한 평가
- 총괄평가: 달성하고자 했던 목표를 얼마나 잘 성취했는가의 여부를 평가

평가 요소(논리모델)

- 투입: 프로그램에 투여되는 인적, 물적 자원
- 전환(활동, 과정): 제공하는 서비스 및 개입방법 등을 의미
- 산출: 프로그램을 통해 제공된 실적, 결과물
- 성과: 프로그램 종결 후 클라이언트에게서 나타난 변화

기본개념

지역사회복지론
pp.111~

기출문장 CHECK

01 (12-05-03) 지역아동센터 사업에 대한 평가를 진행할 때 투입 예산, 자원봉사자 수, 센터 종사자 수, 센터 규모 등은 투입 요소에 해당한다.

02 (09-05-15) 효율성평가는 투입비용과 서비스 산출단위의 비교량으로 평가한다.

03 (09-05-15) 평가는 변화의 장점이나 가치에 대해 판단을 내리는 사회적 과정이다.

04 (09-05-15) 형성평가는 프로그램 초기에 등장한 문제점을 수정, 보완하기 위해 실시한다.

대표기출 확인하기

09-05-15
난이도 ★☆☆

지역사회복지실천 과정 중 평가에 관한 설명으로 옳지 않은 것은?

① 평가는 변화의 장점이나 가치에 대해 판단을 내리는 사회적 과정이다.
② 형성평가는 프로그램 초기에 등장한 문제점을 수정, 보완하기 위해 실시한다.
③ 효율성평가는 투입비용과 서비스 산출단위의 비교량으로 평가한다.
④ 과정목표의 성취여부는 주로 양적인 기준에 의해 판단한다.
⑤ 성과평가는 일반적으로 효과성평가의 속성을 갖는다.

▶ 알짜확인

• 평가 유형, 평가 요소(논리모델) 등을 토대로 평가의 대상 및 초점 등에 대해 살펴보자.

답 ④

✔ 응시생들의 선택

① 1%	② 0%	③ 2%	④ 71%	⑤ 27%

④ 질적 기준 혹은 주관적 판단에 초점을 둘 수도 있다.

관련기출 더 보기

12-05-03
난이도 ★☆☆

지역아동센터 사업에 대한 평가를 한다고 할 때 속성이 다른 하나는?

① 투입 예산
② 자원봉사자 수
③ 센터 종사자 수
④ 아동의 학교 출석률
⑤ 센터 규모

답 ④

✔ 응시생들의 선택

① 8%	② 5%	③ 1%	④ 74%	⑤ 12%

④ 투입한 예산, 자원봉사자의 수, 센터 종사자의 수, 센터 규모와 같은 인적·물적 자원은 '투입'에 해당한다.

다음 내용이 옳은지 그른지 판단해보자

01 평가에 대한 계획은 모든 개입이 종료된 후 수립한다. ◎⊗

02 논리모델의 구성: 투입 → 산출 → 전환 → 성과 ◎⊗

03 수량화된 자료를 바탕으로 한 양적 평가는 프로그램의 성과 정도를 파악할 때 유용하다. ◎⊗

04 형성평가는 개입이 종료된 후 결과보다는 과정에 초점을 두고 진행된다. ◎⊗

05 총괄평가는 달성하고자 했던 목표의 달성 여부에 관심을 둔다. ◎⊗

답 01✕ 02✕ 03○ 04✕ 05○

해설 01 평가에 대한 계획 역시 계획 단계에서 수립한다.
02 논리모델의 구성: 투입 → 전환(활동) → 산출 → 성과
04 형성평가는 개입이 진행되는 과정에서 실시된다.

7장

지역사회복지실천에서의 사회복지사의 역할

이 장에서는

지역사회복지실천에서 수행하게 되는 사회복지사의 역할에 대해 학습한다. 안내자, 행정가, 조직가, 조력가, 사회치료자, 계획가, 행동가 등 다양한 역할을 수행하게 됨을 이해하는 장이다.

10년간 출제분포도

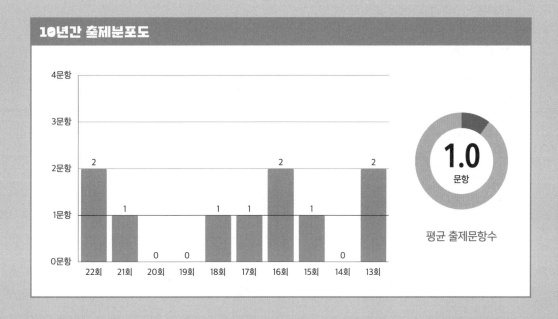

평균 출제문항수

1.0 문항

146 사회복지사의 역할

강의 QR코드

1회독	2회독	3회독
월 일	월 일	월 일

이론요약

사회복지사는 다음에 제시된 다양한 역할을 동시에 수행해야 할 때가 많은데, 이로 인해 **어떤 역할을 더 우선시해야 하는가와 관련해 역할갈등을 느낄 수 있다.**

기본개념
지역사회복지론
pp.118~

지역사회개발모델에서 사회복지사의 역할

▶ **안내자**
• **가장 1차적인 역할**
• 지역의 사회·문화에 대한 충분한 지식을 가져야 함
• 지역사회의 잠재능력을 파악해야 함
• **지역사회에 대하여 객관적인 입장을 취하고 있는 그대로 수용해야 함**
• 특정 집단을 옹호하거나 반대로 특정 집단에 대해 배타적인 태도를 취해서는 안 됨
• 사회복지사가 직접 판단을 내리는 것이 아닌 **주민들이 판단을 내릴 수 있도록 지원**

▶ **조력가**
• **지역주민들의 표출된 불만을 집약**
• **조직화 격려**
• 좋은 인간관계의 조성
• **공동목표 강조**

▶ **전문가**
• 지역사회 진단, 조사
• 타 지역사회에 대한 정보 및 방법에 관한 조언
• 자료 제공 및 직접적 충고, 기술상의 정보 제공
• 사업 과정에 대한 설명 및 평가

▶ **사회치료자**
• 지역사회에 대해 적절히 진단하여 주민들의 이해를 도움
• 금기적 사고나 전통적 태도가 지역사회에 긴장을 일으키거나 지역사회의 발전을 방해할 때에 이를 변화시키기 위한 활동을 전개

- 지역사회가 발전해온 역사, 지역사회의 권력구조 등에 대해 파악해야 함

사회계획모델에서 사회복지사의 역할

▶ **계획가**
- 목표 설정
- 목표달성을 위한 수단 검토
- 문제해결을 위한 계획

▶ **분석가**
- 사회문제와 문제에 영향을 미치는 요인들을 조사
- 프로그램 과정 분석
- 계획 수립의 과정 분석
- 변화에 대한 평가

▶ **조직가**
- 주민들의 참여의식 고취
- 주민들의 사기진작 및 능력 격려

▶ **행정가**
- 계획 수립 및 프로그램 운영
- 인적 · 물적 자원 관리

사회행동모델에서 사회복지사의 역할

조력가 < 중개자 < 옹호자 < 행동가로 갈수록 사회복지사의 적극성이 강하게 나타남

▶ **조력가**
- 취약계층의 복지 증진을 위해 그들 편에 서서 활동 전개
- 간접적 개입으로 중립적 입장을 취함

▶ **중개자(자원연결자)**
- 사회복지사는 클라이언트와 지역사회의 자원을 연결하는 역할을 수행
- 지역주민이 필요로 하는 자원이 어디 있는지 가르쳐줌으로써 이에 접근할 수 있게 해줌

▶ **옹호자(대변자)**
- 주민 입장의 정당성을 주장하여 문제가 해결될 수 있도록 함
- 클라이언트 편에서 클라이언트의 역할을 대신함

▶ **행동가**
- 수동적이거나 중립적 자세를 취하지 않고 클라이언트와 함께 행동

▶ **조직가(그로스만, Grossman)**
- 기술적 과업: 문제에 대한 토의, 집단행동 조직, 목적 성취(행동의 성공/승리)에 초점
- 이데올로기적 과업: 기존의 권력구조에 대항, 주민들의 정치의식 증대를 꾀함, 주민들의 통제능력 향상을 추구 등

01 (22-05-14) 사회복지사는 조력자로서 좋은 대인관계를 조성하는 일, 불만을 집약하는 일, 공동의 목표를 강조하는 일, 조직화를 격려하는 일 등을 수행한다.

02 (22-05-15) 샌더스는 사회계획모델에서의 사회복지사의 역할로 분석가, 조직가, 계획가, 행정가 등을 제시하였다.

03 (21-05-14) 사회복지사의 옹호자의 역할은 지역주민 입장의 정당성을 주장하고, 지도력과 자원을 제공한다.

04 (17-05-15) 조력자의 역할: 지역사회 내 다양한 집단들에 의해 표출된 불만을 집약, 지역사회조직 과정에서 지역주민들에게 공동의 목표 강조

05 (16-05-14) 사회복지사는 중개자로서 클라이언트가 필요로 하는 자원을 연결해주는 역할을 한다.

06 (15-05-13) 사회복지사는 자원연결자(중개자)로서 서비스 및 시설입소 의뢰, 취업정보 제공 및 알선 등을 제공한다.

07 (13-05-10) 사회치료자 역할의 예: 사회복지사는 지역사회개발모델에 근거하여 낙후된 도시지역을 대상으로 지역 진단을 실시하고, 해당 지역에 대한 주민들의 이해를 높였다. 그리고 주민간의 협력을 방해하는 요인을 제거하도록 도왔다.

08 (13-05-24) 저소득층 독거노인을 위한 의료 네트워크 형성 사업을 하려고 하는 사회복지사는 옹호자, 촉매자, 협상가, 조정가 등 다양한 역할을 동시에 수행할 수 있다.

09 (12-05-09) 행정가 역할의 예: P 사회복지사는 사회복지관 평가에 대비하여 업무를 조정하고 준비를 위한 계획표를 작성하였다. 그리고 해당 기간 동안의 문서를 정리하고 직원들이 각 분야별로 역할을 분담하도록 하였다. 이는 사회복지관이 우수하게 평가받을 수 있도록 하기 위한 노력이다.

10 (11-05-13) 조력자 역할의 예: 저소득층 밀집지역에서 활동하는 사회복지사는 지역주민의 조직화를 통해 지역사회의 생활환경 개선을 위한 사업을 추진하였다.

11 (11-05-17) 문제해결을 위한 합리적 계획수립과 통제된 변화를 강조하는 사회계획모델에서는 계획가로서의 역할이 강조된다.

12 (11-05-28) 조력자로서의 역할은 조직화를 격려한다.

13 (10-05-15) 중개자 역할의 예: 사회복지사는 중증장애아동을 양육하고 있는 부모의 양육스트레스를 경감시키고자 장애인 주간보호서비스에 대한 정보를 제공하였다. 장애인의 부모는 사회복지사의 정보를 활용하여 장애인 주간보호서비스를 이용하게 되었다.

14 (09-05-16) 지역주민들이 스스로 조직화하여 문제를 해결해나갈 수 있도록 원조하였다면 이는 조직가로서의 역할로 볼 수 있다.

15 (09-05-17) 사회복지사는 안내자로서 자신의 역할에 대해 설명하고, 객관적인 입장을 견지해야 한다.

16 (08-05-12) 조력가로서의 사회복지사는 주민들의 불만을 집약하고, 조직화를 격려하고, 조직 내 인간관계에 관심을 두며, 공동의 목표를 강조한다.

17 (06-05-02) 옹호자 역할의 예: 성폭력 피해여성들의 권익을 위해 전국적인 서명운동을 진행했다.

18 (05-05-11) 중개자의 역할은 클라이언트가 필요로 하는 자원에 대한 소재를 밝혀주는 것이다.

19 (05-05-23) 사회복지사는 조력가로서 주민들이 불만을 표출할 수 있도록 돕는다.

20 (04-05-12) 사회복지사는 중개자로서 클라이언트가 필요로 하는 자원을 소개해준다.

21 (03-05-12) 사회복지사는 안내자로서 지역주민들이 문제해결을 위한 목표를 설정하도록 돕는다.

22 (03-05-13) 사회복지사는 전문가로서 문제와 관련하여 수집된 자료를 제공하고 직접적인 충고를 하기도 한다.

23 (02-05-13) 그로서(Grosser)는 사회복지사의 역할을 조력가, 중개자, 옹호자, 행동가 등으로 구분하였다.

24 (02-05-13) 로스(Ross)는 사회복지사의 역할을 안내자, 조력가, 전문가, 사회치료자 등으로 구분하였다.

복습

2 기출확인

대표기출 확인하기

21-05-14 난이도 ★★☆

다음에서 제시된 사회복지사의 핵심 역할은?

> A지역은 저소득가구 밀집지역으로 방임, 결식 등 취약계층 아동 비율이 높은 곳이다. 사회복지사는 지역사회 아동의 안전한 보호와 부모의 양육부담 완화를 위해 아동돌봄시설 확충을 위한 서명운동 및 조례제정 입법 활동을 하였다.

① 옹호자
② 교육자
③ 중재자
④ 자원연결자
⑤ 조정자

 알짜확인

- 사회복지사의 역할에 관한 문제는 주로 사례제시형으로 출제되고 있다. 각 역할은 서로 겹치는 점도 있기 때문에 뚜렷하게 구분하기에 헷갈리는 부분들도 있지만 각 역할의 주된 초점을 중심으로 구분해두어야 사례제시형 문제의 답을 찾기가 수월하다.
- 사회복지사는 여러 역할을 동시에 수행하게 된다는 점도 함께 기억해두자.

답 ①

응시생들의 선택

① 89%	② 2%	③ 1%	④ 3%	⑤ 5%

① 사회복지사가 A지역 저소득가구 아동의 안전한 보호와 부모의 양육부담 완화를 위해 아동돌봄시설 확충을 위한 서명운동 및 조례제정 입법 활동을 하는 것은 옹호자(대변자)의 역할에 해당한다. 옹호자의 역할은 자원의 소재를 알려주는 중개자의 역할에서 더 나아가 클라이언트나 지역사회에 필요한 정보를 직접 수집한다. 지역주민 입장의 정당성을 주장하고, 지도력과 자원을 제공하며, 사회복지사는 전문적 역량을 오로지 클라이언트의 이익을 위해서 사용한다.

관련기출 더 보기

22-05-14 난이도 ★★☆

지역사회개발 모델 중 조력자로서의 사회복지사 역할이 아닌 것은?

① 좋은 대인관계를 조성하는 일
② 지역사회를 진단하는 일
③ 불만을 집약하는 일
④ 공동의 목표를 강조하는 일
⑤ 조직화를 격려하는 일

답 ②

응시생들의 선택

① 3%	② 71%	③ 21%	④ 3%	⑤ 2%

② 지역사회개발 모델에서 강조되는 역할은 안내자, 조력자, 전문가, 사회치료자 등이다. 그 중 지역사회 진단이 중요한 역할은 전문가로서의 역할과 사회치료자로서의 역할이다. 사회복지사는 전문가로서 지역사회를 현 상황을 진단하여 도움이 될 자료를 만들고 정보를 제공할 수 있어야 한다. 한편, 사회치료자로서 지역사회에 존재하는 불화나 긴장상태에 대해 적절히 진단하고 주민들에게 문제의 원인, 성격 등을 이해시킬 수 있어야 한다.

22-05-15 난이도 ★★☆

사회계획 모델에서 샌더스(I. T. Sanders)가 주장한 사회복지사의 역할이 아닌 것은?

① 분석가
② 조직가
③ 계획가
④ 옹호자
⑤ 행정가

답 ④

응시생들의 선택

① 10%	② 6%	③ 2%	④ 67%	⑤ 15%

④ 옹호자는 사회행동모델에서의 주요 역할이다.

16-05-12 　난이도 ★★☆

밑줄 친 사회복지사의 핵심 역할로 옳은 것은?

> A지역은 공장지대에 위치해 있어 학교의 대기오염도가 매우 높게 나타났다. 그래서 사회복지사는 <u>학생들의 건강권 확보를 위한 조례 제정 입법활동</u>을 하였다.

① 계획가　　　　② 옹호자
③ 치료자　　　　④ 교육자
⑤ 행정가

답 ②

✅ 응시생들의 선택

① 4%	② 76%	③ 1%	④ 1%	⑤ 18%

사례에서 사회복지사는 학생들의 건강권 확보를 위한 옹호 활동을 진행하였다.

13-05-10 　난이도 ★★★

사회복지사가 지역사회개발모델에 근거하여 아래와 같은 실천을 하였다. 이를 모두 충족하는 사회복지사의 역할은?

> 사회복지사는 낙후된 도시지역을 대상으로 지역진단을 실시하고, 해당 지역에 대한 주민들의 이해를 높였다. 그리고 주민간의 협력을 방해하는 요인을 제거하도록 도왔다.

① 안내자　　　　② 조정자
③ 사회치료자　　④ 촉매자
⑤ 조사자

답 ③

✅ 응시생들의 선택

① 7%	② 60%	③ 23%	④ 8%	⑤ 2%

사례와 같이 문제에 대한 주민들의 이해를 돕고 갈등이나 불화를 일으키는 요인을 제거하고 긴장을 해소하는 데에 초점을 두는 역할은 사회치료자로서의 역할이다.

➕ 덧붙임

많은 응시생들이 선택한 조정자로서의 역할은 지역 내 흩어져 있는 서비스가 중복되거나 누락되지 않도록 하는 데에 초점을 둔다.

12-05-09 　난이도 ★★☆

다음에서 설명하는 사회복지사의 역할은?

> P 사회복지사는 사회복지관 평가에 대비하여 업무를 조정하고 준비를 위한 계획표를 작성하였다. 그리고 해당 기간 동안의 문서를 정리하고 직원들이 각 분야별로 역할을 분담하도록 하였다. 이는 사회복지관이 우수하게 평가받을 수 있도록 하기 위한 노력이다.

① 행정가　　　　② 조직가
③ 계획가　　　　④ 분석가
⑤ 치료자

답 ①

✅ 응시생들의 선택

① 56%	② 17%	③ 26%	④ 1%	⑤ 0%

② 조직가: 지역주민이나 단체를 지역사회행동체계에 참여시킨다.
③ 계획가: 사회문제 해결을 위해 계획을 수립하고, 목표를 설정한다.
④ 분석가: 사회문제를 분석하고, 그러한 사회문제에 영향을 미치는 요인들을 조사한다.
⑤ 치료자: 적절한 진단을 통해 규명된 성격과 특성을 주민들에게 제시하여 그들의 이해를 돕는다.

11-05-28 　난이도 ★★☆

사회복지사의 역할에 관한 설명이 바르게 연결된 것은?

① 조력자 – 조직화를 격려
② 안내자 – 공동목표의 강조
③ 전문가 – 불만의 집약
④ 계획가 – 자기 역할의 수용
⑤ 행동가 – 프로그램 운영 규칙 적용

답 ①

✅ 응시생들의 선택

① 68%	② 19%	③ 3%	④ 1%	⑤ 9%

②③ 사회복지사는 조력가로서 불만을 집약하고, 조직화를 격려하며, 좋은 인간관계를 조성하고, 공동목표를 강조하는 일을 하게 된다.
④ 자기 역할을 수용하고, 자신과 지역사회를 동일시하며, 지역사회의 조건에 대해 객관적 입장을 취하는 역할을 하는 것은 안내자로서의 역할이다.
⑤ 프로그램 운영 규칙 적용과 관련한 것은 행정가로서의 역할에 해당한다.

다음 내용이 왜 틀렸는지를 확인해보자

01 조직가로서의 역할은 클라이언트 집단을 조직화하여 집단행동을 끌어내는 데에 초점을 둘 뿐 <u>그 조직의 실제적인 활동에 대해 원조하는 것은 아니다.</u>

> 조직가의 역할에는 집단행동을 조직화하는 것 외에 조직의 유지 및 활동 원조 등이 모두 포함된다.

`05-05-23`
02 <u>조력가로서의 역할</u>은 지역사회에 있는 문제를 파악하고 분석하여 문제해결을 위한 계획을 수립하는 것이다.

> 분석가 및 계획가로서의 역할에 해당한다.

`03-05-13`
03 사회복지사는 전문가로서 **지역주민들의 불만을 집약**하고 문제와 관련된 자료를 수집하여 제공할 수 있어야 한다.

> 지역주민들의 불만을 집약하는 역할은 주로 조력가로서의 역할이다.

04 사회계획모델에서는 <u>안내자, 사회치료자,</u> 계획가, 조직가, 행정가로서의 역할이 강조된다.

> 안내자, 사회치료자로서의 역할은 지역사회개발모델에서 더 강조된다.

`05-05-10`
05 임대주택단지 내 사회복지관에서 근무하는 K사회복지사는 그 지역의 전기 임대료 지원을 요구하는 조례제정을 주제로 청원을 제출했다. → **행정가로서의 역할**에 해당한다.

> 대변가로서의 역할에 해당한다.

`07-05-08`
06 A지역에서 일하는 사회복지사 B는 공부방을 세우려고, 시청에서 근무하는 분들을 만나 예산을 확보하기 위해 노력하고 있다. → **행동가로서의 역할**에 해당한다.

> 해결책 및 목표를 수립하고 목표를 달성하기 위한 수단들을 파악하는 것은 계획가로서의 역할에 해당한다.
> 행동가로서의 역할은 갈등적인 상황에서 주민들의 행동을 조직화하고 적극적으로 함께 행동하는 것이다.

빈칸에 들어갈 알맞은 말을 채워보자

11-05-15

01 사회복지사는 중증장애아동을 양육하고 있는 부모의 양육스트레스를 경감시키고자 장애인 주간보호서비스에 대한 정보를 제공하였다. 장애인의 부모는 사회복지사의 정보를 활용하여 장애인 주간보호서비스를 이용하게 되었다. → (　　　　　　　)로서의 역할

09-05-16

02 지역 내 환경문제를 해결하기 위해 주부들을 모집하여 환경봉사단을 결성하고 교육 훈련 프로그램에 참여하도록 하여 지역사회의 환경문제를 스스로 해결해 나갈 수 있도록 원조하였다. → (　　　　　　　)로서의 역할

17-05-15

03 지역사회 내 다양한 집단들에 의해 표출된 불만을 집약하고, 지역사회조직 과정에서 주민들에게 공동의 목표를 강조한다. → (　　　　　　　)로서의 역할

 01 중개자 **02** 조직가 **03** 조력자

다음 내용이 옳은지 그른지 판단해보자

01 사회행동모델에 따라 지역복지를 실천하는 사회복지사는 조력가, 중개자, 옹호자, 행동가로서의 역할을 수행한다.

02 안내자로서의 역할은 가장 1차적인 역할로 사회복지사가 주민들을 대신하여 전문적인 판단을 내리고 문제해결방안을 지시한다.

03 사회복지사는 문제해결을 방해하는 지역사회 내의 금기적 사고나 전통적 태도를 변화시키기 위한 활동을 전개하는 사회치료자로서의 역할을 한다.

04 그로서(Grosser)가 제시한 사회복지사의 역할은 중개자 < 조력가 < 행동가 < 옹호자의 순서로 사회복지사의 적극성이 더 강해진다.

 01○ **02**✕ **03**○ **04**✕

(해설) **02** 안내자로서의 역할은 사회복지사가 직접 판단하거나 지시하지 않으며 주민들이 판단을 내릴 수 있도록 다양한 자료를 제시해주는 데에 초점을 둔다.
04 조력가 < 중개자 < 옹호자 < 행동가의 순서대로 사회복지사의 적극성이 더 강하게 나타난다.

8장

지역사회복지 실천기술 Ⅰ

이 장에서는

지역사회복지실천에서 활용되는 기술 중 조직화, 네트워크, 자원동원 등을 살펴본다. 각각의 주요 특징을 정리해두되, 주민조직과 네트워크를 통해 자원동원이 이루어질 수 있기 때문에 서로 연결성을 갖는다는 점도 기억해두어야한다.

10년간 출제분포도

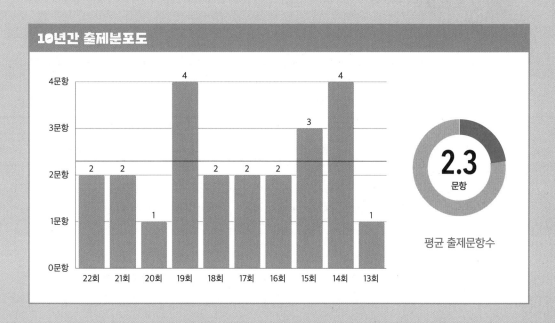

평균 출제문항수 **2.3** 문항

147 조직화 기술

강의 QR코드

최근 10년간 **7문항** 출제

1회독	2회독	3회독
월 일	월 일	월 일

복습 1 이론요약

조직화 기술의 주요 특징

- 지역사회의 문제해결을 위해 **시급한 쟁점을 중심**으로 주민조직 형성
- 지역사회의 불만을 **공통된 불만으로 집약**
- **주체는 사회복지사가 아닌 주민이며, 사회복지사는 주민들의 참여를 이끌어야 함**
- 사회복지사는 주민들 사이의 **다양한 의견과 갈등을 인식해야 함**
- 주민들이 주체적으로 문제를 해결해나갈 수 있도록 **주민 리더의 성장**을 도움
- **정서적 활동**을 통해 유대감을 형성
- 주민조직은 **해산을 전제로 하지 않음.** 지속적인 유지를 통해 지역문제를 예방하거나 빠르게 대응할 수 있도록 함
- 사회복지사는 조직가로서 촉매자, 연계자, 교사, 촉진자 등의 역할을 수행

기본개념

지역사회복지론
pp.126~

기출문장 CHECK

01 (20-05-14) 조직화 기술: 지역주민이 주체가 되어 사회복지조직의 목표를 성취하도록 운영한다. 지역주민이 자신들의 문제를 함께 풀어나가는 과정을 포함한다.

02 (19-05-08) 주민조직은 지역사회의 문제해결을 위해 조직된다.

03 (18-05-14) 조직화 과정에서 사회복지사는 주민들의 능력개발을 위한 교사로서의 역할을 수행한다.

04 (16-05-11) 조직화에서 사회복지사는 주민조직이 원활하게 활동할 수 있도록 지역사회의 특성을 파악해야 하며, 주민들의 참여유도, 역량강화, 갈등관리 등의 역할을 수행하게 된다.

05 (15-05-17) 조직화에 있어 회의 기술, 협상 기술, 지역문제 이슈설정 기술, 지역사회 지도자 발굴 기술 등이 요구된다.

06 (14-05-14) 사회복지사는 조직화 과정에서 지역사회가 여러 갈등을 갖고 있음을 알아야 한다.

07 (14-05-14) 조직화에 있어 사회복지사는 해당 조직의 행사에 참여하여 운영과정을 이해해야 한다.

08 (09-05-18) 조직화 기술은 클라이언트의 문제를 해결하기 위해 필요한 인력이나 서비스를 규합한다.

09 (09-05-18) 지역사회 문제를 해결하기 위해 전체 주민을 대표하는 주민들을 선정하여 조직화한다.

대표기출 확인하기

20-05-14
난이도 ★★☆

조직화 기술에 관한 설명으로 옳은 것을 모두 고른 것은?

ㄱ. 지역주민이 주체가 되어 사회복지조직의 목표를 성취하도록 운영한다.
ㄴ. 지역주민이 자신들의 문제를 함께 풀어나가는 과정을 포함한다.
ㄷ. 지역사회 역량강화를 위해 지역사회복지 거버넌스 구조와 기능을 축소시킨다.

① ㄴ
② ㄱ, ㄴ
③ ㄱ, ㄷ
④ ㄴ, ㄷ
⑤ ㄱ, ㄴ, ㄷ

▶ 알짜확인

• 조직화 기술에서 가장 유의해야 할 점은 사회복지사는 주민조직을 만들고 조직의 활동이 적절히 이루어질 수 있도록 지원하는 것이 주요 역할이며, 문제해결의 주체는 주민이라는 점이다.

답 ②

✔ 응시생들의 선택

① 7%	② 81%	③ 2%	④ 2%	⑤ 8%

ㄷ. 지역사회 역량강화를 위해 지역사회복지 거버넌스 구조와 기능을 확대시킬 필요가 있다.

관련기출 더 보기

19-05-08
난이도 ★★☆

공식 사회복지조직과 주민조직을 네 가지 차원에서 비교·제시하였다. 다음에서 옳은 것을 모두 고른 것은?

	차원	공식 사회복지조직	주민조직
ㄱ	목표	조직의 미션달성	지역사회 문제해결
ㄴ	지역사회개입모델	사회행동모델이 주로 쓰임	사회계획모델이 주로 쓰임
ㄷ	정부통제로부터의 자율성	상대적으로 높음	상대적으로 낮음
ㄹ	주요 참여자	사회복지사 등의 전문직	일반주민

① ㄱ, ㄴ
② ㄱ, ㄷ
③ ㄱ, ㄹ
④ ㄴ, ㄹ
⑤ ㄴ, ㄷ, ㄹ

답 ③

✔ 응시생들의 선택

① 2%	② 5%	③ 76%	④ 9%	⑤ 8%

ㄴ. 공식 사회복지조직은 주로 사회계획모델이 쓰이고, 주민조직은 지역사회개발모델과 관련이 깊으며 사회행동을 진행하기도 한다.
ㄷ. 공식 사회복지조직은 공공과 민간을 모두 포함하는데, 공공기관뿐만 아니라 민간기관도 기본적으로 법률 및 정책의 범위 내에서 활동하며 국가나 지방자치단체의 위탁을 받거나 예산지원을 받기 때문에 정부통제로부터의 자율성은 상대적으로 낮을 수밖에 없다.

다음 설명에 해당하는 지역사회복지 실천기술은?

> A사회복지사는 지역사회 내 저소득 장애인의 취업문제를
> 해결하는 과정에서 당사자들이 문제의식을 갖게 하고, 그들
> 스스로 문제해결능력을 향상시키기 위해 노력하였다.

① 중개 　　　　　② 연계
③ 옹호 　　　　　④ 조직화
⑤ 자원개발

답 ④

✔ 응시생들의 선택

① 4%	② 2%	③ 32%	④ 47%	⑤ 15%

④ 주민들이 스스로 문제해결능력을 향상시킬 수 있도록 하는 것은 조직화 기술에 해당한다.

사회복지사가 활용하는 조직화 기술에 해당하지 않는 것은?

① 회의 기술
② 협상 기술
③ 지역문제 이슈설정 기술
④ 지역사회 지도자 발굴 기술
⑤ 주민통제 기술

답 ⑤

✔ 응시생들의 선택

① 10%	② 14%	③ 8%	④ 43%	⑤ 25%

⑤ 조직화 기술은 주민을 통제하는 것이 아니라 지역주민의 참여를 유도하고 독려함으로써 지역사회의 문제를 해결해나가고자 하는 기술이다.

➕ 덧붙임

조직화 초기 과정에서는 사회복지사가 문제를 쟁점화하여 주민들을 규합하며 주도적인 역할을 하게 되지만, 시간이 지날수록 점차 주민들이 주도적인 역할을 할 수 있도록 해야 한다. 따라서 주민조직을 잘 이끌어나갈 수 있는 지도자를 발굴해내는 것도 조직화 과정에서 사회복지사가 수행해야 할 역할이다.

지역사회 조직화 과정에서 사회복지사가 지켜야 할 중요한 원칙으로 옳지 않은 것은?

① 지역사회는 여러 갈등을 갖고 있음을 알아야 한다.
② 지역사회의 외적 능력에 우선 중점을 두어야 한다.
③ 모든 일에 솔직하고 근면하여야 한다.
④ 행사에 참여하여 운영과정을 이해해야 한다.
⑤ 지역사회 관련법, 제도, 규칙 등을 알아야 한다.

답 ②

✔ 응시생들의 선택

① 0%	② 96%	③ 2%	④ 1%	⑤ 1%

② 조직화 기술은 지역사회가 스스로 상황을 인식하고 목표를 세우고 문제를 해결해나갈 수 있도록 돕는 기술이다. 사회복지사는 지역사회가 스스로 문제를 해결해나갈 수 있도록 지역사회의 인적, 물적 자원을 활용하고 개발하도록 해야 한다.

지역사회복지 실천 중 조직화 기술에 관한 설명으로 옳지 않은 것은?

① 지역복지운동은 조직화 기술을 활용한다.
② 클라이언트의 문제를 해결하기 위해 필요한 인력이나 서비스를 규합한다.
③ 지역사회 문제를 해결하기 위해 전체 주민을 대표하는 주민들을 선정하여 모임을 구성한다.
④ 효과적인 조직화를 위해서는 갈등과 대립을 의도적으로 피해야 한다.
⑤ 사회복지관을 비롯한 다양한 지역사회기관에서 활용한다.

답 ④

✔ 응시생들의 선택

① 7%	② 3%	③ 36%	④ 52%	⑤ 2%

④ 조직화는 문제에 공감하는 주민들을 규합하는 것이기 때문에 적대 집단에 대한 갈등과 대립을 활용함으로써 더 많은 주민들의 적극적인 참여를 유도할 수 있다.

다음 내용이 왜 틀렸는지를 확인해보자

15-05-17

01 사회복지사는 효과적인 조직화를 위해 **주민통제 기술을 활용**한다.

> 조직화 기술은 주민을 통제하는 것이 아니라 지역주민의 참여를 유도하고 독려함으로써 지역사회의 문제를 해결해나가고자 하는 기술이다.

04-05-17

02 조직화에 있어 **쟁점은 시급한 문제로 표현되어서는 안 된다.**

> 쟁점을 시급한 문제로 표현하는 것이 결집에 유리하다.

04-05-17

03 효과적인 조직화를 위해 **갈등과 대립을 의도적으로 만들어서는 안 된다.**

> 효과적인 조직화를 위해서 갈등과 대립을 의도적으로 활용하기도 한다.

04 조직화는 주요 쟁점이 해결된 이후에 **해산을 전제로 한다.**

> 조직화는 쟁점을 중심으로 구성되긴 하지만 해산을 전제로 하지는 않는다. 문제해결 이후에도 주민조직이 유지되게 함으로써 또 다른 쟁점에 대한 활동이 이어질 수 있다.

14-05-14

05 사회복지사는 지역사회 조직화 과정에서 **지역사회의 외적 능력에 우선 중점을 두어야 한다.**

> 조직화 기술은 지역사회가 스스로 상황을 인식하고 목표를 세우고 문제를 해결해나갈 수 있도록 돕는 기술이다. 따라서 지역사회의 외적 능력에만 중점을 두는 것이 아니라 지역사회가 가지고 있는 능력을 활용할 수 있도록 해야 한다.

06 사회복지사는 주민조직의 결성 및 유지를 위해 주민들에게 다양한 정보와 필요한 기술을 가르치는 **옹호자**로서의 역할을 수행한다.

> 다양한 정보를 제공하고 필요한 기술을 가르치는 역할은 보통 교사로서의 역할에 해당한다.

다음 내용이 옳은지 그른지 판단해보자

01 `20-05-14`
조직화는 지역주민이 자신들의 문제를 함께 풀어나가는 과정을 포함한다.

02 `15-05-17`
조직화 기술에서는 지역사회 지도자 발굴을 강조한다.

03 `14-05-14`
조직화 과정에서 사회복지사는 지역사회에 여러 갈등이 있음을 알아야 한다.

04 사회복지사가 주민 조직화를 추진하는 궁극적인 목적은 취약계층의 권리를 대변하기 위함이다.

05 `10-05-19`
주민조직의 형성 초기에는 지역주민들이 주도적인 역할을 수행하게 되지만 점차 사회복지사가 주도적인 역할을 수행하는 것이 좋다.

06 조직화에서는 주민 간 유대관계가 중요하기 때문에 정서적인 내용이 담긴 활동을 포함하는 것도 필요하다.

답 01○ 02○ 03○ 04× 05× 06○

해설 **04** 주민 조직화는 지역주민들이 모임을 통해 지역의 문제와 욕구를 스스로 해결해나갈 수 있도록 하기 위한 것이다. 취약계층의 권리 대변은 옹호 기술의 목적이다.
05 주민조직의 형성 초기에는 주민들의 참여를 이끌어내기 위해 사회복지사의 역할이 크게 나타나지만 점차 지역 주민들이 주도적인 역할을 수행할 수 있도록 해야 한다.

148 네트워크 기술

강의 QR코드

최근 10년간 **11문항** 출제

복습 1 이론요약

주요 특징

- 지역사회 또는 지역주민에게 **필요한 자원이나 서비스를 연결**하는 것을 돕는 기술
- 지역사회의 유용한 자원에 대한 정보나 그것을 이용할 지역주민의 능력이 부족할 경우 적절
- 지역사회 내 **서비스의 중복 제공이나 누락 문제를 해결하기 위한 전략**
- 다양한 집단이 독립성을 유지하면서 상호신뢰를 바탕으로 공동의 목적을 달성하기 위해 네트워크를 구축, 지속하는 과정에 활용
- **상호 신뢰와 호혜성에 기반**을 두며, 긴밀한 상호의존 관계를 가지면서도 **수평적인 관계 강조**

기본개념

지역사회복지론
pp.129~

네트워크 구성의 원칙

- 자발성
- 분권성
- 평등성
- 유연성

사회자본

- 사회공동체 구성원 사이의 협조, 협동을 가능하게 해주는 **네트워크, 규범, 신뢰**를 통해 구성
- 네트워크의 형성을 통해 사회자본이 확보될 수 있다는 점에서 네트워크는 사회자본을 위한 필요조건이 됨
- 사회자본의 주요 특징
  - 사회자본은 양적, 질적으로 모두 충족되어야 사회자본의 총량이 증가하게 됨
  - 사회자본의 **이익은 그 공동체에 공유됨**
  - 사회자본은 그 **유지를 위한 별도의 지속적 노력이 필요함**
  - 사회자본의 교환은 **동시성을 전제로 하지 않음**
  - 사회자본은 **사용할수록 그 총량이 증가함**

01 (22-05-06) 사회자본의 구성요소로는 신뢰, 네트워크, 호혜성 등이 있다.

02 (22-05-17) 연계기술을 통해 클라이언트 중심의 사회적 관계망을 강화시킬 수 있다.

03 (22-05-17) 연계기술을 통해 이용자 중심의 통합적 서비스를 제공할 수 있다.

04 (22-05-17) 연계기술을 통해 새로운 인프라 구축에 필요한 시간과 비용을 줄일 수 있다.

05 (22-05-17) 연계기술을 통해 사회복지시설의 서비스 중복·누락을 방지할 수 있다.

06 (21-05-15) 연계 기술은 사회복지사의 자원 네트워크를 확장한다.

07 (19-05-04) 네트워크는 사회적 자본의 전제가 된다.

08 (19-05-04) 사회적 자본은 지역사회의 집합적 자산으로서 의미를 가진다.

09 (19-05-04) 사회적 자본은 한 번 형성된 후에도 소멸될 수 있다.

10 (19-05-04) 사회적 자본의 한 가지 요소인 신뢰는 공동체의 문제를 해결할 수 있는 자원이다.

11 (19-05-13) 네트워크 기술은 자원의 효율적 관리, 서비스의 중복과 누락 방지, 시민 연대의식 강화, 지역주민에게 필요한 자원이나 서비스 연결 등의 측면에서 강조된다.

12 (18-05-12) 네트워크에 참여하는 기관들은 평등한 주체로서의 관계가 보장되어야 한다.

13 (18-05-12) 구성원 사이의 신뢰와 호혜성이 형성되어야 네트워크가 지속될 수 있다.

14 (18-05-12) 사회적 교환은 네트워크 형성과 유지의 작동원리이다.

15 (17-05-12) 연계 기술의 특징: 사회복지기관의 서비스 제공과정에서 효율성 증대, 사회복지사의 연계망 강화 및 확장, 이용자 중심의 통합적 서비스 제공, 서비스 계획의 공동 수립과 서비스 제공에서 팀 접근 수행

16 (15-05-19) 연계 기술을 사용하는 사회복지사는 자원연결자, 중개자 등으로서의 역할을 한다.

17 (15-05-23) 사회자본은 호혜적 문화를 기초로 형성된다.

18 (15-05-23) 사회자본은 구성원 일부가 아닌 모두에게 공유된다.

19 (14-05-11) 지역사회복지에서 네트워크가 성공적으로 이루어지기 위해서는 자발성을 기초로 해야 하며, 협력의 목적과 비전이 공유되어야 한다.

20 (13-05-23) 네트워크 기술은 서비스 중복 및 누락 문제를 해결하기 위해 사용할 수 있다.

21 (13-05-23) 지역사회보장협의체는 네트워크 기술의 한 예로 볼 수 있다.

22 (13-05-23) 네트워크에서는 상호 신뢰 형성을 위해 수평적 관계를 유지한다.

23 (12-05-18) 사회자본의 특징: 동시에 교환되는 것을 전제로 하지 않는다. 한번 획득되더라도 언제든지 사라질 수 있다. 보상에 대한 믿음이 존재할 수 있다. 관계를 맺고 있는 지역사회주민들과 이익이 공유될 수 있다.

24 (10-05-14) 연계 기술의 특징: 상호 신뢰와 호혜성에 기반하여 유지된다. 서비스 중복을 막고 새로운 인프라 구축을 위한 시간과 비용을 절감할 수 있다.

25 (09-05-20) 효율적 자원관리를 목적으로 정기회의를 통해 공동으로 서비스 계획을 수립하고, 개별기관의 정체성은 유지하면서 팀 접근 서비스를 시도해 나가는 지역사회복지 실천기술은 네트워크 기술이다.

26 (08-05-16) 네트워크에서는 참여집단들 사이의 공동의 목표를 도출하는 것이 필요하다.

27 (08-05-16) 네트워킹은 신축적인 연결망을 구축해야 한다.

28 (08-05-16) 네트워킹에서는 관련 조직들을 매개하는 중심조직이 설정되어야 한다.

29 (08-05-16) 네트워킹에서는 참여조직들 간 원활한 의사소통이 이루어질 수 있도록 해야 한다.

대표기출 확인하기

22-05-17
난이도 ★★☆

연계기술에 해당하지 않는 것은?

① 클라이언트 중심의 사회적 관계망을 강화시킬 수 있다.
② 이용자 중심의 통합적 서비스를 제공할 수 있다.
③ 새로운 인프라 구축에 필요한 시간과 비용을 줄일 수 있다.
④ 사회복지시설의 서비스 중복·누락을 방지할 수 있다.
⑤ 지역사회 공공의제를 개발하고 주민 의식화를 강화할 수 있다.

 알짜확인

• 지역사회 차원에서 서비스의 중복과 누락을 피하고 자원을 보다 효율적으로 활용하기 위한 네트워크 기술의 개념 및 특징 등을 정리해두자.
• 네트워크를 통해 형성되는 사회자본의 특징에 대해서도 파악해두어야 한다.

답 ⑤

✔ 응시생들의 선택

① 5%	② 5%	③ 10%	④ 9%	⑤ 71%

⑤ 지역사회 공공의제 개발 및 주민 의식화 강화는 임파워먼트 기술의 특징이다.

관련기출 더 보기

22-05-06
난이도 ★★☆

사회자본이론과 관련된 개념을 모두 고른 것은?

ㄱ. 신뢰	ㄴ. 호혜성
ㄷ. 경계	ㄹ. 네트워크

① ㄱ, ㄴ
② ㄷ, ㄹ
③ ㄱ, ㄴ, ㄷ
④ ㄱ, ㄴ, ㄹ
⑤ ㄱ, ㄴ, ㄷ, ㄹ

답 ④

✔ 응시생들의 선택

① 2%	② 6%	③ 5%	④ 62%	⑤ 25%

ㄷ. 경계는 체계이론에서의 개념이다.

21-05-15
난이도 ★★☆

지역사회복지 실천기술 중 연계에 관한 내용으로 옳지 않은 것은?

① 인적·물적 자원의 효율적 관리
② 사회복지사의 자원 네트워크 확장
③ 지역의 사회적 자본 확대
④ 클라이언트 중심의 통합적 서비스 제공
⑤ 지역주민 권익향상을 위한 사회행동

답 ⑤

✔ 응시생들의 선택

① 5%	② 10%	③ 10%	④ 6%	⑤ 69%

⑤ 지역주민 권익향상을 위한 사회행동은 옹호 기술에 해당한다.

➕ 덧붙임

네트워크를 통해 인적·물적 자원을 확보함으로써 주민들의 권익향상에 이바지할 수 있지만, 네트워크 자체가 사회행동을 목적으로 하는 것은 아니다.

지역사회복지 실천에서 사회복지사의 기술과 역할 간 연결로 옳지 않은 것은?

① 네트워킹 기술 – 촉진자
② 연계 기술 – 옹호자
③ 참여 기술 – 교육가
④ 임파워먼트 기술 – 자원연결자
⑤ 자원동원 기술 – 모금가

답 ②

✔ 응시생들의 선택

① 11%	② 29%	③ 15%	④ 19%	⑤ 26%

② 연계 기술은 지역사회 또는 지역주민에게 필요한 자원이나 서비스를 연결해주는 기술로 자원연결자, 중개자 등으로서의 역할을 한다.

지역사회복지 네트워크의 성공요인이 아닌 것은?

① 조직의 자발성이 인정되어야 한다.
② 조직의 경쟁성이 우선되어야 한다.
③ 네트워크 관리자의 역할이 중요하다.
④ 협력의 목적과 비전이 공유되어야 한다.
⑤ 자원이 풍부하여야 참여가 원활할 수 있다.

답 ②

✔ 응시생들의 선택

① 0%	② 95%	③ 1%	④ 0%	⑤ 4%

② 네트워크는 조직 간에 필요한 서비스와 자원을 연계, 협력하기 위한 것이지 경쟁을 위해 조직하는 것은 아니다.

사회자본(social capital)이 갖는 특성으로 옳지 않은 것은?

① 사용할수록 총량이 감소한다.
② 동시에 교환되는 것을 전제로 하지 않는다.
③ 한번 획득되더라도 언제든지 사라질 수 있다.
④ 보상에 대한 믿음이 존재할 수 있다.
⑤ 관계를 맺고 있는 지역사회주민들과 이익이 공유될 수 있다.

답 ①

✔ 응시생들의 선택

① 42%	② 38%	③ 6%	④ 10%	⑤ 4%

① 사회자본은 사회공동체 구성원 사이의 협조나 협동을 가능하게 해주는 사회 네트워크나 규범, 그리고 신뢰를 말한다. 사회자본은 많은 사람들이 사용을 하면 할수록 더 축적되기 때문에 사용할수록 그 총량이 감소하는 것이 아니라 증가한다.

지역사회복지 연계 기술의 특징에 관한 설명으로 옳은 것을 모두 고른 것은?

ㄱ. 상호 신뢰와 호혜성에 기반하여 유지된다.
ㄴ. 개별조직들 간 수직적인 관계를 통해 조직의 독립성을 유지한다.
ㄷ. 서비스 중복을 막고 새로운 인프라 구축을 위한 시간과 비용을 절감할 수 있다.
ㄹ. 지역사회 연계활동은 사회적 자본을 잠식한다는 한계를 가지고 있다.

① ㄱ, ㄴ, ㄷ   ② ㄱ, ㄷ
③ ㄴ, ㄹ   ④ ㄹ
⑤ ㄱ, ㄴ, ㄷ, ㄹ

답 ②

✔ 응시생들의 선택

① 4%	② 93%	③ 1%	④ 1%	⑤ 1%

ㄴ. 네트워크는 수평적인 관계가 강조된다.
ㄹ. 네트워크를 통해 사회자본을 강화하고 발전시킬 수 있는 토대를 마련할 수 있다.

다음 내용이 왜 틀렸는지를 확인해보자

01 네트워크는 참여 조직 간 상호적 관계가 관건이기 때문에 참여와 탈퇴에 제한을 두어야 한다.

> 네트워크는 유연하게 구성될 수 있어야 한다. 참여의 보장과 마찬가지로 탈퇴도 자유롭게 선택할 수 있어야 하며, 하나의 네트워크에 참여하는 조직이 다른 네트워크에 참여함에 있어 제약을 가해서는 안 된다.

13-05-23

02 지역사회보장협의체는 네트워킹 기술을 활용한 사례로 보기 어렵다.

> 지역사회보장협의체는 민·관의 연계·협력을 위한 네트워크 조직이라고 볼 수 있다.

08-05-16

03 네트워크에 참여하는 조직들은 중심 조직을 기점으로 위계적이고 집권적으로 구조화되어야 한다.

> 네트워크는 평등하고 민주적이며 수평적으로 구조화되어야 한다.

02-05-11

04 사회복지기관 간 연계에 따른 가장 큰 장점은 서비스 기관의 단일화이다.

> 연계는 서비스 기관을 단일화하는 것이 아니라 서비스가 통합적으로 이루어질 수 있도록 하는 것에 있다.

05 사회자본은 동시적 교환을 전제로 한다.

> 사회자본의 교환은 동시성을 전제로 하지 않는다.

15-05-23

06 사회자본의 총량은 고정적이다.

> 사회자본은 구성원 간 연대성이 높아지면 자본의 총량도 증가하는 특징을 갖는다. 즉, 사회자본의 총량은 고정적인 것이 아니라 유동적이다.

다음 내용이 옳은지 그른지 판단해보자

18-05-12
01 네트워크에 참여하는 기관들은 평등한 주체로서의 관계가 보장되어야 한다. ◎ ⊗

02 원활한 네트워크를 위해서는 참여조직들을 매개하는 중심조직이 설정되어야 하고, 이 중심조직에 따라 위계적으로 구성되어야 한다. ◎ ⊗

17-05-12
03 사회복지기관은 연계 기술을 통해 서비스 제공의 효율성을 증대시킬 수 있다. ◎ ⊗

04 네트워크 기술은 자원확보를 위해 다양한 지역사회 주체들을 강제적으로 동원한다. ◎ ⊗

15-05-23
05 사회자본은 사회적 교환관계에 내재된 자본이다. ◎ ⊗

15-05-23
06 사회자본은 구성원 일부가 아닌 모두에게 공유된다. ◎ ⊗

02-05-11
07 기관 간 네트워크를 통해 서비스가 비전문화될 수 있다. ◎ ⊗

18-05-12
08 구성원 사이에 신뢰와 호혜성이 형성되어야 네트워크가 지속될 수 있다. ◎ ⊗

09 사회자본의 창출은 지역주민의 역량강화를 위한 자원이 된다. ◎ ⊗

답  01○ 02× 03○ 04× 05○ 06○ 07× 08○ 09○

해설 **02** 네트워크의 참여조직들 사이에 중심조직이 설정되어야 하는데, 이는 위계적 구조의 정점에 있는 조직을 의미하는 것이 아니라 참여조직들 사이에 효율적인 연결을 위해 구심점이 되는 역할을 하는 조직이 필요함을 의미한다.
04 네트워킹 기술은 다양한 지역사회 주체들의 자발적 참여를 전제로 한다.
07 네트워크를 통한 서비스라고 해서 전문성이 떨어지는 것은 아니다. 기관 간 네트워크를 통해 서비스의 중복과 누락 방지 및 서비스의 통합적 제공이 가능하며, 지역사회 자원의 효율적인 활용이 가능하다.

149 자원동원 기술

강의 QR코드

1회독	2회독	3회독
월 일	월 일	월 일

최근 10년간 **5문항** 출제

복습 1 이론요약

주요 특징

- 지역사회주민의 욕구충족과 문제해결을 위해 자원이 필요한 경우 **자원을 발굴하고 동원하는 기술**
- 기부 능력이 있는 잠재적 기부자를 발굴하고, 기부할 수 있는 동기를 부여
- 홍보를 통하여 기관의 목적과 사업을 적극적으로 알리고 기관에 대한 신뢰성을 높임
- DM 발송, 이벤트, 인터넷, 대중매체 활용, 공익연계마케팅(CRM) 등 다양한 방법 활용
- 자원개발/동원기술은 크게 3가지 방식으로 구분됨
  - 지역사회의 조직/구조를 활용하거나 강화하는 방식: 시민단체 등 기존 조직 활용
  - 지역주민을 개인 차원에서 설득하는 방식
  - 지역주민들의 집단적 참여를 통한 방식: 주민모임 조직

※ 공익연계마케팅(CRM)

- **기업의 사회공헌 활동을 마케팅으로 활용하는 방법**
- 기업과 기관이 연계하여 기업의 상품수익을 일부를 기관에 후원/기부하는 방식
- 기업은 이미지 제고를 통해 상품의 판매를 촉진할 수 있고, 기관 및 단체에서는 기금 및 자원을 마련할 수 있다.

기본개념

지역사회복지론
pp.133~

8장 지역사회복지 실천기술 | **133**

01 (21-05-16) 자원개발 및 동원 기술은 지역사회주민의 욕구충족과 문제해결을 위해 자원이 필요한 경우 자원을 발굴하고 동원하는 기술이다.

02 (16-05-13) 자원개발 기술은 지역사회 내에서 기관의 신뢰성을 형성 및 유지하기 위해서도 활용된다.

03 (14-05-10) 인적 자원을 동원하기 위해서는 개별적으로 접촉하기도 하며, 지역사회 내에 기존 조직이나 네트워크를 활용하기도 한다.

04 (14-05-15) 후원 개발사업을 통해 지역주민의 참여를 유도할 수 있다.

05 (14-05-15) 후원 개발사업은 후원자의 자아실현 기회가 될 수 있다.

06 (12-05-07) 공익연계 마케팅: 기업이 전략적으로 이용하는 방법이다. 기업의 이미지를 높여 상품판매에도 긍정적인 영향을 준다. 사회복지기관의 자원개발에도 기여하며 사회공헌활동도 한다.

07 (10-05-12) 사회복지사는 자원을 개발하기 위한 기법으로 이벤트, 대중매체 광고, ARS 등을 활용할 수 있다.

08 (06-05-18) 인적 자원을 동원함에 있어 기존 조직들은 중요한 자원이 되지만, 조직 간 경쟁과 갈등이 일어날 수도 있다.

09 (05-05-21) 인적 자원을 개발하고 동원함에 있어 기존 조직들은 중요한 자원이 된다.

10 (05-05-21) 인적 자원을 개발하고 동원함에 있어 참여 경험이 없는 사람을 대상으로 추진하는 것은 더 어려울 수 있다.

11 (03-05-26) 자원동원 기술은 지역사회 연대감 증대의 효과를 가져올 수 있다.

대표기출 확인하기

다음 사례에서 사회복지사가 활용한 기술은?

> A사회복지사는 독거노인이 따뜻한 겨울을 보낼 수 있도록 지역 내 종교단체에 예산과 자원봉사자를 지원해 줄 것을 요청하였다.

① 조직화
② 옹호
③ 자원개발 및 동원
④ 협상
⑤ 교육

 알짜확인

- 자원동원 기술의 특징 및 방식 등에 대해 정리해두어야 한다.
- 앞서 배운 네트워크기술과의 차이점도 같이 생각해보자.
- 자원동원을 위한 한 가지 방법인 공익연계마케팅에 대해서도 살펴보자. 이는 사회복지행정론 12장 마케팅 기법을 통해서도 이따금씩 출제된 바 있다.

답 ③

✓ 응시생들의 선택

① 1%	② 4%	③ 87%	④ 7%	⑤ 1%

③ A사회복지사가 독거노인을 위해 지역 내 종교단체에 예산과 자원봉사자를 지원해 줄 것을 요청한 것은 자원개발 및 동원 기술에 해당한다. 자원개발 및 동원 기술은 지역사회주민의 욕구충족과 문제해결을 위해 자원이 필요한 경우 자원을 발굴하고 동원하는 기술이다.

관련기출 더 보기

지역사회복지 실천 과정에서 사회복지사가 활용한 기술은?

> 사회복지사 A는 가족캠핑을 희망하는 한부모 가족 10세대를 대상으로 프로그램을 계획하고 있다. A는 개인적으로 참여하고 있는 수영 클럽을 통해 프로그램 운영에 필요한 예산과 자원봉사자를 확보하고자 운영진에게 모임 개최를 요청하였고, 성공적인 결과를 얻었다.

① 옹호   ② 조직화
③ 임파워먼트   ④ 지역사회교육
⑤ 자원개발 및 동원

답 ⑤

✓ 응시생들의 선택

① 1%	② 5%	③ 1%	④ 1%	⑤ 92%

문제의 사례는 사회복지사가 자신의 개인적인 네트워크를 통해 인적, 물적 자원을 동원한 사례이다.

다음 중 지역사회 인적자원을 동원하는 기술로 옳은 것을 모두 고른 것은?

> ㄱ. 지역사회 기존 조직의 활용
> ㄴ. 개별적 접촉
> ㄷ. 지역사회 네트워크 활용
> ㄹ. 지역사회 재정 분석

① ㄱ, ㄴ, ㄷ   ② ㄱ, ㄷ
③ ㄴ, ㄹ   ④ ㄹ
⑤ ㄱ, ㄴ, ㄷ, ㄹ

답 ①

✓ 응시생들의 선택

① 67%	② 19%	③ 1%	④ 1%	⑤ 12%

ㄹ. 문제는 인적 자원을 동원하기 위한 방안을 모색하는 것이기 때문에 물적 자원에 해당하는 지역사회의 재정을 살펴볼 필요는 없다.

정답훈련

다음 내용이 옳은지 그른지 판단해보자

01 자원동원은 지역주민이 서비스를 받을 이유가 충분함에도 제외되었을 때에 사회복지사 또는 활동가, 전문가 등이 그 권리의 확보를 위해 개입하는 활동이다.

05-05-21
02 인적 자원을 개발하고 동원하기 위해서는 참여한 경험이 없는 사람을 대상으로 추진하는 것이 효율적이다.

03 자원동원을 위해 기존 네트워크를 활용하기도 한다.

03-05-26
04 자원동원은 지역주민의 자발적 참여, 자원봉사자, 후원자 개발 등을 통해 지역사회복지에 관한 연대의식을 증대시킬 수 있다.

05 자원동원을 위해서는 개별적인 대면 접촉보다는 불특정 다수에게 DM을 발송하는 것이 더 효과적이다.

06 주민들이 주민모임에 적극적으로 참여하도록 하는 것은 자원동원의 기반이 될 수 있다.

10-05-12
07 사회복지사는 지역사회의 자원을 개발 및 동원함에 있어 자연발생적 상황에 따라 대처한다.

06-05-18
08 지역사회복지실천을 위해 인적 자원을 동원함에 있어 기존 조직을 활용할 때에는 다양한 조직 간 경쟁의 문제가 발생할 수 있다.

10-05-12
09 지역사회 자원동원을 위해서는 기부자들의 욕구를 규명하는 것이 필요하다.

답 01× 02× 03○ 04○ 05× 06○ 07× 08○ 09○

해설 **01** 지역주민이 서비스를 받을 이유가 충분함에도 제외되었을 때에 개입하는 활동은 옹호 활동이다.
02 예를 들어, 자원봉사자들을 모집할 때에는 기존에 경험이 없는 사람들보다 경험이 있는 사람을 위주로 하거나 기존의 자원봉사모임과 연계하는 것이 효율적이다.
05 발송된 DM은 받은 사람이 우편물을 확인하지 않을 수 있기 때문에 그 효과가 떨어질 수 있다. 개별적 대면 접촉은 참여에 대한 욕구는 있지만 소극적인 사람을 설득하기에 용이하면서도 참여하고자 하는 사람의 선호도를 파악할 수도 있기 때문에 효과가 더 높을 수 있다. 다만, 두 방법 모두 장단점이 있기 때문에 상황에 따라 적합한 것을 선택하거나 둘 다 활용할 수도 있다.
07 사회복지사는 지역사회의 자원을 개발 및 동원함에 있어 의식적으로 환경을 조성할 수 있어야 한다.

지역사회복지 실천기술 Ⅱ

옹호 기술, 역량강화 기술을 비롯해 협상, 협력 등에 대해 정리한다. 옹호의 다양한 유형과 전략을 살펴봐야 하고, 역량강화는 지역주민의 힘의 획득을 위해 사회행동적 차원에서 전개될 수 있음을 기억해두면서 비판의식 제고, 사회자본 창출 등의 방법들을 살펴보자.

10년간 출제분포도

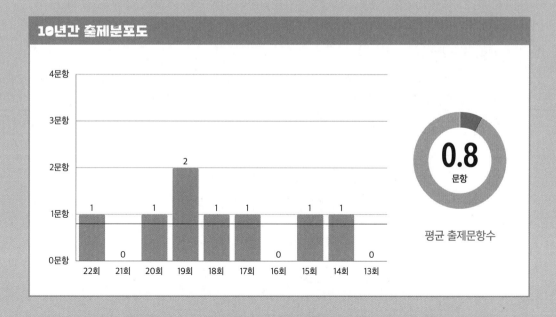

평균 출제문항수

150 옹호 기술

강의 QR코드

1 회독 월 일 → 2 회독 월 일 → 3 회독 월 일

최근 10년간 **5문항** 출제

복습 1 이론요약

옹호의 개념

- **사회정의**를 지키고 유지하려는 목적으로 지역주민이나 지역사회의 입장에서 **직접적으로 대변·보호·개입·지지**하는 일련의 행동을 의미
- 옹호 기술은 기존의 권리를 확보하도록 하거나 새로운 권리를 확보할 수 있도록 실질적인 **사회행동**에 참여하는 것
- 효과적인 옹호를 위해서는 적극적이고 단호한 태도를 견지할 필요가 있음

기본개념

지역사회복지론
pp.138~

옹호의 유형

- 자기옹호: 옹호를 필요로 하는 지역주민이 스스로를 대변하는 활동
- 개인옹호: 클라이언트가 스스로 자신을 옹호할 수 없을 때 사회복지사가 개인이나 가족을 대신하여 진행하는 옹호 활동
- 집단옹호: 희생자 집단 등과 같이 집단 공동의 문제를 해결하기 위한 집단옹호
- 지역사회옹호: 소외된 혹은 같은 문제를 경험하는 지역주민들을 위한 활동
- 정치옹호(정책옹호): 입법·행정·사법 영역 등 다양한 영역에서 사회정의와 복지를 증진하기 위해서 진행
- 체제변환적 옹호: 근본적인 제도상의 변화를 추구하려는 활동

옹호의 기술(전술)

- **설득**: 추가적인 정보를 제공하거나 잘못된 정보를 바로 잡아 표적체계가 기존의 결정과는 다른 결정을 내릴 수 있도록 함
- **표적을 난처하게 하기**: 해당 기관 앞에서 시위하기, 해당 기관의 잘못을 밝히는 전단지 배포, 언론을 통해 알리기 등
- **정치적 압력**: 클라이언트는 곧 유권자임을 이용해 시·도의원을 만나 문제에 대해 논의하고 새로운 정책을 강구하게 할 수 있음
- 탄원서에 주민들의 서명을 받아 문제를 알림
- **청원**: 특정 조직이나 기관이 일정한 조치를 요청하기 위해 다수인의 서명지를 제출
- 기타 청문, 고충처리, 이의신청 등

01 (20-05-13) 옹호 기술의 특징: 소외되고 억압된 집단의 입장을 주장한다. 보이콧, 피케팅 등의 방법으로 표적을 난처하게 한다. 지역주민이 정당한 처우나 서비스를 받지 못하는 경우에 활용된다.

02 (19-05-09) 정치적 압력 행사, 해당 기관 난처하게 하기, 증언청취 요청, 탄원서 서명 등은 옹호 활동의 전술이다.

03 (17-05-14) 청원: A지방자치단체가 별도의 조치를 해줄 것을 요청하기 위해 다수의 서명지를 전달하는 활동

04 (15-05-24) 옹호 기술의 특징: 사회정의를 지키고 유지하는 목적, 표적 집단에 대한 강력한 영향력이나 압력 행사, 정당한 처우나 서비스를 받지 못하는 경우에 활용

05 (14-05-16) 옹호 기술 중 하나인 설득은 대상, 메시지, 전달자, 전달형식을 구성요소로 한다.

06 (12-05-12) 사회복지사가 클라이언트를 위한 옹호를 할 때, 설득, 증언청취, 표적을 난처하게 하기, 정치적 압력 등의 전술을 활용한다.

07 (11-05-14) 자조집단이 스스로 돕는 것은 자기옹호(self-advocacy)에 해당한다.

08 (08-05-30) 옹호 기술에서 사회복지사는 클라이언트의 이익을 위해 전문적인 대변인으로서 활동한다.

09 (08-05-30) 사회복지사는 옹호를 위해 탄원서에 서명을 받아 표적집단을 설득하는 자료로 활용할 수 있다.

10 (06-05-17) 옹호 기술은 클라이언트의 이익과 권리를 직접적으로 대변, 보호, 지지, 방어하는 활동이다.

11 (04-05-27) 장애인들의 이동권 보장을 위한 시위 행동은 옹호 활동의 사례로 볼 수 있다.

대표기출 확인하기

난이도 ★☆☆

다음에 제시된 지역사회복지 실천기술은?

- 소외되고, 억압된 집단의 입장을 주장한다.
- 보이콧, 피케팅 등의 방법으로 표적을 난처하게 한다.
- 지역주민이 정당한 처우나 서비스를 받지 못하는 경우에 활용된다.

① 프로그램 개발 기술   ② 기획 기술
③ 자원동원 기술   ④ 옹호 기술
⑤ 지역사회 사정 기술

 알짜확인

- 옹호를 위해 활용되는 설득, 증언청취, 표적을 난처하게 하기, 정치적 압력, 탄원서 서명, 청원 등의 전술을 파악해두자.
- 옹호는 직접개입이 아닌 간접개입이라는 점이나 스스로 옹호하는 자기옹호를 비롯해 다양한 옹호의 유형이 있다는 점도 기억해두자.

답 ④

✅ 응시생들의 선택

① 1%	② 1%	③ 5%	④ 88%	⑤ 5%

옹호 기술은 사회정의의 유지를 위해 사회복지사가 지역주민 혹은 지역사회의 입장을 대변하는 기술을 말한다. 지역주민이 자신의 이익이나 권리에 대해 잘 알지 못하거나 어떻게 행사해야 하는지에 관한 정보가 부족할 때에 적합하다.

관련기출 더 보기

난이도 ★☆☆

지역사회복지실천에서 옹호(advocacy)활동에 해당하지 않는 것은?

① 지역사회 내 복지자원을 조정하고 연계한다.
② 시의원 등에게 정치적 압력을 행사한다.
③ 피케팅으로 해당 기관을 난처하게 한다.
④ 행정기관에 증언 청취를 요청한다.
⑤ 지역주민으로부터 탄원서에 서명을 받는다.

답 ①

✅ 응시생들의 선택

① 75%	② 6%	③ 17%	④ 1%	⑤ 1%

① 지역사회 내 복지자원을 조정하고 연계하는 것은 연계 기술에 해당한다.

난이도 ★☆☆

다음이 설명하는 지역사회복지 실천기술은?

A지방자치단체가 별도의 조치를 해줄 것을 요청하기 위해 다수의 서명지를 전달하는 활동

① 설득   ② 청원
③ 의뢰   ④ 지역사회교육
⑤ 정보제공

답 ②

✅ 응시생들의 선택

① 5%	② 91%	③ 2%	④ 1%	⑤ 1%

청원은 옹호 기술에서 활용되는 전술 중 하나로, 특정 조직이나 기관이 일정한 조치를 요청하기 위해 다수인의 서명지를 제출하는 것이다. 청원에 대해서는 '청원법'을 통해 규정하고 있으며, 피해의 구제, 공무원의 비위의 시정 또는 공무원에 대한 징계나 처벌의 요구, 법률 등의 제·개정 및 폐지, 공공의 제도 또는 시설의 운영, 그 밖에 국가기관 등의 권한에 속하는 사항 등에 한하여 청원을 할 수 있다.

15-05-24 · 난이도 ★☆☆

옹호(advocacy) 기술의 특성 중 옳은 것을 모두 고른 것은?

> ㄱ. 사회정의를 지키고 유지하는 목적
> ㄴ. 조직 구성원의 경제적 자립 강조
> ㄷ. 표적 집단에 대한 강력한 영향력이나 압력 행사
> ㄹ. 정당한 처우나 서비스를 받지 못하는 경우에 활용

① ㄱ, ㄴ　　　　　　② ㄱ, ㄷ
③ ㄴ, ㄷ　　　　　　④ ㄱ, ㄷ, ㄹ
⑤ ㄱ, ㄴ, ㄷ, ㄹ

답 ④

✔ 응시생들의 선택

① 8%	② 2%	③ 1%	④ 73%	⑤ 16%

ㄴ. 구성원의 자립을 강조하는 것은 역량강화 기술로 볼 수 있다.

12-05-12 · 난이도 ★★☆

사회복지사가 클라이언트를 위한 옹호를 할 때, 옹호의 구체적 전술에 해당하지 않는 것은?

① 설득
② 증언청취
③ 표적을 난처하게 하기
④ 정치적 압력
⑤ 의뢰

답 ⑤

✔ 응시생들의 선택

① 6%	② 8%	③ 24%	④ 14%	⑤ 48%

⑤ 의뢰는 연계 기술에 해당한다.

14-05-16 · 난이도 ★☆☆

지역사회복지실천에서 옹호(advocacy) 기술 중 하나인 설득의 구성요소가 아닌 것은?

① 대상(audience)
② 메시지(message)
③ 전달형식(format)
④ 전달자(communicator)
⑤ 의제설정(agenda setting)

답 ⑤

✔ 응시생들의 선택

① 4%	② 2%	③ 5%	④ 9%	⑤ 80%

⑤ 설득은 전달자가 대상에게 추가적인 정보를 제공하거나 잘못된 정보를 바로 잡아 기존의 결정을 바꿀 수 있도록 하는 것이다. 설득의 구성요소에는 대상, 메시지, 전달형식, 전달자 등이 있다.

11-05-14 · 난이도 ★★☆

자기옹호(self-advocacy)에 관한 설명으로 옳은 것은?

① 희생자 집단을 위한 옹호자의 활동
② 특정 법안의 통과를 저지하는 활동
③ 성평등을 이루기 위한 여성운동
④ 자조집단이 스스로 돕는 것
⑤ 근본적인 제도상의 변화를 추구

답 ④

✔ 응시생들의 선택

① 6%	② 2%	③ 32%	④ 58%	⑤ 2%

④ 자기옹호는 자기 자신 또는 문제를 공유하고 있는 자조집단이 직접 자신들의 문제를 해결해나가는 것을 말한다.

다음 내용이 왜 틀렸는지를 확인해보자

---

01 옹호는 사회복지사가 클라이언트의 입장을 대변하는 활동을 말하기 때문에 <u>클라이언트가 스스로를 옹호하는 활동은 허용되지 않는다.</u>

> 클라이언트가 스스로에 대한 옹호 활동을 진행하는 자기옹호 역시 옹호의 한 가지 유형이다. 이때 사회복지사는 행정적, 기술적 지원 및 정보 제공, 격려 등의 역할을 하게 된다.

`08-05-30`

02 사회복지사가 옹호 활동을 진행할 때에는 **타협적이고 양보하는 태도를 유지하는 것이 필요하다.**

> 옹호 활동은 지역주민들의 입장을 대변하는 것이기 때문에 단호하고 적극적인 태도를 가져야 한다.

`05-05-14`

03 옹호 활동의 사례로 장애인의 이동권 확보를 위한 지하철편의시설설치 운동, **청소년 자원활동가 모임, 벽촌에서의 집짓기 활동** 등을 꼽을 수 있다.

> 청소년 자원활동가 모임이나 벽촌에서의 집짓기 활동 등은 표적체계에 주민들의 권리를 주장하는 활동은 아니기 때문에 옹호의 사례라고 보기는 어렵다.

---

04 옹호 기술은 사회복지사가 주민들에게 **서비스를 직접 제공하여 문제를 해결**한다.

> 옹호 기술은 표적체계로 하여금 문제해결을 위한 조치를 취하도록 하는 것에 있다. 즉 사회복지사의 옹호 활동 그 자체로 문제가 해결되는 것이 아니라 표적체계의 조치로 문제가 해결된다는 점에서 간접적 실천이다.

`08-05-14`

05 사회복지사는 옹호를 통해 **클라이언트가 직접 활동하도록** 해야 한다.

> 옹호 기술은 주민들이 자신들의 힘으로는 문제를 해결하기 어려울 때 이들을 대신해주는 것이다.

`14-05-16`

06 옹호 기술 중 하나인 설득의 구성요소로, 대상, 메시지, 전달자, 전달형식, <u>의제설정</u> 등을 꼽을 수 있다.

> 의제설정은 해당하지 않는다.

역량강화 기술

최근 10년간 **3문항** 출제

이론요약

역량강화 기술의 주요 특징

- 지역주민의 강점을 인정하고 <u>주민들이 스스로 삶을 결정</u>할 수 있도록 역량을 강화
- **지역구성원들이 가진 능력에 대한 믿음**을 전제로 함
- <u>궁극적인 목적은 주민들의 삶의 질 향상</u>
- 생태학적 관점과 강점관점에 근거
- 개인의 심리적 적응 및 회복, 사회구조적 차원의 개입 등 다체계적 수준의 개입
- 클라이언트의 의식향상을 지향
- 민주적이고 상호협력적인 관계를 구축
- 지역주민의 문제인식 및 주체적인 문제해결을 강조
- 클라이언트는 수혜자가 아닌 권리를 갖고 행사할 수 있는 서비스 소비자, 서비스 청구자

기본개념

지역사회복지론
pp.141~

임파워먼트를 위한 방법

- 문제의 원인이 되는 <u>사회구조적 요인에 대한 비판의식</u>을 갖도록 원조
- 사회구조적 문제에 대한 지역주민들의 자기주장 원조
- **공공의제로 만들기**
- 지역주민들의 권력 키우기
- 지역주민들의 조직화 및 캠페인 활동 등을 통한 역량 건설
- 지역주민의 역량강화를 위한 협력과 연대 등의 <u>사회자본 창출</u>을 원조

01 (22-05-11) 임파워먼트 기술의 예: 행복시(市)에 근무하는 A사회복지사는 무력화 되어 있는 클라이언트의 잠재 역량 및 자원을 인정하고 삶을 스스로 결정할 수 있도록 북돋아주었다.

02 (19-05-12) 임파워먼트 기술은 지역주민의 강점을 인정하고 스스로 삶을 결정할 수 있도록 역량을 강화하며, 지역구성원의 능력에 대한 신념을 중요시 한다.

03 (18-05-11) 임파워먼트 기술에는 권력 키우기, 의식 고양하기, 공공의제 만들기, 지역사회 사회자본 확장 등이 있다.

04 (09-05-19) 의식 제고하기, 공공의제로 만들기, 자기 목소리 내기, 사회자본 창출하기 등은 임파워먼트를 위한 전략이다.

대표기출 확인하기

22-05-11 난이도 ★★☆

다음 사례에서 사회복지사가 활용한 기술은?

> 행복시(市)에 근무하는 A사회복지사는 무력화 되어 있는 클라이언트의 잠재 역량 및 자원을 인정하고 삶을 스스로 결정할 수 있도록 북돋아주었다.

① 자원동원 기술   ② 자원개발 기술
③ 임파워먼트 기술   ④ 조직화 기술
⑤ 네트워크 기술

 알짜확인

- 지역주민의 역량강화를 위한 다양한 전술을 살펴두어야 한다. 특히 역량강화에는 사회구조적 문제에 대한 비판의식 키우기나 사회자본을 통해 자원역량을 강화하는 것도 포함됨을 기억해두자.

답 ③

응시생들의 선택

① 2%	② 1%	③ 95%	④ 1%	⑤ 1%

임파워먼트는 클라이언트의 잠재적 역량, 자원, 강점 등을 발전·확장시켜 클라이언트의 삶의 질을 향상시키고자 한다.

관련기출 더 보기

18-05-11 난이도 ★★☆

임파워먼트 기술에 해당하는 것을 모두 고른 것은?

> ㄱ. 권력 키우기
> ㄴ. 의식 고양하기
> ㄷ. 공공의제 만들기
> ㄹ. 지역사회 사회자본 확장

① ㄹ   ② ㄱ, ㄷ
③ ㄴ, ㄹ   ④ ㄱ, ㄴ, ㄷ
⑤ ㄱ, ㄴ, ㄷ, ㄹ

답 ⑤

응시생들의 선택

① 2%	② 2%	③ 25%	④ 19%	⑤ 52%

⑤ 임파워먼트를 위한 방법에는 의식 고양하기, 자기주장, 공공의제 만들기, 권력 키우기, 역량 건설, 지역사회 사회자본 확장 등이 있다.

다음 내용이 옳은지 그른지 판단해보자

01 권리를 박탈당한 지역주민들을 위해 사회행동을 전개하기도 한다. ◎ ⊗

09-05-19
02 지역사회의 사회자본 창출은 역량강화와 무관하다. ◎ ⊗

03 사회복지사는 클라이언트의 삶에 대한 전문가로서 그들의 역량을 강화시켜줄 책임이 있다. ◎ ⊗

04 조직화, 자원동원 등의 기술은 지역주민의 자원체계를 확장함으로써 역량을 강화할 수 있다. ◎ ⊗

19-05-12
05 임파워먼트는 지역구성원의 능력에 대한 신념을 중요시 한다. ◎ ⊗

06 지역사회복지실천에서 역량강화의 궁극적인 목적은 지역주민 개개인의 문제를 해결해주는 것에 있다. ◎ ⊗

07 사회복지사는 지역주민의 역량강화를 위해 사회환경적 변화를 모색해야 한다. ◎ ⊗

08 지역주민들이 자신들이 겪고 있는 문제와 관련된 다차원적 요인을 살펴보고 비판의식을 기를 수 있 ◎ ⊗
도록 원조한다.

답 01○ 02× 03× 04○ 05○ 06× 07○ 08○

해설 02 사회자본의 창출은 지역주민의 역량강화를 위한 자원이 되기 때문에 역량강화를 위한 전략이 된다.
03 역량강화에서 클라이언트의 삶에 대한 전문가는 클라이언트이다.
06 역량강화의 궁극적인 목적은 주민들의 삶의 질 향상에 있다.

10장

지역사회복지 네트워크의 실제

이 장에서는

민·관 협력을 통해 추진되는 지역사회보장계획과 함께 계획을 심의하는 기관인 지역사회보장협의체 및 시·도 사회보장위원회 등을 살펴본다. 또한 민간 기관들 간의 연계를 위해 설립된 사회복지협의회에 대해 살펴본다.

10년간 출제분포도

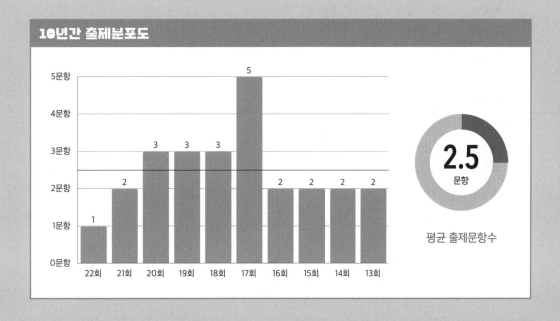

평균 출제문항수

2.5 문항

강의 QR코드

최근 10년간 **11문항** 출제

이론요약

목적 등

- 지역사회보장서비스를 <u>종합적·계획적·중장기적으로 추진</u>하기 위한 방법
- **4년마다 수립 + 해마다 연차별 시행계획 수립**
- 필요성: 지역사회복지의 제도화, 서비스의 지속적·안정적 공급, 서비스 공급주체의 다원화, 사회자원 조달과 적정배분
- 목표: **지역 차원의 통합적 시행계획** 수립, **지역주민의 참여**를 유도, 지역의 사회복지 공급 주체로서의 **공공과 민간 간 협력**

기본개념

지역사회복지론
pp.150~

연혁

- 2003년 사회복지사업법 개정, 2005년 7월부터 계획 수립을 의무화하는 규정 마련
- 2007~2010년 1기 계획 진행
- 2015년 7월 「사회보장급여의 이용·제공 및 수급권자 발굴에 관한 법률」 신설 시행에 따라 '지역사회보장계획'으로 변화됨

계획 수립의 원칙

- **지역성**
- **과학성**
- **연속성**
- **실천성**
- **자율성**
- **참여성**

계획의 내용

▶ **시·군·구 계획**

- 지역사회보장 수요의 측정, 목표 및 추진전략
- 지역사회보장지표의 설정 및 목표

- 지역사회보장의 분야별 추진전략, 중점 추진사업 및 연계협력 방안
- 지역사회보장 전달체계의 조직과 운영
- 사회보장급여의 사각지대 발굴 및 지원 방안
- 지역사회보장에 필요한 재원의 규모와 조달 방안
- 지역사회보장에 관련한 통계 수집 및 관리 방안

▶ **시·도 계획**
- 시·군·구의 사회보장이 균형적이고 효과적으로 추진될 수 있도록 지원하기 위한 목표 및 전략
- 지역사회보장지표의 설정 및 목표
- 시·군·구에서 사회보장급여가 효과적으로 이용 및 제공될 수 있는 기반 구축 방안
- 시·군·구 사회보장급여 담당 인력의 양성 및 전문성 제고 방안
- 지역사회보장에 관한 통계자료의 수집 및 관리 방안

수립 절차

① 지역주민 등 이해관계자 의견수렴
② 시·군·구 지역사회보장계획 수립
③ 지역사회보장협의체 심의, 시·군·구 의회 보고
④ 시·도지사에게 제출
⑤ 제출된 시·군·구 지역사회보장계획의 종합·조정
⑥ 시·도 사회보장위원회 심의, 시·도 의회 보고
⑦ 보건복지부장관에 제출
⑧ 사회보장위원회 보고

※ **지역사회보장협의체**
지역의 사회보장을 증진하고, 사회보장과 관련된 서비스를 제공하는 관계 기관과의 연계·협력을 강화하기 위해 해당 시·군·구 단위에 설치한다.

※ **시·도 사회보장위원회**
시·도의 사회보장 증진을 위하여 시·도 단위에 설치되며, 시·도 계획을 심의한다.

※ **사회보장위원회**
사회보장에 관한 주요 시책을 심의·조정하기 위해 사회보장기본법에 따라 국무총리 소속으로 설치된다.

시행결과의 평가

- 보건복지부장관은 시·도 계획의 시행결과를, 시·도지사는 시·군·구 계획의 시행결과를 평가할 수 있다.
- 시·도지사는 평가를 시행한 경우 그 결과를 보건복지부장관에게 제출하여야 하며, 보건복지부장관은 이를 종합·검토하여 사회보장위원회에 보고하여야 한다.

지역사회보장균형발전지원센터

보건복지부장관은 시·도 및 시·군·구의 사회보장 추진 현황 분석, 지역사회보장계획의 평가, 지역 간 사회보장의 균형발전 지원 등의 업무를 효과적으로 수행하기 위하여 지역사회보장균형발전지원센터를 설치·운영할 수 있다.

01 (21-05-18) 시·군·구 지역사회보장계획은 4년마다 수립하고 매년 연차별 시행계획을 수립해야 한다.

02 (19-05-17) 지역사회보장계획은 사회보장에 관한 기본계획과 연계되도록 하여야 한다.

03 (18-05-18) 시·군·구 지역사회보장계획에는 지역사회보장 전달체계의 조직과 운영, 지역 내 부정수급 발생 현황 및 방지대책, 사회보장급여의 사각지대 발굴 및 지원 방안, 지역사회보장의 분야별 추진전략, 중점 추진사업 및 연계협력 방안 등의 내용이 포함된다.

04 (16-05-21) 지역사회보장계획은 지역사회보장서비스의 수급조정과 안정적 공급을 위해 필요하다.

05 (16-05-21) 지역사회보장계획은 「사회보장급여의 이용·제공 및 수급권자 발굴에 관한 법률」에 근거한다.

06 (15-05-16) 지역사회보장계획은 사회보장급여의 사각지대 발굴 및 지원 방안을 모색한다.

07 (15-05-16) 지역사회보장계획은 지역사회보장서비스의 수급조정과 안정적 공급을 도모한다.

08 (15-05-16) 지역사회보장계획은 사회서비스 전 영역에 포괄적으로 관심을 둔다.

09 (11-05-20) 지역사회보장계획에는 지역사회보장에 필요한 재원의 규모와 조달방안에 관한 사항, 사회보장급여의 사각지대 발굴 및 지원 방안에 관한 사항, 지역사회보장 수요의 측정, 목표 및 추진 전략에 관한 사항 등이 포함된다.

10 (10-05-22) 시장·군수·구청장은 지역주민 등 이해관계인의 의견을 들은 후 시·군·구 계획을 수립하고, 지역사회보장협의체의 심의와 해당 시·군·구 의회의 보고를 거쳐 시·도지사에게 제출하여야 한다.

11 (09-05-22) 지역사회보장계획은 사회보장에 관한 기본계획과 연계되어야 한다.

12 (09-05-22) 지역사회보장계획을 수립할 때는 지역주민 등 이해관계인의 의견을 들어야 한다.

13 (09-05-22) 시·도사회보장위원회는 시·도의 지역사회보장계획을 심의해야 한다.

14 (09-05-22) 보건복지부장관은 시·도 지역사회보장계획의 시행결과를, 시·도지사는 시·군·구 지역사회보장계획의 시행결과를 각각 보건복지부령으로 정하는 바에 따라 평가할 수 있다.

15 (08-05-19) 지역사회보장계획은 복지수요측정에 관한 사항을 포함한다.

16 (05-05-15) 지역사회보장계획에는 수요 측정, 사회복지 인력조달, 사회복지 시설공급 대책 등의 내용이 포함된다.

대표기출 확인하기

22-05-19 난이도 ★★★

지역사회보장에 관한 계획(이하 '지역사회보장계획'이라 한다)에 관한 설명으로 옳은 것은?

① 시장·군수·구청장은 4년마다 지역사회보장계획을 수립한 후 보건복지부장관에게 제출한다.
② 시·군·구의 지역사회보장계획은 시·도사회보장위원회의 심의를 거친다.
③ 지역사회보장계획은 사회복지사업법에 의거 매년 연차별 시행계획을 수립한다.
④ 시·도의 지역사회보장계획은 지역사회보장협의체의 심의를 거친다.
⑤ 지역사회보장계획의 수립 및 지역사회보장조사의 시기·방법 등에 필요한 사항은 대통령령으로 정한다.

▶ 알짜확인

- 지역사회보장계획이 시작된 역사적 과정 및 의의, 근거법률 등을 살펴보자.
- 지역사회보장계획의 수립 절차 및 원칙을 정리해두자.
- 지역사회보장계획에 포함되는 내용을 파악해두어야 한다.

답 ⑤

✅ 응시생들의 선택

| ① 14% | ② 17% | ③ 29% | ④ 17% | ⑤ 23% |

①② 시장·군수·구청장은 4년마다 지역사회보장계획을 수립한 후 지역사회보장협의체의 심의와 해당 시·군·구 의회의 보고를 거쳐 시·도지사에게 제출하여야 한다.
③ 지역사회보장계획은 사회보장급여의 이용·제공 및 수급권자 발굴에 관한 법률에 의거하여 매년 연차별 시행계획을 수립한다.
④ 시·도의 지역사회보장계획은 시·도사회보장위원회의 심의와 해당 시·도 의회의 보고를 거쳐 보건복지부장관에게 제출하여야 한다.

관련기출 더 보기

20-05-17 난이도 ★☆☆

시·군·구 지역사회보장계획에 포함되어야 하는 사항을 모두 고른 것은?

> ㄱ. 지역사회보장 전달체계의 조직과 운영
> ㄴ. 사회보장급여의 사각지대 발굴 및 지원 방안
> ㄷ. 지역사회보장에 관련한 통계 수집 및 관리 방안
> ㄹ. 지역사회보장에 필요한 재원의 규모와 조달 방안

① ㄱ, ㄴ ② ㄱ, ㄷ
③ ㄴ, ㄷ ④ ㄱ, ㄴ, ㄹ
⑤ ㄱ, ㄴ, ㄷ, ㄹ

답 ⑤

✅ 응시생들의 선택

| ① 2% | ② 2% | ③ 2% | ④ 12% | ⑤ 82% |

모두 시·군·구 지역사회보장계획에 포함되어야 하는 사항이다.

19-05-17 난이도 ★★☆

지역사회보장계획에 관한 설명으로 옳은 것은?

① 시·군·구 지역사회보장계획은 변경할 수 없다.
② 사회보장에 관한 기본계획과 연계되도록 하여야 한다.
③ 3년마다 수립하고, 매년 연차별 시행계획을 수립하여야 한다.
④ 시·군·구 지역사회보장계획은 사회보장위원회의 심의를 거쳐야 한다.
⑤ 지역사회보장계획의 평가, 지원 등을 위한 지역사회보장지원센터를 설치·운영할 수 있다.

답 ②

✅ 응시생들의 선택

| ① 1% | ② 67% | ③ 9% | ④ 14% | ⑤ 9% |

① 시·군·구 지역사회보장계획은 변경할 수 있다.
③ 4년마다 수립하고, 매년 연차별 시행계획을 수립하여야 한다.
④ 시·군·구 지역사회보장계획은 지역사회보장협의체의 심의를 거쳐야 한다.
⑤ 지역사회보장지원센터라는 명칭의 기관은 없다.

17-05-18 난이도 ★★★

지역사회보장계획의 수립 과정을 순서대로 옳게 나열한 것은?

ㄱ. 세부사업 계획 수립	ㄴ. 지역사회보장협의체 심의
ㄷ. 지역사회보장조사	ㄹ. 행·재정계획 수립
ㅁ. 의회 보고	ㅂ. 추진 비전 및 목표 수립

① ㄱ—ㄴ—ㅁ—ㄹ—ㅂ—ㄷ
② ㄴ—ㄹ—ㄱ—ㅁ—ㅂ—ㄷ
③ ㄷ—ㄹ—ㅂ—ㄱ—ㄴ—ㅁ
④ ㄷ—ㅂ—ㄹ—ㄱ—ㄴ—ㅁ
⑤ ㄷ—ㅂ—ㄱ—ㄹ—ㄴ—ㅁ

답 ⑤

✔ **응시생들의 선택**

| ① 1% | ② 1% | ③ 7% | ④ 53% | ⑤ 38% |

수립절차
지역사회보장조사 및 지역주민 등 이해관계인의 의견 청취 → 시·군·구 계획 수립 → 지역사회보장협의체 심의 및 시·군·구 의회 보고 → 시·도지사에 제출 → 시·도 계획 수립 → 시·도 사회보장위원회 심의 및 시·도 의회 보고 → 보건복지부장관에 제출 → 보건복지부장관은 사회보장위원회에 보고

16-05-21 난이도 ★★★

지역사회보장계획에 관한 설명으로 옳지 않은 것은?

① 지역사회보장서비스의 수급조정과 안정적 공급을 위해 필요하다.
② 시·군·구 및 시·도는 4년마다 지역사회보장계획을 수립해야 한다.
③ 시·군·구 지역사회보장계획은 시·군·구 의회의 심의와 지역사회보장협의체의 보고를 거쳐야 한다.
④ 「사회보장급여의 이용·제공 및 수급권자 발굴에 관한 법률」에 근거한다.
⑤ 시·군·구 지역사회보장계획은 시행연도의 전년도 9월 30일까지 시·도지사에게 제출되어야 한다.

답 ③

✔ **응시생들의 선택**

| ① 2% | ② 19% | ③ 37% | ④ 7% | ⑤ 35% |

③ 시·군·구 지역사회보장계획은 지역사회보장협의체의 심의와 해당 시·군·구 의회의 보고를 거쳐 시·도지사에게 제출해야 한다.

13-05-16 난이도 ★☆☆

지역사회보장계획 수립의 기본원칙이 아닌 것은?

① 과학성
② 비연속성
③ 실천성
④ 지역성
⑤ 자율성

답 ②

✔ **응시생들의 선택**

| ① 10% | ② 76% | ③ 2% | ④ 3% | ⑤ 9% |

② 지역사회보장계획은 4년 단위의 중·장기 계획이므로 연차별 시행계획의 성과 등을 평가하여 매년 사업의 타당성 및 적절성을 점검하면서 사업의 연속성이 확보되도록 해야 한다. 사회보장에 관한 기본계획과의 연계를 통해 사회보장의 정책 및 실천의 연속성을 확보해야 한다. 시·도 계획과 시·군·구 계획이 유기적으로 연결되도록 해야 한다.

12-05-22 난이도 ★★★

지역사회보장계획에 관한 설명으로 옳은 것을 모두 고른 것은?

| ㄱ. 시·도지사는 시·도사회보장위원회의 심의를 거쳐 지역사회보장계획을 수립하여야 한다. |
| ㄴ. 시·군·구 계획은 지역주민 등 이해관계인의 의견을 들어야 하며, 지역사회보장협의체의 심의를 거쳐야 한다. |
| ㄷ. 사회보장에 관한 기본계획과 연계되어야 한다. |
| ㄹ. 지역의 지역사회활동계획과 연계되어야 한다. |

① ㄱ, ㄴ, ㄷ   ② ㄱ, ㄷ
③ ㄴ, ㄹ   ④ ㄹ
⑤ ㄱ, ㄴ, ㄷ, ㄹ

답 ①

✔ **응시생들의 선택**

| ① 15% | ② 7% | ③ 10% | ④ 3% | ⑤ 65% |

ㄹ. 지역사회보장계획은 사회보장기본법상 사회보장에 관한 기본계획과 연계되도록 규정되어 있으며, '지역의 지역사회활동계획과 연계되어야 한다.'는 내용의 조문은 없다.

다음 내용이 왜 틀렸는지를 확인해보자

---

01 지역사회보장계획에 관한 사항은 **사회보장기본법에서 규정**하고 있다.

> 사회복지사업법상 지역사회복지계획으로 출발하여 현재 「사회보장급여의 이용·제공 및 수급권자 발굴에 관한 법률」에 따라 운영되고 있다.

`09-05-22`

02 보건복지부장관은 시·군·구 지역사회보장계획의 **시행결과를 평가해야 한다.**

> 시행결과에 대한 평가가 의무사항은 아니다.

---

03 시·군·구 계획은 지역사회보장협의체의 심의와 함께 **시·도 의회의 보고**를 거쳐야 한다.

> 시·군·구 계획은 지역사회보장협의체의 심의와 시·군·구 의회의 보고를 거쳐야 한다.
> 시·도 계획은 시·도사회보장위원회의 심의와 시·도 의회의 보고를 거쳐야 한다.

`11-05-20`

04 지역사회보장계획에는 **지역사회보장협의체의 구성에 관한 사항을 포함**한다.

> 지역사회보장협의체는 지역사회보장계획을 심의하는 기관으로, 사회보장급여의 이용·제공 및 수급권자 발굴에 관한 법률 및 시행령에 그 구성에 관한 사항이 규정되어 있다.

`15-05-16`

05 지역사회보장계획은 **주택, 고용, 문화를 제외한** 보건과 의료영역에 초점을 둔다.

> 지역사회보장계획은 사회서비스 전 영역에 포괄적으로 관심을 둔다. 사회서비스란 사회복지서비스, 보건의료서비스를 비롯해 주택, 고용, 문화와 관련된 서비스를 모두 포괄한다.

---

06 시·도지사는 시·도 지역사회보장계획의 시행결과를, 시·군·구청장은 시·군·구 지역사회보장계획의 시행결과를 평가할 수 있다.

> 보건복지부장관은 시·도 지역사회보장계획의 시행결과를, 시·도지사는 시·군·구 지역사회보장계획의 시행결과를 평가할 수 있다.

빈칸에 들어갈 알맞은 말을 채워보자

01 (　　　　　　　)년부터 제1기 지역사회복지계획이 진행되었다.

`14-05-20`

02 시·도지사 및 시·군·구청장은 (　　　　　　)년마다 지역사회보장계획을 수립해야 한다.

`14-05-20`

03 「사회보장급여의 이용·제공 및 수급권자 발굴에 관한 법률」의 제정으로 지역사회복지계획의 범위를 사회복지에서 (　　　　　)(으)로 확장하였다.

04 지역사회보장계획은 (　　　　　)에 따른 사회보장에 관한 기본계획과 연계되도록 하여야 한다.

`16-05-21`

05 시·군·구 지역사회보장계획은 시행연도의 전년도 9월 30일까지 (　　　　　)에게 제출해야 한다.

06 보건복지부장관은 제출받은 시·도 지역사회보장계획을 (①　　　　　)에 (②　　　　　)하여야 한다.

 답 **01** 2007 **02** 4 **03** 사회보장 **04** 사회보장기본법 **05** 시·도지사 **06** ① 사회보장위원회 ② 보고

다음 내용이 옳은지 그른지 판단해보자

01 시·군·구 지역사회보장계획은 지역사회보장협의체의 심의를 거쳐야 한다.

`10-05-20`

02 지역사회보장계획의 시행에 따라 공급자 중심의 지역사회복지실천이 강화되는 기반이 마련되었다.

03 지역사회보장계획이 수립되면 반드시 지역주민 등 이해관계인의 의견을 수렴하는 과정을 거쳐야 한다.

04 보건복지부장관은 지역사회보장계획의 평가, 지역 간 사회보장의 균형발전 지원 등의 업무를 효과적으로 수행하기 위하여 지역사회보장균형발전지원센터를 설치·운영할 수 있다.

답 **01** ○ **02** ✕ **03** ✕ **04** ○

(해설) **02** 지역사회보장계획은 서비스 공급 주체의 다원화, 민관 협력, 주민참여 등을 위해 시행되었다.
　　　03 지역주민 등 이해관계인의 의견을 수렴한 이후에 시·군·구 지역사회보장계획을 수립한다.

153 지역사회보장협의체

강의 QR코드

최근 10년간 **9문항** 출제

복습 1 **이론요약**

지역사회보장협의체의 설치 및 구성

기본개념

지역사회복지론
pp.153~

▶ **근거 법률**
- **사회보장급여의 이용·제공 및 수급권자 발굴에 관한 법률**
- 법률 외의 사항은 시·군·구 조례로 정한다.

▶ **설치 및 구성**
- 시·군·구청장은 지역의 사회보장을 증진하고, 사회보장과 관련된 서비스를 제공하는 관계 기관·법인·단체·시설과 연계·협력을 강화하기 위하여 해당 시·군·구에 지역사회보장협의체를 둔다.
- **위원장 1명을 포함한 10명 이상 40명 이하의 위원으로 구성한다.**
- 위원장은 위원 중에서 호선하되, 공무원인 위원과 위촉 위원 각 1명을 공동위원장으로 선출할 수 있다.
- **위원의 임기는 2년**이다. 다만, 위원장은 한 차례 연임 가능하며 공무원인 위원의 임기는 그 재직기간으로 한다.

▶ **실무협의체**
- 지역사회보장협의체의 업무를 효율적으로 수행하기 위하여 지역사회보장협의체에 실무협의체를 둔다.
- 위원장 1명을 포함하여 10명 이상 40명 이하의 위원으로 구성한다.

▶ **실무분과**
실무협의체의 위원장은 지역의 사회보장 관련 기관·법인·단체·시설 간 연계·협력을 강화하기 위하여 실무분과를 구성·운영할 수 있으며, 실무분과의 운영에 관한 세부 사항은 시·군·구의 조례로 정할 수 있다.

지역사회보장협의체의 심의·자문 사항

- 시·군·구의 지역사회보장계획 수립·시행 및 평가에 관한 사항
- 시·군·구의 지역사회보장조사 및 지역사회보장지표에 관한 사항
- 시·군·구의 사회보장급여 제공에 관한 사항
- 시·군·구의 사회보장 추진에 관한 사항
- **읍·면·동 단위 지역사회보장협의체**의 구성 및 운영에 관한 사항
- 그 밖에 위원장이 필요하다고 인정하는 사항

읍·면·동 지역사회보장협의체

▶ 설치 및 구성
- 특별자치시장 및 시장·군수·구청장은 읍·면·동 단위로 읍·면·동의 사회보장 관련 업무의 원활한 수행을 위하여 해당 읍·면·동 단위에 지역사회보장협의체를 둔다.
- 읍·면·동 협의체의 위원은 읍·면·동별로 각 10명 이상으로 한다.
- 법률 외의 사항은 시·군·구 조례로 정한다.

▶ 업무
읍·면·동 협의체는 다음의 업무를 지원한다.
- 관할 지역의 저소득 주민·아동·노인·장애인·한부모가족·다문화가족 등 사회보장사업에 의한 도움을 필요로 하는 사람 발굴 업무
- 사회보장 자원 발굴 및 연계 업무
- 지역사회보호체계 구축 및 운영 업무
- 그 밖에 관할 지역 주민의 사회보장 증진을 위하여 필요한 업무

기출문장 CHECK

01 (21-05-19) 사회보장에 관한 업무를 담당하는 공무원은 지역사회보장협의체의 실무협의체 위원이 될 수 있다.

02 (20-05-18) 시·군·구 지역사회보장협의체는 시·군·구의 지역사회보장계획 수립·시행 및 평가에 관한 사항, 시·군·구의 사회보장급여 제공에 관한 사항, 시·군·구의 사회보장 추진에 관한 사항, 읍·면·동 단위 지역사회보장협의체의 구성 및 운영에 관한 사항 등을 심의·자문한다.

03 (19-05-18) 지역사회보장협의체는 「사회보장급여의 이용·제공 및 수급권자 발굴에 관한 법률」에 법적 근거를 두고 있다.

04 (19-05-18) 지역사회보장협의체는 위원장을 포함하여 10명 이상 40명 이하의 위원으로 구성하고, 임기는 2년이다.

05 (18-05-19) 시·군·구 지역사회보장협의체는 시·군·구 사회보장 추진, 시·군·구 사회보장급여 제공, 시·군·구 지역사회보장계획 수립·시행 및 평가, 읍·면·동 단위 지역사회보장협의체의 구성 및 운영 등에 관한 사항을 심의·자문한다.

06 (17-05-20) 읍·면·동 지역사회보장협의체는 복지대상자 발굴, 지역특화사업 추진, 지역자원의 발굴 및 연계, 지역인적안전망 구축 등의 역할을 수행한다.

07 (16-05-22) 2015년 지역사회복지협의체가 지역사회보장협의체로 명칭이 변경되었다.

08 (16-05-22) 지역사회보장협의체는 공공과 민간의 적극적이고 자발적인 참여가 전제되어야 한다.

09 (16-05-22) 지역사회보장협의체는 사회보장 관련 서비스제공 기관과의 연계·협력을 강화할 목적으로 운영된다.

10 (16-05-22) 지역사회보장협의체는 사회보장 관련 기관·법인·단체·시설 간 연계와 협력 강화를 위해 실무분과를 운영한다.

11 (13-05-04) 지역사회보장협의체 내 실무협의체에서는 실무분과에서 발의된 쟁점에 대해 논의한다.

12 (13-05-04) 지역사회보장협의체는 지역사회복지자원을 개발하고, 발굴하는 기능을 갖고 있다.

13 (07-05-16) 지역사회보장협의체 위원의 임기는 2년이나 공무원의 경우 재직기간까지이다.

14 (07-05-26) 지역사회보장협의체는 지역사회 내 잠재적 복지자원 발굴 및 자원 간 연계협력을 목적으로 한다.

15 (06-05-23) 지역사회보장협의체는 사업에 맞춰 실무분과를 구성할 수 있다.

16 (05-05-15) 지역사회보장계획에는 수요 측정, 사회복지 인력조달, 사회복지 시설공급 대책 등의 내용이 포함된다.

대표기출 확인하기

20-05-18 난이도 ★★★

시·군·구 지역사회보장협의체의 심의·자문 사항이 아닌 것은?

① 시·군·구의 지역사회보장계획 수립·시행 및 평가에 관한 사항
② 시·군·구의 사회보장급여 제공에 관한 사항
③ 시·군·구의 사회보장 추진에 관한 사항
④ 읍·면·동 단위 지역사회보장협의체의 구성 및 운영에 관한 사항
⑤ 읍·면·동의 지역사회보장조사 및 지역사회보장지표에 관한 사항

▶ **알짜확인**

• 시·군·구 지역사회보장계획의 심의기관인 지역사회보장협의체의 조직 및 구성에 관한 사항, 심의·자문 사항 등이 출제되어 오고 있다.

답 ⑤

✔ **응시생들의 선택**

① 16%	② 16%	③ 6%	④ 20%	⑤ 42%

⑤ 읍·면·동이 아닌 시·군·구의 지역사회보장조사 및 지역사회보장지표에 관한 사항을 심의·자문한다.

시·군·구 지역사회보장협의체의 심의·자문 사항
• 시·군·구의 지역사회보장계획 수립·시행 및 평가에 관한 사항
• 시·군·구의 지역사회보장조사 및 지역사회보장지표에 관한 사항
• 시·군·구의 사회보장급여 제공에 관한 사항
• 시·군·구의 사회보장 추진에 관한 사항
• 읍·면·동 단위 지역사회보장협의체의 구성 및 운영에 관한 사항
• 그 밖에 위원장이 필요하다고 인정하는 사항

관련기출 더 보기

21-05-19 난이도 ★★★

지역사회보장협의체의 실무협의체 운영에 관한 설명으로 옳은 것은?

① 사회보장업무를 담당하는 공무원은 제외된다.
② 위원장 1명을 포함하여 10명 미만의 위원으로 구성한다.
③ 지역사회보장계획과 관련된 조례를 제정한다.
④ 시·군·구의 사회보장급여 제공에 관한 사항을 심의·자문한다.
⑤ 전문성 원칙에 따라 현장 전문가를 중심으로 구성한다.

답 ⑤

✔ **응시생들의 선택**

① 3%	② 12%	③ 9%	④ 42%	⑤ 34%

① 사회보장에 관한 업무를 담당하는 공무원은 실무협의체의 위원이 될 수 있다.
② 위원장 1명을 포함하여 10명 이상 40명 이하의 위원으로 구성한다.
③ 실무협의체가 조례를 제정하지는 않는다. 별도의 조례는 시·군·구 지방의회에서 제정한다.
④ 시·군·구의 사회보장급여 제공에 관한 사항을 심의·자문하는 것은 지역사회보장협의체의 대표협의체이다.

지역사회보장협의체에 관한 설명으로 옳은 것은?

① 사회복지사업법에 법적 근거를 두고 있다.
② 10명 이상 25명 이하의 위원으로 구성하고, 임기는 2년이다.
③ 관할 지역의 사회복지사업에 관한 중요사항을 심의·건의한다.
④ 민·관 네트워크를 통한 지역복지 거버넌스 구조와 기능을 축소시킨다.
⑤ 실무협의체, 실무분과, 읍·면·동 협의체 간 수평적 네트워크 관계를 형성한다.

답 ⑤

✔ 응시생들의 선택

① 14%	② 9%	③ 34%	④ 3%	⑤ 40%

① 사회보장급여의 이용·제공 및 수급권자 발굴에 관한 법률에 법적 근거를 두고 있다.
② 위원장을 포함하여 10명 이상 40명 이하의 위원으로 구성하고, 임기는 2년이다.
③ 관할 지역의 사회보장을 증진하고, 사회보장과 관련된 서비스를 제공하는 관계 기관·법인·단체·시설과 연계·협력을 강화하기 위한 역할을 한다.
④ 민·관 네트워크를 통한 지역복지 거버넌스 구조와 기능을 확대시킨다.

지역사회보장협의체의 구성 조직 및 역할을 적절하게 연결하고 있는 것은?

① 대표협의체: 통합사례관리 지원
② 실무협의체: 지역사회보장계획의 의회 보고
③ 실무분과: 사회복지법인 이사의 추천과 선임 조정
④ 실무분과: 지역사회보장계획의 연차별 시행계획 모니터링
⑤ 읍·면·동 지역사회보장협의체: 실무협의체 업무 지원

답 ④

✔ 응시생들의 선택

① 7%	② 19%	③ 7%	④ 43%	⑤ 24%

시·군·구 지역사회보장협의체
• 대표협의체는 지역사회 내 사회보장 증진을 위해 민·관 협력을 강화하기 위한 역할을 수행한다.
• 실무협의체는 대표협의체의 업무를 효율적으로 수행하기 위해 구성된다.
• 실무분과는 지역의 사회보장 관련 기관·법인·단체·시설 간 연계·협력을 강화하기 위하여 실무협의체 산하에 구성된다.

읍·면·동 지역사회보장협의체
• 읍·면·동 단위에 구성되어 관할 지역주민의 사회보장 증진을 위한 업무를 지원한다.

읍·면·동 지역사회보장협의체의 역할로 볼 수 없는 것은?

① 복지대상자 발굴
② 지역특화사업 추진
③ 지역자원의 발굴 및 연계
④ 지역인적안전망 구축
⑤ 지역사회보장지표의 생성

답 ⑤

✔ 응시생들의 선택

① 14%	② 16%	③ 3%	④ 5%	⑤ 62%

읍·면·동 단위 지역사회보장협의체는 관할 지역의 저소득 주민·아동·노인·장애인·한부모가족·다문화가족 등 사회보장 대상자 발굴, 사회보장 자원 발굴 및 연계, 지역사회보호체계 구축 및 운영 등 관할 지역주민의 사회보장 증진을 위한 업무 지원을 위해 구성한다.

지역사회보장협의체에 관한 설명으로 옳지 않은 것은?

① 사회보장 관련 서비스제공 기관과의 연계·협력을 강화할 목적으로 운영된다.
② 공공과 민간의 적극적이고 자발적인 참여가 전제되어야 한다.
③ 2015년 지역사회복지협의체가 지역사회보장협의체로 명칭이 변경되었다.
④ 실무협의체는 시·군·구의 사회보장급여 제공에 관한 사항을 심의·자문한다.
⑤ 사회보장 관련 기관·법인·단체·시설 간 연계와 협력 강화를 위해 실무분과를 운영한다.

답 ④

✔ 응시생들의 선택

① 6%	② 8%	③ 26%	④ 46%	⑤ 14%

④ 시·군·구의 사회보장급여 제공에 관한 사항에 대한 심의·자문은 대표협의체에서 이루어진다. 실무협의체는 지역사회보장협의체의 업무를 효율적으로 수행하기 위해 구성된다.

다음 내용이 왜 틀렸는지를 확인해보자

01 지역사회보장협의체의 업무를 효율적으로 수행하기 위하여 지역사회보장협의체에 <u>읍·면·동 협의체</u>를 둔다.

> 지역사회보장협의체의 업무를 효율적으로 수행하기 위하여 지역사회보장협의체에 실무협의체를 둔다.

13-05-04

02 지역사회보장협의체는 <u>**공공 간의 연계방식으로 시작해서**</u> 공공과 민간의 연계방식으로 전개되었다.

> 지역사회보장협의체는 그 시작부터 공공과 민간의 연계체계를 강화하기 위한 목적으로 설치되었다.

03 <u>지역사회보장협의체는 시·도에, 실무협의체는 시·군·구에 설치</u>하여 효율적으로 연계된 계획을 추진한다.

> 지역사회보장협의체는 시·군·구 단위에 설치되며, 협의체 내에 실무협의체가 구성된다.

19-05-18

04 지역사회보장협의체는 <u>사회복지사업법</u>에 그 법적 근거를 두고 있다.

> 2005년 사회복지사업법에 따라 지역사회복지협의체로 시작하여 2015년 사회보장급여의 이용·제공 및 수급권자 발굴에 관한 법률이 시행되면서 이 법률에 따라 운용되고 있다.

05 지역사회보장협의체 및 실무협의체의 조직·운영에 관한 <u>**모든 사항은**</u> 해당 시·군·구의 조례로 정한다.

> 지역사회보장협의체는 사회보장급여의 이용·제공 및 수급권자 발굴에 관한 법률에서 규정하고 있으며, 이 법령에서 정하는 사항 외에 필요한 사항은 보건복지부령이 정하는 바에 따라 해당 시·군·구의 조례로 정한다.

06 <u>**시·도지사는**</u> 시·군·구 단위의 지역사회보장협의체 외에 읍·면·동 단위의 사회보장 관련 업무의 수행을 위해 읍·면·동 협의체를 둔다.

> 시장·군수·구청장은 읍·면·동 단위로 읍·면·동의 사회보장 관련 업무의 원활한 수행을 위하여 해당 읍·면·동에 지역사회보장협의체를 둔다.

빈칸에 들어갈 알맞은 말을 채워보자

06-05-22
01 (   )은/는 시·군·구 지역사회보장계획을 심의하는 기관이다.

02 시·군·구 지역사회보장협의체는 (   )의 지역사회보장조사 및 지역사회보장지표에 관한 사항을 심의·자문한다.

07-05-16
03 지역사회보장협의체는 위원장 1명을 포함하여 (①   )명 이상 (②   )명 이하의 위원으로 구성한다.

04 법률에서 정한 사항 외에 지역사회보장협의체 및 실무협의체의 조직·운영에 필요한 사항은 보건복지부령으로 정하는 바에 따라 해당 시·군·구의 (   )(으)로 정한다.

05 실무협의체의 위원장은 지역의 사회보장 관련 기관·법인·단체·시설 간 연계·협력을 강화하기 위하여 (   )을/를 구성·운영할 수 있다.

 01 지역사회보장협의체 **02** 시·군·구 **03** ① 10 ② 40 **04** 조례 **05** 실무분과

다음 내용이 옳은지 그른지 판단해보자

01 시·군·구 지역사회보장협의체는 민·관 협력을 기반으로 지역사회보장을 추진한다.

18-05-19
02 시·군·구 지역사회보장협의체는 읍·면·동 단위 지역사회보장협의체의 구성 및 운영에 관하여 심의·자문한다.

03 시·군·구 지역사회보장계획에 대한 심의는 지역사회복지협의회에서 진행한다.

07-05-16
04 지역사회보장협의체의 실무분과는 지역에 상관없이 동일하게 구성한다.

답 **01** ○ **02** ○ **03** ✕ **04** ✕

(해설) **03** 시·군·구 지역사회보장계획에 대한 심의는 시·군·구 지역사회보장협의체의 역할이다.
04 실무분과는 지역의 상황에 따라 대상별, 기능별 등 다양한 형태로 구성이 가능하다.

154 사회복지협의회

강의 QR코드

1회독	2회독	3회독
월 일	월 일	월 일

최근 10년간 **5문항** 출제 ★★★

1 이론요약

기본 사항

기본개념

지역사회복지론
pp.159~

- 구성: 전국 단위의 한국사회복지협의회(중앙협의회)와 시·도(광역) 사회복지협의회를 두며, 시·군·구(지역) 사회복지협의회를 둘 수 있다.
- 사회복지협의회의 기본 업무
  - 사회복지에 관한 조사·연구 및 정책 건의
  - 사회복지 관련 기관·단체 간의 연계·협력·조정
  - 사회복지 소외계층 발굴 및 민간사회복지자원과의 연계·협력
  - 대통령령으로 정하는 사회복지사업의 조성 등

한국사회복지협의회

- 2009년 **기타 공공기관으로 지정**되었다.
- 한국사회복지협의회의 업무(기능)
  - 사회복지에 관한 조사·연구 및 정책건의
  - 사회복지에 관한 교육훈련
  - 사회복지에 관한 자료수집 및 간행물 발간
  - 사회복지에 관한 계몽 및 홍보
  - 자원봉사활동의 진흥
  - 사회복지사업에 종사하는 사람의 교육훈련과 복지증진
  - 사회복지에 관한 학술 도입과 국제사회복지단체와의 교류
  - 보건복지부장관이 위탁하는 사회복지에 관한 업무
  - 그 밖에 협의회의 목적 달성에 필요하여 정관으로 정하는 사항

시·도 사회복지협의회

- 광역시·도 단위에 설립
- 한국사회복지협의회의 산하기구로 조직되었다가 1998년 사회복지사업법 개정에 따라 **독립된 사회복지법인**으로서 각 지방의 사회복지협의회로서 운영되고 있다.

시·군·구 사회복지협의회

- 시·군·구 단위에 설립
- 시·도 사회복지협의회만으로는 지역에 밀접한 사회복지가 어렵다는 한계에 부딪히면서 주민들의 자생적 필요에 따라 1995년 원주시에 처음 조직되었다.
- **2003년 사회복지사업법 개정에 따라 사회복지법인으로 법적 근거가 마련되었다.**
- 지역사회복지의 대표적인 협의·조정기관으로서 지역사회복지활동 기능, 기관 간 연락·조정·협의 기능, 지원·유지 기능 등을 수행한다.

기출문장 CHECK

01 (20-05-21) 한국사회복지협의회는 사회복지에 관한 교육훈련, 사회복지에 관한 계몽 및 홍보, 자원봉사활동의 진흥, 사회복지 사업에 관한 기부문화의 조성 등의 사업을 진행한다.

02 (19-05-20) 사회복지협의회는 사회복지사업법에 근거를 둔 법정단체이다.

03 (19-05-20) 한국사회복지협의회는 기타 공공기관으로 지정되었다.

04 (19-05-20) 광역 및 지역 단위 사회복지협의회는 독립적인 사회복지법인이다.

05 (19-05-20) 사회복지협의회는 사회복지기관 간 연계·협력·조정 등의 업무를 수행한다.

06 (18-05-20) 사회복지협의회는 민간 사회복지 증진을 위한 법적 단체이다.

07 (18-05-20) 1970년 사회복지법인 한국사회복지협의회로 명칭 변경

08 (18-05-20) 사회복지협의회는 사회복지 소외계층 발굴 및 민간사회복지자원과의 연계·협력, 사회복지에 관한 조사·연구 및 정책 건의 등의 기능을 한다.

09 (17-05-23) 사회복지협의회는 사회복지시설 및 기관 중심의 지역사회복지 증진을 위한 법정단체이다.

10 (14-05-21) 사회복지협의회는 민간 사회복지의 증진을 위한 법정단체이다.

11 (14-05-21) 사회복지협의회는 사회복지에 관한 조사·연구 및 정책건의를 수행한다.

12 (14-05-21) 사회복지협의회는 사회복지 소외계층 발굴 및 민간사회복지자원과의 연계·협력 업무를 수행한다.

13 (14-05-21) 사회복지협의회는 사회복지 관련 기관·단체 간의 연계·협력·조정을 추진한다.

14 (09-05-26) 사회복지협의회는 사회복지사업법에 법적 근거를 두고 있으며 지역사회의 특성에 적합한 역할을 수행한다.

15 (09-05-26) 사회복지협의회는 구호활동을 하던 민간사회사업기관들의 모임에서 시작되었다.

16 (07-05-23) 시·군·구 사회복지협의회는 시·군·구로부터 재정적 지원을 받을 수 있다.

17 (04-05-06) 한국사회복지협의회는 사회복지에 관한 조사, 연구 및 정책 건의 등의 활동을 수행한다.

18 (03-05-19) 한국사회복지협의회는 사회복지단체 상호 간의 연락 조정 및 협의의 기능을 중심으로 한다.

19 (02-05-16) 지역사회복지협의회는 지역복지를 민간 차원에서 종합적으로 수행한다.

20 (02-05-22) 지역사회복지협의회는 전문성의 원칙, 민간성의 원칙, 주민욕구 중심의 원칙, 주민활동 주체의 원칙 등을 바탕으로 한다.

대표기출 확인하기

20-05-21   난이도 ★★☆

한국사회복지협의회의 주요 사업이 아닌 것은?

① 사회복지에 관한 교육훈련
② 사회복지에 관한 계몽 및 홍보
③ 자원봉사활동의 진흥
④ 사회복지사업에 관한 기부문화의 조성
⑤ 읍·면·동이 위탁하는 사회복지에 관한 업무

 알짜확인

• 기존에는 앞서 공부한 지역사회보장협의체와 구분할 수 있느냐에 초점을 둔 문제가 많았지만, 최근에는 협의회 자체의 사업이나 성격을 파악하는 문제가 출제되고 있어 꼼꼼히 살펴봐야 한다.
• 중앙협의회는 공공기관은 아니지만 기타공공기관으로 지정되었다는 점, 광역 및 지역 단위의 협의회도 각각 독립된 사회복지법인이라는 점, 지역 단위 협의회는 의무 설치는 아니라는 점 등을 같이 기억해두자.

답 ⑤

✔ **응시생들의 선택**

① 4%	② 3%	③ 33%	④ 13%	⑤ 47%

⑤ 읍·면·동이 아닌 보건복지부장관이 위탁하는 사회복지에 관한 업무를 수행한다.

관련기출 더 보기

19-05-20   난이도 ★★☆

사회복지협의회에 관한 설명으로 옳지 않은 것은?

① 사회복지사업법에 근거를 둔 법정단체이다.
② 민·관 협력을 위해 시·군·구에 설치된 공공기관이다.
③ 한국사회복지협의회는 기타 공공기관으로 지정되었다.
④ 사회복지기관 간 연계·협력·조정 등의 업무를 수행한다.
⑤ 광역 및 지역 단위 사회복지협의회는 독립적인 사회복지법인이다.

답 ②

✔ **응시생들의 선택**

① 8%	② 45%	③ 14%	④ 1%	⑤ 32%

② 사회복지협의회는 민간기관이다. 민·관 협력을 위해 시·군·구에 설치된 공공기관은 지역사회보장협의체이다.

18-05-20   난이도 ★★☆

사회복지협의회에 관한 설명으로 옳지 않은 것은?

① 민간 사회복지 증진을 위한 법적 단체
② 사회복지 소외계층 발굴 및 민간사회복지자원과의 연계·협력
③ 시·도와 시·군·구에 모두 의무 설치된 것은 아님
④ 1970년 사회복지법인 한국사회복지협의회로 명칭 변경
⑤ 사회복지에 관한 조사·연구 및 정책 건의

답 ③

✔ **응시생들의 선택**

① 11%	② 5%	③ 69%	④ 11%	⑤ 4%

③ 2024년 사회복지사업법 개정에서는 '전국 단위의 한국사회복지협의회(중앙협의회), 시·도 사회복지협의회 및 시·군·구 사회복지협의회를 둔다'라고 규정하여 기존에 '둘 수 있다'라는 임의규정을 개정하였다.

사회복지협의회에 관한 설명으로 옳은 것은?

① 읍·면·동 중심의 공공부문 전달체계와 지역사회보호체계를 구축하고 운영한다.
② 관계법령에 따라 10명 이상 40명 이하의 규모로 위원회를 구성해야 한다.
③ 시·군·구 단위에 의무적으로 설치해야 하는 것은 아니다.
④ 사회복지시설 및 기관 중심의 지역사회복지 증진을 위한 법정단체이다.
⑤ 사회보장급여의 이용·제공 및 수급권자 발굴에 관한 법률에 근거하여 설립된다.

답 ④

✔ 응시생들의 선택

① 16%	② 18%	③ 16%	④ 32%	⑤ 18%

① 민간 부분의 협력체계이다.
② 위원회 구성 규정은 없다.
③ 2024년 사회복지사업법 개정으로 시·군·구 단위에 사회복지협의회를 '둘 수 있다'에서 '둔다'로 변경되었다.
⑤ 사회복지사업법에 의한다.

한국사회복지협의회에 관한 설명으로 옳은 것은?

① 민간과 공공의 연계·협력·조정을 기초로 한 협력기관
② 복지수요 사정에 따른 지역사회보장계획 수립
③ 보건·복지 전달체계의 효율적 관리
④ 사회복지 관련 기관·단체 간의 연계·협력·조정
⑤ 사회복지사에 대한 전문지식 및 기술의 개발

답 ④

✔ 응시생들의 선택

① 15%	② 4%	③ 2%	④ 62%	⑤ 16%

④ 한국사회복지협의회는 민간의 사회복지 관련 기관·단체 간의 협력과 연계를 도모하기 위한 조직으로, 지역사회의 복지욕구를 효과적으로 달성하기 위해 상호 협력과 조정, 조사연구 등을 실시한다.

사회복지사업법령상 우리나라 사회복지협의회에 관한 설명으로 옳지 않은 것은?

① 사회복지 소외계층 발굴 및 민간사회복지자원과의 연계·협력 업무를 수행한다.
② 사회복지에 관한 조사·연구 및 정책건의를 수행한다.
③ 사회복지관련 기관·단체 간의 연계·협력·조정 업무를 수행한다.
④ 시·군·구 기초자치단체에 의무적으로 설립하여야 한다.
⑤ 민간 사회복지의 증진을 위한 법정단체이다.

답 ④

✔ 응시생들의 선택

① 10%	② 9%	③ 3%	④ 47%	⑤ 31%

④ 사회복지협의회는 사회복지사업법에서 규정하고 있지만 의무적 설치를 규정하고 있지는 않다.

우리나라 사회복지협의회에 관한 설명으로 옳지 않은 것은?

① 사회복지사업법에 설립 근거를 두고 있다.
② 시·군·구에도 둘 수 있다.
③ 민간과 공공기관이 협의하는 기구이다.
④ 구호활동을 하던 민간사회사업기관들의 모임에서 시작되었다.
⑤ 사회복지시설과 기관이 시행하는 업무를 협의·조정한다.

답 ③

✔ 응시생들의 선택

① 15%	② 2%	③ 45%	④ 30%	⑤ 8%

③ 사회복지협의회는 지역사회복지에 관심 있는 단체들 간의 자율적 협력·조정 단체이다.

3 정답훈련

다음 내용이 왜 틀렸는지를 확인해보자

01 사회복지협의회는 사회복지사업법에 따른 **공공기관**이다.

> 중앙위원회인 한국사회복지협의회의 경우 그 공공성을 인정받아 기타공공기관으로 지정되었을 뿐 사회복지협의회는 민간에서 자생적으로 만들어진 민간단체이다.

`04-05-06`

02 한국사회복지협의회는 사회복지에 관한 조사·연구 및 정책건의, **지역사회보장계획 심의**, 자원봉사활동의 진흥 등에 관한 업무를 진행한다.

> 지역사회보장계획에 대한 심의는 지역사회보장협의체의 역할이다.

03 사회복지협의회는 **사회복지법인은 아니다.**

> 사회복지사업법에 따라 사회복지법인으로 규정되어 있다.

`07-05-23`

04 시·군·구 사회복지협의회는 **시·도 사회복지협의회의 지회**로 운영되고 있다.

> 시·군·구 사회복지협의회와 시·도 사회복지협의회는 별도의 법인으로 설치·운영되고 있다.

`09-05-26`

05 사회복지협의회는 지역사회복지에 대한 **민간과 공공기관의 협의를 위해 설치**된 기구이다.

> 사회복지협의회는 지역사회복지에 관심 있는 민간단체들 간의 자율적 협력·조정 단체이며, 공공과 민간 간 협력을 위한 기구는 지역사회보장협의체이다.

다음 내용이 옳은지 그른지 판단해보자

17-05-23

01 사회복지협의회는 사회보장급여의 이용·제공 및 수급권자 발굴에 관한 법률에 근거하여 설립된다.

02 사회복지협의회는 공공 사회복지제도를 운영함에 있어 민간 자원을 동원하기 위한 기관으로서 설립되었다.

18-05-20

03 1970년에 사회복지법인 한국사회복지협의회로 명칭을 변경하였다.

04 한국사회복지협의회는 2009년 기타공공기관으로 지정되었다.

05 한국사회복지협의회는 기타공공기관으로 지정되면서 법정단체가 되었다.

06 중앙협의회의 설립 및 운영 등에 관한 허가, 인가, 보고 등은 보건복지부장관에 의한다.

07 한국사회복지협의회는 사회복지에 관한 조사·연구 등을 추진한다.

 답 01× 02× 03○ 04○ 05× 06○ 07○

(해설) **01** 사회복지협의회의 근거 법률은 사회복지사업법이다.
02 사회복지협의회는 민간기관들의 연계·조정·협력 등을 위해 설립된 것으로, 공공 사회복지제도를 운영하기 위해 설립된 것은 아니다.
05 사회복지사업법에 따른 법정단체가 된 것은 1983년 사회복지사업법 개정을 통해서이다.

11장

지역사회복지실천의 추진체계 Ⅰ

이 장에서는

지방분권화에 따른 영향 및 공공 전달체계를 중심으로 지역사회복지실천의 추진체계를 살펴본다.

10년간 출제분포도

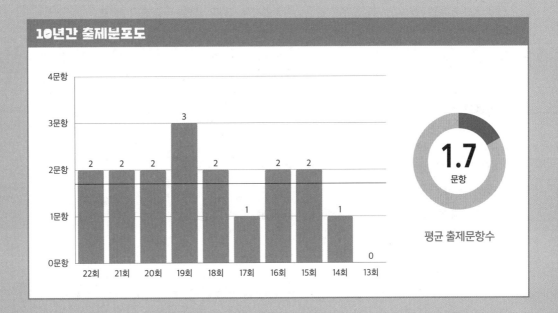

155 지방분권화

강의 QR코드

1회독	2회독	3회독
월 일	월 일	월 일

최근 10년간 **8문항** 출제 ★★★

복습 1 이론요약

연혁

기본개념

지역사회복지론
pp.166~

- 1995년 7월 1일 지방자치제도 전면 실시
- 2003년 사회복지사업법 개정
  - 지역사회복지계획 수립의 의무화
  - 민·관 협치를 위한 지역사회복지협의체 도입
  ※ 2014년 사회보장급여의 이용·제공 및 수급권자 발굴에 관한 법률이 제정(2015년 시행)되면서 사회복지사업법에 있던 지역사회복지계획 등에 관한 규정이 이 법률로 이관되었으며, 사회복지에서 사회보장으로 범위를 넓혀 현재 지역사회보장계획으로 실시되고 있다.
- 2003년 지방이양 및 국고보조 사업의 정비 추진
  - 2004년 국고보조금 정비방안 확정
  - 2005년부터 국고보조 사업을 지방으로 이양
- 2005년~2014년 지방이양 사업을 위한 분권교부세 한시적 시행(2015년부터 보통교부세로 통합)
- 2015년 장애인거주시설, 노인시설(양로), 정신요양시설 운영사업에 대해 중앙정부 사업으로 환원

사회복지 부문에서 지방분권화가 미친 영향

▶ **긍정적 측면**
- 지방정부의 자율성 확대
- 지방정부의 권한 및 책임성 강화
- 지역의 특성이 반영된 복지제도 수립 가능
- 지역주민의 새로운 욕구에 대한 새 정책 수립에 용이

▶ **부정적 측면**
- 중앙정부의 사회적 책임성 약화, 사회서비스 축소에 대한 우려
- 지방정부의 성향에 따라 복지제도가 약화될 수 있음
- 지방정부의 재정력 격차에 따른 복지서비스의 격차 및 불평등 심화 문제
- 지역 이기주의 확산

01 (22-05-18) 지방자치제는 자기통치원리를 담고 있다.

02 (22-05-18) 지방자치는 주민자치와 단체자치를 일컫는다.

03 (22-05-18) 지방자치법을 제정함으로써 지방 분권을 위한 법적 장치가 만들어졌다.

04 (22-05-18) 지방자치단체는 사회복지시설을 평가할 수 있다.

05 (21-05-17) 지방분권으로 인한 주민참여로 권력의 재분배가 이루어진다.

06 (20-05-16) 지방자치제도에 따라 복지예산이 지방으로 이양되어 지방정부의 책임이 강화된다.

07 (19-05-15) 지방분권에 따라 주민참여의 기회 확대, 지역 특성에 맞는 정책 수립, 지방자치단체의 역할과 책임 강화 등이 가능하다.

08 (19-05-15) 지방분권으로 인해 지역 간 복지수준의 격차가 발생할 수 있다.

09 (19-05-16) 지방자치제는 민주주의 사상에 기초하며, 지역문제에 대한 자기통치 원리를 담고 있다.

10 (19-05-16) 지방자치제는 지방자치단체의 행정사무가 주민참여에 의해 이루어져야 한다.

11 (18-05-17) 지방자치는 지방정부 간 복지 수준의 불균형을 초래하기도 했다.

12 (18-05-17) 지방자치의 영향: 지역주민들의 주체적 참여 기회 제공, 지역사회복지에 대한 책임의식 향상, 지방자치단체장 후보의 사회복지 관련 선거공약 활성화

13 (15-05-14) 지방분권화의 긍정적 영향: 지역사회복지에 대한 주민의 주체적 참여기회 제공, 주민욕구 맞춤형 복지 프로그램 제공, 지방행정부서의 역할 강화, 비정부조직(NGO)의 자원 활용

14 (14-05-24) 지방자치제의 부정적 측면: 지방자치단체 간 재정능력의 차이로 복지수준이 다를 수 있다. 지역 이기주의가 나타날 수 있다. 복지서비스의 지역 간 불균형이 나타날 수 있다.

15 (12-05-21) 지방분권화의 긍정적 영향: 복지의 분권화를 통해 효율적인 복지집행체계의 구축이 용이해질 수 있다.

16 (12-05-21) 지방분권화의 부정적 영향: 사회복지 행정업무와 재정을 지방에 이양함으로써 중앙정부의 사회적 책임성을 약화시킬 수 있다. 지방자치단체장의 의지에 따라 복지서비스의 지역 간 불균형이 나타날 수 있다. 지방정부가 사회개발정책에 우선을 두는 경우 지방정부의 복지예산이 감소될 수 있다. 지방정부간의 재정력 격차로 복지수준의 차이가 나타날 수 있다.

17 (10-05-28) 지방분권화 이후 민간 부문의 과제: 사회복지종사자들의 직무능력 개발과 책임성 강화, 복지관련 연계망 구축기반 마련, 지역사회의 종교·시민단체 등과의 상호협조 강화, 공공부문에 대한 견제 및 협력

18 (10-05-30) 지방자치제 도입에 따라 중앙정부 중심의 복지행정으로부터 지방정부 중심의 복지행정으로 전환되었다.

19 (10-05-30) 지방자치는 지역의 특성에 맞고 그 지역주민의 복지수요에 부응하도록 독자적인 계획을 수립하고, 차별화된 정책 수립이 가능하다.

20 (09-05-21) 지방자치는 주민들의 참여를 높일 수 있고, 지역의 욕구에 부합하는 복지서비스를 개발하기에 유리하다.

21 (09-05-21) 지방자치로 인해 지방정부 간 복지 불균형이 심화될 수 있다.

22 (08-05-17) 지방분권화에 따라 지방정부는 사회복지서비스 기획 능력을 갖춰야 한다.

23 (07-05-28) 지방분권화는 중앙정부의 권한과 책임을 지방정부로 이양하는 것으로 행정분권과 재정분권을 주요 내용으로 한다.

24 (03-05-15) 지방분권화에 따라 지방재정의 부실화와 지역 간 불평등이 나타날 수 있다.

대표기출 확인하기

22-05-18 난이도 ★★☆

지방자치제에 관한 설명으로 옳은 것을 모두 고른 것은?

ㄱ. 지방자치제는 자기통치원리를 담고 있다.
ㄴ. 지방자치는 주민자치와 단체자치를 일컫는다.
ㄷ. 지방자치단체는 사회복지시설을 평가할 수 있다.
ㄹ. 지방자치법을 제정함으로써 지방 분권을 위한 법적 장치가 만들어졌다.

① ㄱ, ㄴ
② ㄷ, ㄹ
③ ㄱ, ㄴ, ㄷ
④ ㄱ, ㄴ, ㄹ
⑤ ㄱ, ㄴ, ㄷ, ㄹ

▶ 알짜확인

• 지방분권화가 사회복지 부문에 미친 영향을 살펴보는 문제가 주로 출제되고 있는데, 긍정적 영향과 부정적 영향을 구분할 수도 있어야 한다.
• 우리나라 사회복지 부문의 지방분권화는 2000년대에 본격화되었지만, 지방자치제도의 실시 자체는 1995년이라는 점도 같이 기억해두어야 한다.

답 ⑤

✅ 응시생들의 선택

| ① 5% | ② 10% | ③ 8% | ④ 21% | ⑤ 56% |

모두 옳은 내용이다.

➕ 덧붙임

ㄷ의 내용을 틀린 것으로 본 응시생들이 꽤 있었는데, 사회복지 시설평가의 주체는 보건복지부장관 및 시 · 도지사로 시 · 도 단위 지자체별로 실행되고 있다.

관련기출 더 보기

21-05-17 난이도 ★★☆

지방분권에 관한 설명으로 옳은 것은?

① 사회보험제도의 지방분권이 확대되고 있다.
② 주민참여로 권력의 재분배가 이루어진다.
③ 지역주민의 욕구에 대한 민감성이 약화된다.
④ 복지수준의 지역 간 균형이 이루어진다.
⑤ 중앙정부의 사회적 책임성이 강화된다.

답 ②

✅ 응시생들의 선택

| ① 16% | ② 66% | ③ 2% | ④ 10% | ⑤ 6% |

① 사회보험제도는 국가(중앙정부)의 책임으로 시행되고 있다.
③ 지역주민의 새로운 욕구나 변화된 욕구에 민감하게 반응하여 지역의 특성에 맞는 복지정책의 수립을 가능하게 한다.
④ 지방자치단체들 간에 재정력의 격차가 존재하는 상황에서, 지방분권화를 통해 기존의 재정력 격차가 확대되면 재정이 취약한 지방정부의 경우 복지 예산의 감축이 이루어질 수도 있다. 이러한 경우 지역 간 복지수준의 격차와 불평등을 심화시킬 수 있다.
⑤ 중앙정부의 사회복지 책임성 약화나 사회복지서비스 공급 축소에 대한 우려가 있다. 즉, 중앙정부가 맡아야만 하는 사회복지의 역할을 축소시키는 부정적 영향을 초래할 수 있다.

19-05-15 난이도 ★☆☆

지방분권에 관한 설명으로 옳지 않은 것은?

① 주민참여 기회가 확대된다.
② 중앙정부의 책임성이 강화된다.
③ 지역 특성에 맞는 정책을 수립할 수 있다.
④ 지역 간 복지수준의 격차가 발생할 수 있다.
⑤ 지방자치단체의 역할과 책임을 강화시킬 수 있다.

답 ②

✅ 응시생들의 선택

| ① 1% | ② 97% | ③ 0% | ④ 1% | ⑤ 1% |

② 지방분권은 지방정부의 책임성이 강화되는 반면, 상대적으로 중앙정부의 책임성은 약해지는 측면이 있다.

지방자치제에 관한 설명으로 옳지 않은 것은?

① 민주주의 사상에 기초를 두고 있다.
② 지방자치단체의 장은 선거로 선출한다.
③ 지역문제에 대한 자기통치 원리를 담고 있다.
④ 우리나라에서는 1990년에 처음으로 실시되었다.
⑤ 지방자치단체의 행정사무가 주민참여에 의해 이루어져야
한다.

답 ④

✅ 응시생들의 선택

① 1%	② 4%	③ 25%	④ 35%	⑤ 35%

④ 우리나라 지방자치제는 1995년 7월 1일부로 전면적으로 실시되었다.

지방자치가 지역사회복지에 미친 긍정적 영향을 모두 고른 것은?

> ㄱ. 지역사회복지에 대한 주민의 주체적 참여기회 제공
> ㄴ. 주민욕구 맞춤형 복지 프로그램 제공
> ㄷ. 지방행정부서의 역할 강화
> ㄹ. 비정부조직(NGO)의 자원 활용

① ㄱ, ㄴ   ② ㄴ, ㄷ
③ ㄱ, ㄴ, ㄷ   ④ ㄱ, ㄷ, ㄹ
⑤ ㄱ, ㄴ, ㄷ, ㄹ

답 ⑤

✅ 응시생들의 선택

① 9%	② 7%	③ 45%	④ 2%	⑤ 37%

지방분권화(지방자치)로 중앙정부의 권한이 지방정부로 이양됨에 따라 지방정부의 자율성이 강화되고, 지역사회의 특성이 반영된 정책수립이 가능해졌으며, 지역주민의 참여 기회가 확대되게 되었다.

지역사회복지를 위한 지방분권의 부정적 측면이 아닌 것은?

① 사회복지 행정업무와 재정을 지방에 이양함으로써 중앙
정부의 사회적 책임성을 약화시킬 수 있다.
② 지방정부가 사회개발정책에 우선을 두는 경우 지방정부
의 복지예산이 감소될 수 있다.
③ 복지의 분권화를 통해 효율적인 복지집행체계의 구축이
용이해질 수 있다.
④ 지방자치단체장의 의지에 따라 복지서비스의 지역 간 불
균형이 나타날 수 있다.
⑤ 지방정부간의 재정력 격차로 복지수준의 차이가 나타날
수 있다.

답 ③

✅ 응시생들의 선택

① 5%	② 5%	③ 87%	④ 2%	⑤ 1%

③ 복지의 분권화를 통해 효율적인 복지집행체계의 구축이 용이해질 수 있다는 점은 지방분권의 긍정적 측면에 해당한다.

지방분권화에 따른 지역사회복지 환경의 변화로 민간 사회복지부문 전반에 걸쳐서 요구되는 것을 모두 고른 것은?

> ㄱ. 사회복지종사자들의 직무능력 개발과 책임성 강화
> ㄴ. 복지관련 연계망 구축기반 마련
> ㄷ. 지역사회의 종교·시민단체 등과의 상호협조 강화
> ㄹ. 공공부문에 대한 견제와 협력의 강화

① ㄱ, ㄴ, ㄷ   ② ㄱ, ㄷ
③ ㄴ, ㄹ   ④ ㄹ
⑤ ㄱ, ㄴ, ㄷ, ㄹ

답 ⑤

✅ 응시생들의 선택

① 30%	② 5%	③ 3%	④ 0%	⑤ 61%

지역사회복지 환경의 변화에 따라 민간 사회복지 부문에 요구되는 역할에는 '공공부문의 서비스를 보완하는 서비스 개발 및 강화, 종사자들의 직무능력 개발과 책임성 강화, 지역사회 종교·시민단체 등과의 상호협조, 복지관련 연계망 구축기반 마련, 공공부문에 대한 견제와 협력' 등이 있다.

다음 내용이 왜 틀렸는지를 확인해보자

14-05-24

01 지방분권화는 사회복지에 대한 지방자치단체의 권한과 책임성이 강화될 수 있다는 **부정적 측면**도 있다.

> 지방자치단체의 권한과 책임성이 강화될 수 있다는 것은 지방분권화의 긍정적 영향이다.

19-05-16

02 우리나라 지방자치제는 **1990년**에 처음으로 실시되었다.

> 우리나라 지방자치제는 1995년 7월 1일부로 전면적으로 실시되었다.

12-05-25

03 2015년부터 아동복지시설 사업은 **중앙정부로의 환원**되었다.

> 장애인거주시설, 노인시설(양로), 정신요양시설 운영사업은 2015년 중앙정부로 환원되었지만, 아동복지사업은 중앙환원 사업에 포함되지 않았다.

08-05-17

04 지방분권화에 따라 **전국적으로 일률적이고 획일적인** 복지서비스 제공이 가능해졌다.

> 지방분권화는 해당 자치구에 대한 사회복지서비스 사업을 실시하기 때문에 전국적 통일성을 기하기는 어렵다.

10-05-30

05 지역마다 차별화된 복지정책의 수립이 가능해진 것은 지방분권화의 대표적인 **부정적 영향**에 해당한다.

> 지역별 차별화된 복지정책 수립은 지역의 특성과 주민의 욕구에 맞춘 복지정책의 수립을 의미하기 때문에 대표적인 긍정적 영향에 해당한다.

다음 내용이 옳은지 그른지 판단해보자

01 지방자치제 도입 이후 우리나라 공공 사회복지 전달체계 개편은 지역중심의 사회복지사업을 강조하는 방향으로 이루어지고 있다. ◎ⓧ

02 지방자치제에 따라 지방의 재정 격차는 복지 격차로 이어지는 결과를 보이기도 한다. ◎ⓧ

`18-05-17`
03 지방자치 발달에 따라 지역사회복지에 대한 중앙정부의 책임과 권한이 강화되었다. ◎ⓧ

`15-05-14`
04 지방자치에 따라 지역사회복지에 대한 주민의 주체적인 참여 기회가 약화되었다. ◎ⓧ

`14-05-24`
05 지방분권화에 따라 지역 이기주의가 심화될 수 있다는 우려도 있다. ◎ⓧ

06 복지사업의 지방이양을 위해 2005년부터 실시된 보통교부세는 2015년부터 분권교부세로 통합되었다. ◎ⓧ

`10-05-30`
07 지방자치제 도입에 따라 중앙정부 중심의 복지행정으로부터 지방정부 중심의 복지행정으로 전환되었다. ◎ⓧ

`18-05-17`
08 지방자치제도의 도입 이후 지방자치단체장 후보의 사회복지에 대한 관심과 선거공약이 증가하고 있다. ◎ⓧ

(답) **01**○ **02**○ **03**✕ **04**✕ **05**○ **06**✕ **07**○ **08**○

(해설) **03** 지방자치발달에 따라 지역사회복지에 대한 지방정부의 책임과 권한이 강화되는 반면, 중앙정부의 책임과 권한은 축소되는 측면도 있다.
04 지역주민의 참여 기회를 확대하는 방향으로 나아가고 있다.
06 복지사업의 지방이양을 위해 2005년부터 실시된 분권교부세는 2015년부터 보통교부세로 통합되었다.

156 지역사회복지 관련 동향 및 향후 과제

강의 QR코드

1회독	2회독	3회독
월 일	월 일	월 일

★★★ 최근 10년간 **9문항** 출제

복습 1 이론요약

공공 전달체계의 개편

- 1995. 7. ~ 1999. 12. 보건복지사무소 시범사업
- 2004. 7. ~ 2006. 6. 사회복지사무소 시범사업
- 2006. 7. 8대 서비스를 포괄하는 주민생활지원서비스 전달체계 확립
- 2010년 사회복지통합관리망(행복e음) 구축, 시·군·구 위기가구 사례관리 사업 실시
- 2012년 시·군·구 '희망복지지원단' 운영으로 통합사례관리 시행
- 2013년 사회보장정보시스템 완전 개통
- 2016년 행정복지센터를 중심으로 하는 읍·면·동 복지허브화 사업 추진
- 2017년 주민자치형 공공서비스 구축, 읍·면·동에 찾아가는 보건복지팀 설치
- 2018년 지역사회 통합돌봄 계획 발표 이후 2019년부터 지자체별 선도사업 실시
- 2019년 공공부문의 돌봄 서비스 직접 제공을 위한 사회서비스원 시범운영

기본개념

지역사회복지론
pp.169~

지역복지의 향후 과제

- 복지재정의 불평등과 복지수준의 격차 감소
- 중앙정부와 지방정부 간 역할분담
- 사회복지 재정 확보를 위한 중앙정부의 지원
- 지역사회 수준에서 사회복지를 주도적으로 기획하고 집행할 수 있는 다양한 제도적 장치 마련
- 적극적인 주민참여와 민간부문의 역량강화
- 민간의 복지 연계망 구축
- 민간의 공공부문에 대해 견제 및 민·관 협력

01 (21-05-25) 최근 복지전달체계는 수요자 중심의 복지서비스를 제공하고, 보건과 연계한 서비스의 통합성이 강화되었다.

02 (20-05-25) 2015년: 서울 '찾아가는 동주민센터' 사업 실시 → 2018년 : 읍 · 면 · 동 찾아가는 보건복지서비스로 전국에 확대

03 (20-05-25) 2016년: 읍 · 면 · 동 복지허브화를 추진하면서 동주민센터를 행정복지센터로 재구성하고, 맞춤형 복지 전담팀 설치 시작

04 (20-05-25) 2015년: 지역사회복지계획이 지역사회보장계획으로 변경

05 (19-05-25) 2010년 사회복지통합관리망(행복e음) 구축

06 (19-05-25) 2012년 시 · 군 · 구 단위 희망복지지원단 운영

07 (19-05-25) 2017년 읍 · 면 · 동 찾아가는 보건복지서비스

08 (19-05-25) 2019년 사회서비스원 시범사업

09 (18-05-24) 2016년 읍 · 면 · 동 복지허브화

10 (16-05-24) 탈시설화 경향에 따라 지역사회 중심의 복지체계 구축이 중요해지고 있다.

11 (15-05-25) 희망복지지원단은 지역주민 맞춤형 통합서비스체계 구축을 목적으로 지역사회가 보유한 자원과 서비스를 총괄적으로 조정한다.

12 (11-05-30) 지역사회복지는 복지재정분권화로 인한 지역 간 복지재정 불균형 해소, 민간복지 전달체계의 네트워크 강화 등의 문제를 풀어나가야 한다.

13 (06-05-06) 우리나라의 지역사회복지는 지역사회 구성원들의 역량강화에 주목하는 경향이 있으며, 지역사회 중심의 통합적 서비스 체계에 대해 강조하는 경향이 있다.

대표기출 확인하기

22-05-25　　　　난이도 ★★☆

우리나라 지역사회복지 환경 변화의 순서로 옳은 것은?

> ㄱ. 희망복지지원단 설치 · 운영
> ㄴ. 사회복지통합관리망(행복e음) 구축
> ㄷ. 지역사회통합돌봄(커뮤니티케어) 선도사업 시행
> ㄹ. '읍 · 면 · 동 복지 허브화' 사업 시행

① ㄱ→ㄴ→ㄷ→ㄹ
② ㄱ→ㄴ→ㄹ→ㄷ
③ ㄴ→ㄱ→ㄷ→ㄹ
④ ㄴ→ㄱ→ㄹ→ㄷ
⑤ ㄴ→ㄷ→ㄱ→ㄹ

 알짜확인

- 지역사회복지와 관련된 공공 전달체계가 어떻게 변화되어 왔는지, 현재의 전달체계는 어떠한지 등을 정리해두도록 하자.
- 지방분권화와 관련하여 지역사회복지의 향후 과제, 앞으로 나아가야 할 방향 등에 대해 생각해보자.

답 ④

✔ **응시생들의 선택**

① 9%	② 16%	③ 15%	④ 57%	⑤ 3%

ㄴ. 사회복지통합관리망(행복e음) 구축: 2010년
ㄱ. 희망복지지원단 설치 · 운영: 2012년
ㄹ. '읍 · 면 · 동 복지 허브화' 사업 시행: 2016년
ㄷ. 지역사회통합돌봄(커뮤니티케어) 선도사업 시행: 2019년

관련기출 더 보기

21-05-25　　　　난이도 ★☆☆

최근 복지전달체계의 동향으로 옳지 않은 것은?

① 사회복지 전담인력의 확충
② 수요자 중심 복지서비스 제공
③ 통합사례관리의 축소
④ 민 · 관 협력의 활성화
⑤ 보건과 연계한 서비스의 통합성 강화

답 ③

✔ **응시생들의 선택**

① 1%	② 2%	③ 95%	④ 1%	⑤ 1%

③ 통합사례관리는 활성화되고 있다. 특히, 2012년부터 구성 · 운영된 희망복지지원단은 복합적 욕구를 가진 대상자에게 통합사례관리를 통해 공공 · 민간의 급여 · 서비스 · 자원 등을 맞춤형으로 연계 · 제공하는 통합서비스를 제공하고 있다.

20-05-25　　　　난이도 ★☆☆

최근 지역사회복지 동향으로 옳지 않은 것은?

① '찾아가는 동주민센터' 사업 실시
② 읍 · 면 · 동 맞춤형 복지 전담팀 설치
③ 지역사회통합돌봄사업의 축소
④ 행정복지센터로의 행정조직 재구조화
⑤ 지역사회복지계획이 지역사회보장계획으로 변경

답 ③

✔ **응시생들의 선택**

① 3%	② 1%	③ 92%	④ 2%	⑤ 2%

③ 지역사회통합돌봄사업은 지방자치단체 차원에서 어르신들에 대한 통합돌봄이 이루어질 수 있도록 하기 위한 것으로 2018년 노인 커뮤니티케어 중심의 '지역사회 통합돌봄 기본계획'을 수립해 2019년 6월부터 선도사업을 실시하였고 2025년까지 지역사회 통합돌봄(커뮤니티케어) 제공기반을 구축해나갈 계획이다.

다음 내용이 왜 틀렸는지를 확인해보자

`06-05-06`

01 우리나라 지역사회복지의 개편은 **공공 전달체계의 역할을 더욱 강조하는 방향**으로 이루어지고 있다.

> 우리나라 지역사회복지는 공공과 민간의 협력을 강조하면서 개편이 이루어져 왔다.

`16-05-24`

02 최근 읍·면·동 복지허브화로 **지역사회복지 네트워크가 약화**되고 있다.

> 읍·면·동 복지허브화 사업은 행정복지센터를 중심으로 한 지역 내 복지서비스의 통합 제공을 추구한다. 따라서 지역 내 네트워크를 강화하고 있다.

---

03 2012년 **읍·면·동 단위에 설치**된 희망복지지원단은 복합적 욕구를 가진 대상자에게 통합 사례관리를 제공하기 위해 마련된 것이다.

> 희망복지지원단은 시·군·구 단위에 설치되었다.

`16-05-25`

04 최근 우리나라는 **중앙정부 중심**의 지역사회복지서비스 전달체계가 구축되고 있다.

> 지방분권화 이후 지역중심의 서비스 전달이 이루어질 수 있도록 하는 전달체계가 구축되고 있다.

`17-05-25`

05 최근 공공 사회복지 전달체계가 읍·면·동 중심으로 개편됨에 따라 **사회보장정보시스템(행복e음)**이 개시되었다.

> 사회보장정보시스템은 중앙 및 지자체에서 시행되는 다양한 사회보장급여의 신청, 조사, 지원 등의 업무처리를 지원하기 위해 마련된 시스템으로 읍·면·동 중심의 개편과는 무관하다.

다음 내용이 옳은지 그른지 판단해보자

01 2010년에는 사회복지통합관리망 행복e음이 구축되었다. ◎ⓧ

20-05-25
02 2016년에는 읍·면·동 복지허브화를 추진하면서 동주민센터를 행정복지센터로 재구성하였다. ◎ⓧ

03 보건복지사무소 시범사업은 사회복지사무소 시범사업이 종료된 이후에 도입되었다. ◎ⓧ

04 지역사회 통합돌봄은 지역사회보호를 기반으로 추진된 정책이다. ◎ⓧ

05 최근 공공 복지 전달체계는 시·군·구 중심의 찾아가는 보건복지 서비스를 주요 골자로 제시하고 있다. ◎ⓧ

21-05-25
06 최근 복지전달체계는 수요자 중심의 복지서비스를 제공하고, 보건과 연계한 서비스의 통합성이 강화되었다. ◎ⓧ

답 **01**○ **02**○ **03**✕ **04**○ **05**✕ **06**○

(해설) **03** 보건복지사무소 시범사업은 1995~1999년에, 사회복지사무소 시범사업은 2004~2006년에 실시되었다.
05 2017년 이후 읍·면·동 단위에 찾아가는 보건복지팀이 설치되었다.

12장

지역사회복지실천의 추진체계 II

이 장에서는

사회복지관, 공동모금회, 사회적 경제 주체 등 지역사회복지의 다양한 실천기관을 살펴본다.

10년간 출제분포도

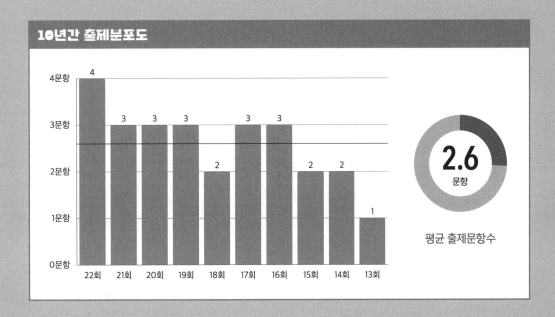

회차	22회	21회	20회	19회	18회	17회	16회	15회	14회	13회
문항	4	3	3	3	2	3	3	2	2	1

2.6 문항

평균 출제문항수

강의 QR코드

1회독 월 일
2회독 월 일
3회독 월 일

최근 10년간 **10문항** 출제

복습 1 이론요약

사회복지관 설치

기본개념

지역사회복지론
pp.176~

- 사회복지관은 지방자치단체, 사회복지법인 및 기타 비영리법인이 설치·운영할 수 있다.
- 지방자치단체는 사회복지관을 설치한 후 운영능력이 있는 사회복지법인 등에 위탁하여 운영할 수 있다.
- **시·도지사 및 시장·군수·구청장이 사회복지관을 설치하고자 할 때에는 저소득층 밀집지역에 우선 설치**하되, 사회복지관이 일부 지역에 편중되지 않도록 한다.

사회복지관 운영의 기본원칙

- 지역성의 원칙
- 책임성의 원칙
- 통합성의 원칙
- 자원활용의 원칙
- 전문성의 원칙
- 자율성의 원칙
- 중립성의 원칙
- 투명성의 원칙

사업대상

사회복지서비스 욕구를 가지고 있는 <u>모든 지역주민이 사업대상</u>이다. **다만 다음의 경우에 우선하여 제공**한다.

- 국민기초생활보장 수급자, 차상위계층
- 장애인, 노인, 한부모가정, 다문화가정
- 직업 및 취업 알선이 필요한 주민
- 보호와 교육이 필요한 유아·아동 및 청소년
- 그 밖에 사회복지관의 사회복지서비스를 우선 제공할 필요가 있다고 인정되는 주민

사회복지관의 기능 및 사업

▶**사회복지사업법**

사회복지관은 지역복지증진을 위하여 다음의 사업을 실시할 수 있다.

- 지역사회의 특성과 지역주민의 복지욕구를 고려한 **서비스 제공 사업**
- 국가·지방자치단체 및 민간 부문의 사회복지서비스를 연계·제공하는 **사례관리 사업**

- 지역사회 복지공동체 활성화를 위한 **복지자원 관리, 주민교육 및 조직화 사업**
- 그 밖에 복지증진을 위한 사업으로서 지역사회에서 요청하는 사업

▶ **사회복지사업법 시행규칙**

- **사례관리 기능**
  - 사례발굴
  - 사례개입
  - 서비스 연계
- **서비스 제공 기능**
  - **가족기능 강화**: 가족관계증진사업, 가족기능보완사업, 가정문제해결 · 치료사업, 부양가족지원사업, 다문화가정, 북한이탈주민 등 지역 내 이용자 특성을 반영한 사업
  - **지역사회보호**: 급식서비스, 보건의료서비스, 경제적 지원, 일상생활 지원, 정서서비스, 일시보호서비스, 재가복지봉사서비스
  - **교육문화**: 아동 · 청소년 사회교육, 성인기능교실, 노인 여가 · 문화, 문화복지사업
  - **자활지원 등 기타**: 직업기능훈련, 취업알선, 직업능력개발, 그 밖의 특화사업
- **지역조직화 기능**
  - **복지 네트워크 구축**: 지역사회연계사업, 지역욕구조사, 실습지도
  - **주민 조직화**: 주민복지증진사업, 주민조직화 사업, 주민교육
  - **자원 개발 및 관리**: 자원봉사자 개발 · 관리, 후원자 개발 · 관리

기출문장 CHECK

01 (22-05-20) 사회복지관은 지역사회의 특성과 지역주민의 복지욕구를 고려한 서비스 제공 사업, 국가 · 지방자치단체 및 민간부문의 사회복지서비스를 연계 · 제공하는 사례관리 사업, 지역사회 복지공동체 활성화를 위한 복지자원 관리, 주민교육 및 조직화 사업 등을 실시한다.

02 (22-05-21) 사회복지관의 사업내용 중 주민 협력 강화를 위한 주민의식 교육은 지역조직화 기능에 해당한다.

03 (21-05-21) 아동 자립생활 지원을 위한 후원자 개발은 사회복지관 사업 내용 중 지역사회 조직화 기능에 해당한다.

04 (20-05-20) 서비스 제공 기능: 가족기능 강화, 지역사회보호, 교육문화, 자활지원 등

05 (19-05-19) 사회복지관은 취약계층 주민에게 우선적인 서비스를 제공하여야 한다.

06 (19-05-19) 자원봉사자 개발 및 관리는 지역조직화 기능에 해당한다.

07 (19-05-19) 사회복지관의 운영위원회는 5명 이상 15명 이하의 위원으로 구성하며, 프로그램 개발 및 평가에 관한 사항을 심의한다.

08 (18-05-22) 국민기초생활보장법에 따른 수급자 및 노인, 보호가 필요한 유아, 교육이 필요한 청소년, 취업 알선이 필요한 주민 등은 사회복지관의 우선 사업대상이다.

09 (17-05-24) 사례관리 기능의 예: A종합사회복지관은 인근 독거노인의 복합적이고 장기적인 욕구를 사정하고 통합적인 서비스 제공 및 점검계획을 수립하였다.

10 (17-05-24) 주민 조직화 사업의 예: A종합사회복지관은 독거노인의 생활을 지원하기 위해 주민봉사단을 조직하여 정기적인 가정방문을 실시하고 있다.

11 (16-05-19) 사회복지관은 경제적 지원, 일상생활 지원 등의 지역사회보호 사업을 수행한다.

12 (16-05-19) 사회복지관은 주민복지증진사업, 주민조직화 사업, 사례 발굴 및 개입, 아동·청소년 사회교육 및 문화복지사업 등을 추진한다.

13 (15-05-06) 사회복지관의 운영은 사회복지사업법에 근거한다.

14 (15-05-06) 사회복지관의 3대 기능: 사례관리 기능, 서비스제공 기능, 지역조직화 기능

15 (15-05-06) 사회복지관의 운영원칙으로는 지역성, 전문성, 책임성 등이 있다.

16 (15-05-06) 사회복지관에 대해서도 시설평가를 실시하고 있다.

17 (12-05-24) 사회복지관은 서비스 연계 등을 포함한 사례관리 기능을 수행한다.

18 (12-05-24) 사회복지관은 자원개발 및 관리 등을 포함한 지역조직화 기능을 수행한다.

19 (14-05-18) 사회복지사업법령상 사회복지관은 3년마다 평가를 받아야 한다.

20 (14-05-18) 사회복지관은 사례관리, 서비스제공, 지역조직화 기능 등을 수행한다.

21 (14-05-18) 지역성, 전문성, 책임성의 원칙에 따라 운영되어야 한다.

22 (14-05-18) 지역사회의 특성과 지역주민의 욕구와 문제에 신속히 대응해야 한다.

23 (11-05-27) 사회복지관은 효율적인 서비스 제공을 위하여 자율성의 원칙에 따라 운영되어야 한다.

24 (10-05-25) 지역사회보호 사업분야에는 보건의료서비스가 있다.

25 (10-05-25) 가족기능 강화 사업분야에는 가족관계증진사업이 속한다.

26 (10-05-25) 자활지원 사업분야에는 직업기능훈련이 포함된다.

27 (10-05-25) 교육문화 사업으로서 노인 여가·문화 사업을 실시할 수 있다.

28 (08-05-23) 1990년대에는 시설평가제도에 따라 사회복지관도 평가를 받기 시작했다.

29 (07-05-19) 사회복지관은 저소득층 및 취약계층 주민에 대해서는 우선적인 사업대상으로 한다.

30 (06-05-25) 주민조직화 및 교육, 복지 네트워크 구축, 자원봉사자 개발 등은 지역 조직화 기능에 해당한다.

31 (05-05-16) 사회복지관의 주민 조직화 사업에는 주민교육 및 주민복지증진사업이 포함된다.

32 (04-05-04) 사회복지관의 자원봉사자 개발 및 관리는 지역조직화 기능에 해당한다.

33 (03-05-23) 밑반찬 배달 서비스는 지역사회보호사업, 방과 후 교육 프로그램은 가족기능 강화 사업, 직업기능훈련 프로그램은 자활지원 사업에 해당한다.

34 (03-05-21) 사회복지관은 국민기초생활보장 수급자, 차상위계층, 장애인, 노인, 한부모가정, 다문화가정 등에 대해서는 우선적인 사업대상으로 하여야 한다.

35 (02-05-15) 사회복지관은 지역성, 책임성, 통합성, 자원활용 등의 원칙을 토대로 한다.

36 (02-05-14) 사회복지관의 사업 중 후원자 개발은 지역조직화 기능에 해당한다.

대표기출 확인하기

22-05-21
난이도 ★★☆

사회복지관의 사업내용 중 기능이 다른 것은?

① 지역 내 보호가 필요한 대상자 및 위기 개입 대상자 발굴
② 개입 대상자의 문제와 욕구에 맞는 맞춤형 서비스 제공을 위한 사례 개입
③ 지역 내 민간 및 공공자원 연계 및 의뢰
④ 발굴한 사례에 대한 개입계획 수립
⑤ 주민 협력 강화를 위한 주민의식 교육

 알짜확인

- 사회복지관의 사업 분야 및 내용은 가장 많이 출제된 만큼 어떤 사업들이 있는지와 함께 그 세부내용까지 파악해두어야 한다.
- 설치 및 운영 관련 규정과 사업대상 등도 살펴봐야 하는데, 사회복지관은 누구나 이용할 수 있지만 취약계층에 대해서는 우선 제공함을 기억해두자.
- 사회복지관의 운영에 있어 고려되는 원칙들에 대해 생각해보자.

답 ⑤

✓ 응시생들의 선택

① 8%	② 3%	③ 11%	④ 5%	⑤ 73%

⑤는 지역조직화 기능 중 주민조직화 사업에 해당한다.
①②③④는 사례관리 기능에 해당한다. 사례관리 기능 중에서도 ①④는 사례발굴 사업, ②는 사례개입 사업, ③은 서비스 연계 사업에 해당한다.

관련기출 더 보기

22-05-20
난이도 ★★☆

사회복지사업법상 (   )에 들어갈 내용으로 옳은 것은?

> 제34조의5(사회복지관의 설치 등) ① 제34조제1항과 제2항에 따른 시설 중 사회복지관은 지역복지증진을 위하여 다음 각 호의 사업을 실시할 수 있다.
> 1. 지역사회의 특성과 지역주민의 복지욕구를 고려한 (ㄱ) 사업
> 2. 국가·지방자치단체 및 민간 부문의 사회복지서비스를 연계·제공하는 (ㄴ) 사업
> 3. 지역사회 복지공동체 활성화를 위한 복지자원 관리, 주민 교육 및 (ㄷ) 사업

① ㄱ: 서비스 제공, ㄴ: 사례관리, ㄷ: 조직화
② ㄱ: 서비스 제공, ㄴ: 조직화, ㄷ: 사례관리
③ ㄱ: 사례관리, ㄴ: 서비스 제공, ㄷ: 조직화
④ ㄱ: 조직화, ㄴ: 사례관리, ㄷ: 재가복지
⑤ ㄱ: 조직화, ㄴ: 지역사회보호, ㄷ: 사례관리

답 ①

✓ 응시생들의 선택

① 49%	② 13%	③ 32%	④ 3%	⑤ 3%

사회복지관 사업 내용 중 지역사회 조직화 기능에 해당하는 것은?

① 독거노인을 위한 도시락 배달
② 한부모 가정 아동을 위한 문화 프로그램 제공
③ 아동 자립생활 지원을 위한 후원자 개발
④ 학교 밖 청소년을 위한 직업기능 교육
⑤ 장애인 일상생활 지원을 위한 서비스 제공

답 ③

✓ **응시생들의 선택**

① 8%	② 8%	③ 71%	④ 10%	⑤ 3%

③ 아동 자립생활 지원을 위한 후원자를 개발하는 것은 지역사회 조직화 기능 중 하나인 자원 개발 및 관리에 해당한다.

사회복지관 사업내용 중 서비스 제공 기능에 해당하지 않는 것은?

① 지역사회 보호
② 사례관리
③ 교육문화
④ 자활지원
⑤ 가족기능 강화

답 ②

✓ **응시생들의 선택**

① 25%	② 26%	③ 9%	④ 20%	⑤ 20%

사회복지관의 기능 및 사업분야
• 사례관리 기능: 사례발굴, 사례개입, 서비스 연계
• 서비스 제공 기능: 가족기능 강화, 지역사회 보호, 교육문화, 자활지원 등 기타
• 지역조직화 기능: 복지 네트워크 구축, 주민 조직화, 자원 개발 및 관리

➕ **덧붙임**
이 문제에서 묻고 있는 '서비스 제공 기능'은 법령에서 정하고 있는 사회복지관의 기능 중 하나인데, 단순히 사회복지관에서 제공하는 서비스를 찾는 문제라고 판단해 혼란에 빠져 답을 찾지 못한 응시생들이 많았다.

사회복지관에 관한 설명으로 옳지 않은 것은?

① 지역사회의 특성과 지역주민의 욕구와 문제에 신속히 대응해야 한다.
② 사례관리, 서비스제공, 지역조직화 기능 등을 수행한다.
③ 사업 대상은 사회적 취약계층에 한하여 실시하여야 한다.
④ 사회복지사업법령상 사회복지관은 3년마다 평가를 받아야 한다.
⑤ 지역성, 전문성, 책임성의 원칙에 따라 운영되어야 한다.

답 ③

✓ **응시생들의 선택**

① 1%	② 0%	③ 96%	④ 2%	⑤ 1%

③ 사회복지관은 사회적 취약계층을 우선대상으로 할 뿐, 모든 지역주민에게 개방되어 있다.

사회복지관의 각 분야별 사업내용이 아닌 것은?

① 주민조직화 분야 – 일시보호서비스
② 가족기능 강화 분야 – 가족관계증진사업
③ 자활지원 분야 – 직업기능훈련
④ 지역사회보호 분야 – 보건의료서비스
⑤ 교육문화 분야 – 어르신 여가, 문화

답 ①

✓ **응시생들의 선택**

① 82%	② 1%	③ 2%	④ 12%	⑤ 3%

① 일시보호서비스는 지역사회보호 분야에 해당한다.

다음 내용이 왜 틀렸는지를 확인해보자

`07-05-19`

01 사회복지관은 <u>지방자치단체만이 설치·운영</u>할 수 있다.

> 사회복지관은 지방자치단체, 사회복지법인 및 기타 비영리법인이 설치·운영할 수 있다. 국가나 지방자치단체가 설치하고자 할 때에는 사회복지법인이나 비영리법인에 위탁하여 운영하게 할 수 있다.

---

02 시·도지사 및 시·군·구청장이 사회복지관을 설치하고자 할 때에는 <u>저소득층 밀집지역에 한정하여 설치</u>하여야 한다.

> 시·도지사 및 시·군·구청장이 사회복지관을 설치하고자 할 때에는 저소득층 밀집지역에 우선적으로 설치하도록 규정하고 있을 뿐 이 지역에 한정하여 설치해야 하는 것은 아니다.

`02-05-15`

03 사회복지관의 운영원리로 지역성, 책임성, 통합성, <u>영리성</u> 등을 꼽을 수 있다.

> 기본적으로 사회복지 법인 및 기관은 영리성을 추구하지 않는다.

`14-05-18`

04 사회복지관의 사업은 <u>사회적 취약계층에 한하여 실시</u>하여야 한다.

> 사회복지관은 사회적 취약계층을 우선대상으로 할 뿐, 모든 지역주민에게 개방되어 있다.

`05-05-16`

05 사회복지관의 교육문화 사업에는 <u>직업기능 훈련</u>도 포함된다.

> 직업기능 훈련은 자활지원 사업으로 실시된다.

`11-05-27`

06 사회복지관은 종합적 사회복지서비스를 제공하는 기능보다는 <u>조직화사업 기능에 더 초점</u>을 맞추어야 한다.

> 사회복지관은 가족복지, 지역사회보호, 지역사회조직, 교육문화, 자활사업 등의 다양한 서비스를 종합적으로 제공한다.

빈칸에 들어갈 알맞은 말을 채워보자

01 사회복지관의 설치 및 운영과 관련해서는 (　　　　　　　)법의 규정을 따른다.

06-05-24
02 사회복지관이 자원배분, 운영형태, 기금조달 등에 관한 사항을 홈페이지를 통해 공개한 것은 사회복지관의 운영원칙 중 (　　　　　)과 관련된다.

03 사회복지관의 운영원칙 중 (　　　　　)의 원칙은 지역 내 다양한 민간 및 공공 기관과의 연계를 추진하여 지역사회 복지체계를 효율적이고 효과적으로 운영해야 함을 의미한다.

15-05-06
04 사회복지관의 사업은 크게 (　　　　　) 기능, 서비스제공 기능, 지역조직화 기능 등 3가지로 구분된다.

11-05-27
05 사회복지관의 사업 중 (　　　　　) 사업은 취약계층의 가족기능을 보완하고 부양가족을 지원하기 위해 실시되는 사업이다.

05-05-16
06 사회복지관의 사업 중 복지 네트워크 구축은 (　　　　　) 기능에 해당한다.

08-05-22
07 사회복지관의 사업 중 (　　　　　) 사업의 담당자는 재가복지봉사서비스, 급식서비스, 일시보호서비스 등을 제공한다.

08 시·도지사 및 시·군·구청장이 사회복지관을 설치하고자 할 때에는 (　　　　　)지역에 우선하여 설치하도록 한다.

17-05-24
09 지역 독거노인의 복합적이고 장기적인 욕구 사정, 통합적인 서비스 제공, 점검계획 등은 (　　　　　) 기능에 해당한다.

17-05-24
10 독거노인의 생활을 지원하기 위해 주민봉사단을 조직하여 정기적인 가정방문을 실시하는 것은 지역조직화 기능 중 (　　　　　) 사업분야에 해당한다.

답 **01** 사회복지사업　**02** 투명성　**03** 통합성　**04** 사례관리　**05** 가족기능 강화　**06** 지역조직화　**07** 지역사회보호
08 저소득층 밀집　**09** 사례관리　**10** 주민 조직화

158 사회적 경제의 주체

강의 QR코드

1회독 월 일 → 2회독 월 일 → 3회독 월 일

최근 10년간 **8문항** 출제

이론요약

사회적 경제의 개념 및 특징

- 기존의 이윤의 극대화를 최고 가치로 하는 시장경제와 달리 사회적 가치를 추구하는 경제 활동을 의미
- 양극화 해소, 일자리 창출 등 공동이익과 사회적 가치의 실현을 추구
- 상호협력과 사회연대를 바탕으로 사업체를 통해 경제활동을 수행
- 우리나라에는 사회적 기업, 마을기업, 협동조합, 자활기업 등이 대표적

기본개념
지역사회복지론
pp.183~

사회적 경제 조직들

▶ **사회적 기업**
- 취약계층에게 사회서비스 또는 일자리를 제공하여 지역주민의 삶의 질을 높이는 등의 **사회적 목적을 추구**하면서 재화 및 서비스의 생산·판매 등 **영업활동**을 하는 기업
- **「사회적기업 육성법」(고용노동부)**에 따라 고용노동부 장관의 인증을 받은 기관
- 영리기업과 비영리기업의 중간 형태의 기업으로 **영리 추구와 함께 사회적 목적을 추구**

▶ **협동조합**
- 재화 또는 용역의 구매·생산·판매·제공 등을 협동으로 영위함으로써 조합원의 권익을 향상하고 지역사회에 공헌하고자 하는 사업조직
- **「협동조합 기본법」(기획재정부)**에 따라 설립
- **사회적 협동조합**: 지역주민들의 권익·복리 증진과 관련된 사업을 수행하거나 취약계층에게 사회서비스 또는 일자리를 제공하며 영리를 목적으로 하지 않는 협동조합(비영리법인)
- 5인 이상의 조합원 자격을 가진 자가 발기인이 되어 정관을 작성하고 창립총회의 의결을 거친 후 소재지 관할 시·도지사에 신고하여 설립

▶ **자활기업**
- 조합 또는 부가가치세법상 사업자의 형태를 갖추고 **기초생활 수급자 또는 차상위자를 2인 이상 포함하여야 함**
- **「국민기초생활보장법」(보건복지부)**에 의한 자활기업 요건을 갖추고 보장기관으로부터 인정을 받아 설립

- 지원요건
  - 구성원 중 수급자가 1/5 이상이면서 수급자 및 차상위자가 1/3 이상이어야 함
  - 자활기업의 모든 참여자에 대하여 최저임금 이상의 임금지급이 가능하여야 함
  - 근로일수가 조건이행기준을 충족하여야 함(주당 3일, 22시간 이상)
  - 자활근로사업단의 자활기업 전환 시 사업의 동일성 유지
  - 창업 전 교육 및 보수 교육 이수

▶ **마을기업**
- 주민의 자발적인 참여와 협동적 관계망에 기초해 주민의 욕구와 지역 문제를 해결하며 마을 공동체의 가치와 철학을 실현하는 마을 단위의 기업으로 마을주민이 일정 비율 이상 참여해야 함(설립 시 최소 5인 이상)
- 사회적기업이나 협동조합과 달리 마을기업에 대한 별도의 법률은 없으며 행정안전부의 지침을 따르고 있음
- 각종 사업을 통해 **수익을 추구하는 기업**으로 비영리 사회단체는 부적합

기출문장 CHECK

01 (22-05-23) 마을기업은 지역공동체에 기반하여 활동한다. 도시재생 활성화 및 지원에 관한 특별법에 근거를 두고 있다. 주민이 지역자원을 활용한 수익사업을 통해 지역공동체를 활성화한다.

02 (21-05-22) 사회적 기업은 서비스 수혜자, 근로자 등 이해관계자가 참여하는 의사결정 구조를 갖추어야 한다.

03 (20-05-22) 사회적 기업은 경제적 이익을 추구한다.

04 (20-05-22) 사회적 경제는 자본주의 시장경제의 대안모델이다.

05 (20-05-22) 사회적 협동조합의 목적은 취약계층에게 사회서비스 또는 일자리를 제공하는 것이다.

06 (19-05-22) 사회적 기업, 마을기업, 사회적 협동조합, 자활기업 등은 사회적 경제 주체에 해당한다.

07 (18-05-23) 협동조합의 발기인은 5인 이상의 조합원 자격을 가진 자가 된다.

08 (18-05-23) 마을기업은 회원 외에도 지역 주민의 의견을 적극 반영한다.

09 (18-05-23) 자활기업은 조합 또는 「부가가치세법」상의 사업자로 한다.

10 (17-05-22) 협동조합은 협동조합기본법에 따라 조합원의 권익옹호와 지역사회에 공헌하는 사업조직을 말한다.

11 (17-05-22) 마을기업은 주민이 지역자원을 활용한 수익사업을 통해 지역공동체를 활성화한다.

12 (17-05-22) 자활기업은 저소득층이 상호 협력하여 공동사업자의 형태로 탈빈곤을 도모한다.

13 (17-05-22) 사회적 경제는 사회적 목적과 민주적 운영 원리를 가진 호혜적 경제활동조직이다.

14 (16-05-18) 자활기업은 저소득층의 탈빈곤을 위한 자활사업을 운영한다.

15 (16-05-20) 사회적 경제 주체는 사회적 가치 실현을 중요시한다.

16 (16-05-20) 마을기업은 지역공동체에 기반하여 활동한다.

17 (15-05-20) 사회적 기업은 사회적 목적을 추구하면서도 재화 및 서비스의 생산·판매 등 영업활동을 한다.

18 (15-05-20) 협동조합은 조합원의 권익 향상과 지역사회 공헌을 목적으로 한다.

대표기출 확인하기

20-05-22
난이도 ★★☆

사회적 경제에 관한 설명으로 옳은 것을 모두 고른 것은?

ㄱ. 사회적 기업은 경제적 이익을 추구한다.
ㄴ. 사회적 경제는 자본주의 시장경제의 대안모델이다.
ㄷ. 사회적 협동조합의 목적은 취약계층에게 사회서비스 또는 일자리를 제공하는 것이다.

① ㄱ
② ㄴ
③ ㄱ, ㄴ
④ ㄴ, ㄷ
⑤ ㄱ, ㄴ, ㄷ

▶ 알짜확인

• 사회적 경제 주체는 영리사업을 추구한다는 점 기억해두자.
• 단순히 사회적 경제의 특성을 살펴보는 문제뿐만 아니라 사회적 기업, 협동조합, 마을기업, 자활기업 등의 특징을 파악하는 문제도 출제되고 있으므로 꼼꼼히 살펴봐야 한다.

답 ⑤

✔ 응시생들의 선택

① 10%	② 4%	③ 21%	④ 16%	⑤ 49%

⑤ 사회적 경제는 기존의 이윤의 극대화를 최고 가치로 하는 시장경제와 달리 사회적 가치를 추구하는 경제활동을 의미한다. 양극화 해소, 일자리 창출 등 공동이익과 사회적 가치의 실현을 위해 사회적 경제조직이 상호협력과 사회연대를 바탕으로 사업체를 통해 수행하는 경제활동이다.

관련기출 더 보기

22-05-23
난이도 ★★☆

다음 설명을 모두 충족하는 것은?

• 지역공동체에 기반하여 활동한다.
• 도시재생 활성화 및 지원에 관한 특별법에 근거를 두고 있다.
• 주민이 지역자원을 활용한 수익사업을 통해 지역공동체를 활성화한다.

① 사회적기업
② 마을기업
③ 자활기업
④ 협동조합
⑤ 자선단체

답 ②

✔ 응시생들의 선택

① 9%	② 70%	③ 5%	④ 13%	⑤ 3%

21-05-22
난이도 ★★☆

사회적 기업에 관한 설명으로 옳은 것을 모두 고른 것은?

ㄱ. 유급근로자를 고용하여 영업활동을 해야 사회적 기업으로 인증받을 수 있다.
ㄴ. 조직형태는 민법에 따른 조합, 상법에 따른 회사, 특별법에 따른 법인 등이 있다.
ㄷ. 보건복지부로부터 사회적 기업으로 인증을 받아야 활동할 수 있다.
ㄹ. 서비스 수혜자, 근로자 등 이해관계자가 참여하는 의사결정 구조를 갖추어야 한다.

① ㄱ, ㄴ
② ㄱ, ㄷ
③ ㄴ, ㄷ
④ ㄱ, ㄴ, ㄹ
⑤ ㄱ, ㄷ, ㄹ

답 ④

✔ 응시생들의 선택

① 11%	② 10%	③ 13%	④ 41%	⑤ 25%

ㄷ. 사회적 기업은 고용노동부장관의 인증을 받는다.

사회적 경제에 관한 설명으로 옳은 것을 모두 고른 것은?

> ㄱ. 협동조합의 발기인은 5인 이상의 조합원 자격을 가진 자가 된다.
> ㄴ. 마을기업은 회원 외에도 지역 주민의 의견을 적극 반영한다.
> ㄷ. 자활기업은 조합 또는 「부가가치세법」상의 사업자로 한다.

① ㄱ
② ㄱ, ㄴ
③ ㄱ, ㄷ
④ ㄴ, ㄷ
⑤ ㄱ, ㄴ, ㄷ

답 ⑤

✅ 응시생들의 선택

① 3%	② 56%	③ 5%	④ 9%	⑤ 27%

모두 옳은 내용이다. 현재 우리나라의 대표적인 사회적 경제 주체로는 사회적 기업, 마을기업, 협동조합, 자활기업 등을 꼽을 수 있다.

사회적 경제 영역에 관한 설명으로 옳지 않은 것은?

① 협동조합은 협동조합기본법에 따라 조합원의 권익옹호와 지역사회에 공헌하는 사업조직을 말한다.
② 마을기업은 주민이 지역자원을 활용한 수익사업을 통해 지역공동체를 활성화한다.
③ 사회적 기업은 취약계층에게 일자리를 제공하며 사회적 기업육성법에 따라 영리를 추구하지 않는다.
④ 자활기업은 저소득층이 상호 협력하여 공동사업자의 형태로 탈빈곤을 도모한다.
⑤ 사회적 경제는 사회적 목적과 민주적 운영 원리를 가진 호혜적 경제활동조직이다.

답 ③

✅ 응시생들의 선택

① 3%	② 2%	③ 79%	④ 11%	⑤ 5%

③ 사회적 기업은 "취약계층에게 사회서비스 또는 일자리를 제공하여 지역주민의 삶의 질을 높이는 등의 사회적 목적을 추구하면서 재화 및 서비스의 생산·판매 등 영업활동을 하는 기업"으로 영리를 추구한다.

사회적 경제의 주체에 관한 설명으로 옳은 것을 모두 고른 것은?

> ㄱ. 마을기업은 지역공동체 이익을 추구하고 지역자원을 활용한다.
> ㄴ. 사회적 기업은 사회적 목적을 추구하며, 영업활동을 하는 기업은 아니다.
> ㄷ. 협동조합은 조합원의 권익 향상과 지역사회 공헌을 목적으로 한다.
> ㄹ. 지역자활센터는 수급자와 차상위계층의 자활을 촉진하며, 사회복지법인만이 신청할 수 있다.

① ㄱ, ㄷ
② ㄴ, ㄷ
③ ㄴ, ㄹ
④ ㄱ, ㄴ, ㄷ
⑤ ㄱ, ㄴ, ㄷ, ㄹ

답 ①

✅ 응시생들의 선택

① 67%	② 2%	③ 1%	④ 25%	⑤ 5%

ㄴ. 「사회적기업 육성법」에서는 사회적 기업을 '취약계층에게 사회서비스 또는 일자리를 제공하여 지역주민의 삶의 질을 높이는 등의 사회적 목적을 추구하면서 재화 및 서비스의 생산·판매 등 영업활동을 하는 기업'으로 정의하고 있다.

ㄹ. 지역자활센터는 수급자와 차상위계층의 자활 촉진에 필요한 정보 제공, 상담, 직업교육 및 취업알선, 자금융자 알선 등의 각종 사업을 추진한다. 사회복지법인, 사회적 협동조합 등 비영리법인과 단체 등이 신청할 수 있다.

다음 내용이 왜 틀렸는지를 확인해보자

01 사회적 기업에 대한 인증은 **보건복지부**에서 진행된다.

> 사회적 기업에 대한 인증은 고용노동부 소관이다.

02 사회적 기업은 사회적 목적을 추구하기 때문에 **영업활동을 해서는 안 된다.**

> 사회적 기업은 사회적 목적과 함께 영리를 추구하기 때문에 영업활동을 한다.

03 사회적 협동조합은 **영리법인으로 설립**해야 한다.

> 사회적 협동조합의 법인격은 비영리법인이다.

04 협동조합의 가입과 탈퇴는 극히 **제한**된다.

> 협동조합 구성원들의 가입과 탈퇴는 자유롭게 이루어진다.

05 마을기업으로 지정받기 위해서는 **대표자만 해당 지역의 주민**이면 충분하다.

> 마을기업으로 지정받기 위해서는 최소 5인 이상의 지역주민이 포함되어야 한다.

06 자활기업의 설립을 위해서는 **구성원 모두가 기초생활보장 수급자이어야 한다.**

> 자활기업의 설립요건은 2인 이상의 수급자 또는 차상위자이다.

빈칸에 들어갈 알맞은 말을 채워보자

01 사회적기업은 (   )법에서 규정하고 있다.

02 자활기업은 (   )법을 따른다.

03 협동조합은 (   )법을 근거로 한다.

> **답** **01** 사회적기업 육성   **02** 국민기초생활보장   **03** 협동조합 기본

다음 내용이 옳은지 그른지 판단해보자

`16-05-20`
01 사회적 기업은 사회적 일자리 창출을 목적으로 한다. ◎ ⊗

`16-05-20`
02 협동조합은 조합원 자격자 5인 이상으로 설립한다. ◎ ⊗

`17-05-22`
03 협동조합은 협동조합 기본법에 따라 조합원의 권익옹호와 지역사회에 공헌하는 사업조직을 말 ◎ ⊗
한다.

04 마을기업은 모든 직원이 해당 지역의 주민이어야 한다. ◎ ⊗

`18-05-23`
05 자활기업은 조합 또는 「부가가치세법」상 1인 이상의 사업자로 설립한다. ◎ ⊗

> **답** **01** ○   **02** ○   **03** ○   **04** ×   **05** ○

> **해설** **04** 해당 지역의 주민이 일정 비율 이상이면 가능하다.

★★★
최근 10년간 **6문항** 출제

복습 1 **이론요약**

기본개념

강의로 보는 기본개념

지역사회복지론
pp.188~

공동모금회의 구성 및 운영

- 사회복지공동모금회법에 따라 설립
- 전국공동모금회와 17개 시·도지회로 구성(지회는 독립법인이 아님)
- 모금회의 법인격은 사회복지사업법에 따른 **사회복지법인**
- 정관을 작성하여 **보건복지부장관의 인가**를 받아 등기함으로써 설립
- 임원: 회장 1인, 부회장 3인, 사무총장 1인을 포함한 15인 이상 20인 이하의 이사와 감사 2인(임기는 3년, 1회 연임 가능)

모금방법

- 모금은 연중 계속되며, 사랑의 온도계와 같이 특정 기간 집중모금을 진행하기도 함
- 개인모금
- 기업모금
- 방송모금
- 지정기부: 기부자가 특정 대상 및 분야를 지정
- 복권발행: 재원 조성을 위해 보건복지부 장관의 승인을 받아 복권 발행 가능

배분

▶ 공동모금회의 배분사업

- 신청사업: 사회복지 증진을 위하여 자유주제 공모형태로 복지사업을 신청 받아 배분하는 사업
- 기획사업: 배분대상자로부터 제안 받은 내용 중 선정하여 배분하는 사업 또는 모금회가 그 주제를 정하여 배분하는 사업
- 긴급지원사업: 재난구호 및 긴급구호, 저소득층 응급지원 등 긴급히 지원해야 할 필요가 있는 경우에 배분하는 사업
- 지정기탁사업: 기부자가 기부금품의 배분 지역, 대상자, 사용용도를 지정한 경우 그 지정취지에 따라 배분
- 복권기금사업: 복권 발행을 통해 조성된 기금으로 배분하는 사업

▶ 공동모금회의 배분대상

- 배분대상
  - 사회복지사업 기타 사회복지활동을 행하는 비영리 법인·기관·단체 및 시설(개인신고시설 포함)

- 사회복지서비스를 필요로 하는 개인
- 배분제외대상
  - 동일한 사업으로 국가·지방자치단체 또는 다른 기관으로부터 지원을 받았거나 받기로 확정된 사업
  - 법령상 금지된 행위에 사용되는 비용
  - 정치·종교적 목적에 이용될 수 있는 경우
  - 수익을 주된 목적으로 하는 사업
  - 공직선거법에 위반되는 경우
  - 모금회의 제재조치에 따른 배분대상 제외기간에 배분신청한 경우
  - 모금회 배분분과실행위원회의 심의결과 배분대상 제외 필요성이 인정되는 사업 또는 비용

기출문장 CHECK

01 (22-05-22) 사회복지공동모금회는 사회복지법인이다.

02 (22-05-22) 사회복지공동모금회는 특별시·광역시·특별자치시·도·특별자치도 단위 사회복지공동모금지회를 둔다.

03 (22-05-22) 모금회가 아닌 자는 사회복지공동모금 또는 이와 유사한 명칭을 사용하지 못한다.

04 (22-05-22) 사회복지활동 등을 지원하기 위한 재원을 조성하기 위하여 복권을 발행할 수 있다.

05 (20-05-19) 사회복지공동모금회에서 회장, 부회장 및 이사의 임기는 3년으로 하며, 한 차례만 연임할 수 있다.

06 (20-05-19) 특별시·광역시·특별자치시·도·특별자치도 단위 사회복지공동모금지회를 둔다.

07 (20-05-19) 모금회의 업무를 처리하기 위하여 사무총장 1명과 필요한 직원 및 기구를 둔다.

08 (19-05-21) 사회복지공동모금회는 사회복지사업법에 의한 사회복지법인이다.

09 (17-05-21) 사회복지공동모금회의 배분사업은 신청사업, 기획사업, 긴급지원사업, 지정기탁사업으로 구분되어 있다.

10 (17-05-21) 사회복지공동모금회는 노블레스 오블리주 실천을 위한 아너 소사이어티(honor society)를 운영하고 있다.

11 (13-05-11) 사회복지공동모금회의 모금방식은 기간을 기준으로 크게 연말집중모금과 연중모금으로 분류한다.

12 (11-05-29) 사회복지공동모금회는 지역사회의 재원을 동원하고 배분하는 전문기관이다.

13 (10-05-26) 기획사업: 취약한 사회복지현장의 역량강화를 위한 지역사회복지사업으로 모금회에서 주제를 정하여 배분하는 사업

14 (07-05-24) 사회복지공동모금회는 공동모금 재원의 배분, 공동모금 재원의 운용 및 관리, 다른 기부금품 모집자와의 협력사업 등을 추진한다.

15 (05-05-17) 공동모금은 개별 민간기관이 재원을 마련함에 있어 소요되는 부담을 덜어줄 수 있다.

16 (05-05-19) 지로모금, 사랑의 계좌모금 등을 통해 집중모금을 하기도 한다.

17 (05-05-19) 특별사업형의 대표적인 모금방법 중 하나는 ARS 모금이다.

18 (05-05-19) 기업중심형은 다소 강제적이라는 부정적 측면이 있다.

19 (02-05-17) 사회복지공동모금회의 일반적 배분절차: 심사기준확정 → 서류심사 → 면접심사 → 현장방문심사 → 최종사정

20 (02-05-18) 공동모금은 제도적 틀 내에서 민간자원을 동원하고, 기부문화에 대한 의식을 증진시킨다는 의의가 있다.

22-05-22

난이도 ★★★

사회복지공동모금회법상 사회복지공동모금회에 관한 설명으로 옳지 않은 것은?

① 사회복지공동모금회는 사회복지법인이다.
② 특별시·광역시·특별자치시·도·특별자치도 단위 사회복지공동모금지회를 둔다.
③ 임원의 임기는 2년으로 하며, 한 차례만 연임할 수 있다.
④ 모금회가 아닌 자는 사회복지공동모금 또는 이와 유사한 명칭을 사용하지 못한다.
⑤ 사회복지활동 등을 지원하기 위한 재원을 조성하기 위하여 복권을 발행할 수 있다.

 알짜확인

• 공동모금의 성격 및 의의 등을 생각해보자.
• 공동모금의 방법, 배분사업, 배분대상 등에 대해 살펴두어야 한다.

답 ③

✔ **응시생들의 선택**

① 9%	② 18%	③ 49%	④ 13%	⑤ 11%

③ 임원의 임기는 3년으로 하며, 한 차례만 연임할 수 있다.

20-05-19

난이도 ★★★

사회복지공동모금회법상 사회복지공동모금회에 관한 설명으로 옳지 않은 것은?

① 회장, 부회장 및 이사의 임기는 3년으로 하며, 한 차례만 연임할 수 있다.
② 사회복지공동모금사업을 수행한다.
③ 모금회의 업무를 처리하기 위하여 사무총장 1명과 필요한 직원 및 기구를 둔다.
④ 특별시·광역시·특별자치시·도·특별자치도 단위 사회복지공동모금지회를 둔다.
⑤ 사회복지사업이나 그 밖의 사회복지활동 등을 지원하기 위한 재원을 조성하기 위하여 기획재정부장관의 승인을 받아 복권을 발행할 수 있다.

답 ⑤

✔ **응시생들의 선택**

① 36%	② 2%	③ 10%	④ 12%	⑤ 40%

⑤ 복권을 발행하기 위해서는 그 종류, 조건, 금액 및 방법 등에 관하여 미리 보건복지부장관의 승인을 받아야 한다.

사회복지공동모금회에 관한 설명으로 옳지 않은 것은?

① 기획, 홍보, 모금, 배분 업무를 수행한다.
② 사회복지사업법에 의한 사회복지법인이다.
③ 지정기부금 모금단체이다.
④ 사회복지 프로그램의 전문성 제고에 기여할 수 있다.
⑤ 지역사회의 자원을 동원하는 민간운동적인 특성이 있다.

답 ③

✅ 응시생들의 선택

① 1%	② 40%	③ 36%	④ 12%	⑤ 11%

③ 지정기부는 기부자가 특정 대상 및 분야에 대해 기부하는 것을 말하는데, 사회복지공동모금회에서는 지정기부를 진행하기도 하지만, 지정 없이 기부를 받기도 한다.

➕ 덧붙임

②번을 선택한 응시생들이 꽤 많았다. 해당 문장은 '사회복지공동모금회는 사회복지사업법에 의해 설립된다'는 의미가 아니라 '사회복지공동모금회는 사회복지법인이다'라는 의미이기 때문에 옳은 문장이다. 사회복지공동모금회법 제4조제2항에 따라, 사회복지공동모금회는 사회복지사업법에 따른 사회복지법인이다.

우리나라의 사회복지공동모금회에 관한 설명으로 옳은 것은?

① 설립 근거법은 사회복지사업기금법이다.
② 조직은 시·도별 지회형식에서 독립법인형식으로 변경되었다.
③ 모금방식은 기간을 기준으로 크게 연말집중모금과 연중모금으로 분류한다.
④ 배분사업은 신청사업과 지정기탁사업의 2가지로 구성된다.
⑤ 전체 모금액 중 개인모금액이 차지하는 비중이 법인모금액보다 크다.

답 ③

✅ 응시생들의 선택

① 48%	② 8%	③ 36%	④ 6%	⑤ 2%

① 설립 근거법은 사회복지공동모금회법이다.
② 시·도지회는 별도의 독립법인은 아니다.
④ 배분사업에는 신청사업, 기획사업, 긴급지원사업, 지정기탁사업이 있다.
⑤ 개인모금액보다 법인모금액이 차지하는 비중이 더 크다.

자원 동원 기관에 관한 설명으로 옳지 않은 것은?

① 사회복지공동모금회의 신청사업은 프로그램사업과 긴급지원사업으로 나누어 공모형태로 진행된다.
② 기업의 사회공헌센터를 통한 기여 형태는 현금, 물품, 인력 등으로 다양하다.
③ 기부식품등 제공사업은 이용자에게 기초푸드뱅크·마켓을 통해 기부물품을 제공하고 있다.
④ 자원봉사센터는 자원봉사활동기본법에 근거하여 자원봉사자를 양성·배치하는 역할을 수행한다.
⑤ 사회복지공동모금회는 노블레스 오블리주 실천을 위한 아너 소사이어티(honor society)를 운영하고 있다.

답 ①

✅ 응시생들의 선택

① 50%	② 5%	③ 5%	④ 9%	⑤ 31%

① 사회복지공동모금회의 배분사업은 신청사업, 기획사업, 긴급지원사업, 지정기탁사업 등으로 구분되어 있다.

사회복지공동모금회에 관한 설명으로 옳은 것은?

① 민간재원 뿐만 아니라 공공재원까지 동원함을 목적으로 한다.
② 지역사회의 재원을 동원하고 배분하는 전문기관이다.
③ 에너지 빈곤층을 위해 정유회사에서 유류를 기부하는 것은 모금활동으로 볼 수 없다.
④ 모금사업은 연말에만 집중모금을 통해 이루어진다.
⑤ 기업모금이 전체모금에서 차지하는 비중이 상대적으로 적다.

답 ②

✅ 응시생들의 선택

① 16%	② 79%	③ 2%	④ 1%	⑤ 2%

② 사회복지공동모금회는 민간의 재원을 효율적으로 모금하고 배분하는 기관이다. 모금은 상시적인 연중모금이나 특별한 행사를 통한 모금, 연말 집중모금 등 다양한 방법이 있다. 기업의 모금은 매우 큰 비중을 차지한다.

다음 내용이 왜 틀렸는지를 확인해보자

01 사회복지공동모금회의 설립근거가 되는 법률은 <u>사회복지사업</u>법이다.

> 사회복지공동모금회법이다.

`09-05-30`

02 각 지역에 있는 공동모금회는 <u>독립적인 법인</u>이다.

> 각 지역에 있는 공동모금회는 독립적인 법인은 아니며, 사회복지공동모금회의 지회로 운영되고 있다.

`13-05-11`

03 공동모금의 배분사업은 <u>신청사업과 지정기탁사업의 2가지</u>로 이루어진다.

> 신청사업, 기획사업, 복권사업, 지정기탁사업, 긴급지원 등이 이루어지고 있다.

04 공동모금회에서 진행하는 모든 모금사업은 연말에 진행되는 사랑의 온도계와 같이 <u>특정 기간 집중적으로 모금하는 방식</u>을 취한다.

> 연말에 진행되는 집중모금사업에 따른 모금액이 큰 비중을 차지하기는 하지만 상시적으로 연중모금을 진행하고 있다.

`02-05-18`

05 개인을 비롯한 신고시설이 아닌 경우에는 공동모금의 <u>배분을 받을 수 없다</u>.

> 사회복지사업 기타 사회복지활동을 행하는 비영리 법인·기관·단체 및 시설(개인신고시설 포함), 사회복지서비스를 필요로 하는 개인 등이 공동모금의 배분대상이 된다.

06 정치적, 종교적 목적을 가진 경우에도 공동모금의 배분을 <u>받을 수 있다</u>.

> 정치적, 종교적 목적에 이용될 수 있는 경우에는 배분을 받을 수 없다.

다음 내용이 옳은지 그른지 판단해보자

01 사회복지공동모금회는 사회복지법인이다. ◎ⓧ

20-05-19
02 사회복지공동모금회는 기획재정부장관의 승인을 받아 복권 사업을 진행할 수 있다. ◎ⓧ

03 모금액은 사회복지서비스를 필요로 하는 개인에 대해서도 배분될 수 있다. ◎ⓧ

04 모금회는 사회복지사업이나 그 밖의 사회복지활동을 지원하기 위하여 연중 기부금품을 모집·접수할 수 있다. ◎ⓧ

05 기부금품의 기부자는 배분지역, 배분대상자, 사용 용도 등을 지정할 수 없다. ◎ⓧ

06 사회복지공동모금은 공동체 의식, 상부상조 정신을 바탕으로 한다. ◎ⓧ

12-05-19
07 사회복지공동모금회는 간접 서비스기관이 아니다. ◎ⓧ

(답) **01**○ **02**× **03**○ **04**○ **05**× **06**○ **07**×

(해설) **02** 사회복지공동모금회는 보건복지부장관의 승인을 받아 복권 사업을 진행할 수 있다.
05 기부금품의 기부자는 배분지역, 배분대상자, 사용 용도 등을 지정할 수 있다.
07 사회복지공동모금회는 간접 서비스기관이다.

160 기타: 지역자활센터, 자원봉사센터

최근 10년간 **2문항** 출제

강의 QR코드

이론요약

자활사업 관련 기관

광역자활센터와 지역자활센터는 사회복지법인, 사회적협동조합 등 비영리법인과 단체 등의 신청에 따라 **보장기관이 지정함으로써 설립**된다.

기본개념

지역사회복지론
pp.194~

▶ 지역자활센터(시·군·구)의 주요 사업

- 자활의욕 고취를 위한 교육
- 자활을 위한 정보제공, 상담, 직업교육 및 취업알선
- 생업을 위한 자금융자 알선
- 자영창업 지원 및 기술·경영 지도
- 자활기업의 설립·운영 지원
- 그 밖에 자활을 위한 각종 사업

▶ 광역자활센터(시·도)의 주요 사업

- 시·도 단위의 자활기업 창업지원
- 시·도 단위의 수급자 및 차상위자에 대한 취업·창업 지원 및 알선
- 지역자활센터 종사자 및 참여자에 대한 교육훈련 및 지원
- 지역특화형 자활프로그램 개발·보급 및 사업개발 지원
- 지역자활센터 및 자활기업에 대한 기술·경영 지도
- 그 밖에 자활촉진에 필요한 사업으로서 보건복지부장관이 정하는 사업

▶ 한국자활복지개발원

- 수급자 및 차상위자의 자활촉진에 필요한 사업을 수행하기 위해 설립된 법인
- 2020년 기타공공기관으로 지정
- 임원: 원장 1명을 포함한 11명 이내의 이사와 감사 1명
- 사업
  - 자활지원사업의 개발 및 평가
  - 자활 지원을 위한 조사·연구 및 홍보
  - 광역자활센터, 지역자활센터 및 자활기업의 기술·경영 지도 및 평가

- 자활 관련 기관 간의 협력체계 구축·운영
- 자활 관련 기관 간의 정보네트워크 구축·운영
- 취업·창업을 위한 자활촉진 프로그램 개발 및 지원
- 고용지원서비스의 연계 및 사회복지서비스의 지원 대상자 관리
- 수급자 및 차상위자의 자활촉진을 위한 교육·훈련, 광역자활센터 등 자활 관련 기관의 종사자 및 참여자에 대한 교육·훈련 및 지원
- 국가 또는 지방자치단체로부터 위탁받은 자활 관련 사업
- 그 밖에 자활촉진에 필요한 사업으로서 보건복지부장관이 정하는 사업

▶ 자활기관협의체
시·군·구청장은 자활지원사업의 효율적인 추진을 위해 지역자활센터, 직업안정기관, 사회복지시설의 장 등과 상시적인 협의체계인 자활기관협의체를 구축해야 한다.

자원봉사 관련 기관

▶ 자원봉사센터
- 국가기관 및 지방자치단체는 자원봉사센터를 법인으로 운영하거나 비영리법인에 위탁 방식으로 운영해야 하며, 필요에 따라 직접 운영할 수 있음
- 주요 기능: 자원봉사 수급 조정, 활동 내용 기록 및 등록, 자원봉사활동의 지원, 자원봉사자 교육, 홍보, 네트워크 구축, 조사·연구 및 프로그램 개발

▶ 한국자원봉사협의회
- 정관을 작성하여 **행정안전부장관의 인가**를 받아 등기함으로써 설립
- 전국 단위의 자원봉사활동을 진흥 및 촉진하기 위해 회원단체 간 협력 및 사업지원, 대국민 홍보 및 국제교류, 정책 개발 및 조사·연구, 정책 건의, 정보의 연계 및 지원 등의 사업을 추진

기출문장 CHECK

01 (21-05-20) 중앙자원봉사센터는 자원봉사센터의 정책을 개발하고 연구한다.

02 (12-05-08) 자활사업 활성화를 위해 민·관협력체계인 자활기관협의체가 운영되고 있다.

03 (10-05-23) 지역자활센터는 빈곤층의 기초생활을 보장하면서 종합적 자립자활서비스를 제공하여 삶을 개선하는 데 목적이 있다.

04 (10-05-27) 자원봉사센터는 자원봉사활동 개발·장려·연계·협력 등의 사업을 수행하기 위하여 설치된 기관이다.

05 (10-05-27) 자원봉사센터는 자원봉사활동을 효율적으로 추진하기 위하여 필요하다고 인정할 때에는 국가기관 및 지방자치단체가 운영할 수 있다.

06 (10-05-27) 시·군·구 자원봉사센터는 자원봉사 수요기관 및 단체에 자원봉사자 배치 사업을 한다.

07 (06-05-28) 자원봉사활동의 특성 중 이타성은 자원봉사자의 자기실현 뿐만 아니라 어려움에 처한 이웃에게 인간의 존엄성을 유지할 수 있게 하며, 나아가 사회 전체의 삶의 질을 향상시킴을 의미한다.

08 (06-05-28) 자원봉사활동은 무보수성, 자발성, 공익성에 의해서 수행될 수 있어야 한다.

대표기출 확인하기

21-05-20 난이도 ★★★

자원봉사활동 추진체계의 역할로 옳지 않은 것은?

① 보건복지부: 자원봉사활동의 진흥을 위한 국가기본계획 수립
② 지방자치단체: 자원봉사센터 운영을 위한 예산 지원
③ 중앙자원봉사센터: 자원봉사센터 정책 개발 및 연구
④ 시 · 도 자원봉사센터: 자원봉사 프로그램 개발 및 보급
⑤ 시 · 군 · 구 자원봉사센터: 지역 자원봉사 거점역할 수행

 알짜확인

• 자활사업과 관련하여 지역자활센터, 한국자활복지개발원 등의 추진체계를 파악해두자.
• 자원봉사센터의 기능을 비롯해 자원봉사활동의 특징을 살펴보자.

답 ①

✅ **응시생들의 선택**

① 37%	② 10%	③ 20%	④ 22%	⑤ 11%

① 자원봉사활동의 진흥을 위한 국가 기본계획을 수립하는 것은 행정안전부이다. 행정안전부장관은 관계 중앙행정기관의 장과 협의하여 자원봉사활동의 진흥을 위한 국가기본계획을 5년마다 수립하여야 한다.

관련기출 더 보기

16-05-18 난이도 ★☆☆

지역사회 복지기관에 관한 설명으로 옳지 않은 것은?

① 지역자활센터에서는 조건부수급자만을 대상으로 자활의욕 고취를 위한 사업을 추진한다.
② 사회복지관은 경제적 지원, 일상생활 지원 등의 지역사회 보호 사업을 수행한다.
③ 자원봉사센터는 자원봉사를 필요로 하는 기관과 단체에 자원봉사자를 공급한다.
④ 자활기업은 저소득층의 탈빈곤을 위한 자활사업을 운영한다.
⑤ 사회복지공동모금회는 취약한 사회복지현장의 역량강화를 위해 주제를 정하여 사업을 배분하기도 한다.

답 ①

✅ **응시생들의 선택**

① 85%	② 4%	③ 1%	④ 4%	⑤ 6%

① 지역자활센터는 기초수급자 및 차상위계층을 포함한 근로능력 있는 지역 내 저소득층 주민에게 체계적인 자활지원서비스를 제공하기 위한 기관이다.

12-05-17 난이도 ★☆☆

자원봉사센터의 목적이 아닌 것은?

① 다양한 자원봉사자들의 참여를 촉진하고 개발 · 육성한다.
② 자원봉사를 필요로 하는 기관과 단체들에게 자원봉사자를 공급한다.
③ 지역사회 자원의 조직화와 소통 · 조정 · 연계를 한다.
④ 자원봉사에 대한 인식을 증진시키고 자원봉사자의 위상을 제고시킨다.
⑤ 자원봉사 활동에 드는 비용을 모금한다.

답 ⑤

✅ **응시생들의 선택**

① 0%	② 0%	③ 9%	④ 5%	⑤ 86%

⑤ 자원봉사센터는 자원봉사활동에 드는 비용을 모금하지는 않는다.

다음 내용이 왜 틀렸는지를 확인해보자

01 한국자활복지개발원은 지역자활센터, 직업안정기관, 사회복지시설의 장 등과 상시적인 협의를 위해 시·군·구에 마련된 협의체이다.

> 자활기관협의체에 관한 설명이다.

02 `15-05-20`
지역자활센터는 수급자와 차상위계층의 자활을 촉진하기 위해 **사회복지법인으로서 설립**된다.

> 사회복지법인뿐만 아니라 사회적협동조합 등 비영리법인과 단체도 가능하다.

03 `16-05-18`
지역자활센터에서는 **조건부수급자만을 대상으로** 자활의욕 고취를 위한 사업을 추진한다.

> 지역자활센터는 기초수급자 및 차상위계층을 포함한 근로능력 있는 지역 내 저소득층 주민에게 체계적인 자활지원서비스를 제공하기 위한 기관이다.

04 **지역자활센터**는 시·도 단위에서 자활기업의 창업을 지원한다.

> 시·도 단위에 설치되는 광역자활센터의 역할이다.

05 `10-05-27`
한국자원봉사협의회는 **보건복지부장관**의 인가를 받아 설립한다.

> 한국자원봉사협의회는 정관을 작성하여 행정안전부장관의 인가를 받아 등기함으로써 설립된다.

06 지방자치단체에 설치되는 자원봉사센터는 **비영리법인에 위탁하여 운영하여야** 한다.

> 국가기관 및 지방자치단체는 자원봉사활동을 효율적으로 추진하기 위해 필요하다고 인정할 경우에는 자원봉사센터를 운영할 수 있다.

13장

장

지역사회복지운동

이 장에서는

지역사회복지운동의 개념과 그 필요성, 주민참여의 개념 및 단계 등에 대해 살펴본다.

10년간 출제분포도

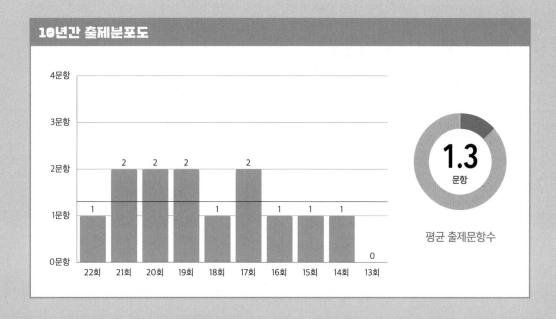

평균 출제문항수

161 주민참여 8단계

강의 QR코드

1 회독	2 회독	3 회독
월 일	월 일	월 일

★★★ 최근 10년간 **7문항** 출제

복습 **1** 이론요약

주민참여의 개념

지역주민들이 공식적인 정부의 의사결정 과정에 관여하여 주민들의 욕구를 정책이나 계획에 반영되도록 하는 적극적인 노력을 말한다.

기본개념

지역사회복지론
pp.212~

주민참여 8단계(아른스테인)

	단계	내용	
8	주민통제 (citizen control)	주민 스스로 입안하고, 결정에서 집행 그리고 평가단계에까지 주민이 통제하는 단계	주민권력 (degree of citizen power)
7	권한위임 (delegated power)	주민들이 특정한 계획에 관해서 우월한 결정권을 행사하고 집행단계에 있어서도 강력한 권한을 행사함	
6	협동관계 (partnership)	행정기관이 최종결정권을 가지고 있지만 주민들이 필요한 경우 그들의 주장을 협상으로 유도할 수 있음	
5	회유 (placation)	각종 위원회 등을 통해 주민의 참여범위가 확대되지만 최종적인 판단은 행정기관이 한다는 점에서 제한적임	형식적 참여 (degree of tokenism)
4	상담 (consultation)	공청회나 집회 등의 방법으로 행정에 참여하기를 유도하고 있으나 형식적인 단계에 그침	
3	정보제공 (informing)	행정이 주민에게 일방적으로 정보를 제공하며 환류는 잘 일어나지 않음	
2	치료 (therapy)	주민의 욕구불만을 일정한 사업에 분출시켜서 치료하는 단계로서 행정의 일방적인 지도에 그침	비참여 (non- participation)
1	조작 (manipulation)	행정과 주민이 서로 간의 관계를 확인한다는 것에서 의의를 찾을 수 있으며, 공무원이 일방적으로 교육, 설득시키고 주민은 단순히 참석하는 수준	

01 (21-05-23) '의사결정권 행사 – 계획단계에 참여 – 조직대상자 – 단순 정보 수혜자'의 순서는 지역주민 참여수준이 높은 것에서 낮은 것의 순이다.

02 (19-05-24) 회유 단계의 예: A시(市)는 도시재생사업과 관련하여 주민들과 갈등을 겪고 있다. B씨는 A시의 추천으로 도시재생 사업 추진위원회에 주민대표로 참여하였다. 하지만 회의는 B씨의 기대와는 달리 A시가 의도한 방향대로 최종 결정되었다.

03 (17-05-16) 조작: 행정기관과 주민이 서로 간의 관계 확인, 행정기관이 일방적으로 주민들을 교육, 설득시키고 주민은 단순히 참여하는 수준, 주민참여에서 권력분배정도가 가장 낮은 수준

04 (16-05-23) 권한위임: 주민들이 특정계획에 관해서 우월한 결정권을 행사하고 집행단계에서도 강력한 권한을 행사하는 단계

05 (14-05-17) 주민회유(placation): 각종 위원회 등을 통해 주민의 참여 범위는 확대되지만 최종적인 판단은 행정기관이 수행하는 단계

06 (12-05-23) 정보제공, 상담, 회유는 형식적 참여에 해당한다.

07 (04-05-11) 협동관계: 권력관계의 변화와 권력의 재분배가 가능한 주민참여 단계

08 (03-05-28) 주민참여를 통해 지역의 공동체성이 강화되고, 지역주민의 욕구가 반영될 수 있다.

09 (03-05-28) 주민참여를 위한 행정비용이 추가적으로 발생할 수 있으며, 시간이 지연되는 문제가 발생할 수 있다.

10 (02-05-29) 주민참여를 통해 주민들이 주체가 되어 지역사회의 문제를 발견하고 해결해나갈 수 있다.

대표기출 확인하기

난이도 ★★☆

아른스테인(S. Arnstein)이 분류한 주민참여 단계에 해당하지 않는 것은?

① 협동관계
② 정보제공
③ 주민회유
④ 주민동원
⑤ 권한위임

 알짜확인

• 아른스테인이 제시한 주민참여 8단계를 순서대로 암기해두어야 한다. 또한 8단계는 크게 주민권력, 형식적 참여, 비참여 등 3가지로 구분되는데 이를 같이 살펴두도록 하자.

답 ④

✅ **응시생들의 선택**

① 11%	② 11%	③ 15%	④ 49%	⑤ 14%

아른스테인의 주민참여 8단계는 조작, 치료, 정보제공, 상담, 회유, 협동관계, 권한위임, 주민통제 등 총 8단계이다.

관련기출 더 보기

난이도 ★★☆

지역사회복지실천에서 지역주민 참여수준이 높은 것에서부터 낮은 것의 순서로 옳게 나열한 것은?

> ㄱ. 계획단계에 참여
> ㄴ. 조직대상자
> ㄷ. 단순 정보 수혜자
> ㄹ. 의사결정권 행사

① ㄴ - ㄷ - ㄹ - ㄱ
② ㄷ - ㄱ - ㄴ - ㄹ
③ ㄷ - ㄴ - ㄱ - ㄹ
④ ㄹ - ㄱ - ㄴ - ㄷ
⑤ ㄹ - ㄴ - ㄱ - ㄷ

답 ④

✅ **응시생들의 선택**

① 5%	② 6%	③ 14%	④ 57%	⑤ 18%

아른스테인의 주민참여 8단계에 따라 참여수준이 높은 것에서부터 낮은 것의 순서로 살펴보면, ㄹ. 의사결정권 행사(권한위임-주민권력) - ㄱ. 계획단계에 참여(회유-형식적 참여) - ㄴ. 조직대상자(상담-형식적 참여) - ㄷ. 단순 정보 수혜자(정보제공-형식적 참여)의 순이다.

20-05-24 | 난이도 ★☆☆

주민참여와 관련이 없는 것은?

① 지방자치제도의 발달
② 마을만들기 사업(운동)
③ 지역사회복지 정책결정과정
④ 공무원 중심의 복지정책 결정권한 강화
⑤ 아른스테인(S. Arnstein)의 주장

답 ④

☑ 응시생들의 선택

① 3%	② 1%	③ 2%	④ 92%	⑤ 2%

④ 주민참여는 공공정책을 결정하는 과정에 주민들의 욕구가 반영되도록 하기 위한 적극적인 노력이다.

19-05-24 | 난이도 ★★☆

다음 사례에서 설명하는 아른스테인(S. Arnstein)의 주민참여 수준은?

> A시(市)는 도시재생사업과 관련하여 주민들과 갈등을 겪고 있다. B씨는 A시의 추천으로 도시재생사업 추진위원회에 주민대표로 참여하였다. 하지만 회의는 B씨의 기대와는 달리 A시가 의도한 방향대로 최종 결정되었다.

① 조작   ② 회유
③ 주민통제   ④ 권한위임
⑤ 정보제공

답 ②

☑ 응시생들의 선택

① 16%	② 47%	③ 19%	④ 10%	⑤ 8%

② 아른스테인의 주민참여 8단계 중 회유 단계는 각종 위원회 등을 통해 주민의 참여 범위가 확대되지만 최종적인 판단은 행정기관이 한다는 점에서 주민참여는 제한적이다.

17-05-16 | 난이도 ★★★

다음 설명은 아른스테인(S. Arnstein)이 분류한 주민참여단계 중 어디에 해당되는가?

> • 행정기관과 주민이 서로 간의 관계 확인
> • 행정기관이 일방적으로 주민들을 교육, 설득시키고 주민은 단순히 참여하는 수준
> • 주민참여에서 권력분배정도가 가장 낮은 수준

① 주민회유(placation)
② 협동관계(partnership)
③ 정보제공(informing)
④ 권한위임(delegated power)
⑤ 조작(manipulation)

답 ⑤

☑ 응시생들의 선택

① 25%	② 6%	③ 29%	④ 4%	⑤ 36%

⑤ 아른스테인이 제시한 주민참여단계 중 권력분배정도가 가장 낮은 단계는 1단계인 조작단계이다.

12-05-23 | 난이도 ★★★

지역사회복지운동에서 아른스테인(Arnstein)의 주민참여 단계 중 형식적 참여에 속하는 것은?

① 대책치료(therapy)
② 여론조작(manipulation)
③ 주민회유(placation)
④ 주민통제(citizen control)
⑤ 권한위임(delegated power)

답 ③

☑ 응시생들의 선택

① 5%	② 19%	③ 28%	④ 14%	⑤ 34%

• 주민통제, 권한위임, 협동관계 ⇒ 주민권력
• 회유, 상담, 정보제공 ⇒ 형식적 참여
• 치료, 조작 ⇒ 비참여 상태

다음 내용이 왜 틀렸는지를 확인해보자

01 주민참여 8단계에서 가장 **주민의 권한이 가장 큰 단계는 권한위임** 단계이다.

> 주민의 권한이 가장 큰 단계는 주민통제 단계이다.

04-05-11

02 주민참여 단계 중 협동관계에서는 기존의 권력관계의 변화와 권력의 재분배가 **불가능하다.**

> 협동관계에서는 주민들이 권한을 갖게 됨에 따라 기존의 권력관계의 변화와 권력의 재분배가 가능하다.

03 주민참여 단계 중 형식적 참여의 범주에 속하는 **치료 단계,** 상담 단계, 회유 단계에서는 미약하게나마 주민의 영향력이 나타난다.

> 치료 단계는 비참여 상태에 해당한다. 주민들의 형식적인 참여만 이루어질 뿐 실질적인 권한이나 영향력은 없다.

14-05-17

04 아른스테인의 주민참여 수준 8단계 중 각종 위원회 등을 통해 주민의 참여 범위는 확대되지만 최종적인 판단은 행정기관이 수행하는 단계는 **정보제공 단계**이다.

> 주민회유 단계에 해당한다.
> 정보제공 단계는 행정기관이 주민에게 관련 정보만 제공할 뿐 실질적인 환류가 일어나지는 않는다.

03-05-28

05 주민참여는 정책 결정에 소요되는 **행정비용 및 시간을 절약할 수 있다는** 긍정적 효과가 있다.

> 주민참여를 위해서는 정책에 대한 정보제공, 주민투표, 공청회 등을 진행하기 위한 별도의 행정 비용과 시간이 필요하기 때문에 비용과 시간을 절약하기는 어렵다.

빈칸에 들어갈 알맞은 말을 채워보자

14-05-17

01 (　　　　　　) 단계: 각종 위원회 등을 통해 주민의 참여 범위는 확대되지만 최종적인 판단은 행정기관이 수행하는 단계이다.

02 (　　　　　　) 단계: 최종결정권이 행정기관에 있기는 하지만 주민들의 주장에 따라 협상할 수 있는 단계로, 권력의 재분배가 가능하다.

16-05-23

03 (　　　　　　) 단계: 주민들이 특정계획에 관해서 우월한 결정권을 행사하고 집행단계에서도 강력한 권한을 행사한다.

04 (　　　　　　) 단계: 주민은 단순히 참석하는 수준에 그칠 뿐이며, 행정기관과 주민이 서로 간의 관계를 확인한다는 의의가 있을 뿐이다.

05 (　　　　　　) 단계: 공청회나 집회 등에 따라 주민들이 행정에 참여할 수 있도록 유도하는 방식으로 형식적 수준의 단계이다.

06 협동관계, 권한위임, (　　　　　　) 등의 단계는 주민권력 상태에 해당한다.

12-05-23

07 주민회유 단계는 비참여, 형식적 참여, 주민권력 중 (　　　　　　) 상태에 속한다.

 답 **01** 주민회유　**02** 협동관계　**03** 권한위임　**04** 조작　**05** 상담　**06** 주민통제　**07** 형식적 참여

다음 내용이 옳은지 그른지 판단해보자

01 정보제공 단계는 주민참여에서 권력분배정도가 가장 낮은 수준이다. ◎ ✕

02 조작 단계는 주민들이 의견을 모아 행정에 전달할 수 있는 실질적인 체계가 마련된다. ◎ ✕

03 비참여 상태는 참여의 형식만 흉내낼 뿐 실질적인 주민들의 의사결정 권한은 없는 상태이다. ◎ ✕

`16-05-23`
04 협동관계는 주민들이 특정계획에 관해서 우월한 결정권을 행사하고 집행단계에서도 강력한 권한을 ◎ ✕
행사하는 단계이다.

`12-05-23`
05 정보제공, 상담, 회유는 형식적 참여에 해당한다. ◎ ✕

06 주민통제 단계는 주민들의 참여가 이루어지기는 하지만 영향력은 미약하다. ◎ ✕

 답 **01**✕ **02**✕ **03**○ **04**✕ **05**○ **06**✕

해설 **01** 권력분배정도가 가장 낮은 단계는 조작 단계이다.
02 조작 단계는 비참여 상태에 해당한다. 비참여 상태는 참여의 형식만 미약하게 나타날 뿐 실질적으로는 주민참여가 이루어진다고 보기 어려운 상태이다.
04 협동관계가 아닌 권한위임 단계에 해당하는 설명이다.
06 주민통제 단계는 주민참여 8단계 중 마지막 단계로 주민권력이 가장 높은 단계이다.

162 지역사회복지운동

강의 QR코드

최근 10년간 **6문항** 출제

★ 복습 1 이론요약

기본개념

지역사회복지론
pp.217~

지역사회복지운동의 개념

- 지역사회의 내적 정체성을 실현·고양시키고 지역사회의 변화를 추구하기 위해 전개되는 조직적인 운동
- 목표: 지역사회 역량강화, 지역공동체 형성, 사회연대의식 고취 등을 통해 지역사회 문제를 해결
- 주체: **지역주민 (사회복지 전문가, 지역사회 활동가, 사회복지 실무자, 클라이언트 등을 모두 포함)**
- 필요성: 사회복지정책 결정에 영향을 미침, 지역사회조직의 활성화, 주민의 권리의식 제고

의의 및 특징

- **지역주민의 주체성과 역량을 강화하고, 지역사회의 변화를 주도**
- 주민참여의 활성화에 의해 **복지권리의식과 시민의식을 배양하는 사회권 확립 운동**
- 지역사회복지의 확산과 발전을 위한 **생활운동**
- 지역사회의 **다양한 자원 활용 및 관련 조직 간의 유기적인 협력**이 이루어지는 동원운동
- 주민들의 주체적인 참여와 행동을 통하여 지역사회의 변화목표와 사회복지를 달성하기 위해 **의도적으로 추진하는 사회운동**
- 시민운동과 마찬가지로 **시민사회의 성장**을 추구하며, **사회변화, 사회정의**에 관심을 둠
- **노동운동, 민중운동 등과 같이 제한적인 계층이 아닌 지역주민 전체를 기반으로 함**

유형

- 목적지향적이고 의도적인 사회행동으로서의 주민운동
- 문제 또는 이슈 중심의 지역사회복지운동

활동 내용

- 서비스 제공: **직접 서비스 제공**, 사회복지 관련 이벤트성 사업, **사회복지 및 의식 제고를 위한 교육**, 지역운동단체 간 네트워크 형성

- 옹호 활동: 특정 사회문제와 관련된 단체 간 연대활동
- 주민조직화
- 지역사회에 대한 조사·연구, 정책개발 등

기출문장
CHECK

01 (21-05-24) 지역사회복지운동은 목적지향적인 조직적 활동이다.

02 (20-05-23) 지역사회복지운동의 주된 관심사는 주민 삶의 질과 관련된 생활영역에 있다.

03 (20-05-23) 지역사회복지운동에서는 지역사회의 다양한 자원 활용 및 조직 간 유기적 협력이 이루어진다.

04 (20-05-23) 지역사회복지운동에는 다양한 이념이 사용될 수 있다.

05 (20-05-23) 지역사회복지운동의 주체는 사회복지전문가, 지역활동가, 지역사회복지이용자 등 다양하다.

06 (19-05-23) 지역사회복지운동은 복지권리·시민의식을 배양하는 사회권 확립운동이다.

07 (18-05-25) 지역사회복지운동의 의의: 복지권리의식과 시민의식을 배양하는 복지권 확립, 지역사회의 다양한 자원활용 및 관련조직 간의 협력을 통한 지역자원동원, 지역사회의 정체성 확인과 역량강화를 통해 지역사회변화를 주도, 사회복지가 추구하는 사회적 가치로서 사회정의 실현

08 (17-05-09) 지역주민, 지역사회활동가, 사회복지전문가 등이 지역사회복지운동의 주체가 될 수 있다.

09 (17-05-09) 지역사회복지운동은 지역주민의 삶의 질과 관련된 생활영역을 포함한다.

10 (15-05-11) 지역사회의 변화를 주도하는 조직운동, 지역사회복지의 확산과 발전을 위한 생활운동, 복지권리의식과 시민의식을 배양하는 사회권 확립 운동, 지역사회 관련 조직 간의 유기적인 협력이 이루어지는 연대운동 등은 지역사회복지운동에 해당한다.

11 (09-05-18) 지역사회복지운동은 조직화 기술을 활용한다.

12 (03-05-25) 지역사회복지운동은 지역사회의 변화를 추구하는 조직적인 운동이다.

13 (02-05-26) 지역사회복지운동의 활성화를 위해서 지역사회 복지단체의 네트워크, 운동주체 조직화, 시민사회단체와의 연대 등이 필요하다.

14 (02-05-27) 지역사회복지운동은 주민참여의 활성화, 주민 복지권 증진, 지역사회복지자원의 확충 등을 목표로 한다.

대표기출 확인하기

21-05-24 난이도 ★★★

지역사회복지운동에 관한 설명으로 옳은 것은?

① 사회복지 전문가 중심의 활동으로 이루어진다.
② 목적지향적인 조직적 활동이다.
③ 운동의 초점은 정치권력의 장악이다.
④ 지역사회의 구조적 문제는 배제된다.
⑤ 지역사회복지운동단체는 서비스제공 활동을 하지 않는다.

알짜확인

- 지역사회복지운동의 목표, 주체, 성격 등을 파악해두어야 한다.
- 지역의 일부 계층에 의한 활동이 아니라 전체 지역주민이 주체가 된 활동이라는 점은 중요하다.

답 ②

응시생들의 선택

① 6%	② 88%	③ 1%	④ 2%	⑤ 3%

① 지역주민이 주체가 되지만 사회복지 전문가, 지역사회 활동가, 사회복지 실무자, 지역사회의 클라이언트 모두 주체가 될 수 있다.
③ 지역사회 문제를 해결하기 위해 지역사회의 변화 또는 지역사회의 역량강화를 통해 지역주민의 욕구충족과 사회연대의식의 고취, 지역공동체 형성을 목표로 한다.
④ 지역사회의 구조적 문제를 포함하여 지역사회 문제를 해결하기 위해 활동한다.
⑤ 지역사회복지운동단체는 직접 서비스 제공, 사회복지 이벤트 사업, 지역사회 내 다양한 지역운동단체들 간의 관계망을 형성할 수 있는 사업, 사회복지교육 등의 서비스제공 활동을 한다.

관련기출 더 보기

20-05-23 난이도 ★★★

지역사회복지운동에 관한 설명으로 옳지 않은 것은?

① 지역사회복지운동의 계층적 기반은 노동운동이나 여성운동과 같이 뚜렷하다.
② 지역사회복지운동의 주된 관심사는 주민 삶의 질과 관련된 생활영역에 있다.
③ 지역사회의 다양한 자원 활용 및 조직 간 유기적 협력이 이루어진다.
④ 지역사회복지운동에는 다양한 이념이 사용될 수 있다.
⑤ 지역사회복지운동의 주체는 사회복지전문가, 지역활동가, 지역사회복지이용자 등 다양하다.

답 ①

응시생들의 선택

① 85%	② 4%	③ 4%	④ 3%	⑤ 4%

① 지역사회복지운동은 지역주민 전체를 기반으로 하기 때문에 대상자가 포괄적이다. 노동운동, 여성운동 같이 일부를 계층적 기반으로 하지 않는다.

19-05-23 난이도 ★★★

지역사회복지운동에 관한 설명으로 옳은 것은?

① 계획되지 않은 조직적 활동이다.
② 사회복지 전문가 중심의 활동이다.
③ 개인의 성장과 변화에 우선적인 초점을 둔다.
④ 노동자, 장애인 등 일부 주민을 대상으로 한다.
⑤ 복지권리·시민의식을 배양하는 사회권 확립운동이다.

답 ⑤

응시생들의 선택

① 2%	② 2%	③ 4%	④ 2%	⑤ 90%

① 지역주민의 삶의 질 향상을 목적으로 하는 의식적이며 조직적인 활동이다.
② 지역사회복지운동은 전문가 중심의 활동이라고 말할 수는 없다.
③ 개인이 아닌 지역사회복지의 확산과 발전에 초점을 둔다.
④ 지역사회복지운동은 일부 계층, 특정 집단을 대상으로 하는 것이 아니라 지역주민 전체를 포괄한다.

난이도 ★☆☆

지역사회복지운동이 갖는 의의에 관한 설명으로 옳은 것을 모두 고른 것은?

> ㄱ. 복지권리의식과 시민의식을 배양하는 복지권 확립
> ㄴ. 지역사회의 다양한 자원활용 및 관련조직 간의 협력을 통한 지역자원동원
> ㄷ. 지역사회의 정체성 확인과 역량강화를 통해 지역사회변화를 주도
> ㄹ. 사회복지가 추구하는 사회적 가치로서 사회정의 실현

① ㄱ
② ㄱ, ㄹ
③ ㄴ, ㄷ
④ ㄱ, ㄴ, ㄷ
⑤ ㄱ, ㄴ, ㄷ, ㄹ

답 ⑤

응시생들의 선택

① 1%	② 2%	③ 5%	④ 14%	⑤ 78%

⑤ 지역사회복지운동이 갖는 의의로 모두 옳은 내용이다.

난이도 ★★☆

지역사회복지운동에 관한 설명으로 옳지 않은 것은?

① 지역사회복지서비스 제공기관의 주도성을 강화하기 위해 필요하다.
② 지역주민, 지역사회활동가, 사회복지전문가 등이 운동의 주체가 될 수 있다.
③ 지역사회문제를 해결하기 위한 목적지향성을 가진다.
④ 국민기초생활보장법 시행 이후 자활후견기관(지역자활센터)이 설치·운영되어 자활운동이 공적 전달체계에 편입되었다.
⑤ 지역주민의 삶의 질과 관련된 생활영역을 포함한다.

답 ①

응시생들의 선택

① 50%	② 1%	③ 5%	④ 43%	⑤ 1%

① 지역사회복지운동은 주민들의 권리의식을 제고하여 주민들이 주체적으로 참여하여 지역사회의 문제를 해결해나가고 변화시켜나갈 수 있도록 하는 것이지, 서비스 제공기관의 주도성을 강화할 목적으로 이루어지는 것은 아니다.

난이도 ★☆☆

지역사회복지운동에 해당하지 않는 것은?

① 지역사회의 변화를 주도하는 조직운동
② 노동자 계층의 소득수준을 높이는 민중운동
③ 지역사회복지의 확산과 발전을 위한 생활운동
④ 복지권리의식과 시민의식을 배양하는 사회권 확립 운동
⑤ 지역사회 관련 조직 간의 유기적인 협력이 이루어지는 연대운동

답 ②

응시생들의 선택

① 2%	② 70%	③ 9%	④ 10%	⑤ 9%

② 지역사회복지운동은 특정계층이 아닌 모든 지역사회주민과 지역사회를 위해 진행되는 활동을 의미한다.

난이도 ★☆☆

우리나라 지역사회복지운동에 관한 설명으로 옳지 않은 것은?

① 1990년대 이후 활성화되고 있다.
② 지역화폐운동은 사회복지운동이 아니다.
③ 지역사회복지서비스 이용자도 주체가 될 수 있다.
④ 마을 만들기는 지역사회복지운동의 하나이다.
⑤ 생활운동의 의미를 지니고 있다.

답 ②

응시생들의 선택

① 2%	② 81%	③ 6%	④ 4%	⑤ 7%

② 지역사회복지운동의 예에는 지역화폐운동, 마을 만들기, 주민조례운동 등이 있다.

다음 내용이 왜 틀렸는지를 확인해보자

01 지역사회복지운동은 주민운동으로서의 성격을 갖고 있지만 **구체적인 쟁점에 따라 조직되지는 않는다.**

> 지역사회복지운동은 특정 사회문제나 이슈를 중심으로 시민운동 차원에서 조직될 수 있다.

02 지역사회복지운동 단체는 주민조직화, 옹호 활동 등을 진행하며, **각종 서비스나 교육 프로그램을 제공하지는 않는다.**

> 주민들에게 각종 서비스를 제공하기도 하며, 의식 제고를 위한 교육 프로그램을 제공하기도 한다.

`03-05-25`

03 지역사회복지운동은 **지역복지관의 난립과 경쟁**을 가져올 수 있다.

> 지역사회복지운동은 다양한 기관 간 협력을 기반으로 한다는 점에서 지역복지관의 난립과 경쟁을 가져온다는 것은 적절치 않다.

04 지역사회복지운동은 지역사회복지에 주민참여를 이끌어내기 위한 친목적 의미의 활동으로 **문제해결이라는 목적을 위한 활동은** 아니다.

> 지역사회복지운동은 지역사회의 문제해결 및 역량강화라는 목적을 가지고 지역사회의 변화를 꾀하기 위해 전개되는 조직적이고 의도적인 활동이다.

`15-05-11`

05 지역사회복지운동은 노동자 계층의 소득수준을 높이기 위한 민중운동과 같이 **특정 계층을 기반**으로 한다.

> 지역사회복지운동은 특정 계층을 기반으로 하는 것이 아니라 지역주민 전체를 포괄한다.

06 지역사회복지운동은 주민들의 욕구에 따라 **자연발생적으로 일어나는 활동**이다.

> 지역사회복지운동은 지역사회의 문제를 해결하고자 하는 목적지향적인 운동으로 지역주민이 운동의 주체가 되며 참여 주민을 확대하기 위한 의도적인 노력이 필요하다.

다음 내용이 옳은지 그른지 판단해보자

01 지역사회복지운동의 주체는 지역주민이기 때문에 사회복지사 등의 전문가는 조력자로서의 역할에 ◎ ✕
머무른다.

02 지역사회복지운동은 지역사회의 문제해결을 위한 목적지향적, 계획적, 의도적 활동이다. ◎ ✕

`15-05-11`
03 지역사회복지운동은 지역사회 관련 조직 간의 유기적인 협력이 이루어지는 연대운동이다. ◎ ✕

04 지역사회복지운동은 소외집단의 욕구에 초점을 두고 있기 때문에 전체 지역주민을 포괄하지 못한 ◎ ✕
다는 단점도 있다.

05 지역사회복지운동은 지역주민의 삶의 질 향상과 사회정의 실현을 추구하는 지역단위의 운동이다. ◎ ✕

`02-05-27`
06 지역사회복지운동은 지방정부의 통제력 강화를 목표로 한다. ◎ ✕

`15-05-11`
07 지역사회복지운동은 지역사회복지의 확산과 발전을 위한 생활운동으로서의 의미를 갖는다. ◎ ✕

`18-05-25`
08 지역사회복지운동은 사회복지가 추구하는 사회적 가치로서 사회정의의 실현을 꾀한다. ◎ ✕

답  **01** ✕ **02** ○ **03** ○ **04** ✕ **05** ○ **06** ✕ **07** ○ **08** ○

해설 **01** 지역사회복지운동의 주체는 지역주민을 포함한 전문가, 클라이언트 모두이다.
　　 04 지역사회복지운동에서 소외집단의 욕구에 관심을 두는 것은 소외집단의 문제를 지역사회의 문제 중 하나로 보고 전체 지역사회 차원에서 그 문제를 해결해야 한다고 보기 때문이다. 즉 소외집단의 문제를 전체 지역사회 차원에서 공론화하고 지역주민들의 참여와 지역사회가 가진 다양한 자원을 통해 자조적으로 해결해가는 것이 지역사회복지운동이다.
　　 06 지역사회복지운동은 지역주민과 지역사회조직의 지역사회 참여를 강화하여 지역사회 문제해결에 있어 지역주민이 주체가 될 수 있도록 하는 활동으로 지방정부의 통제력을 강화하기 위한 활동은 아니다.

나눔의집 **사회복지사1급**

강의로 복습하는
기출회독

4영역

사회복지실천기술론

사회복지교육연구센터 편저

사회복지 전문출판 나눔의집

사회복지사1급, 이보다 완벽한 기출문제 분석은 없다!

1회 시험부터 함께해온 도서출판 나눔의집에서는 22회 시험까지의 기출문제를 모두 분석, 그동안 출제된 키워드를 정리하여 키워드별로 복습할 수 있도록 『기출회독』을 마련하였다.

최근 10년간 출제빈도를 중심으로 자주 출제된 키워드는 좀 더 집중력 있게 공부할 수 있도록 '빈출' 표시를 하였으며, 자주 출제되지는 않지만 언제든 출제될 가능성이 있는 키워드도 놓치지 않고 공부할 수 있도록 하였다.

10년간 출제되지 않았더라도 향후 출제가능성이 있다고 판단되거나 다른 키워드와 연계하여 봐둘 필요가 있다고 생각되는 경우에는 본 책에 포함하여 소개하였다.

기출문제를 풀어보는 것으로 그치는 것이 아니라 기출문제를 통해 23회 합격이 가능한 학습이 될 것이다.

키워드별 '3단계 복습'으로 효율적으로 공부하자!

『기출회독』은 키워드별 3단계 복습 과정을 제시하여 1회독만으로도 3회독의 효과를 누릴 수 있도록 구성하였다.

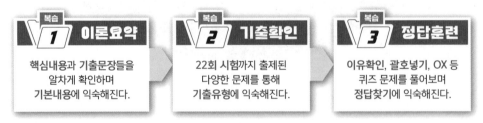

복습 1 이론요약
핵심내용과 기출문장들을 알차게 확인하며 기본내용에 익숙해진다.

복습 2 기출확인
22회 시험까지 출제된 다양한 문제를 통해 기출유형에 익숙해진다.

복습 3 정답훈련
이유확인, 괄호넣기, OX 등 퀴즈 문제를 풀어보며 정답찾기에 익숙해진다.

알림

- 이 책은 '나눔의집'에서 발간한 2025년 23회 대비 『기본개념』(2024년 4월 15일 펴냄)을 바탕으로 한다.
- 8회 이전 기출문제는 공개되지 않은 관계로 당시 응시생들의 기억을 바탕으로 검수 과정을 거쳐 기출문제를 복원하였다.
- <사회복지법제론>을 비롯해 법·제도의 변화와 관련된 기출문제의 경우 현재의 법·제도 내용이 반영될 수 있도록 수정하였다.
- 이 책에서 발생할 수 있는 오류 및 정정사항은 아임패스 내 '정오표' 게시판을 통해 확인할 수 있도록 게시할 예정이다.

기출회독 활용맵

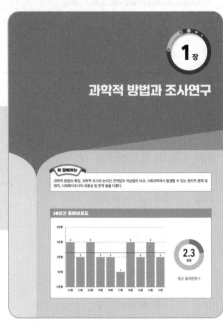

들어가기 전에

이 장에서는
각 장마다 학습할 내용을 간략히 소개하였다.

10년간 출제분포도
이 책에서 키워드에 따라 분석한 기출문제 중 10년간 출제문항수를 그래프로 구성하여 각 장의 출제비중이 얼마나 되는지, 어떻게 변화하고 있는지 등을 확인할 수 있다.

기출 키워드 확인!

이 책은 기출 키워드에 따라 학습하도록 구성하였다. 특히 자주 출제된 키워드나 앞으로도 출제 가능성이 높은 키워드는 따로 '빈출' 표시를 하여 우선 배치하였다. 빈출 키워드는 전체 출제율과 최근 10개년간의 출제율을 중심으로 하되 내용 자체의 어려움, 다른 과목과의 연계성 등을 고려하여 선정하였다.

강의 QR코드
모바일을 통해 해당 키워드의 동영상 강의를 바로 볼 수 있다.

10년간 출제문항수
각 키워드에서 최근 10년간 출제된 문항수를 안내하여 출제빈도를 확인할 수 있도록 하였다.

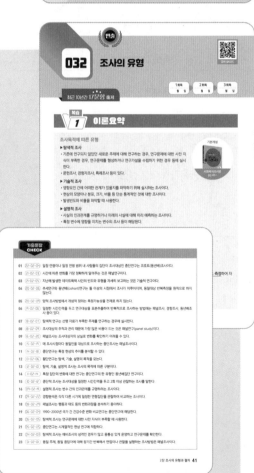

복습 1. 이론요약

요약 내용과 기출문장을 함께 담아 이론을 정답으로 연결하도록 구성하였다.

이론요약
주요 내용을 간략히 정리하였으며 부족한 내용을 보충할 수 있도록 기본개념서의 쪽수를 표시하였다.

기출문장 CHECK
그동안 출제되었던 기출문제의 문장들 중 꼭 알아두어야 할 문장들을 선별하여 제시하였다.

복습 2. 기출확인

바로 기출문제를 풀어보며 학습한 이론을 되짚어보도록 구성하였다.

기출문제 풀기
다양한 유형의 문제를 최대한 접해볼 수 있도록 선정하였다.

알짜확인!
해당 키워드에서 살펴봐야 할 내용들, 주의해야 할 사항들을 짚어
주었다.

난이도
정답률, 내용의 어려움, 출제빈도, 정답의 혼란 정도 등을 고려하여
3단계로 구분하였다.

응시생들의 선택
5개의 선택지에 대한 마킹률을 표시하여 응시생들이 어떤 선택지들
을 헷갈려했는지 등을 참고해볼 수 있도록 하였다.

복습 3. 정답훈련

출제빈도와 난이도 등을 고려하여 정답찾기에
능숙해지도록 구성하였다.

이유확인 문제
제시된 문장에서 잘못된 부분을 확인함으로써
헷갈릴 수 있는 부분들을 짚어준다.

괄호넣기 문제
의외로 정답률이 낮게 나타나는 단답형 문제에
대비할 수 있다.

OX 문제
제시된 문장이 옳은 내용인지, 틀린 내용인지를
빠르게 판단해보는 훈련이다.

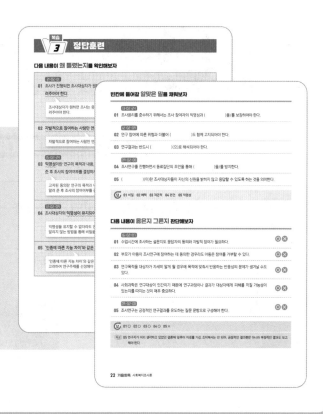

합격을 잡는 학습방법

아임패스와 함께하는 단계별 합격전략

나눔의집의 모든 교재는 강의가 함께한다. 혼자 공부하느라 머리 싸매지 말고, 아임패스를 통해 제공되는 강의와 함께 기본개념을 이해하고 암기하고 문제풀이 요령을 습득해보자. 또한 아임패스를 통해 선배 합격자들의 합격수기, 학습자료, 과목별 질문 등을 제공하고 있으니 23회 합격을 위해 충분히 활용해보자.

기본개념 학습 과정

1단계

강의로 쌓는 기본개념

어떤 유형의, 어떤 난이도의 문제가 출제되더라도 답을 찾기 위해서는 기본적인 개념이 탄탄하게 잡혀있어야 한다. 기본개념서를 통해 2급 취득 후 잊어버리고 있던 개념들을 되살리고, 몰랐던 개념들과 애매했던 개념들을 정확하게 잡아보자. 한 번 봐서는 다 알 수 없고 다 기억할 수도 없지만 이제 1단계, 즉 이제 시작이다. '이렇게 공부해서 될까?'라는 의심 말고 '시작이 반이다'라는 마음으로 자신을 다독여보자.

기본개념 완성을 위한 학습자료

기본개념 강의, 기본쌓기 문제, ○ X 퀴즈, 기출문제, 정오표, 묻고답하기, 지식창고, 보충자료 등을 아임패스를 통해 만나실 수 있습니다.

실전대비 과정

4단계

강의로 완성하는 FINAL 모의고사 (3회분)

그동안의 학습을 마무리하면서 합격에 대한 확신을 가져보자. 답안카드를 포함하고 있으므로 시험시간에 맞춰 풀어보기 바란다.

강의로 잡는 회차별 기출문제집

학습자가 자체적으로 모의고사처럼 시험시간에 맞춰 풀어볼 것을 추천한다.

기출문제 번호 보는 법

22 - 01 - 25
기출회차   영역   문제번호

'기출회차-영역-문제번호'의 순으로 기출문제의 번호 표기를 제시하여 어느 책에서든 쉽게 해당 문제를 찾아볼 수 있도록 하였다.

기출문제 풀이 과정

2단계

강의로 복습하는 기출회독

한 번을 복습하더라도 제대로 된 복습이 되어야 한다는 고민으로 만들어진 책이다. 기출 키워드 마다 다음 3단계 과정으로 학습해나간다. 기출회독의 반복훈련을 통해 내 것이 아닌 것 같던 개념들이 내 것이 되어감을 느낄 수 있을 것이다.
1. 기출분석을 통한 이론요약
2. 다양한 유형의 기출문제
3. 정답을 찾아내는 훈련 퀴즈

강의로 잡는 장별 기출문제집

기본개념서의 목차에 따라 편집하여 해당 장의 기출문제를 바로 풀어볼 수 있다.

요약정리 과정

예상문제 풀이 과정

3단계

강의로 끝내는 핵심요약집

8영역을 공부하다 보면 먼저 공부했던 영역은 잊어버리기 일쑤인데, 요약노트를 정리해 두면 어디서 어떤 내용을 공부했는지를 쉽게 찾아볼 수 있다.

강의로 풀이하는 합격예상문제집

내 것이 된 기본개념들로 문제의 답을 찾아보는 시간이다. 합격을 위한 필수문제부터 응용문제까지 다양한 문제를 수록하여 정답을 찾는 응용력을 키울 수 있다.

사회복지사1급 출제경향

22회 시험 결과

22회 필기시험의 합격률은 지난 21회 40.70%보다 10%가량 떨어진 29.98%로 나타났다. 많은 수험생들이 3교시 과목을 어려워하는데, 이번 22회 시험의 3교시는 순간적으로 답을 찾기에 곤란할 만한 문제들이 더러 포진되어 있었고 그 결과가 합격률에 고르란히 나타난 듯하다. 이번 시험에서 정답논란이 있었던 사회복지정책론 19번 문제는 최종적으로 '전항 정답' 처리되었다.

22회 기출 분석 및 23회 합격 대책

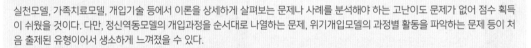

22회 기출 분석

실천모델, 가족치료모델, 개입기술 등에서 이론을 상세하게 살펴보는 문제나 사례를 분석해야 하는 고난이도 문제가 없어 점수 획득이 쉬웠을 것이다. 다만, 정신역동모델의 개입과정을 순서대로 나열하는 문제, 위기개입모델의 과정별 활동을 파악하는 문제 등이 처음 출제된 유형이어서 생소하게 느껴졌을 수 있다.

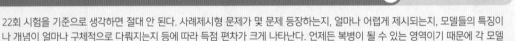

23회 합격 대책

22회 시험을 기준으로 생각하면 절대 안 된다. 사례제시형 문제가 몇 문제 등장하는지, 얼마나 어렵게 제시되는지, 모델들의 특징이나 개념이 얼마나 구체적으로 다뤄지는지 등에 따라 득점 편차가 크게 나타난다. 언제든 복병이 될 수 있는 영역이기 때문에 각 모델들의 주요 특징과 개입기술을 정확히 파악하고 사례에 적용할 수 있도록 준비해야 한다.

22회 출제 문항수 및 키워드

장	22회	키워드
1	2	사회복지사가 가져야 할 지식, 비자발적 클라이언트에 대한 공감
2	1	정신역동모델의 개입과정
3	2	심리사회모델의 특징 및 개입기법, 각 실천모델별 개입기법 종합
4	2	인지행동모델의 개입기법, 각 실천모델의 주요 특징 종합 비교
5	1	과제중심모델의 특징
6	1	위기개입모델의 과정별 활동
7	2	가족체계 관련 개념, 가족의 변화
8	0	–
9	5	다세대 가족치료의 개념과 사례, 사티어의 의사소통 유형, 전략적 가족치료의 특징, 해결중심모델의 개입목표 설정 원칙, 각 가족치료모델의 개입목표 종합 비교
10	3	집단 실천의 장점, 역기능적 집단의 특성, 토스랜드와 리바스의 집단 모델
11	4	개방형 집단과 폐쇄형 집단의 특징 비교, 집단 사정의 자료, 집단 중간단계의 개입기술, 집단 종결단계에서의 과업
12	1	기록에 포함되는 내용
13	1	단일사례설계 사례 문제

1 장

사회복지사의 전문성

이 장에서는

사회복지실천의 지식기반, 실천과정, 실천기술 등 사회복지실천론을 통해 학습했던 내용들을 다시 한번 정리한다. 기술론이라는 특성상 사례와 연결되어 출제되는 문제가 더러 있어 실천론보다 다소 난이도가 높게 느껴질 수 있다.

10년간 출제분포도

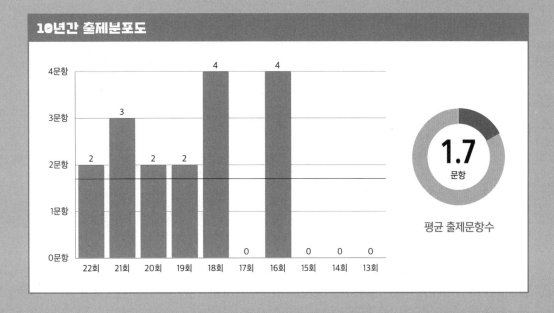

평균 출제문항수

1.7 문항

095 사회복지실천기술에 대한 이해

강의 QR코드

★ ★ ★
최근 10년간 **11문항** 출제

복습
1 **이론요약**

사회복지실천을 위한 가치

- 기본적 권리에 대한 존중
- 개인적 자유에 대한 헌신: 사회적 통제의 최소화
- 자기결정의 원리
- 사회적 책임감

기본개념

사회복지실천기술론
pp.26~

사회복지실천가로서 요구되는 역할

- 조력자: 클라이언트가 자기 스스로 문제를 해결할 수 있는 능력을 기르고 필요한 자원을 찾아낼 수 있도록 돕는 기술
- 중개자: 욕구가 있는 사람에게 적절한 서비스를 연결시켜주는 기술
- 옹호자: 클라이언트의 편에 서서 클라이언트를 대신하여 그의 입장을 직접 대변하는 기술
- 교사: 클라이언트에게 새로운 정보나 지식, 기술을 배울 수 있도록 도와주고 직접 가르치는 기술
- 행정가: 프로그램을 계획하고 수행하는 데 필요한 행동들을 실행하는 기술
- 지역사회계획가: 지역사회 집단들이 그 지역의 사회복지 욕구를 위하여 효과적으로 계획하도록 돕는 기술
- 행동가: 클라이언트의 인권을 보호하기 위한 활동에 참여하는 기술

주요 실천기술

- 경청: 단순한 듣기가 아닌, 클라이언트의 사고와 감정을 이해
- 관찰: 클라이언트의 언어적, 비언어적 표현을 살펴보면서 클라이언트의 감정과 표현의 차이를 파악
- **질문**: 클라이언트로부터 필요한 정보를 얻기 위한 기술
  - 개방형 질문: 클라이언트의 생각, 감정 등을 자유롭게 표현할 수 있도록 하는 질문
  - 폐쇄형 질문: '예', '아니요' 대답만 요구하거나, 간단한 단답형 대답만 요구할 때
  - 폭탄형, 유도형, 왜? 질문 등은 피해야 함
- **명료화**: 클라이언트가 자신의 처지에 대해 좀 더 분명하고 객관적인 인식을 갖도록 도움
- **해석**: 클라이언트의 표현과 행동 상황 등을 토대로 사회복지사가 이를 분석하여 설명함
- **초점화**: 클라이언트의 말이 두서가 없을 때 다시 본래 주제로 돌아오게 하는 기술

- 환기: 분노, 증오, 슬픔, 죄의식, 불안 등의 감정을 표출하도록 하여 감정의 강도를 약화시키거나 해소시키는 기법
- 재보증(안심): 사회복지사가 클라이언트의 능력에 대해 신뢰를 표현하며 불안을 제거하고 위안을 주는 것
- 재명명(재구성, 재정의): 문제를 다른 관점에서 보거나 다른 방법으로 이해하도록 돕는 기법
- 직면: 클라이언트의 말과 실제 행동의 불일치에 대해 주목할 수 있도록 하는 기법
- 환언: 클라이언트가 한 말을 사회복지사가 자신의 언어로 다시 표현하여 말해주는 것
- 자기노출: 사회복지사가 원조과정에서 적절하다고 생각되는 자신의 경험을 클라이언트와 함께 나눔
- 의뢰: 다른 기관의 서비스를 받을 수 있도록 연결
- 옹호: 클라이언트의 권리확보를 위해 클라이언트에게 불리한 절차, 정책 등이 수정 또는 개선될 수 있도록 대변하는 활동으로, 이때 클라이언트는 개인, 가족, 집단, 지역사회 등이 될 수 있음

사회복지실천 과정

접수 및 자료수집 → 사정 → 계획 → 개입 → 종결 및 평가
- 접수 및 자료수집: 문제확인, 적격 여부 판단 및 의뢰, 관계형성, 동기화 및 참여 유도, 초기면접지 작성
- 사정: 문제발견, 정보수집, 문제형성(문제규정)
- 계획: 목표설정, 계약
- 개입: 구체적인 변화전략 수립, 변화 창출, 점검
- 종결 및 평가

01 (22-04-10) 비자발적 클라이언트와 공감하기 위해서는 원하지 않는 면담이 클라이언트에게 힘들다는 것을 이해한다.

02 (22-04-10) 비자발적 클라이언트와 공감하기 위해서는 클라이언트의 저항을 온화한 태도로 수용한다.

03 (22-04-10) 비자발적 클라이언트와 공감하기 위해서는 클라이언트의 어려움을 사회복지사가 도울 수 있다는 것을 알려준다.

04 (21-04-11) 요약하기는 클라이언트와의 면접 중에 주제를 전환하기 위한 목적으로 사용한다.

05 (20-04-14) 의뢰로 기관을 오게 된 비자발적 클라이언트의 경우, 초기 과정에서는 원치 않는 의뢰과정에서 생긴 억눌린 감정을 표현할 수 있는 기회를 제공하는 것이 필요하다.

06 (19-04-06) "선생님이 자녀에게 어떻게 하는지를 저에게 이야기할 수 있다는 사실은 자녀들과 더 좋은 관계를 가지고 싶다는 뜻이지요." – 재명명

07 (18-04-08) 초기면접 과정에서는 면접의 목적을 잠정적으로 설정해둔다.

08 (18-04-08) 초기면접에 앞서 슈퍼바이저나 동료에게 미리 조언을 구해둔다.

09 (18-04-08) 초기면접을 진행하기에 앞서 클라이언트의 특성을 고려하여 시설환경에 대해 준비한다.

10 (18-04-08) 초기면접에서는 의뢰서에 있는 클라이언트의 문제와 관련된 전문 지식을 보완한다.

11 (18-04-09) 사회복지사는 클라이언트의 표현을 촉진하기 위해 자기노출을 실시하기도 한다.

12 (16-04-02) 사회복지 전문직은 사회적 형평성의 원리, 개인의 복지에 대한 사회와 개인 공동의 책임, 개인의 존엄성과 독특성에 대한 존중, 자기결정의 원리 등을 가치 기반으로 한다.

13 (16-04-18) 가족상담에서 환언은 클라이언트가 한 말을 사회복지사가 자신의 언어로 다시 표현하여 말해주는 것이다.

14 (10-04-06) '해석'은 클라이언트의 통찰력 향상을 위해 사회복지사의 지식과 직관력에 근거하여 설명을 하는 것이다.

15 (10-04-27) "며느리에게 심하게 하셨다는데 구체적으로 어떻게 하셨다는 말씀인가요?" – 명료화

16 (10-04-27) "시어머니가 돌아가셔서 슬프다고 하셨지만 표정은 그렇게 보이지 않습니다." – 직면

17 (10-04-30) 사례관리자가 중도장애를 가진 클라이언트가 재활의 동기를 갖도록 면담을 지속한 것은 상담가로서의 역할에 해당하며, 생활기술훈련 프로그램에 참여하도록 지지한 것은 조력가로서의 역할, 사례회의를 통해 인근 직업재활기관과 일자리지원센터의 취업 관련 서비스를 받도록 협의하는 것은 조정자로서의 역할, 장애인 일자리를 확대하기 위한 지역사회인식개선 캠페인을 기획하는 것은 옹호자로서의 역할에 해당한다.

18 (04-04-26) 사회복지사는 사회정의를 지키고 유지하려는 목적으로 개인, 집단, 지역사회의 입장에서 직접적으로 대변·보호·개입·지지하는 옹호자로서의 역할을 수행한다.

19 (03-04-21) 사회복지사는 사례관리자로서 체계와 클라이언트를 연결한다.

20 (02-04-02) 사회복지실천기술은 상황에 맞게 선택적으로 다양한 이론과 기술을 활용한다.

21 (02-04-19) 사회복지실천기술은 학습될 수 있다.

22 (02-04-19) 사회복지실천기술은 클라이언트의 변화를 위해 개입하는 능력이다.

23 (01-04-02) 거동이 불편한 노인을 병원에 가게 하기 위해 자원봉사자를 연계하는 사회복지사의 역할은 중개자로서의 역할이다.

대표기출 확인하기

클라이언트와의 면접 중에 주제를 전환하기 위한 목적으로 사용하는 실천기술은?

① 반영
② 요약
③ 해석
④ 직면
⑤ 초점화

 알짜확인

• 사회복지 실천과정에서 사용되는 주요 기술을 알아보자.
• 사회복지실천가로서 요구되는 역할들에 대해 살펴본다.
• 사회복지실천을 위한 기본적인 가치들을 정리해두자.

답 ②

✔ **응시생들의 선택**

① 9%	② 23%	③ 5%	④ 7%	⑤ 56%

② 요약은 클라이언트의 생각, 행동, 감정들을 사회복지사의 언어로 정리하는 것이다. 한 회기가 끝날 때 대화내용을 정리하거나 회기를 시작하기 전 지난 회기에서 나눴던 대화를 정리하기 위해 실시한다. 또한 면담 중 다른 주제로 넘어가기 전에 이전의 내용을 정리하기 위해 실시한다.

➕ **덧붙임**

21회 시험이 끝나고 초점화도 맞는 답이 아닌지에 대한 문의가 많았다. 그러나 초점화는 주제를 바꾸기 위해 쓰는 것이 아니라 원래 주제에서 벗어나지 않게 하려는 기술이다. 이렇듯 단답형 문제도 개념의 핵심을 제대로 알지 않으면 오히려 더 쉽게 헷갈릴 수 있다는 점에 주의하면서 학습하길 바란다.

관련기출 더 보기

다음 사례에서 사회복지사가 우선적으로 개입해야 하는 것은?

A씨는 25세로 알코올 중독진단을 받았으나 문제에 대한 본인의 의식은 부족한 상황이다. 현재 A씨는 부모와 함께 살고 있으나 몇 년 전부터 대화가 단절되어 있다. A씨가 술을 마실 때면 아버지로부터 학대도 발생하고 있는 상황이다.

① 경직된 가족경계를 재구조화한다.
② 단절된 의사소통의 문제를 해결한다.
③ 알코올 중독 문제에 관여한다.
④ 술 문제의 원인으로 보이는 부모를 대상으로 상담한다.
⑤ 부모 간 갈등으로부터 벗어나도록 자아분화를 촉진한다.

답 ③

✔ **응시생들의 선택**

① 14%	② 12%	③ 52%	④ 15%	⑤ 7%

사례에서 A씨는 '알코올 중독진단을 받았으나 문제에 대한 본인의 의식은 부족한 상황'이기 때문에 이미 진단을 받은 알코올 중독 상황에 대한 개인 차원의 개입이 우선시 되어야 하며, 이후 가족 차원의 개입 여부를 고려해볼 수 있다. ①②④⑤는 가족 차원의 개입에 해당한다.

다음 예시에서 사회복지사가 활용한 실천기술은?

> • 클라이언트: "저는 정말 나쁜 엄마예요. 저는 피곤하기도 하지만 성질이 나빠서 항상 아이들한테 소리를 지르고......"
> • 사회복지사: "선생님이 자녀에게 어떻게 하는지를 저에게 이야기할 수 있다는 사실은 자녀들과 더 좋은 관계를 가지고 싶다는 뜻이지요."

① 명료화하기　　　　② 초점화하기
③ 재명명하기　　　　④ 재보증하기
⑤ 해석하기

답 ③

✔ 응시생들의 선택

① 6%	② 2%	③ 50%	④ 13%	⑤ 29%

③ 재명명(재구성, 재정의)은 문제를 다른 관점에서 보거나 다른 방법으로 이해하도록 돕는 기법이다. 문제에서 사회복지사는 클라이언트가 스스로를 '나쁜 엄마'라고 하는 것에 대해서 '자녀들과 좋은 관계를 갖고 싶어 하는 엄마'로 재명명한 것이다.

사회복지 전문직의 가치체계를 모두 고른 것은?

> ㄱ. 사회적 형평성의 원리
> ㄴ. 개인의 복지에 대한 사회와 개인 공동의 책임
> ㄷ. 개인의 존엄성과 독특성에 대한 존중
> ㄹ. 자기결정의 원리

① ㄱ, ㄴ　　　　　② ㄷ, ㄹ
③ ㄱ, ㄷ, ㄹ　　　④ ㄴ, ㄷ, ㄹ
⑤ ㄱ, ㄴ, ㄷ, ㄹ

답 ⑤

✔ 응시생들의 선택

① 2%	② 5%	③ 23%	④ 5%	⑤ 65%

ㄱ, ㄴ, ㄷ, ㄹ 모두 사회복지실천을 위한 가치에 해당한다.

개인대상 사회복지실천기술에 관한 내용의 연결로 옳지 않은 것은?

① 재보증: 클라이언트의 불안감이나 불확실한 감정을 줄이고 편안한 감정을 가질 수 있도록 돕는 기법
② 명료화: 클라이언트가 말한 내용을 사회복지사가 잘 이해했는지 확인하는 기법
③ 환기: 클라이언트의 부정적 감정이 문제해결에 방해가 될 경우 감정의 강도를 약화시키는 기법
④ 인정: 클라이언트가 어떤 행동을 하거나 중단한 이후 이에 대해 긍정적으로 평가해주는 기법
⑤ 도전: 클라이언트가 부여하는 의미를 수정해서 클라이언트의 시각을 변화시키는 기법

답 ⑤

✔ 응시생들의 선택

① 5%	② 16%	③ 26%	④ 9%	⑤ 44%

⑤ 도전은 클라이언트의 불일치가 없어도 클라이언트가 부정하거나 받아들이기 힘들어 하는 문제에 대해 자신을 돌아봄으로써 상황에 대해 정확히 인식하고 받아들일 수 있도록 하는 방법을 말한다.

다음 사례에서 사례관리자가 수행한 역할로 옳지 않은 것은?

> 사례관리자는 중도장애를 가진 A가 재활의 동기를 갖도록 면담을 지속하면서 생활기술훈련 프로그램에 참여하도록 지지하였다. 또한 사례회의를 통해 인근 직업재활기관과 일자리지원센터의 취업 관련 서비스를 받도록 협의하고 장애인 일자리를 확대하기 위한 지역사회인식개선 캠페인을 기획하였다.

① 중재자　　　　　② 상담가
③ 조력가　　　　　④ 조정자
⑤ 옹호자

답 ①

✔ 응시생들의 선택

① 64%	② 1%	③ 11%	④ 14%	⑤ 10%

② 상담가 – 면담을 지속적으로 진행
③ 조력가 – 생활기술훈련 프로그램 참여 지지
④ 조정자 – 사례회의를 통해 취업 관련 서비스를 받도록 협의
⑤ 옹호자 – 지역사회인식개선 캠페인 기획

다음 내용이 왜 틀렸는지를 확인해보자

01 환기 기술은 클라이언트의 말과 행동이 일치되지 않을 때 클라이언트가 이를 인식하도록 돕기 위해 사용한다.

> 클라이언트의 말과 행동이 일치하지 않을 때 클라이언트가 이를 인식하도록 돕기 위한 기술은 직면 기술이다.

02 환언은 클라이언트의 이야기가 두서 없이 흐를 때 원래 주제로 되돌아올 수 있도록 사용하는 기술이다.

> 환언은 클라이언트의 이야기에 대해 사회복지사가 이해한 언어로 다시 표현해 말해주는 것이다.
> 원래 주제로 돌아올 수 있도록 사용하는 기술은 초점화이다.

03 경청 기술은 면접 과정에서 **클라이언트의 집중력이 흐려질 때 사용하는 기술**이다.

> 경청 기술은 면접 과정 중 어느 특수한 때에 이루어지는 것이 아니라 클라이언트의 이야기를 듣는 모든 순간에
> 요구되는 기본적인 기술이자 사회복지사가 갖춰야 할 자세이다.

04 사회복지실천 과정에서 사회복지사는 **계약 내용을 기반으로 표적문제 및 개입목표를 설정해야** 한다.

> 표적문제 및 개입목표가 정해진 이후에 계약을 진행하게 된다.

05 사회복지실천을 위한 기술은 행정적 차원의 기술을 **포함하지 않는다**.

> 사회복지사는 실천에 있어 행정가로서의 역할을 수행하기 때문에 사회복지실천에는 행정적 차원의 기술 역시
> 포함된다.

빈칸에 들어갈 알맞은 말을 채워보자

01 (   ) 기술은 클라이언트가 자신의 감정, 특히 억눌러왔던 부정적인 감정을 표출할 수 있도록 이끌어 감정의 강도를 약화시키기 위한 기술이다.

02 (   ) 기술은 클라이언트의 이야기를 정리하고 다음 주제로 전환하기 위해 실시한다.

03 (   ) 기술은 클라이언트의 이야기가 두서 없이 흐를 때 원래 주제로 되돌아오기 위해 사용하는 기술이다.

`10-04-06`

04 (   ) 기술은 클라이언트의 통찰력 향상을 위해 사회복지사의 지식과 직관력에 근거하여 설명하는 것이다.

`04-04-26`

05 사회복지사가 수행하는 (   )로서의 역할은 개인이나 조직 등 양자 간의 논쟁에 개입하여 합의점을 도출해내는 역할이다.

06 사회복지사가 수행하는 (   )로서의 역할은 클라이언트를 직접 대면하여 클라이언트의 문제와 관련된 지식을 제공하는 기능이 중심이 된다.

답 **01** 환기 **02** 요약 **03** 초점화 **04** 해석 **05** 중재자 **06** 교육자

다음 내용이 옳은지 그른지 판단해보자

01 옹호는 개인뿐만 아니라 가족, 집단, 지역사회 등 다양한 체계에 대해 진행될 수 있다. ◎ ⊗

02 직면 기술은 클라이언트가 문제에 대해 갖고 있는 부정적인 관점 대신 새로운 관점에서 바라볼 수 있도록 돕는 것이다. ◎ ⊗

03 사회복지실천기술은 사회복지 가치와 지식을 근거로 한다. ◎ ⊗

04 사회복지 전문직은 문제의 원인으로 작용하는 사회구조적 차원의 개선을 위한 노력에도 관심을 두어야 한다. ◎ ⊗

05 사회복지실천기술은 현장에서 활동하면서 습득하기 어렵기 때문에 보수교육이 더욱 강조된다. ◎ ⊗

06 사회복지사는 클라이언트가 가진 복합적인 문제들 중에서 어떤 문제에 우선순위를 두어야 할 것인지를 판단해야 한다. ◎ ⊗

07 사회복지사는 사회복지실천 과정에서 사회적 책임감을 가지고 임해야 한다. ◎ ⊗

08 초기 면접에서 의뢰를 진행할 때에는 충분한 설명을 바탕으로 클라이언트의 동의를 얻어야 한다. ◎ ⊗

답 01 ○ 02 × 03 ○ 04 ○ 05 × 06 ○ 07 ○ 08 ○

(해설) **02** 직면 기술은 클라이언트가 보이는 말과 행동의 불일치를 인식하도록 이끄는 방법이다. 문제를 다른 관점에서 볼 수 있도록 돕는 기술은 재명명이다.

05 실천기술은 현장에서 활동하는 과정에서 스스로 경험함으로써 습득할 수도 있고, 보수교육과 같은 별도의 교육 프로그램이 아니더라도 실천현장에서 슈퍼비전이나 멘토링을 받으면서 습득해나갈 수도 있다.

096

사회복지실천의 전문적 기반

강의 QR코드

1회독	2회독	3회독
월 일	월 일	월 일

★ ★ ★
최근 10년간 **6문항** 출제

복습
1 이론요약

과학적 기반과 예술적 기반

과학성과 예술성은 상호보완적인 관계이다.

기본개념

사회복지실천기술론
pp.20~

▶ 과학적 기반(과학성)

• 과학성에 기반을 둔 사회복지실천은 편견이나 주관성으로 인한 판단상의 오류를 줄일 수 있음

• 인간행동, 사회환경 등에 대한 지식, 사회적 조건과 문제 등에 대한 지식, 사회복지실천 지식 및 기술, 관련 정책·제도에 관한 지식 등

▶ 예술적 기반(예술성)

• 클라이언트에 대한 공감, 이해, 관계의 형성 및 유지, 양가감정 및 저항감 등 다루기, 클라이언트의 적극적인 참여 유도 등을 위한 능력

• 전문적 관계형성, 동정심, 감정이입, 진실성, 융통성, 적절한 가치 기준, 건전한 판단력, 직관적 능력, 창의적 사고 등

사회복지 실천지식의 구성수준

패러다임 > 관점(시각) > 이론 > 모델 > 실천지혜

• 패러다임: 가장 추상적인 개념적 틀로서 세계관과 현실에 대한 인식 방향을 결정하는 역할을 한다.

• 관점(시각): 패러다임보다 조금 더 구체적인 수준에서 사회복지실천에 영향을 주는 실천지식이다.

• 이론: 특정 현상을 설명하기 위한 가설이나 개념, 의미의 집합체이다.

• 모델: 일관된 실천활동의 원칙과 방식을 구조화시킨 것으로서 실천과정에 직접적으로 필요한 기술적 적용방법을 제시한다.

• 실천지혜: 실천현장에서 경험적, 귀납적으로 만들어진 지식을 말한다.

01 (22-04-01) 사회복지사는 인간행동과 발달에 관한 지식, 인간관계와 상호작용에 관한 지식, 사회복지정책과 서비스에 관한 지식, 사회복지사 자신에 관한 지식 등을 갖춰야 한다.

02 (21-04-01) 패러다임은 역사와 사상의 흐름에 영향을 받는 추상적 개념 틀이다.

03 (21-04-01) 관점은 개인과 사회에 관한 주관적 인식의 차이를 보여주는 사고체계이다.

04 (21-04-01) 이론은 현상을 설명하기 위한 가설이나 개념의 집합체이다.

05 (21-04-01) 모델은 실천과정에 직접적으로 필요한 기술적 적용방법을 제시한 것이다.

06 (20-04-01) 사회복지실천은 과학성과 예술성을 통합적으로 활용한다.

07 (20-04-01) 사회복지실천은 사회복지의 관점과 이론을 토대로 한다.

08 (20-04-01) 사회복지실천은 클라이언트의 특성을 반영한다.

09 (20-04-01) 사회복지실천은 사회복지 가치와 윤리를 반영한다.

10 (19-04-02) 연구자료를 수집하고 분석하는 것은 과학적 기반에 해당된다.

11 (19-04-02) 사회복지 전문가로서 가지는 가치관은 예술적 기반에 해당된다.

12 (19-04-02) 사회복지사에게는 과학성과 예술성의 상호보완적이고 통합적인 실천역량이 요구된다.

13 (18-04-01) 가족치료모델을 이해하기 위해 해결중심가족치료 세미나에 참석함으로써 실천 지식과 기술을 습득한다.

14 (16-04-06) 실천지식의 구성수준은 '패러다임 > 관점 > 이론 > 모델 > 실천지혜'의 순서로 구체화된다.

15 (07-04-22) 클라이언트와의 전문적 관계형성은 사회복지실천에 있어 예술적 기반이 된다.

16 (05-04-14) 실천이론, 전문적 지식 등은 사회복지실천의 과학적 기반이 된다.

17 (01-04-01) 사회복지사의 창의성, 개인적 가치 등은 예술적 기반이 된다.

18 (01-04-01) 환경에 대한 과학적 지식, 인간행동이론을 바탕으로 한 기술 등은 과학적 기반이 된다.

대표기출 확인하기

21-04-01 난이도 ★★☆

사회복지실천현장의 지식 유형에 관한 설명으로 옳지 않은 것은?

① 이론은 현상을 설명하기 위한 가설이나 개념의 집합체이다.
② 관점은 개인과 사회에 관한 주관적 인식의 차이를 보여주는 사고체계이다.
③ 실천지혜는 실천 활동의 원칙과 방식을 구조화한 것이다.
④ 패러다임은 역사와 사상의 흐름에 영향을 받는 추상적 개념 틀이다.
⑤ 모델은 실천과정에 직접적으로 필요한 기술적 적용 방법을 제시한 것이다.

> **알짜확인**
> • 사회복지실천지식의 기반이 되는 과학성과 예술성을 살펴본다.
> • 사회복지실천지식의 구성수준(패-관-이-모-지)을 살펴본다.

답 ③

✔ **응시생들의 선택**

① 11%	② 18%	③ 42%	④ 15%	⑤ 14%

③ 실천지혜는 실천현장에서 경험적, 귀납적으로 만들어진 지식으로, 사회복지사의 직관에 따른 비구조화된 지식이다.

관련기출 더 보기

22-04-01 난이도 ★☆☆

사회복지사가 가져야 할 지식의 내용으로 옳은 것을 모두 고른 것은?

> ㄱ. 인간행동과 발달
> ㄴ. 인간관계와 상호작용
> ㄷ. 사회복지정책과 서비스
> ㄹ. 사회복지사 자신에 관한 지식

① ㄱ
② ㄱ, ㄴ
③ ㄴ, ㄷ
④ ㄱ, ㄷ, ㄹ
⑤ ㄱ, ㄴ, ㄷ, ㄹ

답 ⑤

✔ **응시생들의 선택**

① 1%	② 1%	③ 4%	④ 2%	⑤ 92%

사회복지사는 사회복지실천을 위한 기술적 지식 외에 인간에 대한 이해, 인간관계에 대한 이해를 비롯해 사회현상, 사회구조적 문제 등에 관한 이해를 갖춰야 하며 사회복지사의 자기인식도 중요하게 요구된다.

사회복지실천에 관한 설명으로 옳지 않은 것은?

① 과학성과 예술성을 통합적으로 활용한다.
② 사회복지의 관점과 이론을 토대로 한다.
③ 심리학, 사회학 등 타 학문과 배타적 관계에 있다.
④ 클라이언트의 특성을 반영한다.
⑤ 사회복지 가치와 윤리를 반영한다.

답 ③

✅ 응시생들의 선택

① 3%	② 2%	③ 93%	④ 2%	⑤ 0%

③ 사회복지학은 사회학, 심리학, 정신의학, 정치학, 문화인류학 등 다양한 학문을 바탕으로 출발하였으며, 다양한 학문과 연관성을 유지하면서도 사회복지의 독자적인 이론을 구축하며 발전하고 있다.

사회복지실천기술의 전문적 기반에 관한 설명으로 옳지 않은 것은?

① 이론과 실천의 준거틀을 적절하게 이용하는 것은 예술적 기반에 해당된다.
② 연구자료를 수집하고 분석하는 것은 과학적 기반에 해당된다.
③ 사회복지 전문가로서 가지는 가치관은 예술적 기반에 해당된다.
④ 감정이입적 의사소통, 진실성, 융통성은 예술적 기반에 해당된다.
⑤ 사회복지사에게는 과학성과 예술성의 상호보완적이고 통합적인 실천역량이 요구된다.

답 ①

✅ 응시생들의 선택

① 82%	② 1%	③ 15%	④ 1%	⑤ 1%

① 이론과 실천의 준거틀을 적절하게 이용하는 것은 과학적 기반에 해당된다.

사회복지실천의 지식과 기술을 습득하는 방법으로 옳은 것을 모두 고른 것은?

> ㄱ. 사례회의(case conference)를 개최하여 통합적 지원방법에 대해 논의한다.
> ㄴ. 가족치료모델을 이해하기 위해 해결중심가족치료 세미나에 참석한다.
> ㄷ. 윤리적 가치갈등의 문제에 대하여 직장동료한테 자문을 구한다.
> ㄹ. 초점집단면접(Focus Group Interview)을 실시하여 이용자 인식을 확인한다.

① ㄱ, ㄷ
② ㄴ, ㄹ
③ ㄱ, ㄴ, ㄷ
④ ㄴ, ㄷ, ㄹ
⑤ ㄱ, ㄴ, ㄷ, ㄹ

답 ⑤

✅ 응시생들의 선택

① 4%	② 4%	③ 33%	④ 1%	⑤ 58%

모두 옳은 설명이다. 이론적 지식을 꾸준히 학습하는 것뿐만 아니라 사회복지사의 경험 및 동료들과 경험을 나누는 것도 필요하며, 평가결과는 실무 역량을 키울 수 있는 자료가 된다.

실천지식의 구성수준을 추상성에서 구체성의 방향으로 순서대로 나열한 것은?

① 패러다임 – 관점 – 이론 – 모델 – 실천지혜
② 패러다임 – 이론 – 관점 – 모델 – 실천지혜
③ 관점 – 패러다임 – 이론 – 모델 – 실천지혜
④ 실천지혜 – 모델 – 이론 – 관점 – 패러다임
⑤ 실천지혜 – 이론 – 모델 – 관점 – 패러다임

답 ①

✅ 응시생들의 선택

① 60%	② 15%	③ 8%	④ 6%	⑤ 11%

다음 내용이 왜 틀렸는지를 확인해보자

07-04-22

01 클라이언트의 욕구사정, 만족도 조사, 지역사회 자원에 대한 정보제공 등은 **예술적 기반**에 해당한다.

> 과학적 기반에 해당한다.

16-04-06

02 실천지식의 구성수준은 **패러다임 > 이론 > 모델 > 관점 > 실천지혜**의 순서로 구체화된다.

> 패러다임 > 관점 > 이론 > 모델 > 실천지혜

03 사회복지실천에 있어서는 예술적 기반보다 **과학적 기반이 더 우선시**되어야 한다.

> 예술성과 과학성 중 어느 것이 우선시 된다기보다 이 두 요소가 조화를 이룰 수 있도록 해야 한다.

04 사회복지실천에 관한 **이론들은 다양한 실천모델을 바탕으로** 형성된다.

> 모델을 토대로 이론이 형성되는 것이 아니라 이론을 토대로 모델이 형성된다. 하나의 이론을 기반으로 하나의 모델이 도출되기도 하며, 다양한 이론들이 절충되어 하나의 모델이 만들어지기도 한다.

01-04-01

05 환경에 대한 과학적 지식, 창의성, 인간행동 이론을 바탕으로 한 기술, 사회복지사 개인의 가치 등은 사회복지실천에 있어 **예술적 기반**이 된다.

> 환경에 대한 과학적 지식, 인간행동 이론을 바탕으로 한 기술 등은 과학적 기반이 된다.

06 실천현장에서 사회복지사의 경험을 통해 만들어지는 실천지혜는 예술적 기반이 되지만 **실천지식으로서 인정되지는 않는다.**

> 실천지혜는 실천모델이 실천현장에 적용되면서 구체화되는 실천지식이다.

2장

정신역동모델

이 장에서는

정신역동모델은 심리결정론에 기초하여 과거 경험과 무의식이 현재 행동에 미치는 영향을 통찰하는 데 목표를 둔다는 점 기억해두고, 전이의 해석, 자유연상, 훈습, 꿈 분석, 직면 등의 기법을 살펴보자.

10년간 출제분포도

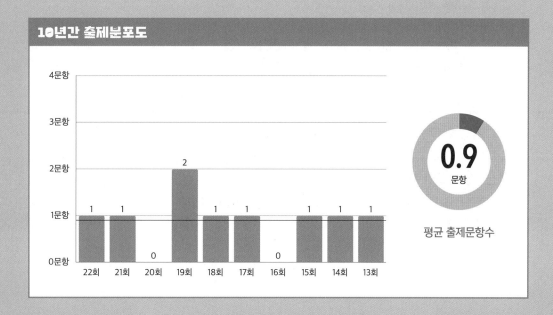

0.9
문항

평균 출제문항수

097

정신역동모델의 주요 특징

강의 QR코드

최근 10년간 **6문항** 출제

이론요약
복습 1

주요 특징

- **심리결정론(정신결정론)**: 인간의 모든 정신활동에는 목적이 있으며 이는 과거의 발달 과정에서 경험한 것에 의하여 결정된다고 보는 것
- **무의식을 가정함**, 무의식적 동기 중 본능적 에너지인 성적 욕구를 중요하게 고려함
- 생애 초기의 경험 중시
- **과거를 통해 현재를 통찰**: 클라이언트가 과거의 경험에서 갖게 된 불안한 감정이나 무의식적 갈등을 의식화하여 이러한 것들이 어떻게 현재 자신의 행동에 영향을 주고 있는지를 통찰하도록 도움
- 클라이언트가 자신을 좀 더 잘 이해하도록 하는 것, 즉 통찰의 획득에 초점을 둠

기본개념

사회복지실천기술론
pp.36~

주요 개념

- 심리성적 발달단계: 구강기 → 항문기 → 남근기 → 잠재기 → 생식기(※ 정신역동이론에서는 성격이 심리성적 발달단계에 따라 형성된다고 봄)
- 고착: 어느 단계에서 더 이상 성숙하지 못하여 더 높은 단계로 진행되지 않고 특정 단계에 머물러 있는 것
- 퇴행: 이미 특정한 단계로 발달이 이루어진 뒤에 어떤 원인으로 이전 발달단계로 되돌아가는 현상. 고착은 퇴행하게 되는 단계를 결정짓는 요인이 됨
- 방어기제
  - 갈등, 불안, 좌절 등의 심리적 불균형에 대해 평형상태를 유지하고 자신을 보호하기 위해 나타나는 무의식적 노력
  - 방어기제가 항상 병리적인 것은 아님
  - 억압, 부정, 반동형성, 동일시, 투사, 합리화, 퇴행, 승화, 전치 등

정신역동모델의 개입과정

① 관계형성 단계: 사회복지사와 클라이언트가 신뢰관계를 형성하는 단계
② 동일시를 위한 자아구축 단계: 클라이언트가 사회복지사를 동일시하기 시작하여 사회복지사의 생각과 태도 등을 받아들이는 단계
③ 클라이언트가 독립된 자아정체감을 형성하도록 원조하는 단계: 클라이언트가 세상에 나아가기 전에 독립된 정체감을

확립할 수 있도록 원조하는 단계
④ 클라이언트의 자기이해를 원조하는 단계: 클라이언트가 자신의 행동과 그 행동에 관한 과거의 뿌리를 이해할 수 있도록 원조하는 단계

기출문장 CHECK

01 ⟨22-04-09⟩ 정신역동모델의 개입과정: 관계형성 단계 → 동일시를 위한 자아구축 단계 → 클라이언트가 독립된 자아정체감을 형성하도록 원조하는 단계 → 클라이언트의 자기이해를 원조하는 단계

02 ⟨19-04-08⟩ 정신역동모델은 장기적으로 진행된다.

03 ⟨19-04-11⟩ 정신역동모델은 무의식적 갈등이나 불안을 표현하도록 하여 클라이언트가 자신의 문제에 대해 이해하고 통찰할 수 있도록 한다.

04 ⟨15-04-01⟩ 정신역동모델은 심리결정론에 근거한다.

05 ⟨15-04-01⟩ 정신역동모델은 발달단계상의 고착과 퇴행을 고려한다.

06 ⟨15-04-01⟩ 정신역동모델은 성장의지가 높은 클라이언트에게 효과적이다.

07 ⟨15-04-01⟩ 원초아와 초자아 사이에 발생하는 불안과 긴장 해소를 위해 방어기제를 사용한다.

08 ⟨14-04-03⟩ 현재의 문제를 과거의 경험에서 찾는다.

09 ⟨14-04-03⟩ 정신역동모델은 자기분석이 가능한 클라이언트일수록 효과적이다.

10 ⟨10-04-21⟩ 클라이언트의 무의식적 충동을 강조한다.

11 ⟨10-04-21⟩ 자기분석이 가능한 클라이언트에게 적합하다.

12 ⟨07-04-25⟩ 프로이트의 정신분석모델은 진단주의 학파에 영향을 미쳤다.

13 ⟨07-04-25⟩ 정신분석모델은 의식의 수준을 의식, 전의식, 무의식으로 나누었고, 이 중 무의식은 인간행동의 동기가 된다.

14 ⟨07-04-25⟩ 정신분석모델에서는 인간의 성격이 심리성적 발달단계에 따라 형성된다고 보았다.

15 ⟨06-04-20⟩ 자기분석을 통한 성장욕구가 있는 사람에게는 정신역동모델의 적용이 용이하다.

18-04-24 ★★☆ 난이도

정신역동모델에 관한 설명으로 옳은 것은?

① 통찰보다는 치료적 처방에 초점을 둔다.
② 무의식적 충동과 미래 의지를 강조한다.
③ 사회구성주의적 관점의 영향을 받았다.
④ 기능주의 학파의 이론적 기초가 되었다.
⑤ 자유연상, 훈습, 직면의 기술을 사용한다.

 알짜확인

- 정신역동이론의 내용을 바탕으로 정신역동모델의 주요 특징을 파악해두자.
- 심리결정론을 바탕으로 무의식 및 과거에 초점을 둔다는 점은 꼭 기억해두어야 한다.

답 ⑤

✔ **응시생들의 선택**

① 10%	② 10%	③ 3%	④ 3%	⑤ 74%

① 정신역동모델은 과거의 경험이 현재 행동에 어떻게 영향을 주고 있는지를 통찰하는 데에 목표를 둔다.
② 정신역동모델은 인간의 행동이 무의식적 동기에 의해 좌우된다고 보며 무의식에 관심을 두지만 미래에 관심을 두지는 않는다.
③ 사회구성주의적 관점의 영향을 받은 것은 해결중심모델이다.
④ 정신역동모델은 진단주의 학파의 이론적 기초가 되었다.

22-04-09 ★★☆ 난이도

정신역동모델 개입과정을 순서대로 옳게 나열한 것은?

> ㄱ. 동일시를 위한 자아구축 단계
> ㄴ. 클라이언트의 자기이해를 원조하는 단계
> ㄷ. 관계형성 단계
> ㄹ. 클라이언트가 독립된 자아정체감을 형성하도록 원조하는 단계

① ㄱ → ㄷ → ㄹ → ㄴ
② ㄴ → ㄷ → ㄱ → ㄹ
③ ㄴ → ㄹ → ㄷ → ㄱ
④ ㄷ → ㄱ → ㄹ → ㄴ
⑤ ㄷ → ㄴ → ㄱ → ㄹ

답 ④

✔ **응시생들의 선택**

① 4%	② 7%	③ 3%	④ 16%	⑤ 70%

정신역동모델은 클라이언트가 자신을 통찰할 수 있도록 원조하는 것에 목표를 두기 때문에 개입과정도 이를 목표로 진행된다.
'(ㄷ) 관계형성 단계'에서 신뢰관계를 형성하여, 이를 바탕으로 '(ㄱ) 동일시를 위한 자아구축 단계'에서 클라이언트가 치료자를 통해 현실감각을 키울 수 있도록 원조하며, '(ㄹ) 클라이언트가 독립된 자아정체감을 형성하도록 원조하는 단계'에서 클라이언트가 세상에 독립적으로 나아갈 수 있도록 성장을 돕는다. 마지막으로 '(ㄴ) 클라이언트의 자기이해를 원조하는 단계'를 통해 클라이언트가 자기 스스로를 통찰할 수 있도록 원조한다.

정신역동모델에 관한 설명으로 옳지 않은 것은?

① 심리적 결정론에 근거한다.
② 발달단계상의 고착과 퇴행을 고려한다.
③ 성장의지가 높은 클라이언트에게 효과적이다.
④ 통찰보다는 치료적 처방제공에 초점을 둔다.
⑤ 원초아와 초자아 사이에 발생하는 불안과 긴장 해소를 위해 방어기제를 사용한다.

답 ④

✔ 응시생들의 선택

① 7%	② 4%	③ 36%	④ 36%	⑤ 17%

④ 과거, 무의식 분석을 통해 현재를 통찰하는 데에 초점을 둔다.

정신역동모델을 적용하기에 적절한 사례가 아닌 것은?

① 통찰 능력이 있는 사람
② 자기분석에 관심이 많은 사람
③ 자기분석을 통한 성장 욕구가 있는 사람
④ 내면 갈등을 이해하여 부모와의 관계회복을 꾀하려는 사람
⑤ 개인과 환경 간 복합적이고 만성화된 문제에 대한 해결의지가 높은 사례

답 ⑤

✔ 응시생들의 선택

① 21%	② 17%	③ 11%	④ 15%	⑤ 36%

⑤ 개인과 환경에 의한 문제에 초점을 두는 것은 심리사회모델이다. 정신역동모델은 인간의 무의식에서 일어나는 다양한 힘들의 역동적인 상호작용을 강조하고, 인간의 행동은 무의식적 동기에 의해 좌우된다고 본다. 따라서 개인의 통찰력과 자기분석 및 내면갈등에 초점을 두며, 환경을 고려하지는 않는다.

정신역동모델에 관한 설명으로 옳은 것은?

① 초자아는 내부세계와 외부세계의 기능이 잘 집행되도록 중재하는 역할을 한다.
② 항문보유적 성격은 의타심이 많고 타인을 지배하려는 성향이 있다.
③ 기능주의 학파의 이론적 기초가 되었다.
④ 클라이언트의 꿈, 자유연상의 의미를 해석하는 목적은 통찰력을 제고하기 위한 것이다.
⑤ 사회복지사가 클라이언트에게 갖는 전이를 치료기법으로 활용한다.

답 ④

✔ 응시생들의 선택

① 18%	② 26%	③ 13%	④ 38%	⑤ 4%

① 초자아가 아닌 자아에 대한 설명이다.
② 항문보유적 성격은 절약, 질서정연, 깔끔, 완고함 등이 특징이다.
③ 진단주의 학파의 이론적 기초가 되었다.
⑤ 클라이언트가 사회복지사에게 느끼는 전이를 치료에 활용한다.

다음 내용이 왜 틀렸는지를 확인해보자

09-04-24

01 정신역동모델, 해결중심모델 등은 대표적인 **단기개입모델**이다.

정신역동모델은 단기적으로 진행되기는 어렵다.

02 인간의 행동에 영향을 미치는 **무의식적 동기에 큰 의미를 두지 않는다.**

정신역동모델은 인간의 행동은 무의식적 동기에 의해 크게 좌우된다고 가정한다.

03 정신역동모델은 심리결정론에 근거한 모델로 클라이언트가 호소하는 문제와 관련된 **현재의 심리상태에 주목한다.**

심리결정론은 인간의 모든 정신활동에는 목적이 있으며 이는 과거의 발달과정에서 경험한 것에 의해 결정된다고 보는 것이다. 이러한 심리결정론을 기반으로 한 정신역동모델은 현재보다 과거에 대한 이해를 강조한다.

14-04-03

04 정신역동모델은 자기분석이 가능한 클라이언트에게는 **적절하지 않은 방법**이다.

정신역동모델은 자기분석이 가능한 클라이언트일수록 더 효과적이다.

05 정신역동모델은 인간의 행동을 이해하기 위해서 **꼭 과거를 살펴볼 필요는 없다고 가정**한다.

정신역동모델은 어린 시절의 경험을 중요시한다. 과거 경험을 이해해야 인간의 행동을 이해할 수 있다고 가정한다.

06 정신역동모델은 클라이언트의 문제와 관련하여 **개인과 환경 간 상호작용을 분석**한다.

정신역동모델은 인간의 무의식적 동기에 초점을 두며, 환경에 대해 고려하지 않는다.

10-04-21

07 정신역동모델은 **사회구성주의적 관점**에 근거한다.

정신역동모델은 정신분석이론에 근거한다.

다음 내용이 옳은지 그른지 판단해보자

01 정신역동모델은 클라이언트가 현재 겪고 있는 심리 내적 갈등의 원인을 과거의 경험과 연관지어 탐색한다. ⊙ ⊗

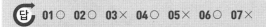
02 정신역동모델은 현재의 문제를 과거의 경험에서 찾는다. ⊙ ⊗

14-04-03
03 정신역동모델은 클라이언트의 무의식적 충동과 미래의 의지를 강조한다. ⊙ ⊗

04 정신역동모델은 클라이언트의 통찰력 획득에 초점을 둔다. ⊙ ⊗

05 정신역동모델에서는 인간이 사용하는 모든 유형의 방어기제를 병리적으로 본다. ⊙ ⊗

06 정신역동모델에서는 심리성적 발달단계를 제시하면서 특정 단계에서 만족이 지나치면 고착이 일어날 수 있다고 보았다. ⊙ ⊗

07 정신역동모델의 개입목표는 치료적 처방에 있다. ⊙ ⊗

답 **01** ○ **02** ○ **03** × **04** ○ **05** × **06** ○ **07** ×

해설 **03** 정신역동모델은 미래의 의지를 강조하지는 않는다.
05 모든 방어기제를 다 병리적으로 보지는 않는다. 인간은 누구나 불안을 느낄 수 있으며 불안으로부터 벗어나고 자신을 보호하기 위해 방어기제를 사용한다고 보면서 긍정적이고 유용한 측면도 있다고 본다.
07 정신역동모델은 클라이언트가 스스로를 통찰하여 자신의 무의식 내용을 알고 이해하고 수용할 수 있어야 문제가 해결될 수 있다고 보기 때문에 클라이언트가 통찰력을 가질 수 있도록 하는 데에 목표를 둔다. 치료적 처방 그 자체가 목표는 아니다.

098 정신역동모델의 개입기법

최근 10년간 **3문항** 출제

강의 QR코드

1회독	2회독	3회독
월 일	월 일	월 일

복습 1 이론요약

개입기술

기본개념
사회복지실천기술론
pp.43~

▶ 전이의 해석
- 클라이언트가 보이는 전이 행동과 정서적 반응을 분석하여 <u>새로운 반응 형태를 학습</u>할 수 있도록 한다.
- 치료자는 클라이언트가 자신의 반응형태를 통찰할 수 있도록 <u>의도적으로 전이를 유발하기도 한다</u>.
- 전이와 역전이
  - 전이: 클라이언트가 사회복지사를 자신의 과거 속 중요한 인물로 느끼는 것
  - 역전이: 전이와 반대로 사회복지사가 클라이언트에게서 느끼는 것

▶ 자유연상
- 클라이언트로 하여금 자신의 <u>마음속에 떠오르는 것을 자유롭게 이야기</u>하게 하는 개입기술이다.
- 치료자는 클라이언트가 생각나는 대로 자기검열 없이 이야기해야 함을 설명해주어야 한다.
- 치료자는 클라이언트의 이야기가 중구난방으로 흐르더라도 <u>끼어들거나 중단하거나 비판하지 말아야</u> 한다.

▶ 훈습
- 클라이언트가 현실상황에서 경험하는 혹은 경험하게 될 <u>문제상황에 대한 해결능력 향상을 위해 치료장면에서 경험하도록 하는 것</u>이다.
- 저항이나 전이 현상, 생활상의 갈등, 과거문제의 갈등 등 내면을 통찰하고 문제를 통합적으로 살펴볼 수 있도록 한다.
- 사회복지사의 해석, 클라이언트의 통찰, 클라이언트의 동화 등이 <u>반복적으로 장기간에 걸쳐 진행</u>된다.

▶ 꿈의 분석
- 꿈속에 나타난 무의식적 소망, 욕구, 두려움 등을 해석한다.
- 치료자는 클라이언트가 언급하는 꿈 가운데 해결되지 못한 갈등, 의식화되지 않은 갈등 등을 분석한다.

▶ 직면
- 클라이언트의 말과 행위 사이의 불일치, 표현한 가치와 실행 사이의 모순, 회피 등을 클라이언트 자신이 주목할 수 있도록 하는 기법이다.
- 치료자는 클라이언트가 저항 행동을 보일 때에 직면을 활용할 수 있다.

01 (19-04-11) 정신역동모델에서는 훈습을 통해 클라이언트의 불안은 최소화되고 적합한 방법으로 자신의 문제를 이해할 수 있는 능력을 기르게 된다.

02 (18-04-24) 정신역동모델은 자유연상, 훈습, 직면의 기술을 사용한다.

03 (17-04-01) 정신역동모델에서 해석의 목적은 통찰력 향상에 있다.

04 (17-04-01) 클라이언트가 보이는 전이는 반복적이며 퇴행하는 특징을 갖는다.

05 (14-04-03) 정신역동모델은 자유연상, 훈습, 직면의 기술을 사용한다.

06 (14-04-03) 정신역동모델에서는 전이의 분석을 통해 클라이언트의 통찰력을 증진시킨다.

07 (12-04-03) 훈습: 저항이나 전이에 대한 이해를 반복해서 심화, 확장하도록 한다.

08 (12-04-03) 자유연상: 의식에 떠오르는 것이면 모든 것을 이야기하도록 한다.

09 (12-04-03) 해석: 클라이언트의 통찰력 향상을 위해 상담자의 직관에 근거하여 설명하는 것이다.

10 (12-04-03) 꿈의 분석: 꿈을 통해 나타나는 무의식적인 소망과 욕구를 해석하여 통찰력을 갖도록 한다.

11 (09-04-20) 역전이의 예: 사례관리자들은 A사례관리팀장의 슈퍼비전에 불만이 많다. 다른 사례관리 대상자들에게는 허용되지 않는 행동이 B클라이언트에게만 항상 예외다. 서비스 이용 규칙이나 계약을 이행하지 않는 B의 불성실한 행동에 대해 "기회를 줘야 한다. 알코올중독자인 아버지에게 당한 학대의 후유증이다. 당해보지 않은 사람은 모른다."고 자신의 경험을 예로 들며 B를 감싸기만 한다.

12 (08-04-04) 훈습은 클라이언트가 문제에 대한 통찰수준을 높여 경험적 확신을 갖도록 클라이언트에게 반복적으로 설명하고 분석해주는 정신역동적 실천기법이다.

13 (06-04-24) 사회복지사는 과거의 경험이 자신에게 어떤 강점과 약점을 주는지에 대해 꾸준히 점검하면서 자신에게 일어날 수 있는 역전이 현상을 주의해야 한다.

14 (05-04-18) 훈습은 전이현상이나 생활문제의 갈등, 과거문제의 갈등 등에 대한 클라이언트의 이해 및 관점의 수준을 확장시켜 자신의 문제나 상황을 좀 더 통합적인 관점으로 이해하게 한다.

대표기출 확인하기

19-04-11 난이도 ★★★

정신역동모델의 개념과 개입기법에 관한 설명으로 옳은 것을 모두 고른 것은?

ㄱ. 전이는 정신역동 치료에 방해가 되므로 이를 이용해서는 안 된다.
ㄴ. 무의식적 갈등이나 불안을 표현하도록 하여 자신의 문제에 대해 이해하고 통찰할 수 있도록 한다.
ㄷ. 클라이언트와 라포가 형성되기 전에 해석을 제공하는 것이 관계형성에 도움이 된다.
ㄹ. 훈습을 통해 클라이언트의 불안은 최소화되고 적합한 방법으로 자신의 문제를 이해할 수 있는 능력을 기르게 된다.

① ㄱ, ㄷ
② ㄴ, ㄹ
③ ㄱ, ㄴ, ㄷ
④ ㄴ, ㄷ, ㄹ
⑤ ㄱ, ㄴ, ㄷ, ㄹ

▶ 알짜확인

• 정신역동모델의 다양한 개입기법을 살펴보도록 하자. 각각의 개입기법이 어떤 상황에서 어떻게 적용될 수 있는지를 생각하면서 살펴봐야 한다.
• 전이는 클라이언트가 사회복지사에게, 역전이는 사회복지사가 클라이언트에게 느끼는 감정이라는 점 구분해서 기억해두자.

답 ②

✔ 응시생들의 선택

① 1%	② 92%	③ 1%	④ 4%	⑤ 2%

ㄱ. 클라이언트가 보이는 전이를 통해 사회복지사는 클라이언트가 사회복지사와의 관계가 아닌 다른 사람들과의 관계에서 어떤 태도를 보이는지, 어떻게 행동하는지, 어떤 감정을 느끼는지 등을 알 수 있다. 이런 측면에서 클라이언트의 전이를 의도적으로 유도하거나 자극하기도 한다.
ㄷ. 해석은 클라이언트에게서 얻은 정보를 바탕으로 사회복지사가 나름의 의미를 부여하는 것이기 때문에 클라이언트에 관한 정보가 부족한 경우 잘못된 해석이나 클라이언트가 받아들이기 힘든 해석을 내릴 수 있다. 따라서 라포가 형성되지 않은 초기 단계에서는 해석을 무리하게 진행하지 않는 것이 좋다.

관련기출 더 보기

12-04-03 난이도 ★★★

정신역동모델의 개입기술에 관한 설명으로 옳지 않은 것은?

① 직면 – 핵심이 되는 문제에 초점을 맞춘다.
② 훈습 – 저항이나 전이에 대한 이해를 반복해서 심화, 확장하도록 한다.
③ 자유연상 – 의식에 떠오르는 것이면 모든 것을 이야기하도록 한다.
④ 해석 – 클라이언트의 통찰력 향상을 위해 상담자의 직관에 근거하여 설명하는 것이다.
⑤ 꿈의 분석 – 꿈을 통해 나타나는 무의식적인 소망과 욕구를 해석하여 통찰력을 갖도록 한다.

답 ①

✔ 응시생들의 선택

① 31%	② 16%	③ 7%	④ 44%	⑤ 1%

① 직면은 클라이언트의 말과 행위 사이의 불일치, 표현한 가치와 실행 사이의 모순, 회피 등에 주목할 수 있도록 하는 기법이다.

05-04-18 난이도 ★★☆

다음에 해당하는 정신역동모델의 개입기법은 무엇인가?

클라이언트의 전이현상에 대하여 기대되는 수준의 통찰과 이해가 성취될 때까지 사회복지사가 반복적으로 직면하거나 설명함으로써 클라이언트의 통찰력이 최대한 발달하게 하고 자아통합이 이루어지도록 이해시키는 과정이다.

① 경청
② 전이
③ 훈습
④ 명료화
⑤ 의사소통

답 ③

✔ 응시생들의 선택

① 21%	② 0%	③ 54%	④ 26%	⑤ 2%

다음 내용이 왜 틀렸는지를 확인해보자

01 정신역동모델에서는 자유연상, 훈습, 직면 등을 비롯해 **다양한 질문 기법을 활용**한다.

> 다양한 질문 기법을 제시한 것은 해결중심모델이다.

`17-04-01`

02 정신역동모델에서 훈습은 모순이나 불일치를 직시하도록 원조하는 **단회성** 기법이다.

> 훈습은 과거와 무의식에 대한 해석 및 통찰, 그리고 새로운 행동양식을 습득하는 일련의 과정이다. 단순한 하나의 기법이 아니라 치료과정이라고 불릴 만큼 장기간에 걸쳐 진행된다.

03 정신역동모델에서 진행되는 직면 기술은 클라이언트의 **미래와 강점에 초점**을 둔다.

> 정신역동모델은 기본적으로 미래와 강점에 초점을 두지 않으며, 과거 경험 및 무의식에 초점을 둔다. 정신역동모델에서 진행되는 직면 기술은 클라이언트로 하여금 자신의 부적응적 행동이나 모순적 행동 등을 마주할 수 있도록 하는 기법이다.

`17-04-01`

04 정신역동모델에서 자유연상을 시행하는 경우 **주제와 관련 없는 내용은 억제시킨다.**

> 자유연상은 말 그대로 클라이언트가 생각나는 이야기를 자유롭게 하도록 하는 기법이다. 치료자는 클라이언트의 말에 대해 방해하거나 끼어들지 않고 아무런 수정도 가하지 않는다. 이를 통해 클라이언트의 증상과 연결된 과거의 경험이나 기억들이 드러나게 되고 그 무의식적 의미를 파악할 수 있게 된다.

`06-04-24`

05 A 사회복지사는 알코올중독자인 아버지와의 정서적 관계를 회복하지 못한 채 알코올전문상담가로 활동하게 되었다. 이때 사회복지사는 자신이 느낄 수 있는 **전이 현상**에 유의해야 한다.

> 사회복지사가 자신의 경험을 클라이언트에게 대입하여 느끼게 되는 감정은 역전이 현상이다.

06 꿈의 분석은 클라이언트의 **무의식을 탐색하기 위한 것은 아니다.**

> 꿈의 분석은 클라이언트의 무의식을 해석하여 새로운 통찰력을 갖게 하는 것이다.

빈칸에 들어갈 알맞은 말을 채워보자

12-04-03
01 정신역동모델의 개입기법 중 (   ) 기법은 의식에 떠오르는 것이면 모든 것을 이야기하도록 하는 기법이다.

02 전이와 역전이 중 (①   )는 클라이언트가 사회복지사에게, (②   )는 사회복지사가 클라이언트에게 갖는 정서적 반응이다.

08-04-04
03 (   )은/는 클라이언트가 문제에 대한 통찰수준을 높여 경험적 확신을 갖도록 클라이언트에게 반복적으로 설명하고 분석해주는 정신역동적 실천기법이다.

04 (   ) 기법은 역기능적인 행동을 야기하는 사고나 정서, 행동상의 불일치나 모순에 대해 클라이언트가 인식할 수 있도록 하는 기법이다.

답 **01** 자유연상 **02** ① 전이 ② 역전이 **03** 훈습 **04** 직면

3장

심리사회모델

10년간 출제분포도

	22회	21회	20회	19회	18회	17회	16회	15회	14회	13회
문항수	2	1	1	0	1	1	0	1	1	0

0.8 문항

평균 출제문항수

099 심리사회모델의 개입기법

최근 10년간 **8문항** 출제

이론요약

직접적 개입기법

▶ **지지하기**
- 클라이언트에 대한 신뢰나 존중, 문제해결 능력에 대한 확신 등을 표현
- **재보증(안심), 격려, 경청**

▶ **직접적 영향 주기**
- **클라이언트의 행동을 조언, 제시**
- 직접적 조언, 정보 제공, 현실적 제안

▶ **탐색―기술(묘사)―환기**
- 탐색과 기술(묘사): 클라이언트가 **자신의 상황과 자신과 주변 사회환경과의 상호작용에 대한 사실을 그대로 말할 수 있도록** 도와주는 의사소통, 즉 단순히 자신이 보는 그대로의 사실을 제공하는 것
- 환기: **사실과 관련된 감정을 끌어내는 것**, 클라이언트가 이러한 과정을 통해 자신의 감정을 표현하고, 환기를 경험하는 것 자체로도 문제가 해결되는 경우도 있음

▶ **개인―환경 간의 관계에 관한 (반성적) 고찰**
- 클라이언트를 **상황 속의 인간**이라는 관점에서 고려하기
- 클라이언트를 둘러싼 **현재 혹은 최근 사건에 대해 고찰**하는 것으로 심리사회요법의 핵심

▶ **유형―역동성 고찰**
- 클라이언트의 **성격과 행동, 심리 내적 역동에 대해 고찰**하기
- 특정 행동이나 사고방식을 이끄는 행동 경향 혹은 감정 유형 등을 살펴봄

▶ **발달적 고찰**
- 클라이언트의 사회적 기능 수행에 영향을 주는 과거와 현재의 경험을 고찰하기
- 과거에 초점을 두어 **과거의 경험이 현재에 미치는 영향**을 살펴봄

간접적 개입기법
- 클라이언트를 둘러싼 인적, 물적 환경에 관련된 문제를 해결하는 데에 초점
- 필요한 자원 제공, 다른 체계 사이의 중재, 옹호 활동 등

기본개념

사회복지실천기술론
pp.55~

강의 QR코드

1회독	2회독	3회독
월 일	월 일	월 일

01 (22-04-06) 심리사회모델에서는 간접적 개입기법으로 환경조정을 사용한다.

02 (21-04-09) 직접적 영향주기의 예: 지금까지의 방법이 효과적이지 않다면 다른 방법을 시도해 보면 어떨까요? 제 생각에는 지금쯤 변화가 필요하니 가족상담에 참여해 보시면 어떨까 합니다.

03 (20-04-08) 심리사회모델의 개입기법은 직접적 개입과 간접적 개입으로 구분된다.

04 (20-04-08) 탐색-기술(묘사)-환기는 자기 상황과 감정을 말로 표현하게 함으로써 감정전환을 도모하는 기법이다.

05 (20-04-08) 지지는 이해, 격려, 확신감을 표현하는 기법이다.

06 (20-04-08) 유형의 역동 성찰은 성격, 행동, 감정의 주요 경향에 관한 자기이해를 돕는다.

07 (18-04-17) 발달적 성찰: 현재 클라이언트 성격이나 기능에 영향을 미친 가족의 기원이나 초기 경험을 탐색한다.

08 (18-04-17) 탐색-기술-환기: 클라이언트의 상황에 관한 사실을 드러내고 감정의 표현을 통해 감정의 전환을 제공한다.

09 (18-04-17) 수용: 온정과 친절한 태도로 클라이언트의 감정이나 주관적인 상태에 감정이입을 하며 공감한다.

10 (18-04-17) 직접적 영향: 사회복지사와 클라이언트 간의 신뢰관계를 바탕으로 클라이언트에게 제안과 설득을 제공한다.

11 (15-04-17) 격려기술의 예: 계약기간 동안 업무를 잘 해내셨군요. 이번에도 잘 감당할 수 있을 것이라 믿어요.

12 (15-04-17) 재보증기술의 예: 염려하지 마세요. 상황은 좋아질 거예요.

13 (15-04-17) 환기기술의 예: 힘드셨을 것 같네요. 그때 기분이 어떠셨나요?

14 (15-04-17) 직면기술의 예: 잠시 무엇을 했는지 한 번 살펴봅시다. 지난 번 하겠다고 한 것과는 반대의 일을 하고 있네요.

15 (14-04-01) 직접적 영향: 문제해결을 위해 사회복지사의 의견을 강조한다.

16 (14-04-01) 발달적 고찰: 성인기 이전의 생애경험이 현재의 기능에 미치는 영향에 대해 고찰한다.

17 (14-04-01) 탐색-기술-환기: 클라이언트와 환경과의 상호작용에 대한 사실을 기술하고 감정을 표현하도록 한다.

18 (14-04-01) 인간-상황에 대한 고찰: 사건에 대한 클라이언트의 지각방식 및 행동에 대한 신념, 외적 영향력 등을 평가한다.

19 (12-04-06) 심리사회모델에서는 역설적 의도를 활용하지 않는다.

20 (11-04-04) 심리사회모델은 격려, 재보증, 탐색-묘사-환기, 제안, 충고, 반영적 고찰, 유형-역동성 고찰 등의 개입기술을 활용한다.

21 (08-04-05) 심리사회모델에서는 지지하기, 발달적 고찰 등을 개입기술로 활용한다.

22 (07-04-21) 제안, 충고 등은 클라이언트의 행동 변화 촉진을 위한 심리사회모델의 개입 기술인 직접 영향주기에 해당한다.

23 (06-04-04) 눈물을 흘리는 클라이언트에게 '눈물이 말하는 것은 무엇인가요?'라고 사회복지사가 질문했다면 이는 심리사회모델 중 탐색-묘사-환기 기법에 해당한다.

24 (05-04-04) "이 문제가 학창시절과 어떤 관련이 있다고 생각하십니까?"라는 질문은 발달적 고찰에 해당한다.

25 (04-04-10) 죄의식이나 불안에 대한 이해를 표현하여 안심시키기, 클라이언트가 하는 말을 잘 듣고 경청하기, 클라이언트의 능력에 대해 신뢰를 표현하기 등은 지지하기에 해당한다.

26 (04-04-18) 직접적 영향주기의 예: 클라이언트 A씨는 알코올 중독 남편의 상습적인 가정폭력에 노출되어 있었다. 사회복지사는 A씨에게 가정폭력 피해자 보호시설에 대한 정보를 제공하고 입소할 수 있도록 연계했다.

대표기출 확인하기

22-04-06 　난이도 ★★☆

심리사회모델에 관한 설명으로 옳은 것을 모두 고른 것은?

> ㄱ. 심리사회모델을 체계화 하는데 홀리스(F. Hollis)가 공헌하였다.
> ㄴ. "직접적 영향주기"는 언제나 사용 가능한 기법이다.
> ㄷ. "환기"는 클라이언트의 긍정적 감정을 표출시킨다.
> ㄹ. 간접적 개입기법으로 "환경조정"을 사용한다.

① ㄱ, ㄹ
② ㄴ, ㄷ
③ ㄷ, ㄹ
④ ㄴ, ㄷ, ㄹ
⑤ ㄱ, ㄴ, ㄷ, ㄹ

 알짜확인

- 심리사회모델의 다양한 개입기법을 살펴보도록 하자.
- 크게 직접적 개입기법과 간접적 개입기법으로 구분되는데, 주로 직접적 개입기법이 출제되고 있다.
- 지지하기, 직접 영향주기, 탐색-기술-환기, 개인-환경에 관한 고찰, 유형-역동성 고찰, 발달적 고찰 등은 모두 직접적 개입기법에 해당한다. 이 기법들이 심리사회모델에서 제시된 기법임을 기억해두는 것도 필요하며, 각각 어떤 기법인지를 파악해두는 것도 필수이다.

답 ①

✔ 응시생들의 선택

| ① 59% | ② 4% | ③ 22% | ④ 8% | ⑤ 7% |

ㄴ. 직접적 영향주기: 클라이언트가 어떤 행동을 취할지에 대해 직접적으로 조언하고 제시하는 것을 말한다. 클라이언트와 신뢰관계가 구축되었을 때, 클라이언트에 대한 충분한 지식이 있다고 판단될 때 등에 사용된다.

ㄷ. 환기: 클라이언트가 억눌러온 부정적 감정을 표출시켜 감정의 정화를 경험할 수 있도록 원조한다. 심리사회모델에서는 탐색-기술-환기의 과정으로 연결하여 실시되며, 감정이 격해지기 쉬운 클라이언트에 대해서는 주의가 필요하다.

관련기출 더 보기

22-04-05 　난이도 ★★☆

사회복지실천모델과 기법으로 옳지 않은 것은?

① 행동주의모델: 소거
② 해결중심모델: 대처질문
③ 과제중심모델: 유형-역동에 관한 고찰
④ 인지행동모델: 소크라테스식 문답법
⑤ 위기개입모델: 자살의 위험성 평가

답 ③

✔ 응시생들의 선택

| ① 4% | ② 6% | ③ 64% | ④ 18% | ⑤ 8% |

③ 유형-역동에 관한 고찰은 심리사회모델의 개입기법이다.

➕ 덧붙임

6장에서 학습할 과제중심모델은 효율적인 단기개입을 위해 '시작하기 → 표적문제 규명 → 계약 → 실행 → 종결'의 체계적이고 구조화된 접근을 제시했다. 구체적인 개입기법을 제시한 것은 아니며, 다양한 상담 및 치료기법을 유연하게 적용한다.

난이도 ★★☆

다음 사례에서 활용한 심리사회모델의 개입기법은?

> "지금까지의 방법이 효과적이지 않다면 다른 방법을 시도해 보면 어떨까요? 제 생각에는 지금쯤 변화가 필요하니 가족 상담에 참여해 보시면 어떨까 합니다."

① 지지하기 ② 직접적 영향주기
③ 탐색-기술-환기 ④ 인간-환경에 관한 고찰
⑤ 유형-역동성 고찰

답 ②

✅ 응시생들의 선택

① 2%	② 55%	③ 27%	④ 4%	⑤ 12%

직접적 영향주기는 사회복지사가 클라이언트에게 특정 행동에 대해 조언하거나 제안함으로써 행동의 변화가 일어날 수 있도록 하는 것이다.

➕ 덧붙임

③ 탐색-기술-환기를 선택한 응시생들이 많았는데, 이는 클라이언트로 하여금 자신의 상황에 대한 묘사를 통해 감정을 표현하도록 이끄는 데에 초점이 있다.

난이도 ★★☆

심리사회모델의 기법에 관한 설명으로 옳지 않은 것은?

① 발달적 성찰: 현재 클라이언트 성격이나 기능에 영향을 미친 가족의 기원이나 초기 경험을 탐색한다.
② 지지하기: 클라이언트의 현재 또는 최근 사건을 고찰하게 하여 현실적인 해결방법을 찾는다.
③ 탐색-기술-환기: 클라이언트의 상황에 관한 사실을 드러내고 감정의 표현을 통해 감정의 전환을 제공한다.
④ 수용: 온정과 친절한 태도로 클라이언트의 감정이나 주관적인 상태에 감정이입을 하며 공감한다.
⑤ 직접적 영향: 사회복지사와 클라이언트 간의 신뢰관계를 바탕으로 클라이언트에게 제안과 설득을 제공한다.

답 ②

✅ 응시생들의 선택

① 3%	② 76%	③ 2%	④ 16%	⑤ 3%

② 클라이언트의 현재 또는 최근 사건을 고찰하게 하여 현실적인 해결방법을 찾는 것은 개인-환경에 관한 고찰에 해당한다.

난이도 ★★★

음주문제와 가정불화로 직장에 적응하지 못해 의뢰된 클라이언트에게 심리사회모델을 적용할 때 그 개입기법으로 적절하지 않은 것은?

① 음주와 관련된 감정을 표출하도록 한다.
② 문제해결을 위해 직접 충고한다.
③ 클라이언트의 인지오류와 신념체계를 탐색한다.
④ 직장 상사와의 갈등이 현재에 미친 영향을 파악한다.
⑤ 유년기 문제와 현재 행동의 인과관계를 지각하도록 한다.

답 ③

✅ 응시생들의 선택

① 1%	② 50%	③ 34%	④ 5%	⑤ 10%

③은 인지행동모델에 따른 개입이라고 볼 수 있다.

① 탐색-묘사-환기
② 직접 영향주기
④ 개인-환경에 대한 고찰
⑤ 발달적 고찰

난이도 ★★☆

심리사회모델의 개입기법으로 옳지 않은 것은?

① 격려, 재보증
② 탐색-소거-환기
③ 강조, 제안, 충고, 독려
④ 발달과정의 반영적 고찰
⑤ 유형-역동의 반영적 고찰

답 ②

✅ 응시생들의 선택

① 8%	② 27%	③ 35%	④ 18%	⑤ 12%

② 탐색-소거-환기가 아니라 탐색-묘사(기술)-환기이다.
  클라이언트에게 사실 및 사실과 관련된 감정을 이해하도록 돕고 표출하게 하여 긴장을 완화시키는 기법이다.

다음 내용이 왜 틀렸는지를 확인해보자

01 탐색-묘사-환기 기술은 클라이언트의 불안감이 극에 달했을 때에 적합한 개입기술이다.

> 클라이언트의 불안감이 거셀 때에는 오히려 더 감정이 격해질 수 있기 때문에 주의해서 사용해야 한다.

02 개인-환경에 관한 고찰은 유년기의 문제와 현재 행동의 인과관계를 살펴보기 위한 기법이다.

> 개인-환경에 관한 고찰은 최근 사건에 대해 상황 속 인간의 관점에서 현실적으로 파악하게 돕는 기법이다.

`05-04-04`

03 사회복지사는 유형-역동성 고찰을 위해 "이전에도 같은 문제를 경험한 적 있습니까?"라고 질문할 수 있다.

> 유년기의 문제와 현재 행동의 인과관계를 살펴보는 발달적 고찰에 해당하는 질문이다.

04 직접적 영향주기 기술은 '상황 속 인간' 관점을 토대로 한다.

> '상황 속 인간' 관점을 토대로 한 기술은 개인-환경에 관한 고찰이다.

05 탐색-묘사-환기 기술은 항상 병행되어야 하는 것은 아니다.

> 탐색-묘사-환기는 각각 개별적으로 이루어지는 것이 아니라 연속적으로 실시된다.

`07-04-21`

06 문제해결을 위한 옹호 활동은 직접적 영향주기에 해당한다.

> 직접적 영향주기는 직접적 개입기술 중 하나이며, 옹호는 환경조성을 위한 간접적 개입기술에 해당한다.

`04-04-10`

07 지지하기는 클라이언트가 해야 할 행동을 구체적으로 지시하는 기법이다.

> 지지하기는 재보증, 격려 등 감정적 차원에서 접근하는 기법이다. 클라이언트가 취할 구체적인 행동을 조언하거나 지시하는 것은 직접적 영향주기에 해당한다.

빈칸에 들어갈 알맞은 말을 채워보자

※ 각각에 해당하는 심리사회모델의 기법은?

20-04-08

01 ( ): 사회복지사가 클라이언트에 대한 이해, 격려, 확신감을 표현하는 기법이다.

---

02 ( ): 사회복지사가 조언이나 지시 등을 함으로써 클라이언트의 행동을 향상시킨다.

---

03 탐색–( )–환기: 클라이언트에게 사실 및 사실과 관련된 감정을 이해하고 표출하게 하여 긴장을 완화시킨다.

---

04 ( ): 클라이언트를 둘러싼 현재의 최근 사건에 대해 환경과의 상호작용에 초점을 두어 자신의 상황을 더 잘 이해할 수 있도록 원조한다.

---

05 ( ): 변화의 동기를 촉진시키면서 클라이언트 자신의 성격유형, 특징, 행동유형, 방어기제, 자아기능 수행 등 심리 내적 역동에 대해 이해하도록 원조한다.

---

06 ( ): 유년기의 문제와 현재 행동의 인과관계를 클라이언트가 자각하게 한다.

04-04-18

07 ( ) 기술의 예: 사회복지사 A는 남편의 알코올 중독으로 가정폭력에 노출되어 있는 클라이언트에게 가정폭력피해자 쉼터에 입소할 수 있음을 안내하였다.

17-04-02

08 ( ) 기술의 예: 음주문제와 가정불화로 직장에 적응하지 못해 의뢰된 클라이언트에게 자신의 상황을 말하고 현재의 감정을 표출할 수 있게 하였다.

---

09 ( ) 기술의 예: 남편이 가장으로서 무책임하다고 호소하는 아내에게 지금 남편에게서 느끼는 감정이 어렸을 때 아버지에게서 느꼈던 감정과 관련이 있는지를 생각해보게 하였다.

답 **01** 지지하기 **02** 직접적 영향주기 **03** 기술(묘사) **04** 개인–환경에 관한 고찰 **05** 유형–역동성 고찰 **06** 발달적 고찰
07 직접적 영향주기 **08** 탐색–묘사–환기 **09** 발달적 고찰

100 심리사회모델의 주요 특징

강의 QR코드

1회독	2회독	3회독
월 일	월 일	월 일

★★★
최근 10년간 **0문항** 출제

복습
1 **이론요약**

이론적 기반
정신분석이론, 대상관계이론, 체계이론과 생태체계관점, 자아심리이론, 역할이론, 의사소통이론, 사회복지실천으로부터 획득된 이론 등

기본개념

사회복지실천기술론
pp.48~

주요 특징
• 클라이언트의 심리적인 측면과 사회적인 측면, 그리고 양자의 상호작용에 의한 결과도 동시에 고려함('상황 속 인간' 관점)
• 사회복지사와 클라이언트 간의 치료적 관계에 주목
• 현재 행동을 이해하기 위해 과거 경험에 대해 탐색하면서도 무의식이 행동을 결정짓는 요인은 아니라고 봄
• 실천원칙: 수용, 개별화, 자기결정, 클라이언트의 현재 상황에서 출발

개입과정
초기단계 → 사정단계 → 개입단계 → 종결단계

기출문장 CHECK

01 (20-04-16) 심리사회모델은 상황 속 인간을 고려하되 환경보다 개인의 내적변화를 중시한다.

02 (11-04-05) 역할이론, 자아심리이론, 대상관계이론, 의사소통이론, 정신분석이론 등은 심리사회모델의 이론적 기반이 되었다.

03 (11-04-06) 심리사회모델은 단기개입에 적합한 이론은 아니다.

04 (10-04-04) 심리사회모델은 클라이언트의 수용과 자기결정을 강조한다.

05 (05-04-03) 심리사회모델은 인간의 발달과정과 환경적 영향을 중시한다.

06 (05-04-03) 심리사회모델은 개인의 과거경험 탐색을 중요시하며, 개개인마다 경험은 모두 다 다르다는 전제를 갖는다.

07 (01-04-04) 사회복지사는 도벽 경험이 있는 청소년에 대해 개입하면서 어릴 적 부모의 이혼이 그 원인임을 밝혔다. 이때 적용한 이론은 심리사회이론이다.

대표기출 확인하기

10-04-04 　　　　난이도 ★★☆

심리사회모델에 관한 설명으로 옳은 것은?

① 정신분석이론, 자아심리학, 대상관계이론에 영향을 미쳤다.
② 클라이언트의 현재와 미래에 초점을 둔다.
③ 클라이언트의 수용과 자기결정을 강조한다.
④ 외현화 및 인지재구조화기술을 사용한다.
⑤ 인간의 내적 갈등보다는 환경을 강조한다는 비판을 받는다.

 알짜확인

- 심리사회모델은 정신분석이론의 영향을 받았지만 무의식이 결정적 요인이라고 보지는 않았다는 점에 유의해야 한다.
- 상황 속 인간, 자기결정, 수용, 개별화 등의 개념을 확인해두자.

답 ③

응시생들의 선택

① 21%	② 13%	③ 44%	④ 6%	⑤ 16%

① 정신분석이론, 대상관계이론, 자아심리학 등의 영향을 받아 심리사회모델이 탄생하였다.
② 개인과 환경과의 상호작용에 초점을 두면서도, 인간의 현재 행동을 이해하기 위해 오랜 시간을 두고 과거의 경험을 살펴본다.
④ 인지재구조화기술은 인지행동모델의 기술이며, 외현화는 내담자가 가지고 있는 내면의 문제를 바깥으로 끄집어내는 것을 말하며 이야기치료모델의 주요 기법이다.
⑤ 개인을 둘러싼 환경뿐만 아니라 개인의 심리 내적 상태에도 초점을 둔다.

관련기출 더 보기

06-04-15 　　　　난이도 ★★★

심리사회모델에 대한 설명으로 옳은 것은?

① 인간의 무의식은 인간의 행동을 결정짓는 요인이다.
② 인간의 성장과 학습 및 적응에는 연령의 한계가 있다.
③ 인간의 성장과 발달을 위한 내면적인 성장에 초점을 둔다.
④ 공감적 이해를 통해 클라이언트의 긍정적 변화를 유도한다.
⑤ 인간의 현재 행동을 이해하기 위해서는 과거의 행동은 중요하지 않다.

답 ④

응시생들의 선택

① 16%	② 14%	③ 28%	④ 31%	⑤ 11%

① 인간의 무의식이 현재의 행동을 결정짓는 것은 아니라고 보았다.
② 인간은 일생에 걸쳐 발달한다.
③ 문제해결능력의 향상에 초점을 둔다.
⑤ 과거 경험이 현재 기능에 미치는 영향을 고찰한다(발달적 고찰).

03-04-01 　　　　난이도 ★★☆

심리사회모델의 기본개념은?

① 비합리적인 신념을 밝히고 재구조화하는 것
② 인간과 환경의 상호작용에 대한 이해와 강조
③ 클라이언트의 삶에 대한 통제능력 인정
④ 클라이언트의 문제보다는 강점에 초점을 둠
⑤ 신속한 개입을 통한 증상 제거와 기능 회복

답 ②

응시생들의 선택

① 9%	② 75%	③ 5%	④ 7%	⑤ 4%

① 인지행동모델
③ 역량강화모델
④ 강점관점
⑤ 위기개입모델

다음 내용이 왜 틀렸는지를 확인해보자

10-04-04

01 심리사회모델은 인간의 내적 갈등보다 **환경을 더 강조**한다.

> 심리사회모델에서는 심리 내적 문제와 환경의 문제, 그리고 이들의 상호작용에도 관심을 둔다.

02 심리사회모델은 클라이언트의 현재 행동은 **과거의 경험에서 비롯된 것이라고 전제한다.**

> 심리사회모델은 클라이언트의 문제나 상황을 이해하기 위해서 과거의 경험을 탐색하는 것이 필요하다고 본다. 하지만 과거의 경험이나 그로 인한 무의식이 현재 행동의 결정적 요인이라고 보지는 않는다.

06-04-15

03 심리사회모델은 정신분석이론을 바탕으로 하여 **무의식이 현재의 행동을 결정짓는다**고 본다.

> 심리사회모델은 무의식이 인간의 경험에 영향을 미치지만 행동을 결정짓는 요소는 아니라고 본다.

11-04-06

04 심리사회모델은 **단기개입에 적합한 이론**이다.

> 심리사회모델은 과거의 경험을 중요하게 살펴보기 때문에 단기적으로 진행되기는 어렵다.

05 심리사회모델에서는 **개별화, 자기결정, 수용 등의 가치를 고려하지 못했다**는 비판을 받는다.

> 개별화, 자기결정, 수용 등의 가치는 심리사회모델에서 매우 중요시되는 가치이다.

06 심리사회모델은 '상황 속 인간' 관점을 반영하지는 않는다.

> 심리사회모델은 '상황 속 인간' 관점을 토대로 하며, 이는 특히 개입기법 중 개인-환경에 관한 고찰에서 드러난다.

4장

인지행동모델

이 장에서는

인지행동모델의 이론적 기반이 되는 행동주의이론과 행동수정모델을 비롯해 인지행동모델의 주요 특징, 다양한 개입 기법들에 대해 살펴본다. 구조화된 접근, 단기개입 추구, 문제중심, 목표지향, 주관적 경험 강조, 능동적 접근이라는 특징들은 반드시 이해하고 기억해두어야 한다.

10년간 출제분포도

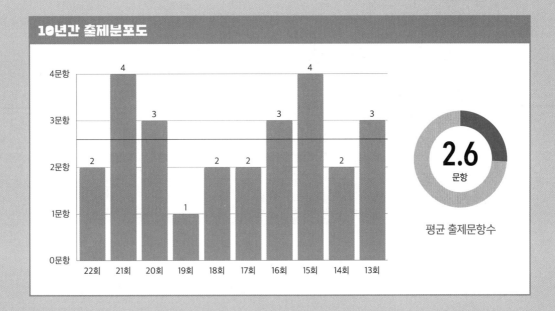

101 인지행동모델의 주요 특징

★★★
최근 10년간 **9문항** 출제

복습 1 이론요약

인지행동모델의 인간관
- <u>인간은 외부 자극에 수동적으로 반응하는 존재가 아니다.</u>
- <u>심리 내적인 힘에 의해서 결정되는 존재도 아니다.</u>
- <u>인간의 행동은 개인과 환경 간 상호작용의 결과이다.</u>

인지행동모델의 개입목표
- <u>문제의 원인이 되는 비합리적 신념이나 왜곡된 사고를 확인하여 수정할 수 있도록</u>
  <u>원조</u>하는 것
- 문제를 일으키는 잘못된 가정과 사고의 유형을 확인 · 점검하고, 재평가해서 수정하도록 격려

기본개념

사회복지실천기술론
pp.73~

인지행동모델의 특징
- 클라이언트의 <u>주관적 경험의 독특성 중시</u>
- <u>구조화되고 방향적(직접적)인 접근</u>
- <u>교육적 접근:</u> 클라이언트가 인지행동치료의 개념을 이해하고 있을수록 더 효과적인 개입이 가능하다는 점에서 인지행동치료에 대한 설명과 교육 진행
- <u>과거의 경험이나 무의식 등을 탐색하기는 하지만 현재 문제를 중심으로 접근</u>
- <u>시간제한적인 단기접근</u>
- <u>인지 · 정서 · 행동적 개입</u>
- 클라이언트의 능동적인 참여 강조
- 클라이언트와 사회복지사 간의 협조적 노력, 신뢰 관계 강조
- 문제중심적, 현재중심적, 목표지향적 접근
- 소크라테스식 문답법: 사회복지사는 클라이언트의 문제에 대해 **논박을 통해 인지적 왜곡이나 오류가 있음을 밝히며** 자기발견과 타당화 과정을 거쳐 사건이나 행동의 의미를 재발견하도록 함
- 인지재구조화, 경험적 학습, 체계적 둔감법, 모델링 등 인지적, 정서적, 행동적 차원의 다양한 개입기법 활용

01 (21-04-05) 인지행동모델은 개인의 주관적 경험의 독특성을 중시한다.

02 (21-04-05) 인지행동모델은 제한된 시간 내에 특정 문제에 초점을 두고 접근한다.

03 (21-04-05) 인지행동모델은 과제 활용과 교육적인 접근으로 자기 치료가 가능하도록 한다.

04 (21-04-05) 인지행동모델은 클라이언트의 적극적 참여와 협조적 태도를 중시한다.

05 (20-04-16) 인지행동모델은 왜곡된 사고에 의한 정서적 문제의 개입에 효과적이다.

06 (19-04-13) 인지행동모델은 구조화된 접근을 한다.

07 (19-04-13) 인지행동모델은 교육적 접근을 강조한다.

08 (19-04-13) 인지행동모델은 클라이언트의 주관적 경험, 문제 및 관련 상황에 대한 인식을 중시한다.

09 (19-04-13) 인지행동모델은 클라이언트와 사회복지사의 협조적인 노력을 중시하고, 클라이언트의 능동적인 참여를 권장한다.

10 (17-04-20) 인지행동모델은 주관적 경험과 인식을 중시한다.

11 (16-04-17) 인지행동모델은 클라이언트의 주관적 경험, 문제 및 관련 상황에 대해 느끼는 주관적인 의미를 중요시한다.

12 (16-04-17) 인지행동모델은 사건을 이해하는 신념체계가 감정에 어떤 영향을 주는지를 파악한다.

13 (16-04-17) 인지행동모델은 문제에 대한 통제력이 자신에게 있다고 전제한다.

14 (15-04-07) 인지행동모델은 구조화된 접근을 강조한다.

15 (15-04-07) 인지행동모델은 지적 능력을 가진 클라이언트에게 적용이 보다 용이하다.

16 (15-04-22) 인지행동모델은 클라이언트의 강점을 강조하지는 않았다.

17 (14-04-02) 인지행동모델은 행동적 과제의 부여를 중요시한다.

18 (14-04-02) 인지행동모델은 클라이언트의 주관적 경험과 인식을 강조한다.

19 (13-04-04) 인지행동모델은 비합리적인 신념체계의 변화를 강조한다.

20 (13-04-04) 인지행동모델은 대체 사고와 행동을 학습하는 교육적 접근을 강조한다.

21 (10-04-25) 인지행동모델은 생각이 바뀌면 역기능이 해소될 수 있다고 가정한다.

22 (10-04-25) 인지행동모델은 클라이언트의 주관적 경험과 책임을 강조한다.

23 (02-04-11) 인지행동모델은 개인에게 있는 비합리적인 신념체계를 끌어내어 합리적인 신념체계로 바꾸도록 돕는다.

21-04-05 　　　　　　난이도 ★★★

인지행동모델에 관한 설명으로 옳지 않은 것은?

① 개인의 주관적 경험의 독특성을 중시한다.
② 클라이언트의 강점과 자원이 문제해결의 주요 요소이다.
③ 제한된 시간 내에 특정 문제에 초점을 두고 접근한다.
④ 과제 활용과 교육적인 접근으로 자기 치료가 가능하도록 한다.
⑤ 클라이언트의 적극적 참여와 협조적 태도를 중시한다.

▶ 알짜확인

• 클라이언트의 주관적 경험을 중요시하고, 시간제한적이고 구조화된 방식으로 진행된다는 점은 꼭 기억해두자.
• 인지행동모델은 문제의 원인이 되는 비합리적 신념, 왜곡된 사고, 인지적 오류 등을 수정할 수 있도록 하는 데에 목표를 두기 때문에 이러한 탐색이 어려울 정도의 지적 수준이 낮은 클라이언트에 적용하기는 어렵다.
• 인지행동모델의 치료 방식이 주로 심리적 차원에 있어 종종 헷갈려하는 수험생들이 있는데, 인지행동모델은 이론적으로 인간과 환경의 상호교류를 인식하고 설명한다.

답 ②

✔ 응시생들의 선택

① 5%	② 44%	③ 35%	④ 15%	⑤ 1%

② 인지행동모델은 개인이 가지고 있는 비합리적 신념, 인지적 오류 등 인지를 변화시킴으로써 행동을 수정한다.

➕ 덧붙임

이 문제의 답으로 ③을 선택한 응시생도 꽤 많았는데, ③은 옳은 설명이다. 인지행동모델은 클라이언트가 호소하는 문제 중심의 목표지향적 접근을 하며, 구조화된 방식으로 시간제한적 개입, 단기적 개입을 추구한다는 점 기억해두기 바란다.

19-04-13 　　　　　　난이도 ★★☆

인지행동모델에 관한 설명으로 옳지 않은 것은?

① 구조화된 접근을 한다.
② 클라이언트의 무의식적 행동에 관심을 둔다.
③ 교육적 접근을 강조한다.
④ 클라이언트의 주관적 경험, 문제 및 관련 상황에 대한 인식을 중시한다.
⑤ 클라이언트와 사회복지사의 협조적인 노력을 중시하고, 클라이언트의 능동적인 참여를 권장한다.

답 ②

✔ 응시생들의 선택

① 5%	② 66%	③ 24%	④ 2%	⑤ 3%

② 인지행동모델에서는 클라이언트의 무의식적 행동에 관심을 두지는 않는다.

16-04-17 　　　　　　난이도 ★★☆

인지행동모델의 특성을 모두 고른 것은?

ㄱ. 객관적 경험의 일반화
ㄴ. 사건을 이해하는 신념체계가 감정에 어떤 영향을 주는지 파악
ㄷ. 문제에 대한 통제력이 자신에게 있다고 전제
ㄹ. 질문을 통해 자기발견과 타당화의 과정을 거침

① ㄱ, ㄹ
② ㄴ, ㄹ
③ ㄱ, ㄴ, ㄷ
④ ㄴ, ㄷ, ㄹ
⑤ ㄱ, ㄴ, ㄷ, ㄹ

답 ④

✔ 응시생들의 선택

① 5%	② 11%	③ 11%	④ 58%	⑤ 15%

ㄱ. 인지행동모델은 클라이언트의 주관적 경험, 문제 및 관련 상황에 대해 느끼는 주관적인 의미를 중요시한다.

사회복지실천모델의 특성과 해당 모델의 연결이 옳지 않은 것은?

① 단기개입을 강조 – 위기개입모델
② 클라이언트의 자기결정권을 강조 – 과제중심모델
③ 환경에 대한 개입을 강조 – 생태체계모델
④ 클라이언트의 강점을 강조 – 인지행동모델
⑤ 클라이언트와의 협력적 관계를 강조 – 클라이언트 중심
  모델

답 ④

✅ 응시생들의 선택

① 5%	② 37%	③ 4%	④ 43%	⑤ 11%

④ 인지행동모델이 강점관점을 기반으로 한 것은 아니다.

인지행동모델에 관한 설명으로 옳은 것을 모두 고른 것은?

> ㄱ. 행동적 과제의 부여를 중요시한다.
> ㄴ. 클라이언트의 주관적 경험과 인식을 강조한다.
> ㄷ. 인지체계의 변화를 위해 구조화된 접근을 한다.
> ㄹ. 불안감을 경험하는 상황에 노출시킨다.

① ㄱ, ㄴ, ㄷ　　　　　　② ㄱ, ㄷ
③ ㄴ, ㄹ　　　　　　　 ④ ㄹ
⑤ ㄱ, ㄴ, ㄷ, ㄹ

답 ⑤

✅ 응시생들의 선택

① 44%	② 11%	③ 9%	④ 1%	⑤ 35%

ㄱ. 인지행동모델은 행동주의이론의 영향을 받아 행동을 수정하기 위한 개입기법들을 활용한다.
ㄴ. 인지행동모델은 인간은 고유한 인지과정을 통해 자신의 주관적인 경험을 해석하고 행동한다고 보며, 클라이언트가 경험하고 해석하는 방식 등을 존중한다.
ㄷ. 인지행동모델은 일정한 방향성을 가지고 구조화된 절차를 거치면서 문제해결과정을 수행해나간다.
ㄹ. 체계적 둔감법처럼 일부러 불안 상황에 노출시키기도 한다. 그 상황에 둔감해져 불안을 경험하지 않게 된다는 원리이다.

인지행동모델의 한계점에 관한 설명으로 옳지 않은 것은?

① 지적 능력이 낮은 클라이언트에게는 효과성이 제한적이다.
② 즉각적인 위기개입을 해야 하는 클라이언트에게 적용하기 어렵다.
③ 사회복지사의 적극적 역할 수행이 어렵다.
④ 특정 개입기술 사용에서 윤리적 문제가 발생할 수 있다.
⑤ 새로운 시도에 대한 의지가 약한 클라이언트에게 적용이 어렵다.

답 ③

✅ 응시생들의 선택

① 30%	② 15%	③ 36%	④ 9%	⑤ 9%

③ 인지행동모델에서 사회복지사는 적극적이며 직접적으로 개입함으로써 클라이언트의 문제해결을 원조한다.

①⑤ 인지행동모델은 인지적, 행동적 차원의 변화를 이끄는 개입방법이기 때문에 지적 수준이 낮거나 새로운 시도에 대한 의지가 약한 클라이언트의 경우 적용이 어려운 측면이 있다.
② 구조화된 접근으로 기간이 단축될 수 있다고 보았지만 즉각적으로 실시될 수 있는 개입은 아니다. 위기에 놓인 클라이언트에게는 위기개입모델이 더 적합하다.
④ 일부러 어려운 과제를 주거나 겁이 많은 클라이언트를 지속적으로 공포상황에 노출시키는 등 논란이 될 수 있는 방법을 사용하기도 한다. 때문에 개입방법을 설명하고 동의를 구하여 실시한다.

인지행동모델에 관한 설명으로 옳지 않은 것은?

① 생각이 바뀌면 역기능이 해소될 수 있다고 가정한다.
② 합리정서행동치료(Rational Emotive Behavior Therapy)가 해당된다.
③ 특정 상황에서 떠오르는 생각을 점검하기 위해 행동기록일지를 작성하도록 한다.
④ 클라이언트의 주관적 경험과 책임을 강조한다.
⑤ 옹호활동을 통해 클라이언트의 자원 및 기회를 확대시킨다.

답 ⑤

✅ 응시생들의 선택

① 4%	② 3%	③ 8%	④ 18%	⑤ 67%

⑤ 옹호활동을 통해 클라이언트의 자원 및 기회를 확대시키는 것은 역량강화(=임파워먼트)모델에 해당한다.

다음 내용이 왜 틀렸는지를 확인해보자

01 인지행동모델에서는 <u>인간은 수동적인 존재이며 인간의 행동은 인간의 의지에 의해 달라질 수 없기 때문에 사회복지사가 주도적으로 개입해야 한다</u>고 본다.

> 인지행동모델에서는 인간의 행동은 인간의 의지에 의해 달라질 수 있다고 보며, 클라이언트를 수동적인 존재가 아닌 적극적인 참여자로 간주한다.

13-04-04
02 인지행동모델은 인지체계의 변화를 위한 <u>비구조화된 접근을 강조</u>한다.

> 인지행동모델은 구조화된 절차를 통해 이루어진다.

03 인지행동모델은 <u>과거의 경험 및 무의식을 탐색</u>하는 데에 긴 시간을 들인다.

> 인지행동모델은 과거의 경험 및 무의식 탐색을 강조하지 않으며 현재가 중심이 된다.

15-04-07
04 인지행동모델은 <u>지적 수준이 낮거나 현실감이 부족한 클라이언트, 변화의 의지가 약한 클라이언트에게 적합</u>하다.

> 지적 수준이 낮거나 현실감이 부족한 클라이언트, 변화의 의지가 약한 클라이언트에게는 적용이 어렵다.

04-04-02
05 인지행동모델은 비합리적 신념, 왜곡된 사고, <u>개인–환경 간 고찰</u> 등의 개념을 사용한다.

> 개인–환경 간 고찰은 심리사회모델의 개입기술이다.

13-04-07
06 인지행동모델은 <u>즉각적인 위기개입이 필요한 클라이언트에게 유용</u>한 개입방법이 된다.

> 인지행동모델은 구조화된 접근방식으로 개입의 단기화를 추구한다. 다만 클라이언트가 인지행동모델의 방식을 이해하면 효과를 올릴 수 있다고 보아 교육의 과정이 이루어지기 때문에 즉각적인 위기개입에 적합하다고 볼 수는 없다.

다음 내용이 옳은지 그른지 판단해보자

01 인지행동모델은 인지를 변화시킴으로써 행동 변화가 가능하다고 가정한다. ⊙⊗

14-04-02
02 인지행동모델은 클라이언트의 주관적 경험과 인식을 강조한다. ⊙⊗

15-04-07
03 인지행동모델에 따르면, 인간행동은 의지에 따라 결정되는 것은 아니다. ⊙⊗

04 인지행동모델은 비합리적 신념, 왜곡된 사고, 인지적 오류 등이 문제의 원인이 된다고 본다. ⊙⊗

16-04-17
05 인지행동모델은 객관적 경험을 일반화한다. ⊙⊗

06 인지행동모델은 정신분석모델을 바탕으로 통합적 방법을 모색한 것이다. ⊙⊗

14-04-02
07 인지행동모델은 인지체계의 변화를 위해 구조화된 접근을 한다. ⊙⊗

08 인지행동모델에서는 클라이언트를 자기결정권을 가진 인간으로 보면서 적극적인 참여자로 간주한다. ⊙⊗

17-04-20
09 인지행동모델은 클라이언트의 무의식적 언행에 초점을 맞춘다. ⊙⊗

답 **01** ○ **02** ○ **03** × **04** ○ **05** × **06** × **07** ○ **08** ○ **09** ×

해설 **03** 인지행동모델은 능동적인 인간관을 갖기 때문에 인간행동은 의지에 따라 결정된다고 본다.
05 주관적 경험의 독특성을 중요시한다.
06 정신분석모델식 치료에 대한 거부가 일어나고 통합적 방법의 필요성이 제기되면서 인지행동모델이 등장하게 되었다.
09 인지행동모델은 무의식이나 과거의 경험 등에 초점을 두지 않으며 현재를 중심으로 한다.

인지행동모델의 개입기법

1회독	2회독	3회독
월 일	월 일	월 일

최근 10년간 **11문항** 출제

이론요약

엘리스의 합리적 정서치료

- 정신분석이 과거의 경험을 토대로 문제를 해결하는 것에 반대하며 **현재의 상황에서 해결책을 발견**할 수 있다고 봄
- 클라이언트가 갖는 **비합리적 신념에 초점을 두어 인지를 재구조화**하고자 함
- 개입과정(ABCDE 모델)
  - A(Accident, 실재하는 사건): 인간의 정서를 유발하는 어떤 사건이나 현상 또는 행위
  - B(Belief, 신념체계): A에 대해서 가지고 있는 신념, 생각
  - C(Consequence, 정서적·행동적 결과): 개인의 믿음, 인식 등으로 인해 초래된 감정이나 행동
  - D(Dispute, 논의, 논박): 치료의 논박과정. 논리성, 현실성, 효용성 등의 차원에서 클라이언트가 가진 비합리적 신념에 대해 논박하는 질문을 제시
  - E(Effect, 효과): D를 통하여 합리적인 신념으로 재구조화된 이후에 갖게 되는 태도와 감정의 결과. 논박에 따른 인지적, 정서적, 행동적 효과

기본개념

사회복지실천기술론
pp.78~

벡의 인지치료

- **인지적 측면의 왜곡을 수정**함으로써 클라이언트가 가진 심리사회적 문제를 해결할 수 있다고 봄
- **클라이언트의 자동적 사고를 수정**하여 정서나 행동을 변화시키는 데에 역점을 둠
- 인지적 왜곡(오류)의 유형
  - **임의적 유추**: 충분하고 적절한 증거가 없는데도 결론에 도달하는 것
  - **선택적 요약**: 상황에 대한 현저한 특성을 무시하고 맥락에서 벗어난 세부내용에 초점을 두는 것
  - **과잉일반화**: 단일 사건에 기초하여 극단적인 신념을 가지고 그것들과 유사하지 않은 사건들이나 장면에 부적절하게 적용
  - **극대화와 극소화**: 사건의 의미나 크기를 왜곡하는 것
  - **개인화**: 관련된 적절한 원인없이 부정적 사건이나 상황을 개인에게 연결시키는 것
  - **이분법적 사고**: 실패나 성공 등 극단적인 흑과 백으로 구분하려는 경향

즈릴라와 골드프라이드의 문제해결치료

- 일상생활에서 직면하는 문제상황에 대처해나갈 수 있도록 기술을 훈련시킴
- 문제를 도전으로 봄
- 자기통제훈련의 한 형태
- 문제해결 5단계
  - 1단계: 문제지향(문제인식)
  - 2단계: 문제정의(문제규정)와 형성
  - 3단계: 가능한 대안의 모색
  - 4단계: 의사결정
  - 5단계: 문제해결책의 실행과 검증

기타 인지행동 개입기법

인지재구조화	**역기능적 사고와 관념을 현실적 사고와 관념으로 대치**할 수 있도록 원조
경험적 학습	클라이언트에게 자기 자신의 인지적 오류에 부합하지 않는 특정한 행동을 하도록 함으로써 클라이언트가 자신의 인지적 오류를 발견하고 수정하도록 함
체계적 둔감화	**덜 위협적인 상황에서 가장 위협적인 상황으로 순서대로 제시**하면서 불안을 일으키는 자극들을 반복적으로 이완상태와 짝짓는 기법
모델링	**다른 사람의 행동을 관찰하여 학습**하는 것으로, 클라이언트는 시행착오를 겪지 않으면서 새로운 행동을 학습할 수 있음
이완훈련	근육의 수축·이완, 호흡법, 심상법 등을 통해 스트레스 상황에서 겪는 긴장감, 불안감, 우울, 분노 등의 감정에 대처할 수 있도록 함
시연	클라이언트가 어떤 행동을 현실 세계에서 실행하기에 앞서 **사회복지사 앞에서 미리 연습**
자기지시기술	클라이언트가 변화시키기 원하는 행동에 대한 실천지침을 작성하여 스스로 실행해보도록 함
내적 의사소통의 명료화	클라이언트가 **독백하는 과정**에 사회복지사가 그때그때 피드백을 함으로써 클라이언트는 자신이 가지고 있는 인지적 오류나 비합리적 신념을 이해하고 통찰하게 되어 인지적 변화가 일어날 수 있음
설명	클라이언트에게 감정이 어떻게 행동에 영향을 미치는지에 대해서 엘리스의 ABC모델을 적용하여 설명
기록과제	클라이언트에게 자신의 문제에 엘리스의 ABC모델을 적용하여 기록해볼 수 있도록 과제 부여
역설적 의도	**클라이언트가 염려하는 특정 행동을 더욱 강화하도록 지시**하여 그 행동에 관한 인지적 오류를 감소시키고 조절력을 증가시키는 전략
역동적·실존적 사고 반영	• 역동적 사고 반영: 문제 상황을 객관적, 경험적, 이론적 차원에서의 역동적 사고를 통해 해결 • 실존적 사고 반영: 개인의 삶의 의미와 잠재적 의미에 초점을 두어 인지구조를 재구조화
사회기술훈련	원만한 대인관계 및 사회적 관계를 맺기 어려운 사람들을 대상으로 함. **주로 집단활동**으로 실시. **다양한 행동주의적 기법을 활용**

01 (22-04-07) 인지행동모델의 개입기법 중 내적 의사소통 명료화는 클라이언트 스스로 자신에 대해 독백하고 사고하는 과정이다.

02 (21-04-04) 임의적 추론: 내가 뚱뚱해서 지나가는 사람들이 나만 쳐다봐.

03 (21-04-04) 개인화: 그때 내가 전화만 받았다면 동생이 사고를 당하지 않았을 텐데. 나 때문이야.

04 (21-04-04) 이분법적 사고: 이 일을 완벽하게 하지 못하면 실패한 것이야.

05 (21-04-04) 선택적 요약: 지난번 과제에서 나쁜 점수를 받았어. 이건 내가 꼴찌라는 것을 의미해.

06 (21-04-06) 시연: 클라이언트가 힘들어하는 행동에 대해 실생활에서 실행 전에 반복적으로 연습하는 것

07 (21-04-06) 체계적 둔감법: 두려움이 적은 상황부터 큰 상황까지 단계적으로 노출시켜 문제를 극복하도록 하는 것

08 (21-04-06) 내적 의사소통의 명료화: 클라이언트가 자신의 생각을 말로 표현하고, 피드백을 통해 사고의 명료화를 돕는 것

09 (21-04-21) 사회기술훈련 단계: 1. 사회기술훈련의 필요성에 대한 이해 → 2. 문제가 발생하는 상황 확인 → 3. 사회기술의 구성요소 확인 → 4. 사회기술의 시연 → 5. 역할극을 통한 연습 → 6. 긍정적 강화 및 평가 → 7. 반복적인 연습 → 8. 실제 상황에 적용

10 (20-04-09) 내적 의사소통의 명료화, 모델링, 기록과제, 자기지시 등은 인지행동모델의 개입방법에 해당한다.

11 (20-04-13) '그 생각이 문제해결에 얼마나 도움이 될까요?'라는 질문은 실용성에 관한 논박기법을 사용한 것이다.

12 (20-04-15) 정적 강화, 역할 연습, 과제를 통한 연습 등은 사회기술훈련에서 사용되는 행동주의모델의 기법이다.

13 (18-04-05) 사회기술훈련에서는 코칭, 과제제시, 모델링, 자기옹호 등의 기법을 활용한다.

14 (18-04-19) 인지적 오류 중 선택적 사고는 상황에 대한 자신의 관점을 지지하기 위해 특정 자료들을 걸러 내거나 무시하는 것이다.

15 (17-04-07) 인지행동모델의 개입기법 중 하나인 행동형성은 강화원리를 따른다.

16 (17-04-07) 인지행동모델에서 체계적 탈감법은 고전적 조건화에 근거한다.

17 (14-04-14) 사회기술훈련은 사회복귀지원 프로그램에 적용이 가능하다.

18 (12-04-01) 문제해결모델은 문제를 위험으로 보지 않고 도전으로 인식하도록 돕는다.

19 (12-04-01) 문제해결모델은 변화의 동기나 의지가 약한 클라이언트에게 적합하지 않은 모델이다.

20 (12-04-04) 이분법적 사고: 최고가 아니면 모두 실패인 거야.

21 (12-04-04) 임의적 추론: 내가 너무 뚱뚱해서 사람들이 다 나만 쳐다보는 것 같아.

22 (12-04-04) 개인화: 내가 신고만 빨리 했어도 지하철 화재로 사람들이 죽지 않았을 텐데.

23 (12-04-04) 과잉일반화: 내가 너무 못생겨서 남자친구가 떠났으니 결혼도 하기 어렵겠지.

24 (12-04-10) 사회기술훈련은 역할연습, 시연, 모델링, 직접적 지시 등을 활용한다.

25 (11-04-08) '경험적 학습'은 왜곡된 인지에 도전하여 변화를 유도하는 것으로 인지적 불일치 원리를 적용한다.

26 (11-04-08) '인지 재구조화'는 역기능적인 사고와 신념을 현실에 맞는 것으로 대치하도록 하여 기능 향상을 돕는다.

27 (11-04-08) '내적 의사소통의 명료화'를 통해 자신의 독백과 생각의 비합리성을 이해할 수 있다.

28 (11-04-23) 사회기술훈련은 문제가 발생하는 실제 상황을 자세하게 파악해야 한다.

29 (11-04-23) 사회기술훈련은 특정 행동의 복잡한 유형을 세분하여 이해하고 훈련해야 한다.

30 (11-04-23) 사회기술훈련은 반복적인 예행연습을 통해 원하는 기술 수준에 도달하도록 해야 한다.

31 (10-04-16) 인지행동모델은 특정 상황에서 떠오르는 생각을 점검하기 위해 행동기록일지를 작성하도록 한다.

32 (09-04-13) 모델링은 시행착오를 줄이고 성공경험을 촉진한다.

33 (09-04-13) 모델링은 행동뿐 아니라 행동에 대한 감정과 태도변화를 도모한다.

34 (09-04-13) 모델링은 모방할 행동에 대한 관찰학습 기회를 제공한다.

35 (08-04-06) 축소(극소화)의 예: 시험에 합격한 일 정도는 누구나 할 수 있는 일이야.

36 (05-04-11) 역설적 지시: 클라이언트가 특정 행동에 불안을 보일 때 특정 행동을 증가시키게 해서 인지적 오류를 깨닫게 하고 불안을 감소시킨다.

37 (05-04-07) 엘리스의 합리정서치료는 비합리적인 신념을 합리적으로 바꾸어주는 것에 초점을 둔다.

38 (04-04-19) 과잉일반화의 예: 자신이 원하는 곳에 취업원서를 넣었다가 낙방한 사람이 자신은 무능력하고 되는 일이 없는 무가치한 사람이라고 결론을 지었다.

39 (03-04-09) 인지 재구조화는 잘못된 신념체계를 찾아 재수정하는 것이다.

40 (03-04-06) 이분법적 사고: 실패나 성공 등 극단적인 흑과 백으로 구분하려는 성향

41 (03-04-06) 개인화: 자신과 관계없는 외부의 사건을 자신의 탓으로 여기는 경우

42 (03-04-06) 과잉일반화: 단일 사건에 기초하여 극단적인 신념을 가지고 그것들과 유사하지 않은 사건들이나 장면에 부적절하게 적용하는 것

43 (03-04-06) 임의적 유추: 충분하고 적절한 증거가 없는 데도 결론에 도달하는 것

대표기출 확인하기

22-04-07 난이도 ★★★

인지행동모델 개입 기법에 관한 설명으로 옳은 것은?

① 행동시연: 관찰학습 과정을 통해 클라이언트가 시행착오를 거치지 않고 행동할 수 있도록 한다.

② 유머사용: 인지적 기법의 하나로서 비합리적인 신념에서 오는 불안을 감소시키는데 유용하다.

③ 내적 의사소통 명료화: 클라이언트 스스로 자신에 대해 독백하고 사고하는 과정이다.

④ 역설적 의도(paradoxical intention): 클라이언트의 역기능적 사고를 인식하고 이를 현실적인 사고로 대치한다.

⑤ 이완훈련: 클라이언트가 가장 덜 위협적인 상황에서 가장 위협적인 상황까지 순서대로 제시한다.

▶ **알짜확인**

• 인지행동모델은 인지적 차원, 행동적 차원에 모두 접근하기 때문에 행동적 기법들을 활용함과 동시에 다양한 인지적, 정서적 차원의 전략과 사회환경 차원의 전략도 사용된다.

• 단순하게 인지행동모델에서 사용하는 개입방법을 묻기도 하지만, 인지적 오류의 유형, 엘리스의 개입과정을 비롯해 체계적 둔감법, 사회기술훈련 등 여러 기술이 구체적으로 다뤄지기도 하고 사례제시형으로 출제되기도 하기 때문에 꼼꼼한 학습과 다양한 문제풀이로 대비하는 것이 필요하다.

답 ③

✔ **응시생들의 선택**

① 13%	② 12%	③ 38%	④ 22%	⑤ 15%

① 행동시연의 과정에서 클라이언트는 얼마든지 시행착오를 겪을 수 있으며, 그 시행착오를 통해 실제 상황에서의 시행착오를 줄일 수 있다.

② 유머를 통해 클라이언트가 불필요하게 진지해지거나 지나치게 심각해지지 않도록 막을 수 있다. 정서적 개입의 하나로, 인지적 개입과 달리 내담자의 비합리적 신념을 직접 다루는 것은 아니다.

④ 역설적 의도는 클라이언트가 변화하고자 하는 모습과는 정반대되는 행동을 해보도록 하는 것이다. 이를 통해 자신의 문제를 또다른 관점에서 바라볼 수 있게 된다.

⑤ 이완훈련은 근육이완, 호흡법 등을 훈련하여 불안감, 긴장감 등을 완화할 수 있도록 하는 것이다.

관련기출 더 보기

21-04-04 난이도 ★★★

인지적 오류(왜곡)에 관한 예로 옳지 않은 것은?

① 임의적 추론: 내가 뚱뚱해서 지나가는 사람들이 나만 쳐다봐.

② 개인화: 그때 내가 전화만 받았다면 동생이 사고를 당하지 않았을 텐데. 나 때문이야.

③ 이분법적 사고: 이 일을 완벽하게 하지 못하면 실패한 것이야.

④ 과잉일반화: 시험보는 날인데 아침에 미역국을 먹었으니 나는 떨어질거야.

⑤ 선택적 요약: 지난번 과제에서 나쁜 점수를 받았어. 이건 내가 꼴찌라는 것을 의미해.

답 ④

✔ **응시생들의 선택**

① 8%	② 17%	③ 8%	④ 38%	⑤ 29%

④ 미역국이 시험 결과에 대한 적절한 증거가 아니라는 점에서 임의적 추론에 해당한다. 임의적 추론은 이처럼 제시된 증거가 결과를 도출하기에 부적절한 것을 말한다.

과잉일반화는 한두 번 있었던 사건을 유사한 모든 사건에 동일하게 적용하는 것으로, 면접에 한 번 떨어진 사람이 '나는 어느 회사에서 면접을 보든 항상 떨어질꺼야'라는 싹쓸이식 부정적 결론을 내리는 것을 말한다.

난이도 ★★★

사회기술훈련의 단계를 순서대로 옳게 나열한 것은?

| ㄱ. 역할극 | ㄴ. 적용 |
| ㄷ. 시연 | ㄹ. 평가 |

① ㄱ → ㄷ → ㄴ → ㄹ
② ㄱ → ㄷ → ㄹ → ㄴ
③ ㄴ → ㄷ → ㄹ → ㄱ
④ ㄷ → ㄱ → ㄴ → ㄹ
⑤ ㄷ → ㄱ → ㄹ → ㄴ

답 ⑤

✅ 응시생들의 선택

| ① 37% | ② 14% | ③ 2% | ④ 31% | ⑤ 16% |

1. 사회기술훈련의 필요성에 대한 이해 → 2. 문제가 발생하는 상황 확인 → 3. 사회기술의 구성요소 확인 → 4. 사회기술의 시연 → 5. 역할극을 통한 연습 → 6. 긍정적 강화 및 평가 → 7. 반복적인 연습 → 8. 실제 상황에 적용

난이도 ★★★

인지행동모델에서 비합리적인 사고에 대해 '실용성에 관한 논박기법'을 사용한 질문은?

① 그 생각이 옳다는 것을 어떻게 아세요?
② 지금 느끼는 감정을 명확하게 설명할 수 있으세요?
③ 그 일이 실제로 일어날 가능성이 얼마나 될까요?
④ 그 생각이 문제해결에 얼마나 도움이 될까요?
⑤ 그 생각의 논리적 근거는 무엇입니까?

답 ④

✅ 응시생들의 선택

| ① 6% | ② 6% | ③ 22% | ④ 47% | ⑤ 19% |

• 논리성: 지금 하는 생각의 논리적 근거를 질문
• 현실성: 지금 하는 생각이 갖는 현실성에 대한 질문
• 실용성(효용성): 지금 하는 생각이 클라이언트에게 어떤 유익을 주는지에 대해 질문

난이도 ★★☆

인지행동모델의 개입방법에 해당되는 것을 모두 고른 것은?

ㄱ. 내적 의사소통의 명료화
ㄴ. 모델링
ㄷ. 기록과제
ㄹ. 자기지시

① ㄱ, ㄴ
② ㄷ, ㄹ
③ ㄱ, ㄴ, ㄷ
④ ㄴ, ㄷ, ㄹ
⑤ ㄱ, ㄴ, ㄷ, ㄹ

답 ⑤

✅ 응시생들의 선택

| ① 19% | ② 7% | ③ 10% | ④ 19% | ⑤ 45% |

난이도 ★★☆

사회기술훈련에서 활용되는 기법을 모두 고른 것은?

| ㄱ. 코칭 | ㄴ. 과제제시 |
| ㄷ. 모델링 | ㄹ. 자기옹호 |

① ㄱ, ㄷ
② ㄴ, ㄹ
③ ㄱ, ㄴ, ㄷ
④ ㄴ, ㄷ, ㄹ
⑤ ㄱ, ㄴ, ㄷ, ㄹ

답 ⑤

✅ 응시생들의 선택

| ① 6% | ② 1% | ③ 39% | ④ 3% | ⑤ 51% |

코칭, 과제제시, 모델링 등 다양한 행동주의적 기법을 사용하며, 타인에게 도움을 요청 또는 거절하는 방법, 자기주장을 하는 방법 등을 다룬다.

18-04-19 　　　　　　　　난이도 ★★☆

인지적 왜곡이나 오류의 유형에 관한 설명으로 옳은 것은?

① 과잉일반화는 정반대의 증거나 증거가 없음에도 불구하고 어떤 결론을 내리는 것이다.
② 임의적 추론은 상반된 사고의 경향성을 보이는 것이다.
③ 개인화는 하나 또는 별개의 사건들을 가지고 결론을 내린 후 비논리적으로 확장하는 것이다.
④ 선택적 사고는 상황에 대한 자신의 관점을 지지하기 위해 특정 자료들을 걸러 내거나 무시하는 것이다.
⑤ 과장과 축소는 하나의 사건 혹은 별개의 사건들의 결론을 주관적으로 내리는 것이다.

답 ④

✔ 응시생들의 선택

① 9%	② 3%	③ 5%	④ 78%	⑤ 5%

① 과잉일반화: 어떤 사건에 대한 결론이나 법칙을 끌어내서 관련 없는 상황에 광범위하게 적용하는 것
② 임의적 추론: 정반대의 증거나 증거가 없음에도 불구하고 어떤 결론을 내리는 것
③ 개인화: 관련된 적절한 원인 없이, 부정적인 사건이나 상황을 개인에게 연결시키는 것
⑤ 과장과 축소: 사건이나 경험의 의미나 크기를 왜곡하여 사건이나 경험이 실제로 가진 중요성과 무관하게 과대평가하거나 과소평가하는 것

17-04-07 　　　　　　　　난이도 ★★★

인지행동모델의 개입기법에 관한 설명으로 옳지 않은 것은?

① 행동형성은 강화원리를 따른다.
② 모델링은 관찰학습과정을 통해 이루어진다.
③ 경험적 학습에는 인지불일치원리가 적용된다.
④ 타임아웃은 정적강화원리를 이용한 것이다.
⑤ 체계적 탈감법은 고전적 조건화에 근거한다.

답 ④

✔ 응시생들의 선택

① 2%	② 3%	③ 22%	④ 58%	⑤ 15%

④ 정적강화는 바람직한 행동을 증가시키기 위해 긍정적 강화물을 제시하는 것을 말한다. 한편, 타임아웃은 어떤 행동을 했을 때 강화물이 많은 상태에서 강화물이 적거나 없는 상태로 옮겨놓음으로써 바람직하지 못한 행동을 하지 못하게 하는 방법으로, 후속결과에 따라 강화가 될 수도 있고 처벌이 될 수도 있다.

11-04-08 　　　　　　　　난이도 ★★★

인지행동모델의 개입기법에 관한 설명으로 옳지 않은 것은?

① '과제수행'을 통해 새로운 행동을 배우거나 과거의 부정적 반응을 제거할 수 있다.
② '내적 의사소통의 명료화'를 통해 자신의 독백과 생각의 비합리성을 이해할 수 있다.
③ '설명'은 클라이언트의 행동이 어떻게 생각에 영향을 미치는지를 알려주어 인지 변화를 유도한다.
④ '경험적 학습'은 왜곡된 인지에 도전하여 변화를 유도하는 것으로 인지적 불일치 원리를 적용한다.
⑤ '인지 재구조화'는 역기능적인 사고와 신념을 현실에 맞는 것으로 대치하도록 하여 기능 향상을 돕는다.

답 ③

✔ 응시생들의 선택

① 15%	② 11%	③ 18%	④ 54%	⑤ 2%

③ 클라이언트의 행동이 생각에 미치는 영향이 아니라 생각이 행동에 어떤 영향을 미치는지를 설명함으로써 인지변화를 통한 행동 및 정서 변화를 유도한다.

05-04-07 　　　　　　　　난이도 ★★★

엘리스의 합리정서모델에 대한 설명으로 틀린 것은?

① 부정적인 섭식장애는 왜곡된 지각에서 비롯된다.
② 클라이언트에 대한 비난공격이 치료의 핵심이다.
③ 왜곡된 지각은 비합리적인 신념이 뿌리이다.
④ 비합리적인 신념을 합리적으로 바꾸어주는 것이 치료의 초점이다.
⑤ 부정적인 자기말(self-talk)은 문제상황을 더 악화시킨다.

답 ②

✔ 응시생들의 선택

① 8%	② 58%	③ 12%	④ 7%	⑤ 11%

② 합리정서모델에서 치료의 핵심은 부정적 감정의 근원이 되는 비합리적 신념을 밝혀내고 도전함으로써 재구조화하는 것에 있다.

다음 내용이 왜 틀렸는지를 확인해보자

`06-04-01`

01 인지행동모델의 개입기법 중 역할연기, **소크라테스식 문답법**, 모델링 등은 행동적 전략이다.

> 역할연기, 모델링은 행동적 전략에 해당하며, 소크라테스식 문답법은 인지적 전략이다.

`07-04-15`

02 자유연상은 강박적 사고로 인해 불안감을 호소하는 클라이언트에게 적용가능한 **인지행동기법**이다.

> 자유연상은 정신역동모델의 치료기법이다.

---

03 즈릴라와 골드프라이드가 제시한 문제해결치료모델은 **클라이언트가 스스로 치료할 수 없기 때문에 사회복지사가 치료자로서 기능해야 함**을 강조한다.

> 클라이언트가 스스로 치료자로서 기능할 수 있도록 하는 훈련을 강조한다.

---

04 엘리스는 인간의 정서적, 행동적 결과에 영향을 미치는 원인으로서 사건에 대한 관점이나 시각보다 **사건이나 사실 그 자체를 살펴봐야 한다**고 보았다.

> 특정 사건이나 사실 그 자체가 아닌 그것을 바라보는 시각, 신념체계를 중요시한다.

`12-04-04`

05 "내가 신고만 빨리 했어도 지하철 화재로 사람들이 죽지 않았을 텐데."라는 생각은 인지적 왜곡의 유형 중 **임의적 추론**에 해당한다.

> 개인화에 해당한다.

`09-04-02`

06 형제가 많은 집에서 유독 사랑을 독차지하며 자란 클라이언트가 "다른 사람들이 나를 대접해주지 않으면 참을 수 없다"고 하는 것은 **벡의 인지적 오류 중 과잉일반화에 해당**한다.

> 엘리스가 제시한 비합리적 신념 중 인정의 욕구에 해당한다.

빈칸에 들어갈 알맞은 말을 채워보자

01 인지적 왜곡 중 (   )은/는 어떤 상황의 전체적인 맥락을 보지 않고 특정 세부내용에만 초점을 두어 왜곡하는 것을 말한다.

12-04-04

02 "최고가 아니면 모두 실패자."라고 생각하는 것은 인지 왜곡 중 (   )에 해당한다.

12-04-04

03 "선생님은 나를 미워하니까 성적도 나쁘게 줄 거야."는 인지 왜곡 중 (   )에 해당한다.

04 엘리스의 ABCDE 모델에서 A는 실재하는 사건, B는 A에 대해 갖는 (   )을/를 말한다.

05 엘리스의 모델에서 비합리적 신념에 대한 논박(D)에 따른 효과(E) 중 (   )적 효과는 클라이언트가 어떤 상황에 대한 적절한 느낌을 갖게 된다는 것이다.

06 벡은 사람들의 감정이나 행동은 사건 자체가 아니라 그 사건에 대한 주관적 해석에 따른다고 보면서 (   )가설을 설명하였다.

답 01 선택적 요약 **02** 이분법적 사고 **03** 임의적 추론 **04** 신념체계 **05** 정서 **06** 인지매개

다음 내용이 옳은지 그른지 판단해보자

09-04-13
01 모델링을 통해 클라이언트의 시행착오를 줄이고 성공경험을 촉진할 수 있다. ⊚ ⊗

02 인지행동모델은 인지재구조화를 통해 잘못된 신념체계를 수정한다. ⊚ ⊗

03-04-06
03 인지적 왜곡 중 선택적 요약은 사건의 의미나 크기를 왜곡하는 것을 말한다. ⊚ ⊗

11-04-08
04 경험적 학습은 왜곡된 인지에 도전하여 변화를 유도하는 것으로 인지적 불일치 원리를 적용한다. ⊚ ⊗

05 체계적 둔감법은 클라이언트가 가장 위협적이라고 느끼는 극한의 상황을 먼저 제시하여 불안 상황에 둔감해지도록 하는 방법이다. ⊚ ⊗

11-04-23
06 사회기술훈련에서는 난이도가 높은 과제로부터 쉬운 과제를 주는 조성화의 원칙을 준수해야 한다. ⊚ ⊗

10-04-16
07 사회기술훈련을 위해 강화, 모델링, 과제부여, 역할연습 등을 실시할 수 있다. ⊚ ⊗

08 우울증, 불안증 같은 정신적 문제를 호소하는 클라이언트에게 사회기술훈련은 적절하지 않다. ⊚ ⊗

답 01○ 02○ 03× 04○ 05× 06× 07○ 08×

해설 **03** 사건의 의미나 크기를 왜곡하는 것은 극대화 및 극소화에 해당한다.
05 체계적 둔감법은 덜 위협적으로 느끼는 상황에서 점차적으로 더 위협적으로 느끼는 상황으로 순서대로 제시하여 그 상황에 대한 불안을 완화시키는 방법이다.
06 쉬운 과제부터 부여하여 점차 어려운 과제를 제시하고 복잡한 기술을 세분화하여 시행한다.
08 사회기술훈련은 공격적인 사람들, 자기중심적인 사람들 등 대인관계에 어려움이 있는 사람들의 사회기술 향상을 위해 실시하게 된다. 우울증, 불안증 같은 정신적 문제를 호소하는 클라이언트들에게도 가능하다.

103 행동주의이론, 행동수정모델

강의 QR코드

1 회독	2 회독	3 회독
월 일	월 일	월 일

최근 10년간 **6문항** 출제

이론요약

행동주의이론의 주요 개념

▶ **특징**

기본개념

사회복지실천기술론
pp.65~

- 인간은 과거의 경험이나 심리 내적 역동보다는 외부 환경이나 자극에 의해 학습된다고 보는 이론
- 클라이언트가 **잘못된 혹은 부정적인 행동을 모방하거나 학습한 결과로 역기능적 행동을 보인다고 주장**
- 자기 자신에 의한 조절 및 타인에 의한 조절로 인간의 행동이 일어남
- 조작적 행동: 인간의 행동은 그 행동의 결과가 유쾌한 것이면 강화되고, 불쾌한 것이면 감소 혹은 소거됨
- 인간의 행동은 고전적 조건화, 조작적 조건화, 대리적 조건화에 의해 학습된다고 봄

▶ **고전적 조건화(반응적 조건화)**

- 행동을 유발시키는 힘이 없는 중성자극에 반응유발 능력을 불어넣어 조건자극으로 변화시키는 과정
- 반응적 조건화에 의해 학습된 반응적 행동은 <u>선행자극에 대한 반응</u>으로서 나타난 행동임
- <u>파블로프(Pavlov)의 개 실험</u>

▶ **조작적 조건화(조건 형성)**

- 어떤 반응에 대해 <u>선택적으로 보상</u>함으로써 그 반응이 일어날 확률을 증가시키거나 감소시키는 방법
- <u>행동 이후에 주어지는 결과에 대한 기대 때문에 학습됨</u>
- 강화: **바람직한 행동을 증가시키기 위한 방법**
  - **정적 강화**: 바람직한 행동이 일어날 수 있도록 <u>긍정적 강화물을 제시함</u>
  - **부적 강화**: 바람직한 행동이 일어날 수 있도록 <u>혐오 자극을 제거함</u>
- 처벌: **바람직하지 않은 행동의 발생빈도를 감소시키는 방법**
  - **정적 처벌**: 바람직하지 않은 행동을 감소시키기 위해 <u>혐오 자극을 제시함</u>
  - **부적 처벌**: 바람직하지 않은 행동을 감소시키기 위해 <u>긍정적 강화물을 제거함</u>
- 소거: 행동이 강화되지 않으면 약화됨. **간헐적으로 강화된 행동일수록 소거가 어려움**

▶ 대리적 조건화
- 다른 사람의 **행동을 관찰**함으로써 새로운 행동을 학습하는 것
- 직접적인 **처벌이나 보상이 없어도 행동습득 가능**
- 모델링, 행동시연, 역할연습, 사회기술훈련 등
- 반두라의 사회학습이론에서 소개된 개념

행동수정모델의 개입기술

선행조건의 회피, 선행조건의 압축, 선행조건의 재인식, 행동연쇄의 변화, 멈춤, 언어적 지시, 사고 중단, 소거, 대체행동, 행동형성(조성), 용암법, 모델링 등

기출문장
CHECK

01 (21-04-06) 행동조성은 특정 행동 수준까지 끌어올리기 위해 작은 단위의 행동으로 나누어 과제를 주는 것이다.

02 (20-04-16) 행정수정모델은 선행요인, 행동, 강화요소에 의해 인간행동을 예측하고 통제할 수 있다고 본다.

03 (16-04-04) 소거는 바람직하지 않은 행동에 대해 관심이나 반응을 보이지 않음으로써 그 행동의 빈도를 감소시키는 방법을 말한다.

04 (16-04-13) 정적 강화는 바람직한 행동이 지속될 수 있도록 긍정적 강화물을 제공하는 것을 말한다.

05 (16-04-13) 발표를 잘 하는 사람을 모델로 하여 행동을 학습하게 하는 것은 모델링 기법이다.

06 (16-04-13) 체계적 둔감법은 불안자극과 불안반응 간 연결이 없어질 때까지 반복적, 점진적으로 문제상황에 노출시켜 문제 상황에 대해 둔감해질 수 있도록 하는 기법이다.

07 (15-04-14) 행동조성은 목표행동을 세분화하여 연속적, 단계적으로 강화하는 것이다.

08 (15-04-14) 행동수정모델은 처벌받는 행동은 발생빈도가 줄어든다고 전제한다.

09 (15-04-14) 행동수정모델에 따르면, 간헐적으로 강화된 행동은 소거하기 어렵다.

10 (15-04-14) 행동수정모델에 따르면, 긍정적인 강화는 행동의 발생빈도와 정도를 증가시킨다.

11 (11-04-11) 행동수정모델에서 부적 강화는 불쾌한 자극을 제거함으로써 행동을 증가시킨다.

12 (06-04-09) "자라 보고 놀란 가슴 솥뚜껑 보고 놀란다" - 고전적 조건화

13 (06-04-11) 칭찬을 해줌으로써 행동의 발생가능성을 증대시켰다. - 정적 강화

14 (06-04-11) 용돈을 주지 않음으로써 행동의 발생가능성을 감소시켰다. - 부적 처벌

대표기출 확인하기

21-04-06
난이도 ★★★

사회복지실천의 개입기법에 관한 설명으로 옳지 않은 것은?

① 소거: 부적 처벌의 원리를 이용하여 바람직하지 않은 행동을 중단시키는 것
② 시연: 클라이언트가 힘들어하는 행동에 대해 실생활에서 실행 전에 반복적으로 연습하는 것
③ 행동조성: 특정 행동 수준까지 끌어올리기 위해 작은 단위의 행동으로 나누어 과제를 주는 것
④ 체계적 둔감법: 두려움이 적은 상황부터 큰 상황까지 단계적으로 노출시켜 문제를 극복하도록 하는 것
⑤ 내적 의사소통의 명료화: 클라이언트가 자신의 생각을 말로 표현하고, 피드백을 통해 사고의 명료화를 돕는 것

> **알짜확인**
>
> • 인지행동모델의 이론적 기반이 되는 행동주의이론 및 행동수정모델의 주요 개념과 개입기술을 정리해두어야 한다.

답 ①

✔ **응시생들의 선택**

① 53%	② 23%	③ 14%	④ 4%	⑤ 6%

① 소거는 바람직하지 않은 행동에 대해 강화물을 주지 않음으로써 그 행동의 발생을 억제, 감소시키는 것이다. 예를 들면, 책을 읽지 않는 아이에게 책을 읽도록 하기 위해 칭찬과 용돈을 주며 강화시켰는데, 그 행동이 지나쳐 책을 읽느라 밤에 잠을 자지 않으려고 한다면 더 이상 강화물을 주지 않음으로써 감소시키는 것이 소거이다. 즉 처벌이 아니라 그 행동에 대해 반응하지 않고 무시하는 방식으로 그 행동이 소멸되도록 하는 전략이다.

관련기출 더 보기

22-04-08
난이도 ★★☆

사회복지실천모델에 관한 설명으로 옳지 않은 것은?

① 역량강화모델의 발견단계에서는 사정, 분석, 계획하기를 수행한다.
② 클라이언트중심모델은 문제해결에 대한 클라이언트의 책임을 강조한다.
③ 행동주의모델에서는 인간을 병리적인 관점에서 바라본다.
④ 위기개입모델에서 위기는 사건 자체보다 사건에 대한 개인의 주관적 현실에 기반을 두고 있다.
⑤ 해결중심모델은 사회구성주의 시각을 가진다.

답 ③

✔ **응시생들의 선택**

① 6%	② 11%	③ 67%	④ 11%	⑤ 5%

③ 행동주의는 정신분석이론의 한계를 지적하고 이를 반대하면서 제시된 것으로 인간을 병리적 관점에서 바라보지 않는다.

16-04-04
난이도 ★★☆

다음의 사례에서 사용한 행동주의모델 전략은?

> 아이가 버릇없이 굴 때마다 어머니는 아이를 달래주거나 야단을 쳤다. 그래도 아이의 행동이 변화되지 않자, 어머니는 생각을 바꿔 아이를 달래주지도, 야단치지도 않았다. 그 결과, 아이의 버릇없는 행동이 감소되었다.

① 멈춤
② 소거
③ 사회기술훈련
④ 행동형성(shaping)
⑤ 대리적 조건 형성

답 ②

✔ **응시생들의 선택**

① 9%	② 80%	③ 1%	④ 7%	⑤ 3%

소거는 바람직하지 않은 행동(특히 이전에는 보상을 받아 강화된 행동이지만 그 정도가 지나쳐 이제 바람직하지 않게 된 행동)에 대해 관심이나 반응을 보이지 않음으로써 그 행동의 빈도를 감소시키는 방법을 말한다.

대중 앞에서 발표할 때 만성적 긴장과 불안을 호소하는 클라이언트의 문제를 해결하기 위한 다음의 실천활동에 포함되지 않은 기법은?

사회복지사는 대중 앞에서 발표를 잘 하는 사람의 동영상을 클라이언트에게 여러 차례 보여주었다. 이후 사회복지사 앞에서 간단한 발표를 반복적으로 연습하게 한 후, 2~3명 앞에서 발표하게 하였다. 발표에 앞서 사회복지사는 20초 복식호흡과 함께 평화로운 하늘의 구름을 연상하도록 지시하였다. 그 후, 그룹의 크기를 조금씩 키워가면서 발표하도록 하였고, 나중에는 200여 명 앞에서 발표를 하도록 하였다. 이때도 복식호흡과 심상훈련을 하게 하였다.

① 시연
② 모델링
③ 이완훈련
④ 정적 강화
⑤ 체계적 둔감화

답 ④

✅ 응시생들의 선택

① 4%	② 3%	③ 3%	④ 79%	⑤ 11%

④ 정적 강화는 바람직한 행동이 지속될 수 있도록 긍정적 강화물을 제공하는 것을 말한다. 문제의 사례에서는 이에 해당하는 내용이 없다.
① 사회복지사 앞에서 먼저 발표를 반복적으로 연습하도록 하는 것은 시연에 해당한다.
② 발표를 잘 하는 사람을 모델로 하여 행동을 학습하게 한 것은 모델링 기법이다.
③ 복식호흡, 심상훈련 등은 이완훈련에 해당한다.
⑤ 2~3명에서 시작하여 200명까지 청중 인원을 늘려가며 점진적으로 노출시킨 것은 체계적 둔감화에 해당한다.

행동수정모델의 개입기술에 관한 설명으로 옳은 것을 모두 고른 것은?

ㄱ. 처벌받는 행동은 발생빈도가 줄어든다.
ㄴ. 간헐적으로 강화된 행동은 소거하기 어렵다.
ㄷ. 긍정적인 강화는 행동의 발생빈도와 정도를 증가시킨다.
ㄹ. 부적 처벌은 체벌을 제시함으로써 행동의 발생가능성을 감소시킨다.

① ㄹ
② ㄱ, ㄷ
③ ㄴ, ㄹ
④ ㄱ, ㄴ, ㄷ
⑤ ㄱ, ㄴ, ㄷ, ㄹ

답 ④

✅ 응시생들의 선택

① 5%	② 44%	③ 4%	④ 22%	⑤ 25%

ㄹ. 부적 처벌은 바람직하지 않은 행동을 감소시키기 위해 긍정적 강화물을 제거하는 것이다.

행동수정모델에서 사용하는 강화와 처벌에 관한 설명으로 옳은 것은?

① 부적 강화는 불쾌한 자극을 제거함으로써 행동을 증가시킨다.
② 정적 강화는 강화를 제공함으로써 행동을 감소시킨다.
③ 강화는 바람직하지 않은 행동을 감소시키기 위해 사용하는 방법이다.
④ 정적 처벌은 행동의 결과로 불쾌한 자극을 제거함으로써 이루어진다.
⑤ 부적 처벌은 불쾌한 자극을 주어 잘못된 행동을 수정하는 것이다.

답 ①

✅ 응시생들의 선택

① 64%	② 4%	③ 4%	④ 7%	⑤ 22%

② 정적 강화는 강화물을 제공하여 행동을 증가시킨다.
③ 강화는 바람직한 행동을 증가시키기 위해 사용하는 방법이다.
④ 정적 처벌은 불쾌한 자극을 제시하여 바람직하지 않은 행동을 감소시키는 것이다.
⑤ 부적 처벌은 긍정적 강화물을 제거하여 잘못된 행동을 수정하는 것이다.

빈칸에 들어갈 알맞은 말을 채워보자

11-04-11
01 바람직한 행동을 증가시키기 위한 방법은 (①　　　　　　　　　　), 바람직하지 않은 행동을 감소시키는 방법은 (②　　　　　　　　)이다.

06-04-09
02 '자라 보고 놀란 가슴 솥뚜껑 보고 놀란다'는 (　　　　　　　) 조건화와 관련이 깊다.

03 바람직하지 않은 행동을 감소시키기 위해 회초리 등의 혐오자극을 제시하는 것은 (　　　　　　) 처벌에 해당한다.

06-04-11
04 용돈을 주지 않음으로써 좋지 않은 행동의 발생 가능성을 감소시킨 것은 부적 (　　　　　　)에 해당한다.

 01 ① 강화 ② 처벌　**02** 고전적(반응적)　**03** 정적　**04** 처벌

다음 내용이 옳은지 그른지 판단해보자

15-04-14
01 행동수정모델에서는 처벌받는 행동은 발생빈도가 줄어든다고 전제한다.　

02 모델링, 역할연습, 사회기술훈련 등은 대리적 조건화에 해당한다.　

06-04-17
03 소거는 반응을 강화 또는 유지하기 위한 수단이다.　

15-04-14
04 간헐적으로 강화된 행동은 소거하기 어렵다.　

답 **01** ○　**02** ○　**03** ×　**04** ○

해설 **03** 소거는 강화되지 않는 행동은 약화된다는 원리이다. 바람직하지 않은 행동, 특히 이전에는 보상을 받아 강화된 행동이지만 그 정도가 지나쳐 이제 바람직하지 않게 된 행동에 대해 더 이상 강화물을 주지 않음으로써 그 행동의 발생을 억제시킬 수 있다.

5장

과제중심모델

이 장에서는

과제중심모델은 구조화된 접근을 통해 단기개입을 추구한다는 점, 다양한 이론을 선택적으로 활용하는 통합적 접근이라는 점과 함께 표적문제, 과제 등의 특징을 파악해두어야 한다.

10년간 출제분포도

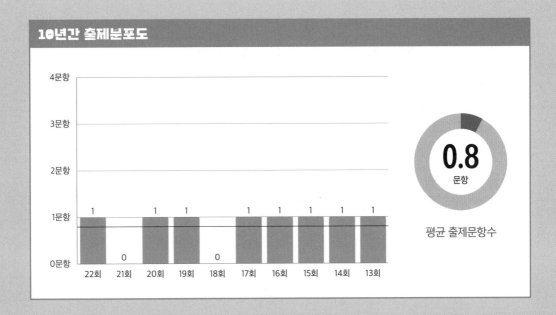

4문항

3문항

2문항

1문항   1   1   1   1   1   1   1   1

0문항   0   0
        22회 21회 20회 19회 18회 17회 16회 15회 14회 13회

0.8 문항

평균 출제문항수

104 과제중심모델의 주요 특징 및 개념

강의 QR코드

1회독	2회독	3회독
월 일	월 일	월 일

최근 10년간 **6문항** 출제

복습 1 **이론요약**

주요 특징

- **시간제한적인 단기개입**: 문제는 대체로 일시적인 불균형 상태라는 전제에 따라 대개 4개월 이내에 사례를 종료하는 계획된 단기접근
- 클라이언트가 인식한 문제 중심
- **과제 중심**
- **경험적 기초**: 이론보다는 조사에 근거한 경험적 자료가 모델 형성의 기초를 이룸
- 협조적 관계
- **자기결정의 원리**
- 통합적 접근(절충적): 특정한 한 가지 이론이나 모델을 고집하지 않으며 다양한 접근방법을 선택적으로 사용
- 구조화되고 체계적인 접근
- 클라이언트의 환경에 대한 개입 강조
- 개입의 책무성 강조

기본개념

사회복지실천기술론
pp.101~

표적문제

- 클라이언트가 해결하고자 하는 문제(클라이언트가 인식한 문제)
- 클라이언트 스스로의 노력으로 해결할 수 있는 문제
- 구체적인 문제
- 사회복지사와 클라이언트가 개입의 초점으로 동의한 문제
- 의뢰된 클라이언트의 경우 의뢰된 이유를 고려
- 시간제한적인 단기개입이 이루어질 수 있도록 우선순위를 고려하여 최대 3개까지 선정

과제

- 문제를 해결하기 위해 **클라이언트와 사회복지사가 수행**해야 하는 활동
- 클라이언트와 사회복지사가 동의하여 계획한 특정 유형의 문제해결 활동으로, 세션 내에서뿐만 아니라 세션 밖에서도 실행하는 활동
- 과제는 표적문제를 명확히 한 후 세우며, 사례가 진행되는 동안 해결되지 않으면 과제를 변경하는 융통성이 필요함

- 클라이언트의 과제: 문제해결을 위해 혹은 문제해결에 도움이 되는 활동으로서 클라이언트가 수행하는 활동
- 사회복지사의 과제: 클라이언트가 과제를 수행할 수 있도록 원조하고 지지하기 위한 활동
- 일반적 과제: 클라이언트의 목표를 반영한 상위과제로, '무엇을 해야 하는가', 즉 행동의 방향과 관련
- 조작적 과제: 클라이언트가 수행해야 하는 구체적인 활동으로, 조작적 과제는 일반적 과제에서 도출됨

기출문장 CHECK

01 (22-04-02) 과제중심모델은 구조화된 개입, 개입의 책임성 강조, 클라이언트의 자기결정권 강조, 클라이언트의 환경에 대한 개입 등의 특징을 갖는다.

02 (20-04-10) 과제는 사회복지사보다 클라이언트가 제시하는 문제나 욕구를 고려하여 선정한다.

03 (20-04-10) 과제는 과거보다 현재에 초점을 둔다.

04 (20-04-10) 조작적 과제는 일반적 과제에 비해 구체적이다.

05 (19-04-07) 과제중심모델은 개입 초기에 빠른 사정을 하고 구조화된 접근을 한다.

06 (19-04-07) 과제중심모델은 다양한 이론과 모델을 절충적으로 활용한다.

07 (19-04-07) 과제중심모델은 조사에 근거한 경험적 자료를 중심으로 진행한다.

08 (15-04-16) 과제중심모델은 단기간의 종합적인 개입모델이다.

09 (15-04-16) 과제중심모델은 클라이언트가 동의한 과제를 중심으로 개입한다.

10 (15-04-16) 과제중심모델은 계약한 구체적인 문제해결에 초점을 두고 접근한다.

11 (15-04-16) 과제중심모델에서는 클라이언트의 문제를 자원 혹은 기술의 부족으로 이해한다.

12 (14-04-05) 과제중심모델에서는 클라이언트의 자기결정권을 존중한다.

13 (14-04-05) 과제중심모델에서 클라이언트와 사회복지사와의 관계는 협력적 관계이다.

14 (14-04-05) 과제중심모델은 단기치료의 기본원리를 강조한다.

15 (10-04-15) 과제중심모델은 시간제한, 합의된 목표, 개입의 책무성을 강조한다.

16 (10-04-15) 과제중심모델은 '시작 – 표적문제의 규명 – 계약 – 실행 – 종결단계'와 같은 구조화된 접근을 강조한다.

17 (09-04-11) 표적문제를 바탕으로 클라이언트의 과제를 세우게 되는데, 과제는 목표달성과 관련된 일반적 과제와 이를 구체화하는 조작적 과제로 구분해볼 수 있다.

18 (08-04-07) 과제중심모델은 클라이언트의 문제인식을 반영하여 표적문제를 설정한다.

19 (07-04-01) 과제중심모델은 환경적 개입을 강조한다.

20 (06-04-25) 조작적 과제는 실행가능성을 고려하여 구체적으로 제시되어야 한다.

21 (05-04-28) 과제중심모델은 통합적 접근이다.

22 (04-04-11) 과제중심모델에서 과제는 클라이언트의 동의가 필요하다.

23 (04-04-11) 과제중심모델에서 과제는 클라이언트가 해야 할 것과 사회복지사가 해야 할 것이 있다.

24 (04-04-20) 과제중심모델은 단계별 구조화, 경험적 기초 등을 특징으로 한다.

25 (03-04-12) 과제중심모델에서 과제는 클라이언트와 사회복지사가 함께 의논해서 정한다.

대표기출 확인하기

22-04-02 　　　　난이도 ★★★

다음 설명에 해당하는 모델로 옳은 것은?

- 구조화된 개입
- 개입의 책임성 강조
- 클라이언트의 자기결정권 강조
- 클라이언트의 환경에 대한 개입

① 심리사회모델　　　　② 위기개입모델
③ 해결중심모델　　　　④ 인지행동모델
⑤ 과제중심모델

 알짜확인

- 경험적 기초, 단기개입, 구조화된 접근 등 과제중심모델의 주요 특징에 대해 정리해두자.
- 과제중심모델의 특징 및 초점을 바탕으로 어떻게 실천에 적용될 수 있는지 생각해보자.

답 ⑤

응시생들의 선택

① 20%	② 8%	③ 27%	④ 14%	⑤ 31%

① 심리사회모델은 상황 속 인간 관점에서 개인, 환경, 이 둘의 상호작용 등에 개입한다. 수용, 개별화, 클라이언트의 자기결정 등을 강조한다.
② 위기개입모델은 위기를 겪는 클라이언트에게 즉각적으로 개입하여 단기간에 전문적 원조를 제공한다.
③ 해결중심모델은 문제의 원인이 아닌 클라이언트가 원하는 변화와 미래에 초점을 두어 단기적 해결을 추구한다.
④ 인지행동모델은 비합리적 신념, 인지적 오류, 왜곡된 사고 등을 수정하는 데에 목표를 두고 인지적, 정서적, 행동적 차원의 전략들을 활용한다.

덧붙임

모델마다 비슷한 특징들이 있어 헷갈리기 쉬운 문제였다. 이 문제와 같이 제시된 특징에 해당하는 이론/모델을 찾는 문제를 풀 때에는 먼저 선택지에 있는 이론/모델 옆에 주요 키워드를 간략히 적어두고 제시된 내용과 비교하면서 답을 찾는 것이 요령일 수 있다.

관련기출 더 보기

19-04-07 　　　　난이도 ★★☆

과제중심모델에 관한 설명으로 옳지 않은 것은?

① 개입 초기에 빠른 사정을 한다.
② 구조화된 접근을 한다.
③ 다양한 이론과 모델을 절충적으로 활용한다.
④ 조사에 근거한 경험적 자료를 중심으로 진행한다.
⑤ 사회복지사는 적극적으로 개입하지 않고 클라이언트가 주체적인 역할을 하도록 한다.

답 ⑤

응시생들의 선택

① 27%	② 8%	③ 6%	④ 11%	⑤ 48%

⑤ 과제중심모델이 클라이언트의 자기결정을 강조한다고 해서 사회복지사가 적극적으로 개입하지 않음을 의미하는 것은 아니다. 과제중심모델은 개입의 책임성을 중요시하며 개발된 것으로, 사회복지사의 적극적인 노력을 강조하는 동시에 사회복지사와 클라이언트 간의 협조적인 노력도 강조한다.

17-04-22 　　　　난이도 ★★★

철수는 무단결석과 친구를 괴롭히는 문제로 담임 선생님에 의해 학교사회복지사에게 의뢰되었다. 철수와의 상담을 과제중심모델로 진행할 때 그 개입방법에 해당하지 않는 것은?

① 철수의 성격유형과 심리역동을 탐색한다.
② 지역사회에서 지원할 수 있는 방법을 확인한다.
③ 담임선생님이 제시한 문제를 확인한다.
④ 철수의 노력으로 해결 가능한 문제를 선정한다.
⑤ 제시된 문제가 철수의 욕구와 일치하지 않은 경우 조정한다.

답 ①

응시생들의 선택

① 51%	② 22%	③ 12%	④ 4%	⑤ 11%

① 성격유형 및 심리역동 탐색은 정신역동모델의 특징이다.

난이도 ★★☆

과제중심모델에 관한 설명으로 옳지 않은 것은?

① 단기간의 종합적인 개입모델이다.
② 클라이언트가 동의한 과제를 중심으로 개입한다.
③ 경험적 자료보다는 발달이론을 중심으로 개입한다.
④ 계약한 구체적인 문제해결에 초점을 두고 접근한다.
⑤ 클라이언트의 문제는 자원 혹은 기술의 부족으로 이해한다.

답 ③

✔ 응시생들의 선택

① 25%	② 4%	③ 57%	④ 3%	⑤ 11%

③ 과제중심모델은 이론보다는 조사에 근거한 경험적 자료를 기초로 형성되었다. 즉, 이론적 연구보다는 실제적인 경험, 개입 등을 통해서 발견된 사실을 일반화하여 형성된 것이다.

난이도 ★★☆

과제중심모델에 관한 설명으로 옳은 것을 모두 고른 것은?

ㄱ. 시간제한, 합의된 목표, 개입의 책무성을 강조한다.
ㄴ. 클라이언트의 성격유형과 심리 내적 역동에 초점을 둔다.
ㄷ. 시작–표적문제의 규명–계약–실행–종결 단계와 같은 구조화된 접근을 강조한다.
ㄹ. 단일 이론에 근거하여 실천의 효과성 및 효율성을 증진시킨다.

① ㄱ, ㄴ, ㄷ
② ㄱ, ㄷ
③ ㄴ, ㄹ
④ ㄹ
⑤ ㄱ, ㄴ, ㄷ, ㄹ

답 ②

✔ 응시생들의 선택

① 6%	② 83%	③ 1%	④ 2%	⑤ 8%

ㄴ. 클라이언트의 성격유형과 심리 내적 역동에 초점을 두지 않고 클라이언트의 현재와 환경에 관심을 갖는다.
ㄹ. 클라이언트의 문제에 따라 이론을 선택하거나 절충적 접근을 한다.

난이도 ★★★

다음 사례를 과제중심모델로 개입할 경우 표적문제와 과제의 연결로 옳은 것은?

A군은 절도사건에 연루되어 수강명령처분을 받았다. A군은 현재 쉼터에 머물고 있으나 집으로 돌아가는 것과 학교출석만 요구하지 않는다면 상담을 받겠다고 한다. 또한 상담을 통해 남의 요구를 거절하지 못하는 것, 분노조절을 하지 못하는 행동을 고치고 싶다고 이야기하고 있다.

① 절도행위 – 자기통제력 증진하기
② 가출 – 1주일 내에 집으로 돌아가기
③ 무단결석 – 담임교사에게 전화하기
④ 분노조절이 안됨 – 원인파악 위해 주 1회 상담하기
⑤ 남의 요구 거절 못함 – 자존감 향상하기

답 ④

✔ 응시생들의 선택

① 27%	② 2%	③ 3%	④ 32%	⑤ 36%

사례에서 클라이언트가 판단한 표적문제는 남의 요구를 거절하는 못하는 것과 분노조절을 하지 못하는 행동이며, 클라이언트가 원하는 과제는 상담이다.

다음 내용이 왜 틀렸는지를 확인해보자

01 과제중심모델은 <u>비구조화된 접근</u>으로 단기적 개입을 추구한다.

> 과제중심모델은 단계에 따라 진행하는 구조화된 접근을 통해 단기개입을 추구한다.

02 과제중심모델은 비자발적 클라이언트에게 **적합하지 않다**는 한계가 있다.

> 비자발적 클라이언트에게도 적용할 수 있다.

`03-04-12`
03 과제는 사회복지사가 클라이언트에게 **일방적으로 부여한 숙제**이다.

> 과제중심모델은 클라이언트의 자기결정권을 강조하기 때문에 과제를 선정함에 있어 클라이언트와 사회복지사가 함께 계획하고 합의하여 결정한다.

04 클라이언트가 주어진 과제를 몇 차례 실패했다고 해서 **변경해서는 안 된다**.

> 과제가 예상보다 어려울 수도 있고 과제수행에 어려운 상황들이 있을 수도 있기 때문에 과제를 실패했을 때에는 문제점을 살펴보고 수정 및 변경도 고려해봐야 한다.

`04-04-11`
05 사회복지사가 클라이언트에게 부과하는 과제는 **해당 회기 내에 종료될 수 있는 것이어야 한다**.

> 필요한 과제를 다음 회기까지 실시해올 수 있도록 부여할 수도 있다.

06 조작적 과제를 통해 클라이언트가 구체적으로 수행해야 할 활동들을 제시하며, **그 결과에 따라 일반적 과제를 제시한다**.

> 조작적 과제의 결과에 따라 일반적 과제를 제시하는 것이 아니라, 일반적 과제에서 조작적 과제를 도출한다.

105 과제중심모델의 개입과정

최근 10년간 **2문항** 출제

이론요약

시작단계: 면접

- 자발적 클라이언트: 문제규명단계로 바로 넘어감
- 의뢰된 클라이언트: 의뢰된 이유와 목표 확인, 목표달성을 위한 의뢰기관의 자원 확인

기본개념

사회복지실천기술론
pp.108~

초기단계

▶ **1단계: 문제규명**

- 클라이언트 표적문제 규정과 예비적인 신속한 사정
- **표적문제 선정**

▶ **2단계: 계약**

- 목표, 표적문제, 일반적 과제, 기간, 일정, 참가자 등을 포함하여 작성

중간단계: 실행

- 재사정을 통한 표적문제 확정
- 대안모색
- 문제해결, 과제개발, 과제수행, 점검 및 모니터

종결단계

- 종결 혹은 연장
- 성취에 대한 점검, 사후지도(follow-up)

01 (16-04-24) 과제중심모델에서 표적문제는 문제규명단계에서 구체적으로 탐색하고 설정하게 된다.

02 (16-04-24) 과제중심모델의 과정 중 실행단계에서는 표적문제에 대한 초점화된 집중, 과제 계획 및 이행, 표적문제의 변화 과정 확인, 실질적 장애물의 규명과 해결 등이 이루어진다.

03 (13-04-16) 과제중심모델 중 문제규명단계에서는 클라이언트가 규정한 문제 혹은 의뢰기관에서 위임한 문제를 파악하고, 예비적인 초기사정을 실시한다.

04 (11-04-21) 실행단계에서는 과제 수행의 장애물을 찾아낸다.

05 (07-04-02) 계약에는 표적문제, 클라이언트의 과제, 클라이언트의 목표, 사회복지사의 과제 등을 포함한다.

06 (03-04-03) 과제중심모델의 실행단계에서는 실행 가능한 과제를 개발하고 수행하며 그 수행 정도를 점검해나간다.

대표기출 확인하기

16-04-24
난이도 ★★★

과제중심모델의 개입과정 중 중기(실행)단계에서 해야 할 과업이 아닌 것은?

① 표적문제의 변화 과정 확인
② 실질적 장애물의 규명과 해결
③ 표적문제에 대한 초점화된 집중
④ 표적문제의 설정
⑤ 과제 계획과 이행

 알짜확인

• 과제중심모델은 시작(면접) → 초기(문제규명 → 계약) → 중기 (실행) → 종결단계로 진행되므로 진행순서와 함께 각 단계별 과업을 정리해두도록 하자.

답 ④

✔ 응시생들의 선택

① 5%	② 3%	③ 1%	④ 88%	⑤ 3%

④ 표적문제 설정은 초기단계에서의 사정에 따라 이루어지고 이를 토대로 계약을 진행한다.

➕ 덧붙임

'중간단계에서 재사정을 통해 표적문제가 확정된다면, 표적문제 설정이 중간단계에 해당하는 것이 아닌가요?'라는 질문을 더러 받았는데, 초기단계에서 사정을 바탕으로 표적문제의 설정이 이루어지고 계약이 진행된다. 다만 실행에 들어가기 전 재사정을 실시하면서 설정된 표적문제가 적절한지를 다시 한번 검토하고 확정한다.

관련기출 더 보기

13-04-16
난이도 ★★☆

과제중심모델에서 문제규명단계의 과업으로 옳지 않은 것은?

① 클라이언트가 규정한 문제를 파악한다.
② 클라이언트의 수행과제를 개발한다.
③ 의뢰기관에서 위임한 문제를 파악한다.
④ 예비적인 초기사정을 시행한다.
⑤ 우선순위에 따라 개입문제를 규명한다.

답 ②

✔ 응시생들의 선택

① 3%	② 36%	③ 40%	④ 8%	⑤ 13%

② 클라이언트의 수행과제를 개발하는 것은 과제중심모델의 실행단계의 과업에 해당한다.

07-04-02
난이도 ★☆☆

과제중심모델 중 계약에 포함되지 않는 내용은?

① 표적문제
② 클라이언트의 과제
③ 클라이언트의 목표
④ 과제수행의 장애물
⑤ 사회복지사의 과제

답 ④

✔ 응시생들의 선택

① 3%	② 0%	③ 1%	④ 92%	⑤ 4%

계약에는 주요 표적문제, 구체적인 목표, 클라이언트의 과제, 사회복지사의 과제, 개입 기간, 개입 일정, 면접 일정, 참여자, 장소 등이 포함된다.

다음 내용이 왜 틀렸는지를 확인해보자

01 과제중심모델에서 사정은 문제규명 단계에서 이루어지며, **비교적 긴 시간을 두고 진행된다.**

> 과제중심모델에서는 사정 과정에 긴 시간을 쏟지 않는다. 문제규명 단계에서 신속하게 사정한 후 실행 단계에 접어들면서 재사정을 진행하여 놓친 부분이나 부족한 부분을 보완한다.

11-04-21

02 과제중심모델에서 과제 수행의 장애물을 찾아내는 단계는 **시작단계**이다.

> 일단 과제를 수행해야 어떤 문제점이 있는지를 알 수 있기 때문에 과제 수행의 장애물은 실행단계의 점검 과정 등을 통해 찾아내게 된다.

03-04-03

03 과제중심모델의 **실행단계**에서는 달성된 사항과 이후의 전망을 검토하며 성취에 대해 점검한다.

> 달성된 사항과 이후의 전망을 검토하며 성취에 대해 점검하는 것은 종결단계이다.
> 실행단계에서는 표적문제를 확정하고 과제를 개발 및 수행하면서 문제를 해결해나간다.

04 클라이언트의 문제를 탐색하고 확인하고, **표적문제를 확정짓는 것은 문제규명단계**에서의 과업이다.

> 문제규명단계에서는 문제를 탐색하고 표적문제를 설정하게 된다. 이렇게 설정된 표적문제에 대해 재사정을 진행하고 표적문제를 확정하면서 실행단계로 돌입하게 된다.

6장

기타 실천모델

이 장에서는

역량강화모델 및 위기개입모델을 학습한다. 역량강화모델은 강점관점을 바탕으로 클라이언트의 병리적 문제가 아닌 잠재력에 초점을 둔다는 점과 함께 대화 → 발견 → 발전의 단계별 과업을 정리해두자. 위기개입모델에서는 위기 이전으로 기능 회복이 목표라는 점 기억해두면서 위기발달단계 및 위기의 유형 등을 살펴보자.

10년간 출제분포도

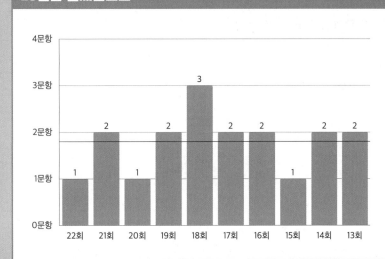

평균 출제문항수

106 역량강화모델

강의 QR코드

최근 10년간 **6문항** 출제

이론요약

역량강화모델의 주요 특징

- 클라이언트 스스로 자기 삶에 대해 결정하고 행동함에 있어서 힘을 가지도록 돕는 것
- 클라이언트의 욕구, 복지, 만족감을 강화하는 데 환경과 상호작용할 수 있는 능력을 회복 또는 획득하도록 하는 것
- 자신이 처한 상황을 스스로 개선하기 위한 행동을 취할 수 있도록 개인적·대인적·정치적 측면에서 힘을 키워나가는 과정

기본개념

사회복지실천기술론
pp.120~

강점관점

- 모든 인간은 성장하고 변화할 능력을 이미 내부에 가지고 있고, 문제가 생겼을 때 **문제를 해결할 능력과 힘이 있다고** 보는 관점
- 개인을 고유한 특성, 재능, 자원과 강점을 가진 독특한 존재로 규정
- 문제의 치료보다 **가능성에 초점**을 둠

역량강화모델의 개입과정

▶ **대화단계(1단계)**
- 대화를 통해서 클라이언트의 현재 상황, 욕구 등을 공유
- 사회복지사와 클라이언트 간 관계 발전시키기
- **파트너십 형성(=협동관계)**
- 현재 상황의 명확화(도전들을 설명)
- **방향 설정**

▶ **발견단계(2단계)**
- (잠재적 자원들의) 사정
- 강점 확인, 자원역량 사정
- (수집된 정보의) 분석
- 해결방안 수립

▶ 발전단계(발달단계, 3단계)
- 실행, 변화 유도, 강화 및 안정화
- 자원의 활성화, 기회의 확대, 성공 확인, 성과 집대성

01 (21-04-07) 임파워먼트모델에서는 클라이언트가 자신의 삶을 스스로 통제할 수 있도록 원조한다.

02 (19-04-05) 역량강화모델에서는 클라이언트를 자신 문제의 전문가로 인정한다.

03 (19-04-05) 역량강화모델에서는 사회복지사와 클라이언트 간의 상호 협력적 파트너십을 강조한다.

04 (19-04-05) 역량강화모델에서는 클라이언트를 개입의 개체가 아닌 주체로 보기 때문에 자기결정권이 잘 보호될 수 있다.

05 (18-04-18) 역량강화모델은 클라이언트를 문제중심으로 보지 않고, 필요한 자원을 활용하거나 문제에 대처할 수 있도록 지지하여 자립을 가능하게 하는 실천모델이다.

06 (17-04-08) 임파워먼트모델에서는 클라이언트를 일방적 수혜자로 인식하지 않는다.

07 (16-04-20) 역량강화모델은 클라이언트를 잠재력 있는 인간이며, 문제해결을 위한 자원으로 인식한다.

08 (16-04-20) 역량강화모델은 클라이언트 자신의 삶과 상황에 대해 더 많은 통제력을 갖도록 돕는다.

09 (16-04-20) 역량강화모델은 클라이언트가 의미있는 선택을 할 수 있게 자아효능감을 증진하고 자신의 강점을 찾도록 돕는다.

10 (15-04-13) 권한부여모델에서는 클라이언트를 파트너로 인식한다.

11 (14-04-07) 역량강화모델은 클라이언트의 잠재적인 역량에 초점을 둔다.

12 (14-04-07) 역량강화모델은 변화를 위한 클라이언트의 역할이 중요하다.

13 (14-04-07) 이용 가능한 자원체계의 능력을 분석하고 목표를 구체화한다.

14 (14-04-07) 클라이언트의 참여를 중시하고 자기결정권을 강조한다.

15 (13-04-19) 역량강화모델은 클라이언트의 잠재역량과 자원을 인정한다.

16 (13-04-19) 역량강화모델은 사회복지사와 클라이언트 간의 상호협력적인 파트너십을 강조한다.

17 (12-04-07) 임파워먼트모델의 실천단계 중 수집된 정보를 조직화하는 것은 발견단계의 과업에 해당한다.

18 (11-04-22) 임파워먼트모델의 실천단계 중 대화단계에서 사회복지사는 목표 설정 및 협력관계 형성에 초점을 두어야 한다.

19 (09-04-01) 한부모 자조집단 프로그램, 노숙인을 위한 인문학 강좌, 장애인 동료상담가 양성프로그램, 시설운영위원회에 이용자 대표 참여 의무화 등은 임파워먼트모델을 기반으로 실시할 수 있다.

20 (08-04-09) 역량강화모델은 클라이언트의 역량사정, 기회 확대, 사회복지사와 클라이언트 간 협동관계 창출 등에 관심을 둔다.

21 (02-04-12) 역량강화모델은 클라이언트가 필요한 자원을 얻거나 통제하도록 원조하는 것을 강조한다.

22 (01-04-05) 역량강화모델은 클라이언트에게 필요한 자원을 주거나 클라이언트가 문제해결에 대처할 수 있는 능력을 지지·강화시켜 자립할 수 있도록 하는 데에 초점을 둔다.

대표기출 확인하기

역량강화모델(Empowerment model)에 관한 설명으로 옳은 것을 모두 고른 것은?

> ㄱ. 클라이언트를 자신 문제의 전문가로 인정한다.
> ㄴ. 사회복지사와 클라이언트 간의 상호 협력적 파트너십을 강조한다.
> ㄷ. 클라이언트를 개입의 개체가 아닌 주체로 보기 때문에 자기결정권이 잘 보호될 수 있다.
> ㄹ. 클라이언트가 가진 문제의 원인에 초점을 두고 개입한다.

① ㄱ, ㄷ　　　　　　② ㄴ, ㄹ
③ ㄱ, ㄴ, ㄷ　　　　④ ㄱ, ㄷ, ㄹ
⑤ ㄴ, ㄷ, ㄹ

▶ 알짜확인

• 역량강화모델의 주요 특징에 대해 살펴보자.
• 역량강화모델에 따른 개입단계를 파악하고 각 단계별 과업에 대해 정리해두어야 한다.

답 ③

✓ 응시생들의 선택

① 2%	② 1%	③ 87%	④ 2%	⑤ 8%

ㄹ. 클라이언트가 가진 문제의 원인에 초점을 두고 개입하는 것은 병리 관점이다. 역량강화모델은 병리 관점이 아닌 강점 관점을 기반으로 하기 때문에 문제의 원인을 탐색하고 치료하는 것보다 문제를 해결해나갈 수 있는 힘을 가질 수 있도록 하는 데에 초점을 둔다.

관련기출 더 보기

사회복지실천모델에 관한 설명으로 옳은 것을 모두 고른 것은?

> ㄱ. 임파워먼트모델에서는 클라이언트를 일방적 수혜자로 인식하지 않는다.
> ㄴ. 과제중심모델은 펄만(H. Perlman)의 문제해결요소의 영향을 받았다.
> ㄷ. 위기개입모델에서는 클라이언트의 과거를 탐색하는 데 우선순위를 두지 않는다.
> ㄹ. 클라이언트중심모델에서는 사회복지사의 권위적인 역할이 강조된다.

① ㄱ, ㄷ　　　　　　② ㄴ, ㄹ
③ ㄷ, ㄹ　　　　　　④ ㄱ, ㄴ, ㄷ
⑤ ㄱ, ㄴ, ㄷ, ㄹ

답 ④

✓ 응시생들의 선택

① 21%	② 3%	③ 1%	④ 73%	⑤ 2%

ㄹ. 클라이언트중심모델에서는 사회복지사와 클라이언트 간 권위적 관계구조에 반대하며 인간적 관계를 만들어가야 함을 강조한다.

역량강화모델(empowerment model)에 관한 설명으로 옳지 않은 것은?

① 클라이언트의 잠재적인 역량에 초점을 둔다.
② 변화를 위한 클라이언트의 역할이 중요하다.
③ 발견단계 – 대화단계 – 발전단계의 실천과정 순서로 진행된다.
④ 이용 가능한 자원체계의 능력을 분석하고 목표를 구체화한다.
⑤ 클라이언트의 참여를 중시하고 자기결정권을 강조한다.

답 ③

✔ 응시생들의 선택

① 1%	② 2%	③ 82%	④ 13%	⑤ 2%

③ 대화단계 – 발견단계 – 발전단계의 실천과정 순서로 진행된다.

역량강화모델의 세 단계(대화–발견–발전) 중 대화단계에서 사회복지사가 중점적으로 수행해야 할 과제를 모두 고른 것은?

> ㄱ. 강점 확인　　　　　ㄴ. 목표 설정
> ㄷ. 자원능력 사정　　　ㄹ. 협력관계 형성

① ㄱ, ㄴ, ㄷ　　　　　② ㄱ, ㄷ
③ ㄴ, ㄹ　　　　　　　④ ㄹ
⑤ ㄱ, ㄴ, ㄷ, ㄹ

답 ③

✔ 응시생들의 선택

① 6%	② 11%	③ 32%	④ 22%	⑤ 29%

ㄱ. 강점 확인: 발견단계
ㄷ. 자원능력 사정: 발견단계

임파워먼트모델의 실천단계 중 발견단계에서의 과업으로 옳은 것은?

① 성공을 인정하기
② 달성한 것을 통합하기
③ 새로운 자원 활성화하기
④ 수집된 정보를 조직화하기
⑤ 클라이언트와의 파트너십 형성하기

답 ④

✔ 응시생들의 선택

① 10%	② 4%	③ 28%	④ 35%	⑤ 23%

① 성공을 인정하기: 발전단계
② 달성한 것을 통합하기: 발전단계
③ 새로운 자원 활성화하기: 발전단계
⑤ 클라이언트와의 파트너십 형성하기: 대화단계

➕ 덧붙임

역량강화모델은 대화단계 → 발견단계 → 발전(발달)단계로 진행된다. 여기에서 수험생들이 대화단계와 발견단계, 또 발견단계와 발전단계의 과업을 꽤 많이 헷갈려한다.
대화단계는 클라이언트와 관계를 형성하면서 문제를 확인하는 단계이다. 사정이 대화단계라고 생각하는 수험생들이 더러 있는데, 사정 그리고 계획 수립까지는 발견단계에 해당한다. 수립된 계획을 바탕으로 한 실행과 그 이후의 단계, 즉 개입부터 평가까지는 발전단계에 해당한다.

임파워먼트모델에 기초한 개입활동으로 옳은 것을 모두 고른 것은?

> ㄱ. 한부모 자조집단프로그램
> ㄴ. 노숙인을 위한 인문학 강좌
> ㄷ. 장애인 동료상담가 양성프로그램
> ㄹ. 시설 운영위원회에 이용자 대표 참여 의무화

① ㄱ, ㄴ, ㄷ　　　　　② ㄱ, ㄷ
③ ㄴ, ㄹ　　　　　　　④ ㄹ
⑤ ㄱ, ㄴ, ㄷ, ㄹ

답 ⑤

✔ 응시생들의 선택

① 42%	② 17%	③ 2%	④ 1%	⑤ 38%

한부모 자조집단 프로그램이나 노숙인을 위한 인문학 강좌, 장애인 동료상담가 프로그램 등은 인간이 가진 잠재력이나 역량을 강화시킴으로써 삶에 대한 통제력을 강화하는 임파워먼트모델에 기초한 활동이다.
클라이언트 개인적 차원과 대인관계적 차원에서 역량을 강화하기도 하고 사회구조를 바꾸거나 기회를 창출함으로써 역량강화를 꾀하기도 하는데, '시설 운영위원회 이용자 대표 참여 의무화'와 같은 활동은 시설 이용자에게 운영에 관한 견해와 목소리를 내고 권리를 행사하게 함으로써 역량을 강화시키는 기회가 된다.

다음 내용이 왜 틀렸는지를 확인해보자

`14-04-07`

01 역량강화모델은 '발견단계–대화단계–발전단계'의 순서로 진행된다.

> 대화단계–발견단계–발전단계의 순서로 진행된다.

---

02 역량강화모델의 **발견단계**에서는 개입을 실행하면서 클라이언트의 변화를 유도한다.

> 개입을 실행하면서 클라이언트의 변화를 유도하는 것은 발전단계에 해당한다.
> 발견단계에서는 자원 및 역량 사정, 수집된 정보에 대한 분석, 해결방안 수립 등을 진행한다.

`13-04-19`

03 역량강화모델은 **클라이언트를 개입의 객체로 보고** 자기결정권을 강조한다.

> 클라이언트를 개입의 객체나 대상으로 보는 것이 아니라 스스로 문제를 해결해나갈 수 있는 주체로 보아 자기 결정권을 강조한다.

---

04 역량강화모델은 강점 관점을 기반으로 해결해야 할 문제를 진단하는 데에 초점을 둔다.

> 강점 관점에서는 문제의 진단에 초점을 두는 것이 아니라 문제를 도전의 전환점 혹은 성장의 기회로 간주한다.
> 역량강화모델은 이러한 강점 관점을 기반으로 한다.

---

05 역량강화모델은 클라이언트가 이미 가지고 있는 **잠재적 역량을 고려하지는 않는다.**

> 역량강화모델에서는 사람들이 이미 성장 및 변화를 위한 능력과 자원 등을 갖고 있다고 보며 이러한 잠재적 역량을 활용할 수 있도록 이끌어내는 데에 초점을 둔다.

---

06 강점 관점에 따르면 **사회복지사는 클라이언트 삶의 전문가로서 문제를 해결해줄 수 있어야 한다.**

> 강점 관점에서 문제해결의 주체 및 전문가는 클라이언트 자신이다. 사회복지사는 클라이언트의 문제해결 과정과 능력을 지지하고 원조한다.

다음 내용이 옳은지 그른지 판단해보자

18-04-18

01 역량강화모델은 클라이언트를 문제중심으로 보지 않고, 필요한 자원을 활용하거나 문제에 대처할 수 있도록 지지하여 자립을 가능하게 하는 실천모델이다.

13-04-19

02 임파워먼트모델은 사회복지사와 클라이언트 간의 상호협력적인 파트너십을 강조한다.

03 역량강화모델은 개인 차원, 대인관계 차원에 적용하는 모델로, 사회구조적 차원으로 확장하는 데에는 한계가 있다.

16-04-20

04 임파워먼트모델은 의미있는 선택을 할 수 있게 자아효능감을 증진하고 자신의 강점을 찾도록 돕는다.

16-04-20

05 임파워먼트모델이 전통적인 문제해결 방식과 다른 점은 사회복지사와 클라이언트와의 관계에서 사회복지사의 전문성을 강조하였다는 것이다.

06 임파워먼트모델은 클라이언트 자신의 삶과 상황에 대해 더 많은 통제력을 갖도록 돕는다.

11-04-22

07 역량강화모델의 실천단계 중 대화단계에서 사회복지사는 클라이언트의 강점 확인, 목표 설정, 자원능력 사정, 협력관계 형성 등의 과제를 수행해야 한다.

12-04-07

08 임파워먼트모델의 실천단계에서 클라이언트의 새로운 자원을 활성화하는 것은 발견단계에 해당한다.

09 역량강화모델의 실천단계 중 발견단계의 주요 과업은 클라이언트와 사회복지사가 함께 방향을 설정하여 계획을 수립하는 것이다.

(답) **01** ○ **02** ○ **03** × **04** ○ **05** × **06** ○ **07** × **08** × **09** ×

(해설) **03** 역량강화모델은 개인 차원, 대인관계 차원뿐만 아니라 사회구조적 차원을 고려한다.
05 임파워먼트모델은 전통적인 문제해결 방식과 달리, 클라이언트를 자기 삶의 전문가로 보아 사회복지사와 클라이언트 간의 동등한 파트너십 형성을 강조하였다.
07 강점 확인, 목표 설정, 자원능력 사정은 발견단계에 해당한다.
08 클라이언트의 새로운 자원을 활성화하는 것은 발전단계에 해당한다.
09 클라이언트와 사회복지사가 함께 방향을 설정하는 것은 대화단계에 해당한다.

107 위기개입모델

강의 QR코드

1회독	2회독	3회독
월 일	월 일	월 일

최근 10년간 **12문항** 출제

이론요약

위기의 개념 및 특징

- 위협적 혹은 외상적 위험사건을 경험함으로써 취약해져 지금까지의 대처전략으로는 스트레스나 외상에 대처하거나 경감할 수 없는 불균형의 상태가 되는 것
- 단순한 원인과 결과로 설명하기 어려운 복잡한 증상
- 위험은 도움을 요청하는 과정을 통해 기회가 될 수 있음
- 위기에 처했던 사람이 다시 위기를 경험할 수 있음
- 같은 상황을 경험하더라도 위기로 느끼는 사람과 그렇지 않은 사람이 있으며, 성공적으로 극복하는 사람과 그렇지 않은 사람도 있음

기본개념

사회복지실천기술론
pp.130~

위기의 유형

- 발달적 위기: 개인의 생애주기 혹은 가족생활주기에 따라 발생하는 위기
- 상황적 위기: 사고, 자연재해 등 예견할 수 없는 갑작스러운 위기
- 실존적 위기: 삶의 목적, 가치, 자유, 책임, 독립 등과 같은 삶의 이슈와 관련되어 발생하는 갈등과 불안

위기개입모델의 기본 원리

- 신속한 개입: 위기개입은 단기간, 시간제한적, 즉각적 개입을 특징으로 한다. 대체로 6주 이내의 해결을 꾀한다.
- 행동기술: 사회복지사의 역할은 행동기술에 초점을 둔다.
- 제한된 목표: 위기 이전의 상태로 돌아갈 수 있도록 하는 것에 제한적인 목표를 둔다.
- 희망과 기대
- 지지 및 정보제공
- 문제 파악 및 해결에 초점
- 클라이언트의 자신감 회복 및 자립

골란의 위기발달단계

- 사회적 위험 → 취약단계 → 위기촉진요인 발생 → 실제 위기단계 → 재통합
- 개입은 '실제 위기단계'에서 이루어짐

라포포트(L. Rapoport)가 제시한 위기개입 목표

▶ **1단계 목표(기본 목표)**
- 위기로 인한 증상 제거
- 위기 이전의 기능 수준으로 회복
- 불균형 상태로 만든 촉발사건 이해
- 클라이언트나 가족이 사용하거나 지역사회 자원 중 이용할 수 있는 치료방법 모색

▶ **2단계 목표(추가 목표)**
- 현재의 스트레스를 과거의 생애 경험이나 갈등과 연결
- 새로운 인식, 사고, 정서양식을 개발하고 위기상황 이후에도 사용할 수 있는 새로운 적응적 대처기제 개발

골란의 위기개입단계

- 시작단계: 형성
  - 계약 형성
  - 위기 파악
- 중간단계: 수행
  - 계약 이행
  - 과업 확인 및 이해
  - 자료의 조직과 이에 따른 활동
  - 행동변화 초래
- 종결단계: 종료
  - 개입상황 점검
  - 대처유형, 성취한 과업 확인
  - 미래에 대한 계획 수립
  - 종료시기 결정

기출문장 CHECK

01 (22-04-04) 위기개입모델의 중간단계: 클라이언트의 일상생활에 활용할 수 있는 자원과 지지체계를 찾아낸다. 목표달성을 위한 구체적인 과제들에 대해 작업한다. 위기사건 이후 상황과 관련된 자료를 보충한다. 현재 위기와 관련된 과거 경험을 탐색한다.

02 (22-04-08) 위기개입모델에서 위기는 사건 자체보다 사건에 대한 개인의 주관적 현실에 기반을 둔다.

03 (21-04-02) 위기개입모델은 단기개입 서비스를 제공한다.

04 (21-04-02) 위기개입모델은 구체적이고 관찰 가능한 문제에 초점을 둔다.

05 (21-04-02) 위기개입모델은 클라이언트에게 실용적 정보를 제공하고 지지체계를 개발하도록 한다.

06 (21-04-02) 위기개입모델에서 사회복지사는 다른 개입모델에 비해 적극적이고 직접적인 역할을 수행한다.

07 (19-04-10) 위기개입모델은 위기 이전의 기능수준으로 회복하도록 돕는다.

08 (18-04-21) 청소년의 정체성 위기, 결혼, 자녀의 출산, 중년기의 직업 변화, 은퇴 등 개인의 생애주기에 따른 위기를 발달적 위기라고 한다.

09 (17-04-24) 위기개입의 표적문제는 구체적이어야 한다.

10 (17-04-24) 위기개입에 있어 절망하고 있는 클라이언트에게 희망을 고취시키는 것이 중요하다.

11 (17-04-24) 위기에 개입하는 사회복지사는 적극적이고 직접적인 역할을 수행한다.

12 (17-04-24) 위기개입모델은 다른 모델에 비해 상대적으로 단기적으로 진행된다.

13 (16-04-22) 자살을 생각하는 클라이언트의 문제에 개입할 때에는 자살 시도 경험을 확인하고, 자살을 생각하는 클라이언트가 보여주는 단서에 민감할 필요가 있다.

14 (16-04-22) 자살을 생각하는 클라이언트의 문제에 개입할 때에는 자살 관련 계획을 직접적으로 묻는 것도 필요하다.

15 (15-04-13) 위기개입모델에서는 사건에 대한 주관적인 인식을 중요시한다.

16 (14-04-08) 위기발달단계: 위험 사건 발생→ 취약단계 → 위기촉진요인 발생 → 실제 위기단계 → 재통합

17 (13-04-01) 위기증상의 제거, 위기촉발사건에 대한 이해 등은 위기개입의 목표가 된다.

18 (12-04-08) 위기와 선행사건에 대한 이해, 지지적 자원에 대한 분석, 클라이언트의 자해 위험성 파악 등은 위기개입의 초기단계에서 이루어진다.

19 (12-04-08) 위기개입에 있어 개입단계에서는 부정적 감정을 표현하여 혼란스러운 심리상태에서 벗어날 수 있도록 돕는다.

20 (11-04-03) 위기개입은 신속한 개입, 초점적 문제해결, 제한된 목표 등을 원칙으로 한다.

21 (11-04-03) 위기개입을 통해 클라이언트로 하여금 희망을 고취할 수 있도록 해야 한다.

22 (06-04-02) 위기개입모델에 따른 개입이 성공적인가를 알아보기 위해서는 클라이언트가 위기발생 이전의 기능으로 회복했는지를 살펴봐야 한다.

23 (05-04-21) 생활 속에서 직면하는 위기에 대한 지각은 사람마다 다르게 나타난다.

24 (05-04-21) 위기는 개인적 성장을 촉진할 수도 있다.

대표기출 확인하기

21-04-02   난이도 ★★☆

위기개입모델에 관한 설명으로 옳지 않은 것은?

① 클라이언트에게 실용적 정보를 제공하고 지지체계를 개발하도록 한다.
② 단기개입 서비스를 제공한다.
③ 구체적이고 관찰 가능한 문제에 초점을 둔다.
④ 위기 발달은 촉발요인이 발생한 후에 취약단계로 넘어간다.
⑤ 사회복지사는 다른 개입모델에 비해 적극적이고 직접적인 역할을 수행한다.

알짜확인

• 위기개입모델에서는 위기의 개념, 위기개입의 목표 및 원칙, 개입방법, 골란의 위기발달단계 등 비교적 다양한 내용이 두루두루 다뤄져왔기 때문에 이에 맞춰 대비해두어야 한다.

답 ④

✅ 응시생들의 선택

① 24%	② 4%	③ 17%	④ 52%	⑤ 3%

④ 위기발달단계: 사회적 위험 → 취약 → 위기촉진요인 발생 → 실제 위기 → 재통합

관련기출 더 보기

22-04-04   난이도 ★★★

위기개입모델의 중간단계 활동으로 옳지 않은 것은?

① 위기상황에 대한 초기사정을 실시한다.
② 클라이언트의 일상생활에 활용할 수 있는 자원과 지지체계를 찾아낸다.
③ 목표달성을 위한 구체적인 과제들에 대해 작업한다.
④ 위기사건 이후 상황과 관련된 자료를 보충한다.
⑤ 현재 위기와 관련된 과거 경험을 탐색한다.

답 ①

✅ 응시생들의 선택

① 51%	② 4%	③ 10%	④ 3%	⑤ 32%

위기개입모델은 현재 위기상황에서 빠르게 균형상태를 회복하는 것에 주 목적이 있기 때문에 빠르게 초기사정을 하거나 간단히 문제만 파악한 후 즉각적으로 개입에 돌입하기도 한다. 위기개입모델의 개입과정은 학자마다 다르게 제시되지만, 초기-중간-종결 등 3단계로 구분할 때는 실제 개입이 진행되는 단계가 중간단계이며 초기사정은 초기단계에 해당한다.

➕ 덧붙임

'⑤ 현재 위기와 관련된 과거 경험을 탐색'하는 것은 위기개입모델의 핵심목표는 아니기 때문에 중간단계에서 필요한 경우 추가적으로 실시할 수 있다.

난이도 ★★★

사회복지실천모델에 관한 설명으로 옳은 것을 모두 고른 것은?

> ㄱ. 위기개입모델에서는 사건에 대한 클라이언트의 주관적인 인식보다 사건 자체를 중시한다.
> ㄴ. 클라이언트중심모델에서는 현재 직면한 문제와 앞으로의 문제를 극복할 수 있도록 성장 과정을 도와준다.
> ㄷ. 임파워먼트모델에서는 클라이언트가 자신의 삶을 스스로 통제할 수 있도록 원조한다.
> ㄹ. 과제중심모델에서는 클라이언트가 인식한 문제에 초점을 두고, 클라이언트의 욕구를 최대한 반영한다.

① ㄱ
② ㄴ, ㄷ
③ ㄱ, ㄴ, ㄷ
④ ㄴ, ㄷ, ㄹ
⑤ ㄱ, ㄴ, ㄷ, ㄹ

답 ④

✅ 응시생들의 선택

① 5%	② 7%	③ 14%	④ 37%	⑤ 37%

ㄱ. 같은 사건을 경험하더라도 그 사건을 위기로 인식하는가는 사람마다 다를 수 있기 때문에 위기개입모델에서는 사건에 대한 클라이언트의 주관적 인식을 중시한다.

난이도 ★☆☆

청소년의 정체성 위기, 결혼, 자녀의 출산, 중년기의 직업 변화, 은퇴 등 개인의 생애주기에 따른 위기는?

① 실존적 위기
② 상황적 위기
③ 발달적 위기
④ 부정적 위기
⑤ 환경적 위기

답 ③

✅ 응시생들의 선택

① 4%	② 7%	③ 84%	④ 0%	⑤ 5%

위기의 유형에는 발달적 위기, 상황적 위기, 실존적 위기 등이 있으며, 이 중 생애주기에 따라 나타나는 위기는 발달적 위기에 해당한다.

난이도 ★☆☆

위기개입모델의 개입 원칙에 관한 설명으로 옳은 것은?

① 장기적인 개입방법을 사용한다.
② 개입목표는 가능한 한 포괄적으로 설정한다.
③ 사회복지사는 비지시적인 역할을 수행한다.
④ 위기 이전의 기능수준으로 회복하도록 돕는다.
⑤ 문제의 원인에 대한 이해를 위해 클라이언트의 과거 탐색에 초점을 둔다.

답 ④

✅ 응시생들의 선택

① 1%	② 1%	③ 4%	④ 91%	⑤ 3%

① 위기개입은 단기모델이다.
② 위기개입의 목표는 위기 이전 상태로 회복 등 제한적이다.
③ 주로 행동적 차원에서 지시적인 개입을 한다.
⑤ 위기개입에서는 클라이언트의 과거 탐색에 초점을 두지 않는다.

난이도 ★★★

위기개입모델에 관한 설명으로 옳지 않은 것은?

① 다른 모델에 비해 상대적으로 단기 서비스를 제공한다.
② 위기개입의 표적문제는 구체적이어야 한다.
③ 위기에 대한 반응보다 위기사건 자체 해결에 일차적 목표를 둔다.
④ 절망하고 있는 클라이언트에게 희망을 고취시키는 것이 중요하다.
⑤ 위기에 개입하는 사회복지사는 적극적이고 직접적인 역할을 수행한다.

답 ③

✅ 응시생들의 선택

① 6%	② 10%	③ 56%	④ 19%	⑤ 9%

③ 동일한 사건에 대해 사람들이 위기라고 인식하느냐 아니냐는 사람마다 다르며, 해결이 불가능한 사건도 있다. 따라서 위기개입모델은 그 사건의 해결 자체에 일차적 목표를 두는 것이 아니라 위기에 대한 반응에 더 초점을 둔다.

자살을 생각하는 클라이언트의 문제에 개입할 때 적절한 내용을 모두 고른 것은?

> ㄱ. 자살 관련 계획을 직접적으로 묻는 것은 자살을 구체화 할 수 있어 피한다.
> ㄴ. 자살을 생각하는 클라이언트가 보여주는 단서에 민감할 필요가 있다.
> ㄷ. 자살 시도 경험을 확인해본다.
> ㄹ. 우울증 가능성이 있을 경우 정신 건강 관련 기관에 의뢰 한다.

① ㄱ, ㄴ　　　　　　　　② ㄱ, ㄹ
③ ㄴ, ㄷ　　　　　　　　④ ㄴ, ㄷ, ㄹ
⑤ ㄱ, ㄴ, ㄷ, ㄹ

답 ④

✅ 응시생들의 선택

① 1%	② 1%	③ 2%	④ 53%	⑤ 43%

ㄱ. 클라이언트가 실제로 자살할 생각이 어느 정도 있는지를 살펴보고 문제의 실마리를 찾는 계기가 될 수도 있기 때문에 자살에 대해 직접적으로 물어볼 필요도 있다.

골란(N. Golan)의 위기반응단계를 순서대로 옳게 나열한 것은?

> ㄱ. 취약단계
> ㄴ. 위기단계
> ㄷ. 재통합단계
> ㄹ. 위기촉진요인
> ㅁ. 위험한 사건

① ㄱ → ㄴ → ㄹ → ㅁ → ㄷ
② ㄱ → ㅁ → ㄹ → ㄴ → ㄷ
③ ㅁ → ㄱ → ㄹ → ㄴ → ㄷ
④ ㅁ → ㄴ → ㄹ → ㄱ → ㄷ
⑤ ㅁ → ㄹ → ㄱ → ㄴ → ㄷ

답 ③

✅ 응시생들의 선택

① 6%	② 13%	③ 51%	④ 16%	⑤ 14%

라포포트(L. Rapoport)가 제시한 위기개입 목표로 옳은 것을 모두 고른 것은?

> ㄱ. 위기증상 제거
> ㄴ. 주관적 경험 증진
> ㄷ. 촉발사건 이해
> ㄹ. 대인관계 향상

① ㄱ, ㄴ, ㄷ　　　　　　② ㄱ, ㄷ
③ ㄴ, ㄹ　　　　　　　　④ ㄹ
⑤ ㄱ, ㄴ, ㄷ, ㄹ

답 ②

✅ 응시생들의 선택

① 8%	② 79%	③ 2%	④ 1%	⑤ 10%

라포포트(L. Rapoport)는 위기에 따른 증상의 완화, 위기 이전 수준으로의 기능 회복, 불균형 상태를 야기한 위기촉진요인들에 대한 이해, 클라이언트나 가족이 지역사회 자원을 통해 얻을 수 있는 치료방법 모색 등을 위기해결을 위한 기본적인 목표라고 설명하였다.

위기개입모델에서 개입단계에 해당하는 것은?

① 위기와 선행사건에 관한 이해
② 부정적 감정표현 지지
③ 과거의 문제 경험과 대처기술 평가
④ 지지적 자원에 대한 분석
⑤ 클라이언트의 자해 위험성 파악

답 ②

✅ 응시생들의 선택

① 22%	② 34%	③ 5%	④ 8%	⑤ 31%

①③④⑤ 사정단계에 해당한다.
아길레라와 메식은 사정단계 → 계획단계 → 개입단계 → 위기 대비 계획 단계 등 4단계로 구분하였으며, 그 중 사정단계의 과업으로 위기 및 선행 사건에 대한 파악, 현재의 위기와 선행 사건에 관한 클라이언트의 인식, 자원에 대한 고려, 과거의 문제경험과 대처기술 확인, 클라이언트의 자해 또는 타해의 위험 정도 파악 등을 제시하였다.

➕ 덧붙임

간혹 '위기개입은 즉각적 개입인데 사정을 하나요?'라는 질문을 받기도 했는데, 위기개입이라고 해서 선행단계 없이 바로 개입하는 것은 아니라는 점도 기억해두자.

다음 내용이 왜 틀렸는지를 확인해보자

01 위기개입모델은 같은 상황에서 모든 사람이 똑같은 정도의 위기감을 느낀다는 것을 전제로 한다.

위기개입모델에서는 같은 상황이라 하더라도 사람마다 위기감을 느끼는 정도는 다르게 나타날 수 있다고 본다.

`05-04-05`
02 위기발달단계: 사회적 위험 → 실제 위기단계 → 위기촉진요인 발생 → 취약단계 → 재통합

위기발달단계: 사회적 위험 → 취약단계 → 위기촉진요인 발생 → 실제 위기단계 → 재통합

03 위기발달단계에서 실제 사회복지사의 위기개입이 필요한 단계는 사회적 위험이 발생한 순간이다.

실제 사회복지사의 위기개입이 이루어지는 단계는 '실제 위기단계'이다.

`15-04-13`
04 위기개입모델에서는 사건에 대한 주관적인 인식보다 사건 자체를 중요시한다.

위기개입모델에서는 사건에 대한 주관적 인식에 주목한다.

05 인간의 성장·발달 과정에서 경험하는 사건들, 즉 발달단계에 따라 겪게 되는 위협은 위기라고 보지 않는다.

청소년기의 방황, 은퇴, 빈둥지증후군 등과 같이 발달단계에 따라 경험하게 되는 위기도 포함된다.

`08-04-08`
06 자살의 위험성이 있는 클라이언트에 개입할 때에는 자살에 대한 직접적인 언급은 삼가야 한다.

자살을 생각한 이유나 상황에 대해 이야기하여 그 심각성에 따라 개입이 달라질 수 있다.

`19-04-10`
07 위기개입모델은 문제의 원인을 이해하기 위해 클라이언트의 과거 탐색에 초점을 둔다.

위기개입모델은 과거 탐색과 같이 장기적으로 진행되는 개입에 초점을 두지는 않는다.

빈칸에 들어갈 알맞은 말을 채워보자

01 골란이 제시한 위기발달단계에 따르면 촉발요인이 발생한 후에 (   ) 단계로 넘어간다.

02 골란이 제시한 위기발달단계 중 이혼, 가족의 사망, 질병 및 사고, 자연재해 등의 사건은 (   ) 단계에 해당한다.

03 라포포트는 위기개입의 목표를 기본 목표와 추가 목표로 구분하여 설명하였는데, 위기로 인항 증상 제거는 (   ) 목표에 해당한다.

04 위기의 유형 중 (   )적 위기는 사람이 예견하거나 통제할 수 없는, 드물고도 이례적인 사건이 발생할 때 나타나는 위기를 말한다.

05 위기의 특성 중 (   )성은 모든 위기에는 혼란이 따르게 되며 위기에 처했던 사람이 다시 위 기를 경험할 수 있음을 의미한다.

06 위기개입모델에서 사회복지사의 역할은 (   )기술에 초점을 두어 지시적인 특징이 있다.

07 위기개입모델은 파멸의 예방, 균형상태 회복, 이전 수준으로 기능 회복 등과 같이 (   )된 목표를 갖는다.

답   **01** 실제 위기   **02** 사회적 위험   **03** 기본   **04** 상황   **05** 보편   **06** 행동   **07** 제한

다음 내용이 옳은지 그른지 판단해보자

01 위기개입에서는 문제의 해결뿐만 아니라 클라이언트의 자신감을 회복시키고, 희망을 고취시키는 ◎ⓧ
것도 중요하다.

02 스트레스를 유발하는 사건이나 위험 상황이 발생하였다고 해서 모두 개입이 필요한 위기인 것은 아 ◎ⓧ
니다.

03 위기개입에서는 클라이언트의 성격 유형을 파악하는 것이 선행되어야 한다. ◎ⓧ

20-04-16
04 위기개입모델은 위기에 의한 병리적 반응과 영구적 손상의 치료에 초점을 둔다. ◎ⓧ

05 위기로 인해 나타나는 불안은 긍정적 변화의 추진력이 될 수도 있다. ◎ⓧ

06 위기개입의 가장 큰 목표는 위기를 발생시킨 상황이나 사건을 종료시키는 것에 있다. ◎ⓧ

11-04-03
07 위기개입에서는 특정 문제에 초점을 두고 제한된 목표에 대한 신속한 개입을 추구한다. ◎ⓧ

08 위기개입모델에서 정의하는 위기는 자연재해나 교통사고 등과 같이 클라이언트가 피할 수 없이 갑 ◎ⓧ
작스럽게 일어난 사건, 사고 등으로 한정된다.

답 01 ○ 02 ○ 03 × 04 × 05 ○ 06 × 07 ○ 08 ×

해설 **03** 위기개입은 단기간에 위기 이전 수준으로의 기능 회복을 돕는 것이 주요 목적이기 때문에 성격 유형을 파악하는 것이 선행되어야 하
는 것은 아니다.

04 위기개입은 즉각적, 단기적 개입을 추구하기 때문에 위기요인의 발생이 심각한 병리 상태로 이어지지 않도록 방지하고 위기 이전 상
태를 회복하도록 하는 것에 초점을 둔다.

06 위기가 발생된 상황이나 사건은 인위적으로 종료시킬 수 있는 것은 아니다. 따라서 위기개입의 목표는 클라이언트가 위기발생 이전
과 같이 기능할 수 있도록 하는 데에 초점을 두게 된다.

08 위기개입모델에서는 사건, 사고뿐만 아니라 생애주기에 따라 경험하게 되는 상황이나 개인의 삶의 이슈와 관련되어 느끼게 되는 심
리적 요인들도 위기로 본다.

7 장

가족에 대한 이해

이 장에서는

가족을 살펴보는 체계론적 개념들을 학습하고, 현대사회에서 변화하는 가족의 특징들을 살펴본다. 가족 내외부 경계, 하위체계, 가족항상성을 비롯해 특히 순환적 인과성은 필수개념이다. 더불어 가족생활주기에 따라 가족에 요구되는 과업 및 가족원의 역할 변화를 이해하자.

10년간 출제분포도

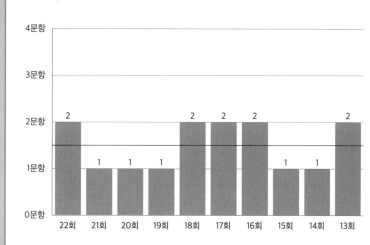

1.5 문항

평균 출제문항수

108 가족 관련 개념 및 특성

이론요약

체계로서의 가족

- 가족은 사회체계의 한 유형이다.
- 가족은 큰 사회의 하위체계이다. 동시에 가족 내에 많은 하위체계들이 존재한다.
- **전체로서의 가족은 각 부분의 합 이상이다.**(비총합성의 원리)
- **가족은 규칙에 따라 움직인다.**

기본개념

사회복지실천기술론
pp.142~

가족체계와 관련된 주요 개념

▶ 가족항상성
- 가족이 구조와 기능에 있어 균형을 유지하려는 속성
- 가족은 **위기상황 이후에 원래의 기능으로 되돌아가려는 경향** → 사회복지사는 가족의 새로운 균형상태를 원조

▶ 가족 내부경계
- **경직된 경계**: 가족 간의 경계가 단절되어 필요한 상호작용과 의사소통이 이루어지지 않음
- **명확한 경계**: 유연하고 융통성 있는 경계로 적절히 상호작용하면서 개인의 자율성을 인정함
- **혼돈된 경계**: 가족 간의 경계가 지나치게 밀착되어 개개인의 자율성과 독립성이 결여됨

▶ 가족 외부경계
- **폐쇄형**: 외부와의 경계가 엄격하게 제한되어 외부와 상호작용하지 않음
- **개방형**: 가족규칙의 범위 내에서 외부와 유동적으로 상호작용함
- **방임형**: 외부와의 경계가 모호하여 상호작용에 제한이 없으며, 가족 경계선의 방어가 없음

▶ 하위체계
- 부부 하위체계, 부모 하위체계, 부모－자녀 하위체계, 형제자매 하위체계 등
- 건강한 가족은 하위체계 간 경계가 혼돈되지 않고 분명함

▶ 순환적 인과성
- **모든 행위는 다른 행위의 한 원인이 되면서 동시에 결과가 됨**
- 문제의 원인이나 근원보다는 **문제를 유지하는 가족의 상호작용에 초점을 둠**
- **"무엇"을 하느냐에 초점**: 문제의 원인(왜?)보다는 문제를 유지시키는 가족의 상호작용(무엇을)에 초점을 둠

▶ 환류고리

가족은 의사소통과 환류를 통해 현재의 평형상태를 유지하려고 함

- 정적 환류: 한 성원이 새로운 행동을 했을 때 정적 환류는 그 변화행동을 확대, 강화시킴
- 부적 환류: 한 성원이 새로운 행동을 했을 때 부적 환류는 그 변화행동을 저지, 중단시킴

현대가족의 구조 및 기능상의 변화

- 다양한 형태의 가족 유형 증가
- 가족구조의 단순화 및 가족규모의 축소
- 가족생활주기의 변화
- 전통적 기능의 축소
- 기혼여성의 사회활동 참여 증가에 따른 가사노동 분업

가족생활주기

- 결혼을 통하여 가족이 결성된 순간부터 자녀의 성장이나 독립, 은퇴, 배우자 사망 등에 이르기까지 가정생활의 변화과정, 즉 가족의 구조와 관계상의 발달 및 변화를 의미
- 가족생활주기에 따라 성취해야 할 발달과업이 있으며, 새로운 단계로 전환하는 과정에서 위기를 경험할 수 있음
- 가족의 유형 및 가족 형성 시기 등에 따라 가족마다 가족생활주기의 단계별 길이나 내용은 다르게 나타남

기출문장 CHECK

01 (22-04-11) 가족 항상성은 가족구성원들이 현재 상태를 유지하고자 하는 것이다.

02 (22-04-11) 가족 내에는 구성원들이 경계를 가지고 각자의 기능을 수행해가는 하위체계들이 있다.

03 (22-04-11) 피드백은 가족이 사회환경과 환류를 주고 받으며 변화를 도모하는 것이다.

04 (22-04-11) 순환적 인과관계는 가족 한 사람의 행동이 다른 구성원에게 영향을 주어 가족 전체의 변화와 연결된다는 것이다.

05 (22-04-15) 저출산 시대에는 무자녀 부부가 증가한다.

06 (22-04-15) 사회변화에 따라 가족 형태가 다양해지는 경향이 있다.

07 (22-04-15) 사회변화에 따라 가족의 세대구성이 단순화되면서 확대가족의 의미가 약화된다.

08 (22-04-15) 사회변화에 따라 양육, 보호, 교육, 부양 등에서 사회 이슈가 발생한다.

09 (21-04-12) 가족성원의 행동은 순환적 인과성의 특성을 갖는다.

10 (21-04-12) 한 사람의 문제는 가족성원 모두에게 영향을 미친다.

11 (21-04-12) 한 가족성원의 개입노력은 가족 전체에 영향을 준다.

12 (21-04-12) 한 가족성원이 보이는 증상은 가족의 문제를 대신해서 호소하는 것으로 본다.

13 (20-04-17) 가족문제의 원인을 구성원 간 상호작용에서 찾는 것을 순환적 인과관계라고 한다.

14 (20-04-17) 가족은 하위체계이면서 상위체계이기도 하다.

15 (20-04-17) 가족 내 하위체계의 경계유형은 투과성 정도에 따라 나뉠 수 있다.

16 (20-04-17) 가족 규칙은 가족 항상성에 영향을 준다.

17 (19-04-23) 가족체계는 성장과 발전을 추구하면서도 지나친 변화는 제어하며 일정한 안정성을 유지하고자 한다.

18 (18-04-13) 가족은 사회변화에 민감한 체계이다.

19 (18-04-13) 현대 가족은 점차 정서적 기능이 약화되고 있다.

20 (18-04-13) 가족의 현재 모습은 세대 간 전승된 통합과 조정의 결과물이다.

21 (17-04-10) 환류고리는 가족규범이 유지되거나 변화되는 과정을 설명하는 개념이다.

22 (17-04-15) 사회변화에 따라 가족의 구조와 기능도 변화한다.

23 (17-04-15) 위기 시 가족은 역기능적 행동을 보일 수도 있지만 가족탄력성을 보일 수도 있다.

24 (17-04-15) 가족은 가족항상성을 통해 다른 가족과 구별되는 정체성을 갖는다.

25 (16-04-05) 가족체계의 순환적 인과성은 가족구성원이 많을 때 더욱 복잡한 양상을 띤다.

26 (16-04-05) 가족체계의 순환적 인과성은 상호 영향을 주고받는 과정에서 나타나는 현상이다.

27 (16-04-05) 가족의 순환적 인과성을 살펴봄으로써 가족의 문제가 유지되는 상호작용 과정을 파악하여 문제를 해결할 수 있다.

28 (16-04-09) 현대사회에서 가족의 규모 및 기능은 축소되고 있다.

29 (16-04-09) 현대사회에서는 가족의 형태가 다양해짐에 따라 생활주기도 변화하고 있다.

30 (15-04-02) 가족항상성은 가족규칙을 활성화하여 지속적인 관계를 유지하도록 한다.

31 (13-04-09) 가족은 다세대에 걸친 역사성의 산물이다.

32 (13-04-09) 가족은 가족마다 권력구조와 의사소통 형태를 갖고 있다.

33 (13-04-09) 가족구성원 간 상호 영향은 지속적으로 나타난다.

34 (13-04-15) 전문가의 가족개입과정에서 가족의 항상성이 작동될 수 있다.

35 (13-04-15) 가족 하위체계 간 경계가 모호하면 가족끼리 밀착되기 쉽다.

36 (12-04-19) 순환적 인과성은 파문효과(ripple effect)와 관련이 있다.

37 (12-04-19) 순환적 인과성은 체계적 관점에서 악순환적인 연쇄고리를 파악한다.

38 (12-04-19) 순환적 인과성은 문제의 원인보다는 현재의 상호적 인과관계를 살펴본다.

39 (12-04-19) 순환적 인과성에 따르면, 문제를 일으킨 성원 또는 다른 성원의 변화를 통해 가족의 역기능적 문제를 해결할 수 있다.

40 (12-04-20) 현대사회에는 평균수명의 연장으로 가족의 생애주기가 길어지고 있다.

41 (12-04-20) 청년실업의 증가는 자녀의 독립시기가 지연되는 현상에 영향을 주었다.

42 (12-04-20) 단독가구 및 무자녀가구가 증가하면서 비전통적인 가족 유형이 늘고 있다.

43 (12-04-22) 별거가족은 협력적 부모관계가 지속되도록 해야 한다.

44 (12-04-22) 다세대가족은 하위체계의 구성 및 조정에 초점을 두어야 한다.

45 (11-04-28) 가족은 나름대로의 유형화된 생활방식을 갖고 있다.

46 (11-04-28) 가족권력이 어떤 한 가족구성원에게 치우쳐 있으면 갈등가족이 될 수 있다.

47 (10-04-13) 순환적 인과성을 따르면, 가족의 변화를 위해서는 문제가 유지되는 상호작용 과정을 이해해야 한다.

48 (09-04-25) 가족은 지역사회의 하위체계이다.

49 (09-04-25) 가족은 주변체계와 상호작용한다.

50 (09-04-25) 가족은 항상성을 유지하려는 속성이 있다.

51 (08-04-02) 가족규칙은 가족원의 지위, 역할, 가족의식을 규정한다.

52 (08-04-23) 가족 내 권력구조와 규범이 존재한다.

대표기출 확인하기

20-04-17
난이도 ★★★

가족에 관한 체계론적 관점의 기술로 옳지 않은 것은?

① 가족은 하위체계이면서 상위체계이다.
② 가족 규칙은 가족 항상성에 영향을 준다.
③ 가족 내 하위체계의 경계유형은 투과성 정도에 따라 나뉠 수 있다.
④ 가족문제의 원인을 구성원 간 상호작용에서 찾는 것을 순환적 인과관계라고 한다.
⑤ 가족이 처한 상황을 구성원의 인식과 언어체계로 표현하면서 가족 스스로 문제해결의 단서를 찾도록 한다.

 알짜확인

- 가족항상성, 가족경계, 순환적 인과성 등 체계이론을 바탕으로 가족을 살펴보는 다양한 개념들을 정리해두어야 한다.
- 현대가족의 특징 및 가족형태의 변화를 살펴보는 문제도 출제되며, 가족생활주기의 개념을 파악해두는 것도 필요하다.

답 ⑤

✔ 응시생들의 선택

① 10%	② 7%	③ 23%	④ 17%	⑤ 43%

⑤ 사회구성론적 관점과 관련된 설명이다. 대표적인 사회구성론적 접근인 해결중심모델은 클라이언트의 표현을 전문가의 표현으로 바꾸어 말하는 것은 클라이언트에 대한 실례이자 클라이언트의 자신감을 저하시킬 수 있다고 보았다. 가족에게 다양한 질문을 하는 과정에서 가족원들의 표현을 되도록 있는 그대로 사용할 것을 권장하며 치료자는 가족들의 답변 속에서 가족이 스스로 문제해결 방법을 찾아갈 수 있도록 돕는 역할을 한다.

관련기출 더 보기

19-04-23
난이도 ★★☆

가족대상 사회복지실천에 관한 설명으로 옳은 것은?

① 누가 가족문제를 일으키는 원인제공자인지 확인하기 위해 순환적 인과관계를 적용한다.
② 동귀결성을 적용하여 어떤 결과에 어떤 하나의 원인이 작용하였는지를 밝힌다.
③ 가족은 사회환경의 하위체계이나 그 내부는 하위체계가 없는 체계이다.
④ 가족체계는 성장과 발전을 추구하면서도 지나친 변화는 제어하며 일정한 안정성을 유지하고자 한다.
⑤ 일차적 사이버네틱스에서 가족은 스스로 창조하고 독립된 실제이며 사회복지사를 가족과 완전 분리된 사람으로 보지 않는다.

답 ④

✔ 응시생들의 선택

① 17%	② 3%	③ 1%	④ 75%	⑤ 4%

④ '가족체계는 성장과 발전을 추구하면서도 지나친 변화는 제어하며 일정한 안정성을 유지하고자 한다'는 것은 옳은 설명으로 가족항상성의 개념에 해당한다.

① 순환적 인과관계는 한 사람의 문제는 다른 사람에게, 가족 전체에게 영향을 주고 그 영향은 다시 그 사람에게 영향을 미치기 때문에 가족의 문제는 순환적으로 일어난다는 개념이다. 따라서 문제의 원인 혹은 원인제공자가 누구인지보다는 문제를 지속시키는 상호작용에 초점을 둔다.
② 동귀결성은 각기 다른 원인들이 같은 결과를 가져올 수 있음을 말한다.
③ 가족 내부에도 부부 체계, 부모 체계, 부모-자녀 체계, 형제-자매 체계 등 다양한 하위체계가 있다.
⑤ 일차적 사이버네틱스는 전문가가 가족 내부에서 발생하는 현상에 영향을 주지 않으면서 객관적 시각에서 관찰할 수 있다고 보는 입장이다. 이차적 사이버네틱스는 전문가는 관찰자로서 관찰을 당하는 가족체계와 상호작용이 일어난다고 보며, 이로 인해 동일한 가족을 관찰하더라도 관찰자에 따라 다르게 파악될 수 있다는 것이다.

가족의 특성에 관한 설명으로 옳은 것을 모두 고른 것은?

> ㄱ. 사회변화에 민감한 체계이다.
> ㄴ. 현대 가족은 점차 정서적 기능이 약화되고 있다.
> ㄷ. 가족의 현재 모습은 세대 간 전승된 통합과 조정의 결과물이다.
> ㄹ. 기능적인 가족은 응집성과 적응성, 문제해결력이 높은 가족이다.

① ㄱ, ㄷ　　　　　　　② ㄴ, ㄹ
③ ㄱ, ㄴ, ㄷ　　　　　④ ㄴ, ㄷ, ㄹ
⑤ ㄱ, ㄴ, ㄷ, ㄹ

답 ⑤

✔ 응시생들의 선택

① 4%	② 9%	③ 8%	④ 18%	⑤ 61%

가족생활주기에 관한 설명으로 옳지 않은 것은?

① 가족구조와 발달과업의 변화를 파악하는 데 활용한다.
② 가족생활주기를 파악하기 위해 가족의 생태도를 작성한다.
③ 가족이 형성된 시점부터 배우자 사망에 이르기까지의 생활변화를 볼 수 있다.
④ 가족이 발달하면서 경험하게 될 사건이나 위기를 예측하는 데 도움이 된다.
⑤ 가족생활주기의 단계는 가족유형이나 사회문화적 배경에 따라 상이할 수 있다.

답 ②

✔ 응시생들의 선택

① 2%	② 69%	③ 9%	④ 17%	⑤ 3%

② 생태도는 개인 및 가족의 사회적 맥락과 개인 및 가족을 둘러싼 사회체계들과의 상호작용을 보는 데 적절한 사정도구로서 가족생활주기는 파악하기 어렵다.

가족 내부의 역동성에 관한 설명으로 옳은 것은?

① 이중구속(double binds)은 가족의 응집 정도를 나타낸 것이다.
② 일치형 의사소통은 객관적 사실과 정확한 논리에 기초한 의사소통 행위이다.
③ 가족 하위체계 간 경계가 모호하면 그 관계가 소원해진다.
④ 전문가의 가족개입과정에서 가족의 항상성이 작동될 수 있다.
⑤ 부적 피드백은 가정 내 일탈행동을 증폭시킨다.

답 ④

✔ 응시생들의 선택

① 7%	② 18%	③ 13%	④ 56%	⑤ 7%

① 이중구속은 역기능적 의사소통 형태를 띠며, 언어적 수준과 비언어적 수준이 다른 상호 모순적인 메시지를 보내는 것이다.
② 일치형 의사소통은 언어적 메시지와 비언어적 메시지가 일치하고 메시지가 분명하고 직접적이며, 사람을 비난하지 않으면서 행위를 평가하고 방향 제시를 할 수 있는 기능적 의사소통이다.
③ 가족 하위체계 간 경계가 모호하면 가족끼리 밀착되기 쉽다.
⑤ 일탈행동이 지속되거나 증폭되도록 하는 것은 정적 피드백(환류)이다. 부적 피드백(환류)은 일탈이나 위기상황으로 더 이상 진전되는 것을 멈추고 원래의 상태로 되돌아가게 하는 작용을 한다.

순환적 인과성에 관한 설명으로 옳지 않은 것은?

① 파문효과(ripple effect)와 관련이 있다.
② 체계적 관점에서 악순환적인 연쇄고리를 파악한다.
③ 문제의 외현화(externalization)를 위해 사용되는 개념이다.
④ 문제의 원인보다는 현재의 상호적 인과관계를 살펴본다.
⑤ 문제를 일으킨 성원 또는 다른 성원의 변화를 통해 가족의 역기능적 문제가 해결된다.

답 ③

✔ 응시생들의 선택

① 13%	② 6%	③ 51%	④ 20%	⑤ 9%

③ 문제의 외현화는 이야기치료의 개입기법으로서 순환적 인과성과는 거리가 멀다.

다음 내용이 왜 틀렸는지를 확인해보자

01 가족 대상 실천은 가족원 중 <u>문제의 원인 제공자를 확인</u>하는 것이 주요 목표이다.

> 가족의 문제는 순환적 인과관계가 있으므로 문제의 원인을 찾는 것보다 문제가 유지되는 가족의 상호작용에 초점을 둔다.

`13-04-09`

02 가족 내에서 가족원들은 저마다 공식적, 비공식적 <u>역할들이 고정되어 있다.</u>

> 가족원들은 가족 내에서 저마다의 역할을 수행하게 되는데 이는 생애 사건, 가족생활주기 등 다양한 영향을 받으며 변화한다.

`21-04-12`

03 가족개입에 있어 가족문제의 원인은 <u>단선적 관점</u>으로 파악해야 한다.

> 가족문제의 원인은 순환적 관점으로 파악해야 한다.

`11-04-28`

04 가족응집력이 높을수록 가족구성원들의 <u>독립성과 자율성이 커진다.</u>

> 가족응집력이 지나치게 높으면 가족구성원 간 밀착관계가 형성되어 독립성과 자율성이 결여될 수 있다.

`15-04-02`

05 부모-자녀 관계는 <u>밀착된 경계를 가진 관계일수록 기능적</u>이다.

> 지나친 밀착 관계에서는 독립심과 자율성이 결여될 수 있다는 점에서 역기능적이다.

`16-04-05`

06 순환적 인과성은 가족체계 내 문제가 <u>세대 간 전이를 통해 나타남</u>을 의미한다.

> 순환적 인과성은 세대 간 전이의 개념은 아니다. 현재 가족원 사이에서 상호영향을 줌으로써 문제가 지속되는 현상을 일컫는 개념이다.

다음 내용이 옳은지 그른지 판단해보자

22-04-15
01 단독으로 생계를 유지하는 경우는 가구의 범위에 속하지 않는다. ◎ ⊗

07-04-06
02 독신가족, 동거가족, 다문화가족 등 다양한 가족의 형태가 증가하고 있다. ◎ ⊗

12-04-20
03 현대사회에서는 자녀의 결혼시기가 늦어짐에 따라 빈둥지 시기도 늦춰지고 있다. ◎ ⊗

15-04-02
04 가족생활주기가 변해도 역할분담은 고정되어 있는 것이 적응적이다. ◎ ⊗

10-04-17
05 가족생활주기는 모든 가족은 동일한 단계를 거쳐 발달함을 전제로 한다. ◎ ⊗

10-04-01
06 과거에 가족이 수행했던 기능이 상당 부분 사회로 이양되었다. ◎ ⊗

10-04-13
07 가족체계의 순환적 인과성 개념은 가족 문제의 원인을 단편적으로 파악하여 개입을 용이하게 한다. ◎ ⊗

17-04-10
08 1차 수준 사이버네틱스는 전문가가 가족 내부의 의사소통과 제어과정을 객관적으로 발견할 수 있다는 개념이다. ◎ ⊗

17-04-10
09 환류고리를 통해 가족규범이 유지되거나 변화되는 과정을 설명할 수 있다. ◎ ⊗

답 01✕ 02○ 03○ 04✕ 05✕ 06○ 07✕ 08○ 09○

해설 **01** 가구(家口)는 같은 공간에서 취사를 함께하고 있는 사람들이라는 의미이지만, 혼자 사는 사람이 증가하면서 1인 가구라는 표현도 사용되고 있다.

04 가족생활주기의 변화에 따라 가족원이 수행해야 할 역할도 달라지는 것이 적응적이다.

05 가족생활주기는 부부의 결혼 연령, 자녀출산 시기, 자녀의 수나 독립 시기, 부부의 은퇴 혹은 사망 등에 의해서도 다르게 나타날 수 있다.

07 순환적 인과성은 모든 행위는 다른 행위의 한 가지 원인이 되면서 동시에 결과가 된다고 보는 것이다. 이 개념을 가족문제에 적용하면 문제의 원인과 결과를 단편적으로 파악하는 것이 아니라 가족의 상호작용을 통해 문제가 유지되는 양상에 초점을 두고 개입하게 되는 것이다.

8장

가족문제 사정

10년간 출제분포도

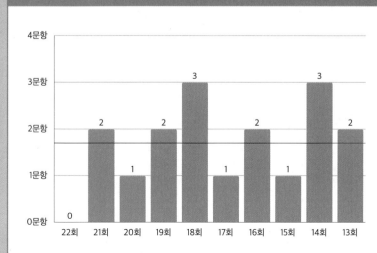

1.7
문항

평균 출제문항수

강의 QR코드

109 가족사정도구

최근 10년간 **10문항** 출제

이론요약

가계도

- 가족치료에서 사용되는 도표 혹은 그림
- 보통 3세대 이상, 적어도 2세대 이상에 걸친 가족관계를 묘사함
- 개인 인적 사항 및 사회적 정보 표시
- 각 구성원 간의 관계를 선으로 표시
- 세대에 걸쳐 반복적으로 나타나는 문제나 양상을 파악할 수 있음

> **기본개념**
>
> 사회복지실천기술론
> pp.173~

생태도

- 클라이언트 및 클라이언트와 관련된 사람, 환경의 영향과 그 상호작용의 변화를 묘사하기 위해 사용
- 환경 속 인간 관점을 바탕으로 함
- 다양한 선 모양을 통해 가족 성원과 환경과의 관계를 표시

가족조각

- 공간 속에서 가족구성원들의 몸을 이용해 가족의 상호작용 양상을 표현함으로써 가족에 대한 이해를 돕는 기법
- 가족조각을 통해 가족원들이 역기능적 가족연합을 인식할 수 있게 하여 가족관계를 재조정할 수 있도록 함
- 가족조각을 실행할 때에는 서로 이야기하거나 웃지 않도록 하며, 조각이 끝난 후에 이에 대한 이야기를 나누며 감정적 피드백이 이루어질 수 있도록 함
- 하위체계의 양상, 융합 또는 소원한 관계, 지배−복종의 관계, 가족규칙의 양상 등을 파악

생활력도표

- 클라이언트의 생애에서 중요한 사건이나 시기를 중심으로 연대기적으로 작성
- 원이나 화살표 등 기호를 이용하지 않고 도표로 제시

생활주기표

- 클라이언트 및 가족구성원의 발달단계와 주요 과업을 하나의 표로 나타낸 것
- 개별 성원이 현재 위치해 있는 발달단계 및 과업, 위기 등을 한눈에 볼 수 있도록 정리

사회적 관계망표

· 개인 혹은 가족의 **사회적 지지체계**를 사정하는 도구
· 사회적 관계망을 그림이나 표로 보여줌으로써 가족의 관계망을 전체적으로 볼 수 있게 함
· 지지의 유형 및 지지의 방향, 개인적 친밀감 정도, 접촉 빈도, 관계된 기간 등을 표로 작성

기출문장 CHECK

01 (20-04-18) 자녀의 입장에서 가족조각을 진행함으로써 자녀가 인식하는 가족관계를 탐색할 수 있다.

02 (20-04-18) 생활력표를 활용하여 현재 어려움에 영향을 주는 발달단계 상의 경험을 이해할 수 있다.

03 (19-04-15) 가족조각은 어느 시점에서의 인간관계, 타인에 대한 느낌과 감정을 동작과 공간을 사용하여 표현하는 비언어적 기법이다.

04 (19-04-19) 가계도를 통해 가족 내 삼각관계, 지배적인 주제와 가족구조의 변화, 가족 내 반복적으로 나타나고 있는 사건의 연결성 등을 분석할 수 있다.

05 (18-04-15) 가계도에서는 세대를 통해 반복되는 패턴 분석, 가족구성원에 대한 객관적 정보 파악, 가족기능의 불균형 및 이에 기여하는 요인 분석, 가족구성원별 인생의 중요사건과 이에 대한 다른 가족구성원의 역할 분석 등이 가능하다.

06 (17-04-03) 생활력표를 활용하여 현재의 기능수행에 영향을 미치는 발달단계상 생활경험을 이해한다.

07 (17-04-03) 가족조각은 가족역동을 시각적으로 표현하여 구성원의 인식을 파악하는 도구이다.

08 (16-04-08) 가족조각 기법은 가족의 상호작용 양상을 공간 속에 배치하는 방법이다.

09 (16-04-08) 가족조각 기법은 가족 내 숨겨져 표현되지 못했던 감정이나 가족규칙 등이 노출될 수 있다.

10 (15-04-08) 사회적 관계망표로 사회적 관계에서의 지지 유형과 정도를 파악한다.

11 (14-04-21) 사회적 관계망표는 사회적 지지의 유형을 구분하고 가족의 환경과 필요한 자원을 파악하는 데 유용하다.

12 (12-04-18) 부부상담에서 부인이 성장기에 겪었던 주요 생애경험을 파악하기 위해 가족생활력표를 사용한다.

13 (11-04-27) 가계도를 통해 가족 내 하위체계 간 경계의 속성, 가족 내 삼각관계, 종단·횡단, 종합·통합적인 가족의 속성, 가족구성원 역할과 기능의 균형상태 등을 파악할 수 있다.

14 (11-04-27) 가계도에서는 개인 및 가족의 환경과의 교류를 알 수 없다.

15 (10-04-08) 생태도로 주변 체계와의 상호작용을 파악할 수 있다.

16 (10-04-08) 가계도를 통해 세대 간 전수되는 가족의 특징이나 반복되는 사건 등을 파악할 수 있다.

17 (09-04-07) 가계도를 통해 세대 간 반복되는 유형을 분석할 수 있다.

18 (09-04-07) 생활주기표는 가족성원의 발달단계별 수행 과제를 파악한다.

19 (09-04-07) 생태도는 가족에게 부족한 자원과 보충되어야 할 자원을 알아볼 수 있다.

20 (09-04-07) 생활력표는 가족원의 중요사건이나 문제를 발견하는 데에 적합하다.

21 (08-04-24) 가계도에서 소원한 관계는 점선(--------)으로 표시한다.

22 (06-04-21) 가족을 사정하기 위한 도구로 생태도, 가계도, 사회적 관계망 등을 활용할 수 있다.

23 (03-04-20) 생태도에서 실선은 긍정적 관계를 의미한다.

24 (02-04-10) 생활력도표는 가족구성원의 삶에서 중요한 사건이나 문제를 시계열적으로 나열한 것이다.

25 (01-04-08) 가계도에는 가족 구성원의 약물남용 경험이 기록된다.

대표기출 확인하기

난이도 ★★☆

자녀양육의 어려움을 호소하는 가족의 사정도구에 관한 설명으로 옳지 않은 것은?

① 가계도를 활용하여 구성원 간 관계를 파악한다.
② 생태도를 통해 회복탄력성과 문제해결능력을 확인한다.
③ 양육태도척도를 활용하여 문제가 되는 부분을 탐색한다.
④ 자녀 입장의 가족조각으로 자녀가 인식하는 가족관계를 탐색한다.
⑤ 생활력표를 활용하여 현재 어려움에 영향을 주는 발달단계 상의 경험을 이해한다.

알짜확인

• 가계도, 생태도 등을 비롯해 가족사정에서 활용할 수 있는 다양한 도구들에 대해서 살펴봐야 한다. 특히 가계도에서는 환경체계를 알 수 없다는 점은 자주 출제된 내용이다.
• 어떤 상황에서 어떻게 적용함으로써 무엇을 파악해낼 수 있느냐에 초점을 두어 각 사정도구를 정리해두도록 하자.

답 ②

응시생들의 선택

| ① 3% | ② 61% | ③ 8% | ④ 10% | ⑤ 18% |

② 생태도는 가족을 둘러싼 환경체계를 살펴보기 위한 사정도구이다.

관련기출 더 보기

난이도 ★★☆

가계도를 통한 분석 내용으로 옳은 것을 모두 고른 것은?

> ㄱ. 가족 내 삼각관계
> ㄴ. 지배적인 주제와 가족구조의 변화
> ㄷ. 가족이 위치한 지역사회의 안정성과 쾌적성
> ㄹ. 가족 내 반복적으로 나타나고 있는 사건의 연결성

① ㄴ   ② ㄱ, ㄴ
③ ㄱ, ㄹ   ④ ㄱ, ㄴ, ㄹ
⑤ ㄱ, ㄴ, ㄷ, ㄹ

답 ④

응시생들의 선택

| ① 5% | ② 12% | ③ 14% | ④ 66% | ⑤ 3% |

ㄷ. 가계도는 3세대 이상의 가족에 대한 분석으로 가족을 둘러싼 환경체계에 대해서는 알 수 없다.

가계도를 통한 사정 내용

• 가족관계 구조
• 결혼, 이혼, 재혼, 질병, 사망 등 중요한 생활사건
• 종교, 직업 등 인구사회학적 특성
• 가족 내에서 반복되는 정서적·행동적 패턴 및 성원 간의 관계
• 여러 세대에 걸쳐 발전된 가족 구성원의 역할 및 유형

난이도 ★★★

가계도 분석에 관한 설명으로 옳은 것을 모두 고른 것은?

> ㄱ. 세대를 통해 반복되는 패턴 분석
> ㄴ. 가족구성원에 대한 객관적 정보를 파악
> ㄷ. 가족기능의 불균형과 그것에 기여하는 요인 분석
> ㄹ. 가족구성원별 인생의 중요사건과 이에 대한 다른 가족구성원의 역할 분석

① ㄹ
② ㄱ, ㄷ
③ ㄴ, ㄹ
④ ㄱ, ㄴ, ㄷ
⑤ ㄱ, ㄴ, ㄷ, ㄹ

답 ⑤

응시생들의 선택

① 1%	② 5%	③ 4%	④ 66%	⑤ 24%

난이도 ★☆☆

가족사정도구에 관한 설명으로 옳은 것을 모두 고른 것은?

> ㄱ. 생태도는 진행과정과 종결과정에서도 활용한다.
> ㄴ. 생활력표를 활용하여 현재의 기능수행에 영향을 미치는 발달단계상 생활경험을 이해한다.
> ㄷ. 소시오그램은 가족 구성원의 사회적 활동을 측정하는 도구이다.
> ㄹ. 가족조각은 가족역동을 시각적으로 표현하여 구성원의 인식을 파악하는 도구이다.

① ㄱ, ㄷ
② ㄱ, ㄹ
③ ㄴ, ㄷ
④ ㄱ, ㄴ, ㄹ
⑤ ㄱ, ㄴ, ㄷ, ㄹ

답 ④

응시생들의 선택

① 1%	② 10%	③ 6%	④ 51%	⑤ 32%

ㄷ. 소시오그램은 집단사정도구로 대인관계에서 끌리는 정도를 측정한다. 소시오그램에서는 집단성원 간 선호도와 무관심, 배척하는 정도와 유형을 파악할 수 있으며 하위집단 형성 여부를 알 수 있다.

난이도 ★★☆

가족사정 기법 중 가족조각을 통해 파악할 수 있는 것을 모두 고른 것은?

> ㄱ. 가족 간의 친밀도
> ㄴ. 가족규칙
> ㄷ. 가족성원들의 감정
> ㄹ. 가족의 교육 수준

① ㄱ, ㄴ, ㄷ
② ㄱ, ㄷ
③ ㄴ, ㄹ
④ ㄹ
⑤ ㄱ, ㄴ, ㄷ, ㄹ

답 ①

응시생들의 선택

① 56%	② 40%	③ 1%	④ 1%	⑤ 2%

가족조각을 통해 가족 내의 관계, 가족규칙, 가족동맹, 친밀도, 감정, 문제 등을 알 수 있다. 하지만, 교육 수준은 알 수 없다.

난이도 ★★★

가족 사정에 관한 설명으로 옳지 않은 것은?

① 가족이 제공하는 정보 이외에 가족의 실제 상호작용을 파악해야 한다.
② 가족 상호작용에 관한 새로운 정보로 인해 초기의 사정 내용이 변화할 수 있다.
③ 가계도를 통해 세대 간 전수되는 가족의 특징이나 반복되는 사건 등을 파악할 수 있다.
④ 사회관계망표를 활용하여 가족 내 규칙을 파악할 수 있다.
⑤ 생태도로 주변 체계와의 상호작용을 파악할 수 있다.

답 ④

응시생들의 선택

① 3%	② 4%	③ 7%	④ 85%	⑤ 1%

④ 사회적 관계망표는 개인 혹은 가족의 사회적 지지체계를 살펴보는 것으로, 가족 내 규칙을 파악할 수는 없다.

다음 내용이 왜 틀렸는지를 확인해보자

07-04-05

01 가계도를 작성할 때에는 가족에 영향을 미치는 **외부자원에 관한 정보**를 다룬다.

> 가계도에는 가족에게 영향을 미치는 외부자원에 대한 정보는 담기지 않는다.

03-04-20

02 생태도에서 **실선의 굵기가 갖는 의미는 없다.**

> 실선이 굵을수록 강한 긍정의 관계이다.

15-04-08

03 생태도는 **세대 간 반복되는 유형을 파악하는 데에 적합**하다.

> 생태도는 개인 및 가족의 사회적 맥락과 가족을 둘러싼 사회체계들과의 상호작용 상태를 살펴보는 도구이다.

14-04-21

04 소시오그램은 집단 성원들 간의 관계를 파악하고 **가족의 환경과 필요한 자원을 파악하는 데에 유용**하다.

> 가족의 환경과 필요한 자원을 파악하기 위한 도구는 사회적 관계망표이다.

01-04-08

05 가계도를 통해 가족 구성원들이 **특정 시기에 경험한 내용을 파악**할 수 있다.

> 특성 시기에 가족이 겪은 문제를 파악하는 도구는 생활력표이다. 가계도는 3세대에 걸친 가족관계를 도표로 정리하면서 세대에 걸쳐서 반복적으로 나타나는 문제나 양상을 파악하는 도구이다.

12-04-18

06 부부상담에서 부인이 성장기에 겪었던 주요 생애경험을 파악하기 위해서는 **생태도를 작성**하도록 한다.

> 생태도는 현재 클라이언트와 관련된 사람, 환경과의 상호작용을 파악하기 위해 작성하는 사정도구로, 생애경험이 드러나지는 않는다.

다음 내용이 옳은지 그른지 판단해보자

19-04-15

01 어느 시점에서의 인간관계, 타인에 대한 느낌과 감정을 동작과 공간을 사용하여 표현하는 비언어적 기법은 가족조각이다. ◎ ⊗

02-04-10

02 생활력도표는 아동과 청소년을 대상으로 한 활동에서 특히 유용하게 사용된다. ◎ ⊗

11-04-27

03 가계도를 통해 가족과 환경 간의 교류를 파악할 수 있다. ◎ ⊗

07-04-17

04 생태도를 통해 가족과 외부자원과의 관계를 알아볼 수 있다. ◎ ⊗

05 생태도는 개입이 진행되는 기간 중에 변화를 확인하기 위해 반복하여 사용할 수 있다. ◎ ⊗

16-04-08

06 가족조각에서 가족을 조각한 사람은 객관성을 유지하기 위해 조각에서 제외한다. ◎ ⊗

05-04-27

07 특정 시기에 가족이 겪은 문제는 사회적 관계망표를 통해 사정한다. ◎ ⊗

08 가계도, 생태도, 사회적 관계망표, 소시오그램 등은 가족을 사정하기 위한 도구로 활용된다. ◎ ⊗

13-04-03

09 가계도를 통해 가족의 구조 및 구성, 구성원의 역할 및 기능 등을 살펴볼 수 있다. ◎ ⊗

13-04-03

10 가계도를 통해서 가족과 환경 간 경계의 속성을 파악할 수 있다. ◎ ⊗

답 01○ 02○ 03× 04○ 05○ 06× 07× 08× 09○ 10×

해설 **03** 가계도는 3세대 이상에 걸친 가족성원에 관한 정보와 성원 간 관계를 도표화한 것으로 가족과 환경 간의 관계가 표시되지는 않는다.
06 가족 중 한 사람이 조각가가 되어 다른 구성원들을 조각한 후 조각가 자신도 적정한 위치와 모습으로 자리를 잡는다.
07 사회적 관계망표는 현재 클라이언트의 사회적 지지체계를 사정하는 도구로 관계, 지지 유형, 접촉 빈도, 관계를 맺은 기간 등을 도표로 정리한다.
08 소시오그램은 집단 성원 간의 관계, 하위집단의 형성, 상호 간의 태도 등에 대해 알아보는 집단 사정도구이다.
10 가계도는 가족과 환경과의 관계를 살펴보는 도구는 아니기 때문에 그 경계의 속성을 파악할 수 없다.

1회독	2회독	3회독
월 일	월 일	월 일

최근 10년간 **7문항** 출제

복습 1 이론요약

가족의 기능

▶ **기능적 가족**

- 명확한 경계, 개방형 가족
- 자율성, 독립성, 신뢰감
- 가족 규칙 및 역할의 유연성

▶ **역기능적 가족**

- 경직된 경계 및 모호한 경계, 폐쇄형 가족 및 방임형 가족
- 지나친 무관심 혹은 지나친 간섭 · 집착
- 가족 규칙 및 역할의 고정화
- 혼란스럽고 애매모호한 의사소통 혹은 의사소통의 단절

기본개념

사회복지실천기술론
pp.160~

가족사정의 4가지 차원

- 가족이 제시하는 문제
- 생태학적 사정
- 세대 간 사정
- 가족 내부 사정

가족의 경계

▶ **내부경계 사정: 경직된 경계, 모호한 경계는 명확한 경계로!**

- 경직된 경계: 유리된 가족. 가족의 응집력 · 결속력이 낮아 문제해결이 어려움
- 모호한 경계: 혼돈된 경계. 밀착된 가족. 개인의 주관이 무시되며 획일적인 생각이 강요됨

▶ **외부경계 사정: 폐쇄형 가족, 방임형 가족은 개방형 가족으로!**

- 폐쇄형: 가족 내의 권위자가 외부와의 경계를 일방적으로 통제하며 가족문제에 대한 외부의 도움을 차단하여 더 큰 혼란이 야기됨
- 방임형: 외부와의 교류에 제한이 없고 가족 경계선의 방어가 없어 가족에 영향을 미치는 외부의 문제에 대해 적절하게 대처하기 어려움

가족 간 의사소통

▶ 기능적 의사소통

• 개방적, 직접적, 명확한 표현으로 자유롭게 소통
• 나 전달법(I-message): '나'를 주어로 자신의 감정을 표현하는 방식으로 상대방을 존중하면서 자신의 주장을 전달

▶ 역기능적 의사소통

• 회피, 비난, 애매모호하고 간접적인 방식으로 원활한 소통이 어려움
• 이중구속(double-bind): 모순되는 메시지가 동시에 나타나 듣는 사람이 어떤 메시지에 반응해야 하는지 혼란스러워짐

기타 가족사정에서 살펴봐야 할 사항

• 가족규칙의 내용, 적합성, 융통성
• 가족역할의 유연성, 부모화, 희생양
• 가족 내 의사소통에서 나타나는 구두점 확인
• 그 밖에 권력구조, 가족신화, 가족의 강점 등

기출문장 CHECK

01 (리-04-15) 하위체계의 경계가 희미한 경우에는 감정의 합일현상이 증가한다.

02 (리-04-16) 가족사정은 가족이 제시하는 문제, 생태학적 사정, 세대 간 사정, 가족내부 간 사정으로 이루어진다.

03 (11-04-29) 방임형 가족은 가족 외부와의 구분이 거의 없다.

04 (11-04-29) 유연한 경계를 가진 가족은 구성원 간 경계가 분명하다.

05 (11-04-29) 유리된 가족은 구성원 간 경계가 경직되어 있다.

06 (07-04-08) 가족사정에는 가족 내 하위체계 간 경계, 가족 내 규칙, 가족 내 의사소통의 상호작용 등이 포함된다.

07 (05-04-22) 가족을 사정할 때에는 가족역할, 가족규범, 가족문화 등을 살펴봐야 한다.

08 (04-04-14) 밀착된 가족은 가족 간 사생활 침해 정도가 높다.

09 (04-04-15) 자녀가 부모의 역할을 하거나 자녀에 대한 부모의 간섭이 지나친 경우 역기능적 문제가 발생할 수 있다.

10 (02-04-21) 명확한 경계를 가진 가족은 구성원 간 경계가 분명하면서도 투과성이 있다.

11 (02-04-21) 가족성원들이 지나치게 밀착되어 있는 가족은 개인의 자아의식이 발달하지 못할 수 있다.

대표기출 확인하기

21-04-16 난이도 ★★☆

가족사정에 관한 설명으로 옳은 것을 모두 고른 것은?

> ㄱ. 가족체계가 어떻게 기능하는지 발견하는 것이 목적이다.
> ㄴ. 가족상호작용 유형에 적합한 방법을 찾는 것이다.
> ㄷ. 가족사정과 개입과정은 상호작용적이며 순환적이다.
> ㄹ. 가족이 제시하는 문제, 생태학적 사정, 세대 간 사정, 가족내부 간 사정으로 이루어진다.

① ㄱ, ㄴ
② ㄷ, ㄹ
③ ㄱ, ㄴ, ㄷ
④ ㄱ, ㄴ, ㄹ
⑤ ㄱ, ㄴ, ㄷ, ㄹ

▶ 알짜확인

• 가족경계, 의사소통의 방식, 가족규범, 가족역할, 가족생활주기 등 가족사정에서 살펴봐야 할 요소들을 파악해두자.

답 ⑤

✔ 응시생들의 선택

① 2%	② 4%	③ 7%	④ 5%	⑤ 82%

모두 옳은 내용이다.
가족사정은 가족이 제시하는 문제, 생태학적 사정, 세대 간 사정, 가족내부에 대한 사정 등 4가지 차원에서 이루어진다. 가족의 구조와 기능 및 환경체계와의 상호작용 양상을 살펴보며, 가족의 의사소통 방식, 규칙, 역할 등에 있어 역기능적 요소를 파악한다.

관련기출 더 보기

21-04-15 난이도 ★★★

가족경계(boundary)에 관한 설명으로 옳은 것은?

① 하위체계의 경계가 경직된 경우에는 지나친 간섭이 증가한다.
② 하위체계의 경계가 희미한 경우에는 감정의 합일현상이 증가한다.
③ 하위체계의 경계가 경직된 경우에는 가족의 보호 기능이 강화된다.
④ 하위체계의 경계가 희미한 경우에는 가족 간 의사소통이 감소한다.
⑤ 하위체계의 경계가 경직된 경우에는 가족구성원이 독립적으로 행동하기 어렵다.

답 ②

✔ 응시생들의 선택

① 11%	② 49%	③ 3%	④ 19%	⑤ 18%

① 희미한 경우에 지나친 간섭이 증가한다.
③ 경직된 경우에는 가족의 보호 기능이 약화된다.
④ 경직된 경우에 가족 간 의사소통이 감소한다.
⑤ 희미한 경우에 가족구성원이 독립적으로 행동하기 어렵다.

1인 가구의 가족사정에 관한 내용으로 옳은 것을 모두 고른 것은?

ㄱ. 원가족 생활주기 파악
ㄴ. 원가족 스트레스와 레질리언스 탐색
ㄷ. 구조적 관점으로 미분화된 경계 파악
ㄹ. 역사적 관점으로 미해결된 과거관계의 잔재 확인

① ㄹ
② ㄱ, ㄷ
③ ㄴ, ㄹ
④ ㄱ, ㄴ, ㄷ
⑤ ㄱ, ㄴ, ㄷ, ㄹ

답 ⑤

✔ 응시생들의 선택

① 12%	② 5%	③ 10%	④ 16%	⑤ 57%

ㄱ. 원가족 생활주기를 파악함으로써 현재 어떤 단계에 있으며, 어떤 과업이 수행되어야 하는지, 그리고 어떤 문제가 있을 수 있는지 등을 살펴볼 수 있다.
ㄴ. 레질리언스는 우리말로 회복탄력성으로 번역되곤 하는데, 어떤 곤란이나 역경에 처했을 때 이를 발판으로 삼아 다시 회복하려는 힘을 말한다. 원가족이 갖는 문제와 함께 문제를 극복하는 방법을 살펴보는 것도 사정의 영역이 된다.
ㄷ. 원가족과의 경계가 밀착적인지 경직적인지를 살펴보고, 클라이언트의 자아분화가 적절히 이루어졌는지에 대해 사정한다.
ㄹ. 이전에 나타났던 문제가 제대로 해결되지 않은 경우 그 여파가 아직 남아있을 수 있으며, 현재의 다른 문제와 연결될 수도 있으며, 이후에 반복적으로 다시 문제로 떠오를 수 있다는 점에서 미해결 문제를 살펴보는 것도 필요하다.

다음의 사례에 나타난 가족 의사소통 내용은?

아버지는 아들에게 "가족회의에서는 자신의 의견을 소신 있게 밝힐 줄 알아야 한다."라고 평소에 강조한다. 그런데 막상 가족회의에서 아들이 자신의 의견을 말하면, "너는 아직 어리니 가만히 있어!"라고 하면서 면박을 준다.

① 구두점
② 이중구속
③ 피드백
④ 역설적 지시
⑤ 이중질문

답 ②

✔ 응시생들의 선택

① 3%	② 69%	③ 1%	④ 27%	⑤ 0%

이중구속
동시에 다른 수준에서 상호 모순되는 메시지를 보냄으로써 듣는 사람이 어떠한 메시지에도 선택적으로 반응할 수 없는 혼란스러운 상황에 놓이게 되는 것을 말한다. 이는 언어적 메시지로 일어나기도 하지만 비언어적 메시지로 나타나기도 한다.

가족 경계에 관한 설명으로 옳은 것은?

① 개방형 가족은 환경과의 경계가 없다.
② 유연한 경계를 가진 가족은 구성원 간 경계가 모호하다.
③ 밀착가족의 구성원 간 경계는 경직되어 있다.
④ 방임형 가족은 가족 외부와의 구분이 거의 없다.
⑤ 유리된 가족에는 가족구성원 간 경계가 없다.

답 ④

✔ 응시생들의 선택

① 1%	② 2%	③ 5%	④ 89%	⑤ 3%

① 개방형 가족: 가족 외부와의 경계가 분명하면서도 정보교환 등이 자유롭게 일어나는 가족. 건강한 가족
② 유연한 경계를 가진 가족은 구성원 간 경계가 분명함
③ 밀착가족의 구성원 간 경계는 모호함
⑤ 유리된 가족에는 가족구성원 간 경계가 경직됨

복습 3 정답훈련

다음 내용이 왜 틀렸는지를 확인해보자

11-04-29

01 밀착가족의 구성원 간 **경계는 경직**되어 있다.

> 밀착가족의 구성원 간 경계는 모호하다.

11-04-29

02 개방형 가족은 환경과의 **경계가 없다.**

> 개방형 가족은 외부와의 경계가 분명하면서도 적절한 상호작용이 일어난다.

03 이중구속 메시지는 대상자에게 둘 이상의 모순된 메시지가 동시에 주어짐에 따라 <u>어느 하나에는 반드시 반응해야 하는 상황</u>을 말한다.

> 이중구속 메시지는 모순된 메시지들 중 어느 하나도 선택할 수 없는 딜레마에 빠지게 만든다.

04 가족 내에서 <u>자유로운 의사소통은 역기능을 낳을 수 있다.</u>

> 자유로운 의사소통은 가족원들이 서로 눈치를 보거나 회피하지 않는다는 점에서 기능적이다.

05 가족 간 경계가 명확한 가족은 **상호작용이 적고 가족응집력이 낮다.**

> 상호작용이 적고 가족응집력이 낮은 현상은 가족 간 경계가 경직된 가족에서 나타난다.

10-04-22

06 가족규칙이 가족발달단계에 따라 변화할 때 **역기능적이다.**

> 가족규칙이 가족발달단계에 따라 변화할 때 기능적이다. 가족규칙은 가족발달단계에 따라 변화하는 융통성을 가져야 하며 그렇지 않은 것이 오히려 역기능적이다.

9장

가족 대상 실천기법

이 장에서는

가족을 대상으로 한 주요 실천기법으로 다세대 모델, 구조적 모델, 경험적 모델, 전략적 모델, 해결중심모델 등을 학습한다. 이 다섯 가지 모델들이 모두 빈출인 만큼 어느 하나 소홀히 공부해서는 안 된다. 각 모델의 특징을 정리해두는 것은 기본적인 사항이며, 각 모델에서 제시된 구체적인 개입기법들이 사례형 문제로도 출제되는 만큼 꼼꼼한 공부가 필요하다.

10년간 출제분포도

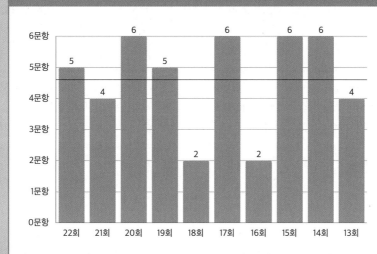

평균 출제문항수

111 다세대 가족치료

1회독	2회독	3회독
월 일	월 일	월 일

★★★
최근 10년간 **6문항** 출제

 **이론요약**

주요 특징

- 인간은 부모에 대한 해결되지 않은 정서적인 반응을 가지고 있으며 새로운 깊은 관계를 형성할 때 과거의 유형을 반복하게 된다고 봄
- 건강한 인격을 형성하기 위해서는 **가족에 대한 해결되지 않은 정서적 애착을 적극적으로 해결해야 함**을 강조
- 개입목표: 클라이언트가 미분화된 가족자아 덩어리로부터 벗어날 수 있게 돕는 것, 불안을 경감시켜 **자아분화를 촉진**하는 것

기본개념

사회복지실천기술론
pp.191~

주요 개념 및 개입방법

- **자아분화**: 사고와 감정을 분리하여 자신과 타인을 구분할 수 있는 능력, 한 가족의 정서적 혼란으로부터 자신이 자유로워지는 과정
  - 정신 내적 측면에서의 자아분화: 개인의 지적 측면과 정서적 측면의 분리 또는 구분을 의미
  - 외부(대인)관계적 측면에서의 자아분화: 한 개인이 타인과의 관계에서 확고한 자아 개념 또는 일관된 신념을 갖고 타인과 분리되어 자주적·독립적 행동을 하는 정도
- **삼각관계**: 두 사람 사이에서 스트레스나 긴장관계가 발생했을 때 제3자를 두 사람의 상호작용체계로 끌어들여 긴장의 수준을 완화하려는 것
- **핵가족 정서과정**: 해소되지 못한 불안들이 개인에게서 가족에게로 투사되는 것
- **가족투사과정**: 부모가 자신들의 문제를 자녀에게 전달하는 과정
- **다세대 전수과정**: 가족정서과정(분화수준, 삼각관계, 융합 등)이 그 세대에서 그치는 것이 아니라 대를 이어 전개되는 것
- **탈삼각화**: 가족 내에 형성되어 있는 삼각관계를 벗어남으로써 가족원들이 자아분화되도록 돕는 기술
- **가계도**: 가계도 작성을 통해 다세대에 걸쳐 나타나는 가족문제, 가족 간 갈등 양상, 삼각관계 형성 여부 등을 파악

01 (22-04-14) 자아분화: 가족의 빈곤한 상황에서도 아동 자녀가 자율적으로 생각하고 행동함

02 (22-04-14) 정서적 체계: 부모의 긴장관계가 아동 자녀에게 주는 정서적 영향을 파악함

03 (22-04-14) 가족투사 과정: 핵가족의 부부체계가 자신들의 불안을 아동 자녀에게 투영하는 과정을 검토함

04 (22-04-14) 다세대 전이: 가족의 관계 형성이나 정서, 증상이 여러 세대에 걸쳐 전수되는 것을 파악함

05 (21-04-17) 보웬의 모델에서는 자아분화라는 개념을 설명하면서 탈삼각화 기법을 활용한다.

06 (20-04-20) 보웬이 제시한 개념 중 자아분화는 정신내적 개념이면서 대인관계적 개념이다. 정신내적 개념은 자신의 지적 측면 과 정서적 측면의 구분을 의미한다. 대인관계적 개념은 타인과 친밀하면서도 독립성을 유지하는 능력을 말한다.

07 (15-04-04) 다세대체계이론에서 자아분화 수준이 낮은 부모는 미분화에서 오는 자신들의 불안이나 갈등을 삼각관계를 통해 회피한다고 본다.

08 (15-04-04) 다세대체계이론에서 나-입장취하기(I-position)는 타인을 비난하는 대신 자신이 생각하고 느낀 바를 말하며 탈 삼각화를 촉진한다.

09 (15-04-04) 다세대체계이론에서는 가계도를 작성하고 해석하면서 가족의 정서적 과정을 가족과 함께 이야기한다.

10 (14-04-23) 자아분화 수준이 높을수록 가족체계의 정서로부터 분화된다.

11 (14-04-23) 자아분화 수준이 낮을수록 삼각관계가 형성될 가능성이 높다.

12 (14-04-23) 자아분화 수준이 높을수록 적응력과 자율성이 커진다.

13 (13-04-18) 다세대 모델에서는 가계도를 활용하여 통합적인 가족속성을 종단·횡단으로 파악한다.

14 (13-04-18) 부부 간의 문제를 자녀를 통해 해결하려고 할 경우 자녀를 부부 간의 관계에서 벗어날 수 있도록 탈삼각화 기법을 활용한다.

15 (12-04-23) 보웬의 가족치료기법 적용 예: 남편보다 장남인 아들에 집착하는 엄마의 경우, 남편과 아내 사이에 아들이 제3자 로 끼어들어 삼각관계가 형성되었으므로 아들을 삼각관계에서 분리시키는 탈삼각화가 필요하다.

16 (11-04-12) 탈삼각화는 제3자를 두 사람의 관계에서 분리시켜 삼각관계를 벗어나게 함으로써 가족원들이 자아분화하도록 하 는 것이다.

17 (10-04-02) 다세대 가족치료모델에서는 가족문제를 가족성원이 자신의 원가족에서 심리적으로 분리되지 못하는 데에서 비롯 된 것이라고 본다.

18 (10-04-09) 자아분화를 통해 생각과 감정을 분리하고 타인과의 관계에서 자주적으로 행동할 수 있게 된다.

19 (06-04-16) 탈삼각화의 예: 자신에게서 멀어지는 남편을 대신하여 아내가 자녀에게 지나치게 관여하는 것을 보고, 사회복지사 는 문제가 있을시 남편과 직접적으로 해결하고 자녀를 통해 우회하지 않도록 원조하였다.

22-04-14

난이도 ★★☆

보웬(M. Bowen)의 다세대 가족치료의 기법이 적용된 사례에 관한 설명으로 옳지 않은 것은?

① 자아분화: 가족의 빈곤한 상황에서도 아동 자녀가 자율적으로 생각하고 행동함
② 삼각관계: 아동 자녀가 부모와의 갈등을 피하기 위해 경찰에 신고함
③ 정서적 체계: 부모의 긴장관계가 아동 자녀에게 주는 정서적 영향을 파악함
④ 가족투사 과정: 핵가족의 부부체계가 자신들의 불안을 아동 자녀에게 투영하는 과정을 검토함
⑤ 다세대 전이: 가족의 관계 형성이나 정서, 증상이 여러 세대에 걸쳐 전수되는 것을 파악함

▶ 알짜확인

· 세대 간(다세대) 가족치료모델의 주요 특징, 개념, 개입기법 등을 살펴보자.
· 자아분화, 삼각관계, 탈삼각화, 가족투사과정, 핵가족 정서과정, 다세대 전수과정, 가계도 등의 주요 키워드를 꼭 기억해두자.

답 ②

✔ 응시생들의 선택

① 9%	② 82%	③ 4%	④ 4%	⑤ 1%

② 다세대 가족치료에서 삼각관계는 두 사람 사이에서 스트레스나 긴장관계가 발생했을 때 제3자를 두 사람의 상호작용체계로 끌어들여 긴장의 수준을 완화하려는 것을 말한다. 부모의 갈등 상황에 제3자인 자녀를 끌어들이는 것을 예로 들 수 있다.

17-04-21

난이도 ★★☆

다음 사례에서 세대 간 반복되는 문제를 해결하기에 가장 적절한 기법은?

이혼 이후 대인기피와 우울증세를 보이는 클라이언트의 가계도를 통해 원가족을 살펴보니 이혼과 우울증이 되풀이되고 있다. 클라이언트는 어머니와 밀착적이면서 갈등적이고, 딸과도 지나치게 밀착되어있다.

① 기적질문과 척도질문
② 지시와 역설
③ 문제의 내재화
④ 실연
⑤ 분화촉진

답 ⑤

✔ 응시생들의 선택

① 1%	② 4%	③ 12%	④ 6%	⑤ 77%

⑤ 미분화된 가족원에 대해서는 분화를 촉진함으로써 자주성과 독립성을 획득할 수 있도록 해야 한다. 이는 보웬의 다세대 가족치료와 관련된 내용이다.

보웬(M. Bowen)의 다세대체계이론에 관한 설명으로 옳은 것을 모두 고른 것은?

> ㄱ. 자아분화수준이 낮은 부모는 미분화에서 오는 자신들의 불안이나 갈등을 삼각관계를 통해 회피하려 한다.
> ㄴ. 나-입장취하기(I-position)는 타인을 비난하는 대신 자신이 생각하고 느낀 바를 말하며 탈삼각화를 촉진한다.
> ㄷ. 가족조각으로 가족에 대한 인식을 시각적으로 표현하고 이해하도록 돕는다.
> ㄹ. 가계도를 작성하고 해석하면서 가족의 정서적 과정을 가족과 함께 이야기한다.

① ㄱ　　　　　　　② ㄴ, ㄷ
③ ㄱ, ㄴ, ㄹ　　　④ ㄴ, ㄷ, ㄹ
⑤ ㄱ, ㄴ, ㄷ, ㄹ

답 ③

✅ 응시생들의 선택

① 12%	② 5%	③ 44%	④ 6%	⑤ 33%

ㄷ. 가족조각은 경험적 가족치료(사티어)의 대표적인 기법이다.

자아분화에 관한 설명으로 옳은 것은?

① 자아분화 수준이 낮을수록 사고와 감정이 균형을 이룬다.
② 자아분화 수준이 높을수록 가족체계의 정서로부터 분화된다.
③ 자아분화 수준이 낮을수록 타인과 융합하려는 경향이 줄어든다.
④ 자아분화 수준이 높을수록 삼각관계가 형성될 가능성이 높다.
⑤ 자아분화 수준이 낮을수록 적응력과 자율성이 커진다.

답 ②

✅ 응시생들의 선택

① 2%	② 68%	③ 25%	④ 3%	⑤ 2%

자아분화 수준이 높을수록 유연하고 적응력이 강하며 자율적이지만, 그렇지 못한 사람은 분명하게 생각하는 능력이 부족하여 감정적으로 반발하기 쉽고 자신의 감정만을 느끼며 다른 사람의 감정을 모르고 융통성이 없으며 다른 사람에게 감정적으로 의지한다.

다음 사례에서 사회복지사가 활용한 개입기법은?

> 가족사정단계에서 아내는 자신에게서 멀어지는 남편을 대신하여 아들(15세)에게 지나치게 관여해왔고, 아들은 부모의 관계 회복을 위해 문제행동을 나타내는 것으로 파악되었다. 어머니는 아들의 문제행동 해결을 위해 몇 차례 자녀훈육기술 교육을 받았으나 별 효과가 없었다고 한다. 따라서 사회복지사는 아들의 문제행동을 주요 개입대상으로 삼는 대신 아내가 남편과의 갈등을 직접 해결하도록 돕는 노력을 하기로 했다.

① 탈삼각화　　　　　② 균형 깨뜨리기
③ 재구성　　　　　　④ 문제의 외현화
⑤ 경계만들기

답 ①

✅ 응시생들의 선택

① 69%	② 3%	③ 16%	④ 7%	⑤ 5%

사례에서는 부인과 남편 간 갈등으로 인해 삼각관계가 형성되었고 이에 대해 탈삼각화 기법을 사용하여 부인과 남편이 갈등을 우회하지 않고 직접 다루도록 했다.

상담을 받기 위해 내방한 가족에 대한 개입 내용으로 옳지 않은 것은?

① 다세대가족치료모델 – 문제와 클라이언트를 분리하여 이해하도록 한다.
② 전략적 가족치료모델 – 문제가 되는 상황을 강화하도록 역설적으로 지시한다.
③ 경험적 가족치료모델 – 클라이언트가 생각하는 가족의 모습을 조각으로 표현해보도록 한다.
④ 해결중심가족치료모델 – 상담계획 이후 첫 회기 전까지 나타난 긍정적인 변화가 있었는지 질문한다.
⑤ 구조적 가족치료모델 – 가족에 합류한 뒤 균형 깨뜨리기를 통해 가족을 재구조화한다.

답 ①

✅ 응시생들의 선택

① 70%	② 8%	③ 7%	④ 11%	⑤ 4%

① 다세대가족치료모델은 가족성원이 자신의 원가족에서 심리적으로 분리되지 못해 가족문제가 발생한다고 본다. 문제해결을 위해 원가족과의 관계를 통찰하고, 해결되지 못한 감정적 애착을 풀어가면서 가족성원이 자아분화할 수 있도록 돕는다.

다음 내용이 **왜 틀렸는지**를 확인해보자

01 보웬은 대부분의 가족문제는 가족성원이 자신의 원가족에서 정서적으로 **분리됨에 따라** 발생한다고 보았다.

> 보웬은 가족성원이 자신의 원가족으로부터 지적, 정서적으로 분리되지 못한 데서 가족문제가 발생한다고 보았다.

02 다세대 가족치료모델에서는 탈삼각화, 가계도, **가족조각** 등의 기법을 활용한다.

> 가족조각을 활용하지는 않는다.

`10-04-02`

03 다세대가족치료모델에서는 **문제와 클라이언트를 분리하여 이해**하도록 한다.

> 이 모델은 문제해결을 위해 가족성원이 원가족과 맺는 관계를 통찰하고, 해결되지 못한 감정적 애착의 해결을 강조하며 가족성원이 자아분화할 수 있도록 돕는다.
> 문제와 클라이언트를 분리하여 이해하는 것은 문제의 외현화 방식이다.

`12-04-23`

04 엄마가 남편보다 장남인 아들에게 집착하는 사례는 **보웬의 가족치료기법을 적용하기에 적절하지 않다.**

> 엄마가 남편보다 장남인 아들에게 집착하는 사례에 대해서는 보웬의 가족치료기법을 적용하여 탈삼각화를 통해 아들을 삼각관계에서 분리하도록 할 수 있다.

05 세대 간 **정서적 융합이 낮을수록** 정서적 단절의 가능성이 높아진다고 본다.

> 세대 간 정서적 융합이 높을수록 정서적 단절의 가능성이 높아진다고 본다. 융합이 높은 사람은 오히려 이를 해결하기 위한 방안으로 정서적 접촉을 회피하는 것을 선택하기 때문에 스스로 고립될 수 있다는 것이다.

`15-04-04`

06 가계도는 가족을 사정하기 위한 도구일 뿐 **치료적 차원에서 활용되지는 않는다.**

> 사회복지사가 클라이언트와 함께 가계도를 작성하는 과정에서 이야기 나누며 치료적 효과를 얻을 수 있다.

다음 내용이 옳은지 그른지 판단해보자

01 보웬은 대부분의 가족문제는 원가족에서 심리적으로 미분화된 데에서 비롯된다고 보았다. ◎ⓧ

02 보웬은 자아분화 수준, 삼각관계 형성, 융합 등이 그 세대에서 그치는 것이 아니라 대를 이어 전개된다고 보았다. ◎ⓧ

03 자아분화 수준이 낮은 사람들이 만나 부부가 되어 핵가족을 형성하면 부부 사이에 감정적 의존도가 높아져 불안이 감소된다고 보았다. ◎ⓧ

04 가족투사과정은 부모가 자신들의 불안을 안정시키기 위해 그 근원을 다른 성원에게 돌리는 것을 말한다. ◎ⓧ

05 다세대모델에서는 생태도 작성을 통해 여러 세대에 걸쳐 나타나는 가족문제, 삼각관계 형성 여부 등을 파악한다. ◎ⓧ

13-04-18

06 부부 간의 문제를 자녀를 통해 해결하려고 할 경우, 다세대모델에서는 자녀를 부부 간의 관계에서 벗어날 수 있도록 하는 탈삼각화 기법을 활용한다. ◎ⓧ

20-04-20

07 보웬이 제시한 개념 중 하나인 자아분화는 정신내적 개념과 대인관계적 개념으로 구분되며, 그 중 대인관계적 개념은 자신의 지적 측면과 정서적 측면의 구분을 의미한다. ◎ⓧ

↻ **답 01** ○ **02** ○ **03** × **04** ○ **05** × **06** ○ **07** ×

해설 **03** 자아분화 수준이 낮은 사람들이 만나 부부가 되어 핵가족을 형성하면 부부 사이에 감정적 의존도가 높아져 불안이 고조된다고 보았다. 이렇듯 원가족에서 해소되지 못한 불안이 새로운 가족에게 투사되는 것을 핵가족 정서과정이라고 한다.
05 다세대모델에서는 가계도 작성을 통해 여러 세대에 걸쳐 나타나는 가족문제, 삼각관계 형성 여부 등을 파악한다.
07 정신내적 개념은 자신의 지적 측면과 정서적 측면의 구분을 의미하며, 대인관계적 개념은 타인과 친밀하면서도 독립성을 유지하는 능력을 말한다.

112 구조적 가족치료

강의 QR코드

1회독	2회독	3회독
월 일	월 일	월 일

최근 10년간 **10문항** 출제

이론요약

주요 특징

- 가족구조의 불균형(경계가 불분명하거나 지나치게 밀착되어 있는 것, 위계질서의 모호함, 체계 간 경직성 등)의 결과로서 가족문제가 발생한다고 봄
- 개입목표: 가족구조의 변화, 즉 **가족의 재구조화**를 목표로 함
- 가족 역기능의 주요 원인: 하위체계 간의 불건전한 동맹과 분절, 지나친 경직과 불분명한 경계선 등

기본개념

사회복지실천기술론
pp.195~

개입방법

▶ **경계 만들기**
- 가족성원 각자가 체계 내에서 적절한 위치에 있도록 가족 내 세대 간 경계를 분명히 유지하게 함
- 밀착된 가족에 대해서는 하위체계 간의 경계선을 강화시키고 각 개인의 독립성을 키워줌
- 분리된 가족에 대해서는 성원 간의 지지적·통제적 기능을 강화하여 하위체계 간의 교류를 촉진시키고 경직된 경계선을 완화시킴

▶ **균형 깨뜨리기**
- 가족 내 하위체계들 간의 역기능적인 균형을 깨뜨리는 것
- 지나치게 권위주의적인 남편에 대해 자기주장을 전혀 하지 않았던 부인 사이에서 사회복지사가 부인의 편을 듦으로써 역기능적 균형을 깰 수 있음

▶ **합류하기(Joining)**
- 사회복지사가 가족의 분위기를 파악하여 그에 맞추어 행동을 하거나 감정표현을 하는 것
- 가족과 사회복지사의 거리를 좁혀줄 수 있기 때문에 초기단계에서 유용하게 활용할 수 있음

▶ **실연**
- 가족의 문제 상황을 사회복지사 앞에서 실제로 행동을 통해 연기해보도록 하는 기법
- 가족의 문제를 상담이 진행되고 있는 '지금-여기'로 가져와 더 정확하고 구체적으로 이해하도록 하기 위해 진행
- 실연된 것과 다른 방식의 상호교류를 실시해보도록 하여 기존의 상호작용을 수정하고 재구조화할 수 있음

▶ 긴장 고조시키기

• 가족 내 긴장을 고조시킴으로써 대안적인 갈등해결방법을 사용할 수 있도록 돕는 방법
• 가족성원 사이에 잘못된 의사소통 통로를 차단하거나 성원 간 의견 차이를 강조하는 등의 방식으로 진행

▶ 과제부여

• 가족들이 개발해나가야 할 부분에 대해 구체적으로 과제를 제시
• 제시되는 과제는 면담 중 진행되는 것과 집에서 수행하는 것 모두 가능

기출문장 CHECK

01 (21-04-13) "아버지가 아이를 대신해서 다 해주시는군요. 어머니는 그 사이에서 소외된다고 느끼시네요. 자녀가 스스로 할 수 있도록 아버지는 기다려주고 어머니와 함께 지켜보는 것이 어떨까요?" – 경계선 만들기의 예

02 (21-04-17) 구조적 모델의 개입기법으로 하위체계 간 균형깨뜨리기가 있다.

03 (20-04-21) 구조적 가족치료모델에서는 가족을 이해하고 수용하면서 합류한다.

04 (20-04-21) 구조적 가족치료모델에서는 가족문제를 더 정확히 이해하기 위해 실연을 요청한다.

05 (19-04-14) 아무리해도 말이 안 통한다고 하는 부부에게 "여기서 직접 한 번 서로 말씀해 보도록 하겠습니까?"라고 하는 것은 실연 기법을 활용한 것이다.

06 (18-04-12) 구조적 가족치료모델에서는 가족치료 초반에 합류하기를 통해 개입을 시작한다.

07 (15-04-21) 구조적 가족치료에서는 경계만들기, 실연, 합류하기, 긴장 고조시키기, 과제부여, 균형 깨뜨리기 등을 활용한다.

08 (14-04-24) 구조적 가족치료에서는 긴장 고조시키기, 균형 깨뜨리기, 실연 등을 활용한다.

09 (14-04-25) 구조적 가족치료는 가족구성원 간의 규칙 및 역할을 재조정하는 데에 초점을 둔다.

10 (11-04-19) 사회복지사가 어머니와 아들 사이의 경계를 조정하고 부부 하위체계를 강화하는 개입을 시도한 것은 구조적 치료모델의 경계만들기에 해당한다.

11 (10-04-18) 구조적 가족치료모델에서는 가족에 합류한 뒤 균형 깨뜨리기를 통해 가족을 재구조화한다.

12 (09-04-03) 구조적 모델은 가족구조의 불균형을 문제로 규정하며 가족구조를 재구조화하는 것에 목표를 둔다.

13 (09-04-27) 경계만들기와 관련하여, 세대 간 경계를 관찰할 때 문화적 가치를 고려해야 한다.

14 (09-04-27) 가족상담 시 가족이 앉은 위치를 통해 가족 간 경계를 파악할 수 있다.

15 (09-04-27) 밀착된 하위체계는 거리를 두어 가족성원의 자율성이 확보되도록 해야 한다.

16 (09-04-27) 사회복지사가 자신의 신체를 이용해 분리되어야 할 사람끼리 눈 마주치는 것을 방해하는 것도 경계만들기이다.

17 (08-04-27) 개입 초기에 사회복지사가 가족이 사용하는 용어를 활용하며 가족의 대화속도에 맞추어 대화하며 문제를 파악하고 라포를 형성하는 것은 구조적 가족치료의 합류하기에 해당한다.

대표기출 확인하기

21-04-13 난이도 ★★☆

다음 가족사례에 적용된 실천기법은?

> • 클라이언트: 저희 딸은 제 말을 안 들어요. 저희 남편이 뭐든 대신 다 해주거든요. 아이가 남편 말만 들어요. 결국 아이문제로 인해 부부싸움으로 번지거든요.
> • 사회복지사: 아버지가 아이를 대신해서 다 해주시는군요. 어머니는 그 사이에서 소외된다고 느끼시네요. 자녀가 스스로 할 수 있도록 아버지는 기다려주고 어머니와 함께 지켜보는 것이 어떨까요?

① 합류　　　　　　② 역설적 지시
③ 경계선 만들기　　④ 증상처방
⑤ 가족조각

 알짜확인

• 가족의 재구조화를 목표로 한다는 특징을 이해해야 한다.
• 경계 만들기, 실연, 합류하기, 긴장 고조시키기, 과제부여, 균형 깨뜨리기 등의 개입기법이 어떻게 활용될 수 있는지를 생각하면서 정리해두자.

답 ③

✔ 응시생들의 선택

① 4%	② 8%	③ 66%	④ 16%	⑤ 6%

③ 문제의 사례에서는 남편과 딸 사이가 지나치게 밀착되어 경계가 없고 남편과 아내 사이는 경계가 경직되어 있다. 따라서 남편과 딸 사이에 경계를 명확히 해주고 부부연합을 강화해주기 위한 경계선 만들기를 실시하는 것이 필요하다.
① 합류는 초기 단계에서 사회복지사가 가족의 분위기에 맞추어 가는 것이다.
② ④ 역설적 지시는 전략적 치료의 개입기법이다. 역설적 지시의 기법으로 제지, 증상처방, 시련(고된 체험) 등이 있다.
⑤ 가족조각은 가족구성원들이 몸을 이용하여 가족의 상호작용을 표현하도록 하는 것이다.

관련기출 더 보기

20-04-21 난이도 ★★★

다음 사례에 대해 미누친(S. Minuchin)의 구조적 모델을 적용한 개입방법이 아닌 것은?

> 자녀교육 문제로 시어머니와 대립하는 며느리가 가족상담을 요청했다. 며느리는 남편이 모든 것을 어머니한테 맞추라고 한다며 섭섭함을 토로했다.

① 가족을 이해하고 수용하면서 합류한다.
② 가족문제를 더 정확히 이해하기 위해 실연을 요청한다.
③ 가족지도를 통해 가족구조와 가족역동을 이해하도록 돕는다.
④ 남편이 시어머니의 영향권에서 벗어나도록 탈삼각화를 진행한다.
⑤ 부부가 함께 부모역할을 수행하도록 하위체계의 경계를 명확하게 한다.

답 ④

✔ 응시생들의 선택

① 13%	② 15%	③ 10%	④ 47%	⑤ 15%

④ 탈삼각화는 보웬의 다세대 모델에서 진행되는 기법이다.

➕ 덧붙임

사례제시형 문제를 마주하면 일단 긴장부터 하다보니 답을 놓치는 경우가 더러 있는데 사례제시형 문제라고 다 어렵지는 않다. 이 문제는 결국 '구조적 모델의 개입방법에 해당하지 않는 것'을 찾는 단순한 문제였다. 문제가 길고 복잡해보여도 우리가 이미 다 공부한 내용이니 자신감을 가지고 차분히 답을 찾아보자.

아무리해도 말이 안 통한다고 하는 부부에게 "여기서 직접 한 번 서로 말씀해 보도록 하겠습니까?"라고 하는 것은 어떤 기법을 활용한 것인가?

① 실연
② 추적하기
③ 빙산치료
④ 치료 삼각관계
⑤ 경계선 만들기

답 ①

✅ **응시생들의 선택**

① 71%	② 6%	③ 8%	④ 12%	⑤ 3%

② 추적하기는 합류하기처럼 사회복지사와 가족 사이에 적응하는 기법 중 하나이다. 사회복지사가 가족의 의사소통과 행동 내용을 따르면서 그 내용을 명확히 하기 위한 질문을 하고 그에 대한 대답에 찬성하거나 내용을 확대시키면서 문제의 핵심을 유도해내는 것이다.

③ 빙산치료는 클라이언트의 표면적 문제만 보는 것이 아니라 수면 아래에 있는 경험을 탐색하여 표면화하는 것으로 사티어의 기법이다.

④ 치료 삼각관계는 다세대 가족치료에서 탈삼각화를 진행할 때 제3자를 분리시키는 대신 사회복지사가 그 분리된 제3자의 위치에 서는 것을 말한다.

⑤ 경계선 만들기는 구조적 가족치료에서 하위체계 간 경계선이 모호하거나 반대로 너무 경직되어 있을 때 이를 수정하는 기법이다.

구조적 가족치료의 모델로 개입하기에 적절하지 않은 것은?

① 아픈 어머니, 철없는 아버지 대신 동생에게 부모 역할을 하며 자신에게 소홀한 맏딸의 문제
② 비난형 아버지와 감정표현을 통제하는 어머니의 영향으로 자기감정을 억압하는 아들의 문제
③ 할머니와 어머니의 양육방식이 달라서 혼란스러운 자녀의 문제
④ 부부불화로 아들에게 화풀이를 하자 반항행동이 증가한 아들의 문제
⑤ 밀착된 아내와 딸이 남편을 밀어내어 소외감을 느끼는 남편의 문제

답 ②

✅ **응시생들의 선택**

① 17%	② 33%	③ 24%	④ 18%	⑤ 8%

② 가족문제를 의사소통의 맥락에서 파악한 것은 사티어의 경험적 가족치료에 해당한다.

가족 실천기술과 예시의 연결로 옳은 것을 모두 고른 것은?

> ㄱ. 합류 – 사회복지사가 가족의 말투나 몸짓을 따라한다.
> ㄴ. 관계성 질문 – "어머니가 여기 계신다고 가정하고 제가 어머니께 당신의 문제가 해결되면 무엇이 달라지겠냐고 묻는다면 어머니는 뭐라고 말씀하실까요?"
> ㄷ. 경계 만들기 – 부모와 딸의 갈등상황에서 딸에게 부모의 '과도한 통제'를 '관심과 염려'의 의미로 인식하게 한다.
> ㄹ. 균형 깨뜨리기 – 지배적인 남편과 온순한 아내 사이에서 사회복지사는 아내의 편을 들어 자기주장을 할 수 있게 한다.

① ㄱ, ㄴ
② ㄱ, ㄷ
③ ㄴ, ㄹ
④ ㄱ, ㄴ, ㄹ
⑤ ㄱ, ㄴ, ㄷ, ㄹ

답 ④

✅ **응시생들의 선택**

① 6%	② 3%	③ 26%	④ 54%	⑤ 11%

ㄷ. 경계 만들기는 가족성원 각자가 체계 내에서 적절한 위치에 있도록 하위체계 간 경계를 분명히 유지하게 하는 기법이다. 제시된 예시는 재명명에 해당한다.

다음 사례를 구조적 가족치료모델로 개입할 때 활용할 수 있는 기법이 아닌 것은?

> 초등학교 2학년 아이를 키우며 직장을 다니고 있는 한부모 A씨는 아이가 자신의 말을 잘 듣지 않고 무시하는 문제를 호소하고 있는데, 아이의 행동문제가 점점 심각해지고 있다. 아이는 A씨가 올 때까지 외조모가 돌봐주고 있으며, 외조모는 종종 A씨의 훈육과 반대되는 방향으로 아이를 대하며, 아이 앞에서 A씨의 훈육방법을 야단친다.

① 하위체계간 경계 만들기
② 과제주기
③ 가족 재구조화
④ 실연
⑤ 외현화

답 ⑤

✅ **응시생들의 선택**

① 9%	② 14%	③ 5%	④ 16%	⑤ 56%

⑤ 외현화는 이야기치료모델에서 활용하는 기법이다.

미누친(S. Minuchin)의 구조적 가족치료의 대표적 기법을 옳게 나열한 것은?

① 과제부여, 합류하기, 척도질문
② 합류하기, 탈삼각화, 경계만들기
③ 긴장 고조시키기, 균형 깨뜨리기, 실연
④ 역설적 지시, 긴장 고조시키기, 과제부여
⑤ 균형 깨뜨리기, 역설적 지시, 탈삼각화

답 ③

✔ 응시생들의 선택

① 4%	② 28%	③ 53%	④ 5%	⑤ 10%

미누친(S. Minuchin)의 구조적 가족치료의 대표적 기법으로는 경계만들기, 합류하기, 실연기법, 긴장고조, 과제부여, 균형 깨뜨리기 등의 기법이 있다.
• 척도질문은 해결중심 가족치료에 해당한다.
• 탈삼각화는 세대 간 가족치료에 해당한다.
• 역설적 지시는 전략적 가족치료의 개입기법이다.

다음 가족에 대한 사회복지사의 개입은 어떤 가족치료모델에 근거하고 있는가?

> 매사에 권위적인 아버지로 인해 부부 권력구조가 불균형적이다. 어머니는 아버지에 대한 불만을 아들과 공유하면서 친구와 같은 관계를 맺고 있다. 아들도 자신의 대학생활에 대해 일일이 어머니와 의논하는 등 밀착된 관계를 유지하고 있다. 사회복지사는 부부간의 권력구조를 변화시키고 아들과의 경계를 명확하게 설정하도록 도왔다.

① 정신역동 가족치료모델   ② 경험적 가족치료모델
③ 이야기치료모델   ④ 전략적 가족치료모델
⑤ 구조적 가족치료모델

답 ⑤

✔ 응시생들의 선택

① 1%	② 3%	③ 1%	④ 3%	⑤ 92%

어머니와 아들 간 밀착관계를 해결하고 건강한 가족구조로 재구조화하기 위해 '경계만들기' 기법을 사용한 구조적 가족치료에 해당한다.

다음에서 사회복지사가 실시한 기술은?

> • 엄마: 얘는 혼자서 할 수 있는 게 하나도 없어요.
> • 영희: 나도 혼자 할 수 있는데 엄마가…….
> • 엄마: 말만 그러지. 어제도 봐. 아빠도 그렇다고 하지 않니!
> • 사회복지사: 영희야, 너의 생각을 말해 보겠니? 어머님, 같이 들어보시도록 하죠. 영희는 어떻게 하려고 했었지?

① 탈삼각화
② 시연
③ 경계만들기
④ 순환적 질문하기
⑤ 균형깨뜨리기

답 ③

✔ 응시생들의 선택

① 8%	② 2%	③ 42%	④ 7%	⑤ 41%

사례에서 사회복지사는 엄마와 영희가 너무 밀착되어 있기 때문에 사회복지사는 경계를 형성하려고 하고 있다. 이처럼 밀착된 가족에 대해서는 하위체계 간 경계선을 강화시키고 각 개인의 독립성을 키워줄 수 있도록 하는 방법이 경계만들기이다.
경계만들기는 구조적 가족치료의 기법으로서 너무 소외된 성원은 끌어들이고, 밀착된 성원은 분리시키는 기법이다. 사회복지사는 지나치게 유리되었거나 밀착된 하위체계 간 경계를 근접하게 하거나 혹은 경계 간에 어느 정도의 거리를 두도록 한다.

➕ 덧붙임

응시생들이 정답만큼 많이 선택한 균형깨뜨리기는 하위체계 간의 관계를 재배치함으로써 역기능적 균형을 깨뜨리려는 방법이다. 가장 많이 드는 사례로, 권위적인 남편과 순종적인 아내의 부부관계를 들 수 있다. 겉으로 보기에는 기능적 가족으로 보일 수 있지만, 실제로는 아내의 무조건적 희생으로 잘못된 균형을 유지하고 있는 역기능적 가족이다. 이러한 상황에서 사회복지사가 자신의 이야기를 하지 못하는 아내 편을 들면서 그동안 유지되어 왔던 잘못된 균형 관계를 재정립하고자 하는 것이다.

다음 내용이 왜 틀렸는지를 확인해보자

01 구조적 가족치료에서는 문제의 원인이 되는 가족원을 찾는 데에 집중한다.

> 구조적 가족치료는 가족구조의 불균형을 가족문제의 원인으로 보기 때문에 특정 가족원에게 문제가 있다고 보지 않는다.

02 구조적 가족치료는 현재 가족구조에는 관심을 두지 않으며, 다만 앞으로 어떻게 기능적 구조로 만들어갈 것인지에 초점을 둔다.

> 현재 가족구조에서 나타나는 불균형 문제를 살펴보고 재구조화를 추진하여 기능적인 구조로 변화시키고자 하는 것이다.

14-04-24
03 미누친의 구조적 가족치료에서는 긴장 고조시키기, 균형 깨뜨리기, 실연, 가계도 작성 등의 개입기법을 활용한다.

> 가계도 작성은 다세대 가족치료모델의 기법이다.

04 구조적 가족모델에서는 가족성원의 분화수준을 향상시키는 데에 초점을 둔다.

> 가족성원의 분화수준 향상, 즉 자아분화는 다세대 가족모델의 주요 개념이다.

05 경계 만들기는 하위체계 사이의 경계를 분명하게 만들기 위한 것으로 모호한 경계에 개입하기에는 적절하지만 경직된 경계에 대한 개입으로는 적절하지 않다.

> 모호한 경계 상태에서 경계를 명확하게 만드는 것뿐만 아니라 경직된 경계를 완화시키는 것도 경계 만들기에 해당한다.

11-04-19
06 어머니와 아들의 밀착 관계가 심한 경우 구조적 가족치료모델을 적용하는 것은 적절하지 않다.

> 어머니와 아들의 밀착 관계가 심한 경우 사회복지사는 구조적 가족치료모델을 적용하여 이 둘의 관계를 조정하고 부부 체계를 강화하는 개입을 시도할 수 있다.

빈칸에 들어갈 알맞은 말을 채워보자

01 구조적 가족치료에서는 사회복지사가 가족원 중 의도적으로 어느 한 사람의 편을 들어 역기능적 균형을 재조정할 수 있도록 하는 (   ) 기법을 시도한다.

15-04-20

02 딸이 말할 때 엄마가 자꾸 나서서 설명하자, 사회복지사가 딸이 직접 말할 수 있도록 하는 것은 (   ) 기법에 해당한다.

08-04-27

03 사회복지사는 (   ) 기법을 통해 가족이 사용하는 용어를 활용하여 가족의 대화속도에 맞추어 대화를 진행하면서 문제를 파악하고 라포를 형성한다.

답 **01** 균형 깨뜨리기 **02** 경계 만들기 **03** 합류하기

다음 내용이 옳은지 그른지 판단해보자

22-04-13

01 구조적 가족치료는 가족관계의 역기능을 유발하는 가족 위계와 경계의 변화를 도모한다.

11-04-19

02 어머니와 아들이 서로 밀착되어 있는 관계에서 사회복지사가 둘 사이의 경계를 조정하고 부부 하위 체계를 강화하는 개입을 한 것은 다세대 모델을 적용한 것이다.

09-04-27

03 경계 만들기를 실시할 때 유리된 가족성원에 대해서는 성원 간 교류를 촉진시켜 경직된 경계선이 완화될 수 있도록 한다.

04 구조적 가족치료에서는 가족성원 간 의견 차이를 강조하여 문제에 대한 의견 교환이 일어나도록 하는 긴장 고조시키기 기법을 활용한다.

답 **01** ○ **02** × **03** ○ **04** ○

(해설) **02** 구조적 치료모델 중 경계 만들기를 적용한 것이다.

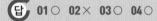

113 경험적 가족치료

강의 QR코드

1회독	2회독	3회독
월 일	월 일	월 일

최근 10년간 **7문항** 출제 ★★★

1 이론요약

주요 특징

- **성장모델**: 개인과 가족의 잠재능력 개발, 자기실현 등에 초점
- 사티어는 성장 경험을 제공하는 것이 치료 과정이라고 봄
- 병리적 가족은 **의사소통** 방식에 문제가 있음
- 가족관계에서의 **자아존중감** 형성을 중요시 함
- 치료에 있어서는 가족의 병리적 측면이 아닌 긍정적 측면에 초점을 둠

기본개념

사회복지실천기술론
pp.200~

대표적인 개입기법

- 가족조각
- 역할극, 역할반전
- 가족그림
- 비유

사티어의 의사소통 유형

▶ 일치형

- 언어적 메시지와 비언어적 메시지가 일치한다.
- 진솔한 의사소통방법으로 자신과 타인, 상황 모두를 고려한다.

  예 "나 점심에 샌드위치 먹어서 지금은 밥 먹고 싶어. 햄버거랑 볶음밥 같이 파는 집 있던데, 거기 갈래?"

▶ 계산형(초이성형)

- 언제나 이성적으로 행동하기 때문에 잘 따진다. **비판적이고 분석적이다.**
- 자신 무시, 타인 무시, 상황 존중

  예 "아침에 뉴스 보니까 햄버거가 혈압에 안 좋다던데, 꼭 먹어야겠니. 다른 거 먹자."

▶ 비난형

- 언제나 남을 **비난하고 도덕적인 평가**를 내린다.
- 자신 존중, 타인 무시, 상황 존중

  예 "지금 햄버거를 먹자고? 아무리 배고파도 그렇지. 넌 너무 너밖에 몰라!"

▶ **회유형(아첨형)**

• 상대방의 의견에 무조건 동의하고, **언제나 상대방의 비위를 맞추려 한다.**

• 자신 무시, 타인 존중, 상황 존중

  예 "(둘 다 별로지만…) 햄버거도 좋고 치킨도 좋아. 당신 좋을 대로 해."

▶ **혼란형(주의산만형)**

• 상황을 제대로 파악하지 못하고 **의사표현에 초점이 없다.** 좋고 싫고를 말하지 못한다. **결정을 망설이고 미룬다.**

• 자신, 타인, 상황 모두 무시

  예 조금 전에는 배가 너무 고파 아무거나 빨리 먹고 싶다고 했으면서 가까운 햄버거 집에 가자는 말에, "그럼 좀 돌아 보면서 생각해볼까?"

기출문장 CHECK

01 (22-04-05) 초이성형: 스트레스가 유해하다는 연구를 인용하며 술이라도 마셔서 스트레스를 풀겠다고 침착하게 말함

02 (20-04-19) 사티어(V. Satir)의 의사소통유형 중 회유형은 자신을 무시하고 타인을 떠받든다.

03 (19-04-25) 사티어가 제시한 의사소통 유형 중 일치형 의사소통 유형이 치료의 목표가 된다.

04 (19-04-25) 사티어는 의사소통 유형을 자존감과 연관하여 설명한다.

05 (19-04-25) 역기능적 의사소통 유형에서 공통적으로 발견되는 것은 언어적 메시지와 비언어적 메시지의 불일치다.

06 (16-04-07) 일치형 의사소통: 자신 존중, 타인 존중, 상황 존중

07 (16-04-07) 아첨형 의사소통: 자신 무시, 타인 존중, 상황 존중

08 (16-04-07) 비난형 의사소통: 자신 존중, 타인 무시, 상황 존중

09 (16-04-07) 산만형 의사소통: 자신 무시, 타인 무시, 상황 무시

10 (16-04-07) 초이성형 의사소통: 자신 무시, 타인 무시, 상황 존중

11 (15-04-11) 경험적 가족치료에서는 가족조각을 통해 가족에 대한 인식을 시각적으로 표현하고 이해하도록 돕는다.

12 (15-04-11) 사티어의 가족치료모델은 자아존중감 향상을 목적으로 하며, 개인의 내적 과정을 이끌어내기 위해 빙산기법을 활용한다.

13 (15-04-11) 사티어의 가족치료모델은 효과적인 의사소통을 위해 솔직하게 표현하고 타인의 생각과 감정을 수용하는 데에 초점을 둔다.

14 (15-04-11) 사티어의 가족치료모델은 정서적 경험과 가족체계에 대한 이중적 초점을 강조한다.

15 (12-04-25) 경험적 접근에서는 의사소통 문제에 관심을 두고 역기능적 의사소통을 기능적 의사소통인 일치형 의사소통으로 변화시키는 데에 초점을 둔다.

16 (11-04-26) 사티어의 의사소통 유형 중 일치형은 언어적 메시지와 비언어적 메시지가 일치하고, 자신과 타인, 상황 모두를 고려한다.

17 (05-04-15) 경험적 가족치료는 의사소통 방법을 변화시키는 데 초점을 둔다.

18 (03-04-18) 경험적 가족치료에서는 개입기법으로 가족조각을 활용한다.

대표기출 확인하기

22-04-12   난이도 ★★☆

알코올 의존을 겪는 가장과 그 자녀의 상황에 사티어(V. Satir)의 의사소통 유형을 적용한 것으로 옳은 것은?

① 회유형: 모든 것이 자녀 때문이라며 자신이 외롭다고 함

② 초이성형: 스트레스가 유해하다는 연구를 인용하며 술이라도 마셔서 스트레스를 풀겠다고 침착하게 말함

③ 비난형: 어려서 고생을 많이 해서 그렇다며 벌떡 일어나 방 안을 왔다갔다 함

④ 산만형: 살기 힘들어 술을 마신다며 자신의 술 문제가 자녀 학업을 방해했다고 인정함

⑤ 일치형: 다른 사람들 말이 다 옳고 자신은 아무것도 아니라고 술 문제에 대한 벌을 달게 받겠다고 함

> 🔄 **알짜확인**
>
> • 경험적 가족치료의 주요 특징 및 개념, 개입방법 등을 살펴보자.
> • 경험적 가족치료에서는 특히 사티어의 의사소통유형에 대해 정리해두어야 한다.

답 ②

✅ 응시생들의 선택

① 11%	② 71%	③ 7%	④ 3%	⑤ 8%

① 문제를 다른 사람의 탓으로 돌리는 것은 비난형
③ 타인의 말과 상황을 고려하지 못하는 것은 혼란형(산만형)
④ 자신, 타인, 상황을 모두 고려하면서 진솔한 의사소통을 하는 것은 일치형
⑤ 비난받는 것을 회피하기 위해 자신의 감정을 숨기고 다른 사람의 비위에 맞추는 것은 회유형(아첨형)

➕ 덧붙임

초이성형과 비난형을 헷갈려하는 수험생들이 더러 있는데, 비난형은 자신을 높이면서 상대방은 낮추는 방식이지만, 초이성형은 상대방과 자신을 모두 무시한 채 상황만 중시하는 경향이 있다는 점에서 다르다. "다 너 때문이야." "너만 잘했으면…" 등은 비난형의 예로 볼 수 있고, "통계에 따르면," "연구조사에 따르면," 등의 논리적 단서를 강조할 경우는 초이성형의 예로 볼 수 있다.

관련기출 더 보기

22-04-13   난이도 ★★☆

가족치료모델의 개입 목표에 관한 설명으로 옳지 않은 것은?

① 이야기 가족치료: 문제중심 이야기에서 벗어나 새롭고 건설적인 가족 이야기 작성

② 구조적 가족치료: 가족관계 역기능을 유발하는 가족 위계와 경계의 변화 도모

③ 경험적 가족치료: 가족이 미분화에서 벗어나 가족체계의 변화를 달성

④ 전략적 가족치료: 의사소통과 행동 문제의 순환 고리를 끊고 연쇄작용 변화

⑤ 해결중심 가족치료: 문제가 일어나지 않는 예외상황을 찾아서 확대

답 ③

✅ 응시생들의 선택

① 10%	② 3%	③ 60%	④ 5%	⑤ 22%

③ 경험적 가족치료는 가족구성원간의 상호작용의 변화 및 가족이 성장할 수 있는 경험을 제공하는 데에 초점을 둔다. 가족이 미분화에서 벗어나 가족체계의 변화를 달성하는 것은 다세대 가족치료에 해당한다.

➕ 덧붙임

⑤와 관련하여, 해결중심 가족치료에서는 대처질문, 기적질문, 예외질문 등 다양한 질문을 기법으로 활용하는데, 그 중 예외질문을 통해 문제의 예외상황을 찾는다. 예외상황, 즉 문제가 일어나지 않은 상황을 확대하는 방식으로 변화시켜 나간다.

부인이나 자녀의 의견을 존중하지 않고 자신의 방식을 강요하는 아버지로 인해 대화가 단절된 가족이 의뢰되었다. 타인을 무시하고 탓하는 비난형 의사소통 유형을 가진 것으로 파악된 아버지의 의사소통 유형을 일치형으로 변화시키는 데 적합한 방법은?

① 전략적 접근　　　　② 구조적 접근
③ 경험적 접근　　　　④ 이야기치료
⑤ 해결중심모델

답 ③

응시생들의 선택

① 17%	② 18%	③ 43%	④ 11%	⑤ 10%

경험적 가족치료
이 이론에서는 가족을 하나의 체계적 단위로 보며, 가족 내에서 일어난 모든 행동은 의사소통에 의한 것으로 본다. 즉, 가족이 기능적으로 움직이는지 혹은 역기능적인 병리적 가족인지를 결정하는 중요한 요인 가운데 하나가 의사소통체계라는 것이다. 따라서 가족의 역기능적 의사소통의 맥락에서 확인하고 그러한 의사소통 방법을 교정하는 것을 중시한다.

가족모델에서 문제규정과 치료목표의 연결로 옳은 것을 모두 고른 것은?

> ㄱ. 경험적 모델: 역기능적 의사소통 – 분명한 의사소통
> ㄴ. 정신역동모델: 문제해결을 위해 시도한 방법 – 문제의 외현화
> ㄷ. 구조적 모델: 가족구조의 불균형 – 가족구조의 재구조화
> ㄹ. 전략적 모델: 원가족과의 미분화 – 분화 촉진

① ㄱ, ㄴ, ㄷ　　　　② ㄱ, ㄷ
③ ㄴ, ㄹ　　　　　　④ ㄹ
⑤ ㄱ, ㄴ, ㄷ, ㄹ

답 ②

응시생들의 선택

① 17%	② 62%	③ 4%	④ 2%	⑤ 15%

ㄴ. 정신역동모델에서는 과거의 경험에서 갖게 된 불안한 감정이나 무의식적 갈등을 문제로 규정한다. 문제의 외현화는 이야기치료의 개입기법이다.
ㄹ. 보웬의 다세대 가족치료모델에 해당한다.

다음 내용이 왜 틀렸는지를 확인해보자

01 경험적 가족치료모델은 **가족문제에 대한 명확한 설명과 통찰에 초점**을 두고 가족 간 의사소통 양상을 관찰한다.

> 설명이나 통찰을 제공하기보다는 성장할 수 있는 경험을 제공하는 데에 초점을 둔다.

`01-04-09`

02 경험적 가족치료모델에서 활용하는 개입방법 중 문제를 가진 클라이언트에게 가족의 형태를 재배치시키도록 함으로써 미처 깨닫지 못한 부분들을 이해할 수 있게 하는 방법은 **역할극**이다.

> 가족조각에 해당하는 설명이다.

03 사티어는 다양한 의사소통 유형을 제시하면서도 <u>어떤 유형이 기능적이라고 단정하지는 않았다.</u>

> 일치형 의사소통 유형이 기능적 의사소통 방식이라고 하였다.

`11-04-26`

04 "당신이 그 일에 대해 그렇게 생각하고 섭섭해 하는 것을 알겠소. 당신의 입장도 충분히 이해가 갑니다. 우리 두 사람의 상황 인식에 좀 차이가 있는 것 같소. 그 상황 속에서 내가 그렇게 행동하게 된 이유와 그때의 감정상태에 대해 있는 그대로 이야기 하겠소…" – <u>초이성형 의사소통 유형</u>에 해당한다.

> 사례는 일치형 의사소통에 해당한다. 일치형 의사소통은 자신과 타인, 상황을 모두 고려하는 방식의 의사소통 유형이다. 초이성형 의사소통은 비판적이고 분석적인 유형으로 자신의 감정을 표현하지 않는다.

05 경험적 가족치료에서는 의사소통에 관심을 두고 **다양한 질문기법을 통해 개입한다.**

> 질문기법을 활용하지는 않는다.

06 경험적 가족치료모델은 **사회복지사가 전문성을 바탕으로 클라이언트 가족을 성장시켜야 할 책임을 진다**는 점에서 성장모델이라고도 한다.

> 사회복지사는 가족 혹은 가족원이 경험을 통해 성장해나갈 수 있도록 돕는 역할을 한다.

빈칸에 들어갈 알맞은 말을 채워보자

19-04-25
01 사티어가 제시한 의사소통 유형 중 (   )형 의사소통이 치료의 목표가 된다.

16-04-07
02 (   )형 의사소통: 자신 무시, 타인 존중, 상황 존중

03 클라이언트가 자신이 스트레스 받는 이유와 관련해 자녀들이 자기 말을 듣지 않기 때문이라고 말하는 것은 (   )형 의사소통에 해당한다.

04 아내가 심각한 이야기를 꺼낼 때마다 우스갯소리만 하는 남편은 (   )형 의사소통으로 볼 수 있다.

 답 **01** 일치 **02** 아첨 **03** 비난 **04** 산만

다음 내용이 옳은지 그른지 판단해보자

20-04-19
01 초이성형 의사소통 유형은 자신과 상황을 중시하고 상대를 과소평가한다.

02 비난형 의사소통을 하는 클라이언트는 언어적 메시지와 비언어적 메시지가 불일치할 가능성이 높다.

19-04-25
03 사티어는 의사소통 유형을 자존감과 연관하여 설명하였다.

04 경험적 가족치료에서는 가족에 대한 인식을 시각적으로 표현하기 위해 가계도를 작성한다.

05 경험적 가족치료에서는 치료 과정을 통해 가족에게 성장 경험을 제공하고자 한다.

답 **01**× **02**○ **03**○ **04**× **05**○

해설 **01** 초이성형 의사소통 유형은 상황에만 몰두하고 자신과 타인을 무시한다.
04 가계도 작성은 경험적 가족치료의 기법은 아니다.

114 전략적 가족치료

강의 QR코드

★★★ 최근 10년간 **7문항** 출제

1 이론요약

주요 특징

- 인간의 행동이 왜 일어났는지보다는 **행동의 변화에 관심을** 가짐
- 행동의 변화를 위한 **다양한 전략을 시도**함
- 잘못된 해결책이 지속적으로 시도되거나 정적 환류고리의 확대에 의해 문제가 만성화된다 봄
- 가족이 변화보다 가족항상성의 유지만 고집할 경우 병리적 증상이 나타나게 됨
- 부모−자녀 관계에서 이중구속 상황이 지속적으로 나타나면 자녀들은 불안과 갈등에 빠져 역기능을 발생시키게 된다고 봄

> **기본개념**
>
> 사회복지실천기술론
> pp.204~

역설적 지시

- 문제를 유지하는 연쇄를 변화시키기 위해서 가족이 역설적이라고 생각하는 행동, 즉 **문제행동을 유지하거나 강화하는 행동을 수행하도록 지시**하는 기법
- '변하지 말라'라는 메시지와 '변하라'라는 메시지가 동시에 전달되는 치료적 이중구속 상황을 활용
  - **제지기법**: 변화의 속도가 지나치게 빠르다고 지적하고 가족원에게 천천히 진행하라고 경고하거나 개선이 생길 때 퇴보에 대해 걱정하는 기법
  - **증상처방**: 클라이언트에게 증상행동을 계속하도록 격려하는 지시나 과제를 주는 기법
  - **시련기법**: 클라이언트가 가진 증상보다 더 고된 체험을 하도록 과제를 주어 증상을 포기하도록 하는 기법

순환적 질문

- 가족성원들이 문제에 대해 제한적이고 단선적인 시각에서 벗어나 **문제의 순환성을 깨달을 수 있도록 연속으로 질문**하는 기법

문제의 재구성(재명명, 재규정)

- 가족성원들에게 **문제를 다른 시각에서 보도록** 혹은 이해하도록 돕는 방법
- 부정적인 생각 → 긍정적인 시각으로 변화하도록 돕는 것

01 (22-04-13) 전략적 가족치료는 의사소통과 행동 문제의 순환 고리를 끊어 연쇄작용을 변화시키는 데 초점을 둔다.

02 (22-04-16) 전략적 가족치료모델의 특징: 가족구성원들 사이 힘의 우위에 따라 대칭적이거나 보완적 관계가 형성된다. 비언어적 의사소통이 가족의 욕구를 나타내므로 메타 의사소통이 중요하다. 가족이 문제행동을 유지하도록 지시함으로써 클라이언트가 통제력을 발휘한다.

03 (21-04-17) 전략적 모델에서는 환류고리에 의해 문제가 만성화되며, 문제에 대한 관점을 바꾸는 재구성 기법을 활용한다.

04 (20-04-23) 전략적 모델은 문제를 보는 시각을 변화시키고 새로운 의미를 발견하는 재명명 기법을 사용한다.

05 (19-04-21) 제지 기법은 가족의 문제가 개선될 때 체계의 항상성 균형이 위험하다고 판단되어 사용하는 전략으로, 변화의 속도가 빠르다고 지적하며 조금 천천히 변화하라고 하는 기법이다.

06 (15-04-23) 가족이 변화에 대한 저항이 클 때 역설적 개입을 사용할 수 있다.

07 (15-04-23) 문제와 관련된 가족의 행동체계를 정확히 파악하여 증상처방 기법을 활용한다.

08 (15-04-23) 역설적 개입은 치료적 이중구속을 활용하여 문제를 해결하는 것이다.

09 (14-04-22) 전략적 모델에서는 역설적 지시를 활용하는데, 증상행동을 계속하도록 함으로써 자신의 통제력을 깨닫게 하는 방법은 증상처방에 해당한다.

10 (13-04-24) 전략적 모델은 문제를 둘러싼 파괴적이고 역기능적인 악순환 고리를 파악하는 데에 초점을 둔다.

11 (13-04-24) 전략적 모델에서는 문제의 해결 혹은 변화를 유도하기 위해서 오히려 문제행동을 계속 유지시키라고 지시하는 역설적 지시를 활용한다.

12 (11-04-16) 부부싸움 문제로 내방한 부부에게 일주일에 이틀을 정해 싸움 거리를 찾아내어 30분간 부부싸움을 해보라고 지시하는 것은 전략적 가족치료의 증상처방에 해당한다.

13 (08-04-26) 전략적 가족치료에서는 가족의 문제가 유지되는 환류고리를 변화시키는 데에 초점을 둔다.

14 (08-04-26) 전략적 가족치료에서는 특정의 문제를 해결하기 위한 다양한 전략을 시도한다.

15 (08-04-26) 전략적 가족치료에서는 가족의 상호작용을 지지하는 가족규칙을 확인하고 변화시킬 방법에 초점을 맞춘다.

16 (08-04-26) 전략적 가족치료에서는 재구성 등을 통해 문제를 바라보는 가족들의 시선을 변화시킨다.

복습 2 기출확인

대표기출 확인하기

22-04-16 난이도 ★★★

다음과 같은 기법을 사용하는 가족치료모델은?

- 가족구성원들 사이 힘의 우위에 따라 대칭적이거나 보완적 관계가 형성된다.
- 비언어적 의사소통이 가족의 욕구를 나타내므로 메타 의사소통이 중요하다.
- 가족이 문제행동을 유지하도록 지시함으로써 클라이언트가 통제력을 발휘한다.

① 전략적 가족치료모델 ② 해결중심 가족치료모델
③ 구조적 가족치료모델 ④ 다세대 가족치료모델
⑤ 경험적 가족치료모델

 알짜확인

- 문제의 원인이 아닌 행동의 변화에 초점을 둔다는 특징을 이해해야 한다.
- 행동의 변화를 위한 다양한 전략을 시도하며, 역설적 지시, 순환적 질문, 재구성 등의 개입기법을 살펴보자.

답 ①

✅ 응시생들의 선택

① 54%	② 5%	③ 24%	④ 3%	⑤ 14%

헤일리는 의사소통이론을 기반으로 전략적 가족치료모델을 발전시켜 나가면서 의사소통이 가진 내용과 관계라는 두 가지 측면을 살펴보았다.

- 내용 면에서 표면적 메시지 외에 행간의 의미와 비언어적 내용, 말하는 방식이 중요함을 강조하면서 메시지의 질(=메타 의사소통)에 따라 역기능적 관계가 형성된다고 보았다.
- 관계는 대칭적 관계와 보완적 관계가 있다. 대칭적 관계는 두 사람이 대등하게 소통하는 관계로 서로 비판이나 충고를 하지만 경쟁적이고 갈등적인 관계로 흐를 수 있다. 보완적 관계는 한 사람이 우위에 있는 지배와 순종의 관계로 상호보완적인 측면도 있지만 역기능적 관계가 될 수 있다.

관련기출 더 보기

20-04-23 난이도 ★★★

가족개입의 전략적 모델에 관한 설명으로 옳은 것은?

① 역기능적인 구조의 재구조화를 개입목표로 한다.
② 증상처방이나 고된 체험기법을 비지시적으로 활용한다.
③ 가족문제가 왜 일어났는지 파악하여 원인 제거에 필요한 전략을 사용한다.
④ 가족 내 편중된 권력으로 인해 고착된 불평등한 위계구조를 재배치한다.
⑤ 문제를 보는 시각을 변화시키고 새로운 의미를 발견하는 재명명기법을 사용한다.

답 ⑤

✅ 응시생들의 선택

① 11%	② 14%	③ 41%	④ 6%	⑤ 28%

①④ 역기능적인 가족구조를 재구조화하여 기능적인 구조로 변화시키는 것은 구조적 가족치료에 해당한다.
② 증상처방이나 고된 체험기법은 지시적 기법이다. 사회복지사가 가족에게 특정 행동을 할 것 혹은 특정 행동을 하지 말고 다른 행동을 할 것 등의 방식으로 지시한다.
③ 전략적 모델은 문제가 일어난 이유나 그 행동의 원인을 파악하는 것보다 어떻게 하면 행동의 변화를 일으킬 수 있는지에 초점을 둔다.

19-04-21

가족의 문제가 개선될 때 체계의 항상성 균형이 위험하다고 판단되어 사용하는 전략으로, 변화의 속도가 빠르다고 지적하며 조금 천천히 변화하라고 하는 기법은?

① 시련   ② 제지
③ 재정의   ④ 재구조화
⑤ 가족옹호

답 ②

✅ 응시생들의 선택

① 1%	② 84%	③ 3%	④ 11%	⑤ 1%

① 시련은 클라이언트가 가진 증상보다 더 고된 체험을 하도록 과제를 제시함으로써 결국엔 증상을 포기하도록 하는 기법이다.
③④ 재정의, 재구조화는 같은 기법이다. 재구성, 재명명이라고도 한다. 문제를 다른 시각에서 볼 수 있도록 돕는 기법이다.
⑤ 가족옹호: 표적체계에 대해 가족이 갖고 있는 정당한 권리를 누릴 수 있도록 대변하는 것을 말한다.

17-04-13

전략적 가족치료의 치료적 이중구속에 관한 설명으로 옳지 않은 것은?

① 증상을 이용한다.
② 빙산기법을 이용한다.
③ 지시적 기법을 이용한다.
④ 역설적 기법을 이용한다.
⑤ 치료자의 지시를 따르지 않아도 문제가 해결될 수 있다.

답 ②

✅ 응시생들의 선택

① 2%	② 25%	③ 8%	④ 2%	⑤ 63%

② 빙산기법은 경험적 치료모델의 사티어가 제시한 것으로, 겉으로 보이는 인간의 행동은 수면 위에 드러난 빙산의 한 부분에 불과하다고 본 관점이다. 그래서 사티어는 클라이언트의 표면적 문제만 볼 것이 아니라 수면 아래에 있는 경험을 탐색하여 표면화하는 것이 중요하다고 설명하였다.

➕ 덧붙임

치료적 이중구속이란 '변하라'라는 메시지와 '변하지 말라'라는 모순된 메시지가 동시에 전달되도록 하는 것이다. 클라이언트가 '변하라'라는 메시지를 선택하게 되면 해당 증상을 포기하는 것이고, '변하지 말라'라는 메시지를 선택하게 되면 그 상황에 대한 통제력을 갖게 되는 것이다. 따라서 변화를 유도하는 치료자의 지시를 따르든 따르지 않든 문제해결의 가능성이 생긴다.

15-04-23

역설적 개입에 관한 설명으로 옳은 것을 모두 고른 것은?

> ㄱ. 가족이 변화에 대한 저항이 클 때 사용할 수 있다.
> ㄴ. 문제와 관련된 가족의 행동체계를 정확히 파악하여 증상처방기법을 활용한다.
> ㄷ. 원가족 분석을 중시하는 개입방법이다.
> ㄹ. 치료적 이중구속을 활용하여 문제를 해결하는 것이다.

① ㄱ, ㄴ   ② ㄷ, ㄹ
③ ㄱ, ㄴ, ㄷ   ④ ㄱ, ㄴ, ㄹ
⑤ ㄱ, ㄴ, ㄷ, ㄹ

답 ④

✅ 응시생들의 선택

① 11%	② 9%	③ 6%	④ 61%	⑤ 13%

ㄷ. 역설적 개입은 전략적 가족치료모델의 방법이다. 이 모델은 행동의 이유보다는 행동의 변화에 관심을 갖고 문제를 해결하고자 한다. 따라서 원가족 분석이나 문제 분석을 강조하기보다는 문제해결을 위한 다양한 전략을 시도한다.

11-04-16

다음 사례에 나타난 가족 개입기법은?

> 사소한 말다툼이 큰 싸움이 되는 과정에서 서로 상처를 주는 말이 쌓여 부부관계가 악화되었고, 끝내는 이혼을 고려하고 있는 부부를 상담 중인 사회복지사는 다음과 같은 과제를 주었다.
> "잘 알겠습니다. 그럼 이렇게 해보시죠. 집으로 돌아가셔서 일주일에 이틀을 정해, 두 분이 싸울 거리를 한 가지씩 찾아내서 부부싸움을 30분간 하시는 겁니다."

① 실연   ② 코칭
③ 증상처방   ④ 가족조각
⑤ 역할연습

답 ③

✅ 응시생들의 선택

① 19%	② 24%	③ 52%	④ 2%	⑤ 2%

사례에서는 부부싸움이 문제이고 증상인데, 이를 계속하도록 처방을 내렸다. 이러한 증상처방의 방식은 전략적 가족치료기법인데, 증상을 없애기 위해서 증상을 지속하게 하거나 증상을 과장 혹은 심지어 자발적으로 증상을 일으키라고 처방하는 것이다.

다음 내용이 왜 틀렸는지를 확인해보자

01 전략적 가족치료모델에서는 **가족구성원이 삼각관계에서 벗어나도록 정서적 체계를 수정**하는 데에 초점을 둔다.

> 탈삼각화는 다세대 가족치료모델의 대표적 기법이다.

02 전략적 모델은 가족 내에서 **문제를 일으키는 성원이 자신의 문제를 인식하고 왜 그런 행동을 하는지를 깨닫도록** 하는 데에 초점을 둔다.

> 전략적 모델은 인간의 행동이 왜 일어났는지에 초점을 두지 않기 때문에 왜 그런 행동을 하는지를 따지지 않는다.

03 전략적 가족치료모델에서는 **가족항상성의 유지에 초점을 둔 가족은 병리적 증상이 일어나지 않는다**고 본다.

> 변화보다 가족항상성의 유지에 초점을 두면 가족문제가 발생해도 변화를 거부하기 때문에 병리적이게 된다.

04 전략적 모델의 개입방법 중 하나인 **재구성은 치료적 이중구속의 상황을 만들어 진행**된다.

> 재구성은 문제를 다른 관점에서 이해하도록 돕는 기법이다.
> 치료적 이중구속의 상황에서 진행되는 것은 역설적 지시이다.

05 증상처방은 클라이언트에게 **증상행동을 중단하도록** 하는 지시나 과제를 주는 기법이다.

> 증상처방은 클라이언트에게 증상행동을 계속하도록 격려하는 지시나 과제를 주는 기법이다. 클라이언트는 사회복지사의 지시를 거부하고 증상을 버리거나 혹은 지시에 순응하여 증상을 조절할 수 있는 통제권이 자신에게 있음을 인정하게 되는 원리를 이용하는 것이다.

06 전략적 가족치료모델에서는 증상처방, 제지, 시련 등 역설적 개입기법과 순환 질문, **예외 질문**, **기적 질문** 등 다양한 질문 기법을 활용한다.

> 예외 질문, 기적 질문 등은 해결중심모델에서 활용하는 질문 기법이다.

빈칸에 들어갈 알맞은 말을 채워보자

20-04-23

01 전략적 가족치료에서는 문제에 대한 관점을 바꾸는 (   ) 기법을 활용한다.

13-04-24

02 전략적 가족치료에서는 문제의 해결 혹은 변화를 유도하기 위해서 오히려 문제행동을 계속 유지시키라고 지시하는 (   ) 지시를 활용한다.

19-04-21

03 (   ) 기법은 가족의 문제가 개선될 때 변화의 속도가 빠르다고 지적하며 조금 천천히 변화하라고 하는 것이다.

 01 재구성(재명명)   **02** 역설적   **03** 제지

다음 내용이 옳은지 그른지 판단해보자

01 전략적 가족치료에서는 가족문제를 단선적 인과관계에서 살펴본다.

02 전략적 가족치료는 가족 문제의 해결을 위해 행동의 원인보다 행동의 변화에 관심을 둔다.

15-04-23

03 가족이 변화에 대한 저항이 클 때 역설적 개입을 사용해서는 안 된다.

04 전략적 가족치료모델의 대표적인 학자인 헤일리는 대부분의 가족문제는 역기능적 위계관계에서 비롯된다고 보고 이러한 가족 간의 역기능적 상호작용을 전략적으로 변화시키는 데 초점을 두었다.

 01✕ **02**〇 **03**✕ **04**〇

(해설) **01** 전략적 가족치료에서는 가족문제를 순환적 인과관계에서 살펴보며, 구체적으로 순환적 질문 기법을 활용한다.
     03 가족이 변화에 대한 저항이 클 때 증상행동을 계속하도록 하는 역설적 개입을 통해 저항을 줄일 수 있다.

115 해결중심 가족치료

강의 QR코드

1회독	2회독	3회독
월 일	월 일	월 일

최근 10년간 **14문항** 출제 ★★★

복습 1 이론요약

주요 원칙 및 특징

- **탈이론적, 비규범적 모델**
- 클라이언트의 견해 존중, **협력관계** 강조
- 가족이 원하는 해결에 초점을 둔 **단기개입**
- 미래지향적 모델: 과거가 아닌 **현재와 미래에 초점**
- 클라이언트에 대한 **'알지 못함'**의 자세 강조
- 건강한 것에 초점: **장애나 결함 등은 되도록 다루지 않음**
- **'반복적으로 잘못 다룬 것'**을 문제로 봄
- **파문 효과**를 통해 가족문제가 해결될 수 있다고 봄
- 클라이언트의 강점, 자원, 기술, 개성 등을 발견하여 치료에 활용
- 변화를 해결책으로 활용: **변화는 불가피한 것**
- 클라이언트는 이미 해결책을 갖고 있음: 성공 경험, 예외 상황 등을 해결책으로 활용
- 사회복지사는 방문형 클라이언트, 불평형 클라이언트가 고객형 클라이언트로 전환될 수 있도록 해야 함
- 치료목표는 달성할 수 있는 작은 것부터 세워나가며, 그 방법도 단순하고 간단한 것에서부터 시작
- 단기간에 경제적인 해결을 추구하기 때문에 **임시대응적이라는 비판**도 있음

기본개념
사회복지실천기술론
pp.208~

중심철학

- 내담자가 문제 삼지 않는 것은 건드리지 말라.
- 일단 무엇이 효과가 있는지를 알면 그것을 더 많이 하라.
- 그것이 효과가 없다면 다시는 그것을 하지 말고 다른 것을 행하라.

개입목표와 원조방향

- 개입목표는 도움을 받으러 온 가족으로 하여금 그들 자신의 생활을 보다 만족스럽게 하기 위해서 **현재하고 있는 것과는 다른 것을 하거나 생각해내도록** 하여 현재 가족이 가지고 있는 문제를 해결하는 것이다.
- 사회복지사는 직접적으로 무엇을 하라고 지시하고 가르치기보다는 **가족들 스스로 문제해결의 방안을 찾아내고 사용할 수 있도록 원조**한다.

목표설정의 원칙

- 클라이언트에게 중요한 것
- 쉽게 성취할 수 있는 작은 것
- 구체적이고 명확하고 **행동적인 것**
- 문제를 없애는 것이 아닌 **조금 더 나아지는 것**
- 지금-여기에서 시작. 즉 **현재 단계에서 필요한 것**
- 실현가능하고 성취가능한 것
- **목표를 수행하기 위한 노력 그 자체가 성공의 시작**

대표적인 질문 기법

- **치료면담 전 변화에 대한 질문**: 면담 예약 후 당일 사이의 변화 확인 → 변화를 스스로 파악할 수 있게 함
- **예외질문**: 실패경험이 아닌 **성공경험을 확인**하기 위해 실시 → 성공경험을 확장하도록 해야 함
- **대처질문(극복질문)**: 상황이 더 나빠지지 않게 했던 클라이언트의 **노력을 확인**하는 질문 → **강점과 자원** 파악
- **기적질문**: 문제가 해결된 **상태를 상상**하게 하는 질문 → 상상을 현실로 연결할 수 있게 해야 함
- **척도질문**: **구체적인 숫자**로 문제의 심각도, 변화의지 등을 표현하게 함 → 과거가 아닌 현재와 미래에 초점을 둘 수 있게 해야 함
- **관계성 질문**: 클라이언트와 **중요한 관계에 있는 사람(부모, 친구 등)의 시각에서** 클라이언트의 문제를 보게 하는 질문 → 새로운 가능성을 탐색할 수 있게 함

기출문장 CHECK

01 (22-04-03) 해결중심모델은 개입목표 설정에 있어 클라이언트에게 중요한 것을 목표로 하기, 작은 것을 목표로 하기, 목표를 시작으로 간주하기, 목표수행은 힘든 일이라고 인식하기 등의 원칙을 갖는다.

02 (22-04-13) 해결중심 가족치료는 문제가 일어나지 않는 예외상황을 찾아서 확대해 나간다.

03 (21-04-03) 해결중심모델은 탈이론적이고 비규범적이며 클라이언트의 견해를 존중한다.

04 (21-04-08) 재혼하신 아버지는 이 문제를 어떻게 생각하실까요? – 관계성 질문

05 (20-04-11) 해결중심모델의 전제: 삶에서 변화는 불가피하며 작은 변화가 더 큰 변화로 이어진다. 모든 문제에는 예외가 존재한다. 클라이언트는 자기 삶의 주체이며, 자신에게 중요한 사람과 일에 대해 가장 잘 아는 전문가이다.

06 (20-04-22) 상담신청 후 지금까지 어떤 변화가 있었나요? – 첫 상담 이전의 변화에 대한 질문

07 (20-04-22) 밤새 기적이 일어나서 문제가 다 해결됐는데, 자느라고 기적이 일어난 걸 몰라요. 아침에 뭘 보면 기적이 일어났다는 걸 알 수 있을까요? – 기적질문

08 (20-04-22) 매일 싸운다고 하셨는데, 안 싸운 날은 없나요? – 예외질문

09 (20-04-22) 자녀에게 잔소리하는 횟수를 어떻게 줄일 수 있었나요? – 대처질문

10 (19-04-09) 해결중심모델에서 사회복지사는 변화에 도움을 주는 자문가 역할을 한다.

11 (19-04-09) 해결중심모델은 클라이언트의 견해를 존중한다.

12 (19-04-09) 해결중심모델은 문제의 원인과 발전과정에 관심을 두기보다 문제해결 방안을 모색하는 것이 더 효과적이라고 본다.

13 (19-04-09) 해결중심모델은 모든 사람은 강점과 자원, 능력을 가지고 있다고 가정한다.

14 (19-04-12) 남편이 여기 있다면 당신이 어떻게 하는 것이 문제 해결에 도움이 된다고 할까요? – 관계성질문

15 (18-04-20) 해결중심모델은 다양한 질문기법들을 활용하여 클라이언트와 대화한다.

16 (17-04-11) 해결중심모델은 클라이언트 지향적 모델이다.

17 (17-04-11) 해결중심모델은 사회복지사와 클라이언트 간 협력적 관계를 중시한다.

18 (17-04-11) 해결중심모델은 메시지 작성과 전달, 과제를 활용한다.

19 (17-04-11) 해결중심모델은 임시대응적 기법이라는 비판이 있다.

20 (17-04-19) "어머니가 여기 계신다고 가정하고 제가 어머니께 당신의 문제가 해결되면 무엇이 달라지겠냐고 묻는다면 어머니는 뭐라고 말씀하실까요?" – 관계성질문

21 (16-04-14) 해결중심모델에서의 목표설정: 클라이언트가 중요하다고 생각하는 것, 클라이언트가 갖지 않은 것보다 갖고 있는 것에 초점을 둠, 긍정적이며 과정의 형태로 정의, 목표를 문제해결의 시작으로 간주

22 (15-04-05) 해결중심모델에서는 변화는 항상 일어나며 불가피하다고 본다.

23 (14-04-04) 해결중심모델에서는 문제가 발생되지 않았던 예외적인 상황을 중요시한다.

24 (14-04-04) 해결중심모델에서는 클라이언트의 자원과 과거의 성공경험을 중요시한다.

25 (14-04-06) 당신 아버지께서는 문제가 해결된 상황에 대해 어떤 말씀을 하실까요? – 관계성질문

26 (13-04-10) 해결중심모델은 변화를 불가피한 것으로 인식한다. 현재와 미래를 지향한다.

27 (13-04-10) 해결중심모델은 클라이언트와의 협동작업을 중시한다.

28 (13-04-10) 해결중심모델에서 사회복지사는 변화 촉진을 위한 질문자 역할을 수행한다.

29 (12-04-02) 어려운 상황 속에서도 더 나빠지지 않고 견뎌낼 수 있었던 것은 무엇 때문이라고 생각하십니까? – 대처질문

30 (11-04-10) 밤새 기적이 일어나서 모든 문제가 해결되었다고 한다면 아침에 일어나서 무엇을 보고 기적이 일어났는지 알 수 있을까요? – 기적질문

31 (10-04-10) 해결중심모델은 탈이론적, 비규범적이며 현재와 미래지향적이다.

32 (10-04-10) 해결중심모델은 클라이언트의 자원, 건강성, 성공경험에 초점을 둔다.

33 (10-04-10) 해결중심모델에서는 사회복지사의 자문가 역할이 강조된다.

34 (10-04-11) 아드님과의 관계가 지금보다 조금이라도 나았을 때는 언제였나요? – 예외질문

35 (07-04-20) 남편이 술을 마시지 않는 때는 언제인가요? – 예외질문

36 (05-04-20) "어느 날 밤 당신이 자고 있을 동안 기적이 일어나 꿈꾸던 대로 결혼생활이 완벽해졌습니다. 아침에 일어났을 때 결혼생활은 어떻게 달라졌을까요?" – 기적질문

22-04-03 난이도 ★★★

해결중심모델의 개입목표 설정 원칙에 관한 설명으로 옳지 않은 것은?

① 클라이언트에게 중요한 것을 목표로 하기
② 작은 것을 목표로 하기
③ 목표를 종료보다는 시작으로 간주하기
④ 있는 것 보다 없는 것에 관심두기
⑤ 목표수행은 힘든 일이라고 인식하기

 알짜확인

- 탈이론적, 비규범적 모델이라는 점은 꾸준히 출제된 내용으로 꼭 기억해두자.
- 이름처럼 '해결'에 초점을 두기 때문에 문제의 원인이나 내용에 초점을 두지 않는다는 점도 중요한 특징이다.
- 개입기법으로서 다양한 질문기법을 사용하기 때문에 이를 꼼꼼히 살펴보는 것은 필수이며, 이 모델에서의 목표설정 원칙도 이따금씩 출제되고 있다.

답 ④

✔ **응시생들의 선택**

① 0%	② 3%	③ 3%	④ 51%	⑤ 43%

④ 해결중심모델은 병리적인 것보다 건강한 것에 초점을 두고 장애나 결함 등은 되도록 다루지 않는다. 이러한 특징으로 인해 목표를 설정함에 있어서도 없는 것보다는 있는 것, 지금 상황에서 할 수 있는 것 등에 초점을 둔다.

➕ **덧붙임**

⑤와 관련하여, 해결중심모델에서는 클라이언트가 목표를 수행하는 것이 힘든 일임을 임식하며 목표를 수행하기 위한 노력 그 자체를 성공의 시작으로 본다.

21-04-03 난이도 ★★★

해결중심모델에 관한 설명으로 옳은 것은?

① 클라이언트에게 대처행동을 가르치고 훈련함으로써 부적응을 해소하도록 한다.
② 탈이론적이고 비규범적이며 클라이언트의 견해를 존중한다.
③ 문제의 원인을 클라이언트의 심리 내적 요인에서 찾는다.
④ 클라이언트의 문제를 자원 혹은 기술 부족으로 본다.
⑤ 문제와 관련이 있는 환경과 자원을 사정하고 개입 방안을 강조한다.

답 ②

✔ **응시생들의 선택**

① 20%	② 43%	③ 7%	④ 11%	⑤ 19%

① 해결중심모델에서 사회복지사는 클라이언트에게 어떻게 할 것을 지시하고 가르치는 것보다 클라이언트 스스로 문제해결 방안을 찾아내고 사용할 수 있도록 돕는다.
③ 해결중심모델은 클라이언트의 문제에 대해 반복적으로 잘못 다룬 것이라고 볼 뿐이기 때문에 문제 및 문제의 원인을 밝힐 필요는 없다고 본다.
④ 해결중심모델은 클라이언트의 자원과 기술을 발견하여 치료에 활용하기는 하지만 자원과 기술의 부족을 문제로 보는 것은 아니다.
⑤ 해결중심모델은 진단이나 사정을 강조하지 않는다. 클라이언트가 이미 가지고 있는 것, 할 수 있는 것에서 시작하며 이를 알아내기 위해 예외질문, 극복질문 등의 다양한 질문방식을 사용한다. 클라이언트의 이야기에서 문제해결의 실마리를 찾으며 이를 과제로 연결해 제안하는 방식으로 진행된다.

다음 전제에 해당되는 사회복지실천모델은?

- 삶에서 변화는 불가피하며 작은 변화가 더 큰 변화로 이어진다.
- 모든 문제에는 예외가 존재한다.
- 클라이언트는 자기 삶의 주체이며, 자신에게 중요한 사람과 일에 대해 가장 잘 아는 전문가이다.

① 클라이언트중심모델　　② 해결중심모델
③ 문제해결모델　　　　　④ 정신역동모델
⑤ 동기상담모델

답 ②

✅ 응시생들의 선택

① 56%	② 26%	③ 14%	④ 2%	⑤ 2%

해결중심모델의 질문기법 예시로 옳지 않은 것은?

① 관계성질문: 두 분이 싸우지 않을 때는 어떠세요?
② 예외질문: 매일 싸운다고 하셨는데, 안 싸운 날은 없었나요?
③ 대처질문: 자녀에게 잔소리하는 횟수를 어떻게 줄일 수 있었나요?
④ 첫 상담 이전의 변화에 대한 질문: 상담신청 후 지금까지 어떤 변화가 있었나요?
⑤ 기적질문: 밤새 기적이 일어나서 문제가 다 해결됐는데, 자느라고 기적이 일어난 걸 몰라요. 아침에 뭘 보면 기적이 일어났다는 걸 알 수 있을까요?

답 ①

✅ 응시생들의 선택

① 49%	② 3%	③ 17%	④ 8%	⑤ 23%

① 관계성질문은 클라이언트와 중요한 관계에 있는 다른 사람들의 시각에서 클라이언트를 보게 하는 질문이다. 예를 들면, "어머니가 여기 계시다면, 두 분이 싸우지 않으려면 어떻게 하는 것이 도움이 된다고 말씀하실까요?"라고 질문할 수 있다.

해결중심모델에 관한 설명으로 옳지 않은 것은?

① 사회복지사는 클라이언트를 변화시키는 전문가가 아니라 변화에 도움을 주는 자문가 역할을 한다.
② 문제의 원인과 발전과정에 관심을 두기보다 문제해결 방안을 모색하는 것이 더 효과적이라고 본다.
③ 모든 사람은 강점과 자원, 능력을 가지고 있다고 가정한다.
④ 클라이언트의 견해를 존중한다.
⑤ 클라이언트의 과거에 관해 깊이 탐색하여 현재와 미래에 적응하도록 돕는데 관심을 둔다.

답 ⑤

✅ 응시생들의 선택

① 10%	② 11%	③ 12%	④ 1%	⑤ 66%

⑤ 해결중심모델은 과거가 아닌 현재와 미래에 초점을 맞추는 미래지향적 모델로, 과거에 대해 깊이 탐색하지는 않는다.

해결중심모델에 관한 설명으로 옳지 않은 것은?

① 클라이언트 지향적 모델이다.
② 임시대응적 기법이라는 비판이 있다.
③ 메시지 작성과 전달, 과제를 활용한다.
④ 사회복지사와 클라이언트 간 협력적 관계를 중시한다.
⑤ 문제가 해결된 상태를 가정하는 대처질문을 활용할 수 있다.

답 ⑤

✅ 응시생들의 선택

① 14%	② 24%	③ 24%	④ 7%	⑤ 31%

⑤ 문제가 해결된 상태를 가정하고 이루어지는 질문은 기적질문에 해당한다. 대처질문은 클라이언트가 절망적인 상황에서도 잘 견뎌내어 상황이 나빠지지 않은 것을 강조하고, 위기에서 살아남기 위해 적용한 방법을 파악하는 질문이다.

난이도 ★★☆

다음과 같은 목표설정을 주로 하는 사회복지실천 모델은?

- 작고 구체적이며 행동적일 것
- 클라이언트가 중요하다고 생각하는 것
- 클라이언트가 갖지 않은 것보다 갖고 있는 것에 초점을 둠
- 긍정적이며 과정의 형태로 정의
- 목표를 문제해결의 시작으로 간주

① 인지행동모델   ② 해결중심모델
③ 클라이언트중심모델   ④ 심리사회모델
⑤ 행동수정모델

답 ②

✅ 응시생들의 선택

① 2%	② 53%	③ 41%	④ 1%	⑤ 3%

난이도 ★★★

해결중심모델에 관한 설명으로 옳은 것은?

① 규범적이다.
② 과거를 지향한다.
③ 병리적인 것에 초점을 둔다.
④ 문제의 원인규명에 초점을 둔다.
⑤ 변화는 항상 일어나며 불가피하다.

답 ⑤

✅ 응시생들의 선택

① 6%	② 2%	③ 8%	④ 25%	⑤ 59%

① 비규범적이다.
② 미래지향적인 모델이다.
③ 병리적인 것보다 건강한 것에 초점을 둔다.
④ 문제의 원인이나 내용보다 해결에 초점을 둔다.

난이도 ★★☆

해결지향적 질문 유형 중 '관계성 질문'에 해당하는 것은?

① "문제가 발생되지 않을 때는 언제인가요?"
② "문제와 가장 관련이 있는 상황은 어떤 경우였나요?"
③ "문제가 해결되면 당신의 생활에 어떤 변화가 있을까요?"
④ "이런 문제는 누구와의 관계에서 더 심각하게 느껴지나요?"
⑤ "당신 아버지께서는 문제가 해결된 상황에 대해 어떤 말씀을 하실까요?"

답 ⑤

✅ 응시생들의 선택

① 1%	② 13%	③ 8%	④ 34%	⑤ 44%

⑤ 관계성 질문은 클라이언트와 중요한 관계에 있는 사람들의 시각에서 클라이언트를 보게 하는 질문방식이다.

난이도 ★★★

해결중심모델에서 사용되는 질문기법의 예로 옳지 않은 것은?

① 예외질문 – "두 분이 매일 싸우신다고 말씀하셨는데, 혹시 싸우지 않은 날은 없었나요?"
② 대처질문 – "이렇게 힘들고 어려운 상황을 이겨내기 위해 가족들이 어떻게 대처해야 할까요?"
③ 관계성질문 – "당신의 어머니는 이 상황에서 당신이 무엇을 해야 문제해결에 도움이 된다고 말씀하실까요?"
④ 기적질문 – "밤새 기적이 일어나서 모든 문제가 해결되었다고 한다면 아침에 일어나서 무엇을 보고 기적이 일어났는지를 알 수 있을까요?"
⑤ 상담 전 변화질문 – "상담예약을 하신 후부터 지금까지 시간이 좀 지났는데 그동안 상황이 좀 바뀌었나요? 그렇다면 무엇이 어떻게 달라졌는지 말씀해주세요."

답 ②

✅ 응시생들의 선택

① 3%	② 35%	③ 45%	④ 6%	⑤ 11%

② 대처질문은 "이렇게 힘들고 어려운 상황을 이겨내기 위해 가족들이 어떻게 오늘까지 견뎌왔나요?"라고 할 수 있다.

➕ 덧붙임

대처질문은 앞으로 어떻게 대처할 것인가를 묻는 것이 아니라 지금까지 어떻게 대처해왔는지, 어떤 노력을 해왔는지를 질문하는 것이다.

다음 내용이 왜 틀렸는지를 확인해보자

01 해결중심모델은 문제해결을 위해 <u>장기적 개입</u>을 강조한다.

> 해결중심모델은 특정 목표에 초점을 두고 단기적으로 이루어진다.

02 해결중심모델은 <u>클라이언트가 생각하지 못한 근본적인 문제</u>에 초점을 둔다.

> 해결중심모델은 '클라이언트가 문제 삼지 않는 것은 건드리지 않는다'는 것이 중심 철학인 만큼 클라이언트가 제시한 문제에 초점을 둔다.

03 해결중심모델에 따른 사회복지사는 문제해결을 위해 <u>구체적인 문제해결 방법을 지시하고 가르칠 수 있어야</u> 한다.

> 해결중심모델에서 사회복지사는 가족이 스스로 다양한 문제해결 방법을 찾아갈 수 있도록 원조한다.

`18-04-20`

04 해결중심모델은 <u>문제의 원인을 심리내부에서 찾는다.</u>

> 해결중심모델에서는 문제의 원인을 찾는 데에 주력하지 않는다.

05 해결중심모델은 클라이언트의 <u>병리적</u> 측면에 초점을 두면서 예외상황을 살펴본다.

> 클라이언트의 병리적 측면이 아닌 강점과 자원에 초점을 둔다.

`21-04-08`

06 "당신은 그 어려운 상황에서 어떻게 견딜 수 있었나요?"라는 질문은 <u>기적질문</u>에 해당한다.

> 대처질문에 해당한다. 기적질문은 문제가 해결된 상태를 상상하게 하는 질문이다.

빈칸에 들어갈 알맞은 말을 채워보자

※ 각각에 해당하는 해결중심모델의 질문 유형은?

`12-04-02`

01 "어려운 상황 속에서도 더 나빠지지 않고 견뎌낼 수 있었던 것은 무엇 때문이라고 생각하십니까?"
– (　　　　　　　)질문

`07-04-20`

02 남편이 매일 술을 마신다고 상담해 온 클라이언트에게 "남편이 술을 마시지 않는 때는 언제인가요?"
– (　　　　　　　)질문

`10-04-11`

03 "이처럼 어려운 상황에서도 어떻게 지금까지 견디어 올 수 있었나요?" – (　　　　　　　)질문

`10-04-11`

04 "처음 상담에 오셨을 때가 0점이고 개입목표가 달성된 상태를 10점이라고 한다면, 지금 당신의 상태는 몇 점입니까?" – (　　　　　　　)질문

`10-04-11`

05 "문제가 해결된다면 이를 어떻게 알 수 있나요?" – (　　　　　　　)질문

`14-04-06`

06 "당신 아버지께서는 문제가 해결된 상황에 대해 어떤 말씀을 하실까요?" – (　　　　　　　)질문

`05-04-20`

07 "어느 날 밤, 당신이 자고 있을 동안 기적이 일어나 꿈꾸던 대로 결혼생활이 완벽해졌습니다. 아침에 일어났을 때 결혼생활은 어떻게 달라졌을까요?" – (　　　　　　　)질문

`09-04-09`

08 "아버지가 술만 마시면 심하게 때리고, 그게 너무 고통스럽고 견디기 어려워 그 수준이 10점인 날들의 연속이라고 했지? 그런데 혹시 때리지 않는 날도 있니?" – (　　　　　　　)질문

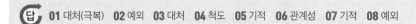 답 **01** 대처(극복) **02** 예외 **03** 대처 **04** 척도 **05** 기적 **06** 관계성 **07** 기적 **08** 예외

다음 내용이 옳은지 그른지 판단해보자

01 해결중심모델은 단기개입을 추구한다. ◎ ✕

02 해결중심모델은 이론적 바탕을 강조한다. ◎ ✕

`15-04-05`
03 해결중심모델에서는 변화는 항상 일어나며 불가피한 것으로 간주한다. ◎ ✕

04 해결중심모델은 해결방안을 발견하고 구축하는 개입과정에서 클라이언트의 협력을 중시한다. ◎ ✕

05 해결중심모델에서는 목표를 크게 잡아 성공에 따른 성취감을 극대화하는 데에 초점을 둔다. ◎ ✕

`16-04-14`
06 해결중심모델에서는 목표를 문제해결의 시작으로 간주한다. ◎ ✕

`15-04-05`
07 해결중심모델은 문제의 원인 규명에 초점을 둔다. ◎ ✕

08 해결중심모델은 지금 현재에 필요한 것, 할 수 있는 것을 강조한다. ◎ ✕

`10-04-10`
09 해결중심모델은 클라이언트의 자원, 성공경험에 초점을 두며, 사회복지사의 자문가 역할이 강조된다. ◎ ✕

`19-04-12`
10 "잠이 안 와서 힘들다고 하셨는데, 잠을 잘 잤다고 느낄 때는 언제일까요?"라는 질문은 기적질문에 해당한다. ◎ ✕

`19-04-12`
11 "그 어려운 상황 속에서도 견딜 수 있었던 것은 무엇이라 생각합니까?"라는 질문은 예외질문에 해당한다. ◎ ✕

답 **01** ○ **02** ✕ **03** ○ **04** ○ **05** ✕ **06** ○ **07** ✕ **08** ○ **09** ○ **10** ✕ **11** ✕

해설 **02** 해결중심모델은 탈이론적인 특징을 갖는다.
05 해결중심모델에서는 쉽게 성취할 수 있는 작은 것부터 목표로 잡는다.
07 해결중심모델은 과거보다는 현재와 미래를 강조하기 때문에 문제의 원인 규명에 초점을 두는 것이 아니라 현재 불편한 점이 무엇인지에 초점을 두어 해결책을 발견하고 변화를 이끌어 현재와 미래에 적응하도록 돕는다.
10 예외질문에 해당한다.
11 대처질문에 해당한다.

116 이야기치료모델과 문제의 외현화

강의 QR코드

1회독	2회독	3회독
월 일	월 일	월 일

★★★
최근 10년간 **2문항** 출제

복습
1 **이론요약**

이야기치료모델

• **사회구성주의 관점**에 기초
 – 사회구성주의는 복잡한 사회현실이란 객관적으로 존재하는 것이 아니라 그 문제를 바라보는 관점에 따라 다르다는 관점이다.
 – 어떤 사회현상은 그것을 경험하는 사람이 그것을 어떻게 구성하느냐에 따라 달라지며 해결방법도 다양해질 수 있다는 관점이다.
• 내담자도 가족도 문제가 아니며, **문제 자체가 바로 문제**라고 보는 관점
• 문제 자체를 해결하는 것보다는 내담자가 가지고 있는 관점이나 의미 등을 재해석하여 새로운 이야기를 써나감으로써 자신들의 삶에 책임을 지는 적극적인 주체가 되도록 돕는 데 초점을 둠
• **문제의 외현화**(표출대화)
 – 가족문제를 가족 내부에 있는 것이 아닌 외부에 있는 존재이자 가족을 괴롭히는 존재로 봄
 – 치료자와 클라이언트와의 관계를 통한 이야기 속에서 문제의 초점을 찾음
 – 클라이언트가 스스로를 병리적이라고 생각하는 것에서 자유롭게 함
 – 클라이언트의 잠재력과 가능성을 인식하고 강점 개발을 촉진함

기본개념
사회복지실천기술론
pp.214~

기출문장
CHECK

01 (09-04-14) 문제의 외현화는 이야기치료에서 사용되는 기법으로서 문제가 개인의 속성이나 내부에 존재하는 것이 아니라 외부에 존재하는 것으로 보고 가족을 괴롭히는 하나의 별개 존재로서 문제를 이야기하는 기법이다.

대표기출 확인하기

17-04-09 난이도 ★★☆

다음 대화에서 사회복지사 B가 클라이언트 A에게 사용한 기법에 해당하는 것은?

> A: "저는 조그마한 어려움이 있어도 쉽게 좌절하는 사람이에요."
> B: "좌절감이 당신으로 하여금 새로운 일을 하는 것을 방해하네요."

① 문제의 외현화
② 재보증
③ 코칭(coaching)
④ 가족지도
⑤ 체험기법

 알짜확인

• 사회구성주의 관점에 기초하여 문제와 클라이언트를 분리시키는 문제의 외현화 기법을 살펴보자.

답 ①

✔ 응시생들의 선택

① 75%	② 18%	③ 6%	④ 0%	⑤ 1%

문제의 외현화
• 문제를 개인의 속성으로 보는 것이 아니라 외부에 존재하는 것으로 보는 방법이다.
• 이 기법은 클라이언트가 스스로를 병리적이라고 생각하는 것에서 벗어날 수 있도록 해준다.

관련기출 더 보기

13-04-12 난이도 ★★★

다음 각각의 가족 사정 내용과 관련이 없는 가족 개입모델은?

• 가족 의사소통 유형의 파악
• 가족 내 하위체계 간 경계 속성의 파악
• 가계도를 활용하여 통합적인 가족속성을 종단·횡단으로 파악
• 문제를 둘러싼 파괴적이고 역기능적인 악순환 고리의 파악

① 전략적 모델
② 구조적 모델
③ 다세대 모델(M. Bowen)
④ 경험적 모델(V. Satir)
⑤ 이야기치료 모델

답 ⑤

✔ 응시생들의 선택

① 7%	② 13%	③ 13%	④ 36%	⑤ 31%

• 가족 의사소통 유형을 살펴보는 것은 경험적 모델에 해당한다.
• 가족 내 하위체계 간 경계 속성을 파악하는 데에 초점을 두는 것은 구조적 모델이다.
• 가계도를 활용하여 통합적인 가족속성을 종단·횡단으로 파악하는 것은 다세대 모델에 해당한다.
• 문제를 둘러싼 파괴적이고 역기능적인 악순환 고리를 파악하는 데에 초점을 두는 것은 전략적 모델이다.

이야기치료 모델
이야기치료에서는 내담자에 대한 사정이나 병리적 분류를 하지 않는다. 또한 문제를 클라이언트 개인과 가족과는 분리된 외부적 존재, 실체로 본다. 또한 직접적으로 문제를 다루고 해결하는 것을 목표로 삼지 않는 대신 클라이언트를 사회정치적으로 구성된 관점과 개념, 억압적인 문화의 구성으로부터 해방시키고 내담자의 자아상을 약한 것에서 강한 것으로 변화시키는 것에 초점을 둔다.

다음 내용이 옳은지 그른지 판단해보자

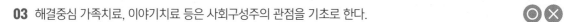

01 이야기치료에서는 클라이언트의 이야기를 통해 가족문제의 원인을 파악해나간다. ◎ ⊗

02 사회구성주의적 관점에서 문제는 누가 그 문제에 대해 어떻게 인식하느냐에 따라 달라진다고 본다. ◎ ⊗

03 해결중심 가족치료, 이야기치료 등은 사회구성주의 관점을 기초로 한다. ◎ ⊗

04 이야기치료에서는 가족의 의사소통 유형에 관심을 둔다. ◎ ⊗

05 문제의 외현화는 클라이언트의 문제를 개인적 속성으로 본다. ◎ ⊗

 답 **01**× **02**○ **03**○ **04**× **05**×

해설 **01** 이야기치료모델은 클라이언트 혹은 가족이 문제가 있는 것이 아니라, 문제 자체가 바로 문제라고 본다. 따라서 문제의 원인을 찾는 데에 초점을 두지 않는다.
04 가족의 의사소통 유형에 관심을 두는 모델은 경험적 가족치료모델이다.
05 문제의 외현화는 클라이언트의 문제를 개인적인 속성으로 보지 않고, 외부에 있는 어떤 것으로 본다.

10장

집단 대상 실천기법

사회복지사가 집단 대상 실천을 계획하고 진행함에 있어 고려해야 할 사항들 및 주요 개념에 대해 학습한다. 기존에는 집단의 유형에 관한 문제가 주로 출제되었지만 최근에는 다양한 키워드가 돌아가며 출제되고 있으므로 10장에서 만큼은 빈출 키워드에만 집중해서는 안 된다.

10년간 출제분포도

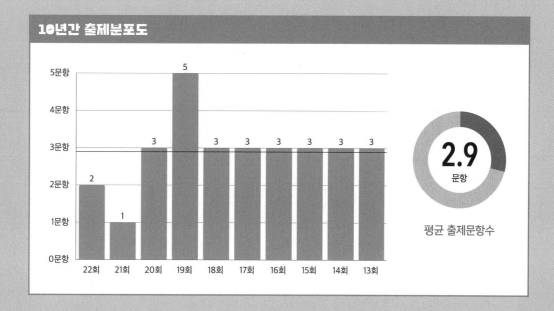

117 집단의 유형

강의 QR코드

1회독	2회독	3회독
월 일	월 일	월 일

최근 10년간 **9문항** 출제

복습 1 이론요약

치료집단

▶ **지지집단**
- 목적: 생활 사건, 삶의 위기 등에 대한 대처 능력 향상
- <u>유대감 형성</u>이 용이하며, **자기개방 수준이 높음**
- 이혼한 부부의 자녀로 구성된 집단, 양육의 어려움을 공유하는 한부모집단 등

▶ **교육집단**
- 목적: 성원들이 그들 자신과 사회에 대해 배우는 것이 주요 목적인 집단
- <u>정보의 전달과 교육을 목적</u>으로 하기 때문에 강의 형태를 띠며, 집단지도자는 교사의 기능을 수행
- 보통 소수로 구성되면서도 성원 간 자기노출이 낮음
- 청소년 성교육 집단, 부모역할 훈련집단, 위탁부모집단 등

▶ **성장집단**
- 목적: 능력과 자의식을 넓히고 개인적 변화를 끌어낼 수 있는 기회 제공. 자아 향상
- 질병의 치료보다는 **심리적·사회정서적 건강 증진**이 중요
- 성원 간 자기노출의 정도가 높으며, 상호간 지지적 피드백을 통해 성장
- 부부의 결혼생활 향상집단, 참만남집단, 잠재력 개발 집단 등

▶ **치유(치료)집단**
- 목적: 성원 스스로 행동을 변화하고 개인적인 문제의 완화나 제거(치료 중심)
- 다소 심한 정서적·개인적 문제를 가진 성원들로 구성됨
- **상호지지 강조, 치유와 회복에 초점**
- 자기개방 수준이 높은 편이지만 개인차가 있기도 함
- 외래환자 대상의 정신치료집단, 금연집단, 약물중독자 집단 등

▶ **사회화집단**
- 목적: **사회적 기술을 습득**하고 사회생활에 효과적으로 기능할 수 있도록 원조
- 과잉행동주의력 결핍아동 대상의 집단, 퇴원한 정신장애인을 위한 사교집단 등

기본개념

사회복지실천기술론
pp.220~

과업집단

- **과업 달성**을 위해, 성과물을 산출해내기 위해, 명령을 수행하기 위해 만들어진 집단
- 문제에 대한 해결책을 찾고 새로운 아이디어를 만들어내며 결정을 내림
- 특별사업팀 등의 임시조직, 이사회, 사회행동집단, 연합체, 자문위원회, 대표위원회 등

자조집단

- 비슷한 관심사를 공유하는 사람들로 구성된다는 점에서 지지집단과 유사하지만, **구성원들이 서로 도움을 주고받으며 주도적으로 집단을 이끌어감**
- **사회복지사는 지지와 상담, 필요한 자원의 의뢰 및 연결 등 최소한의 역할을 함**

기출문장 CHECK

01 (20-04-02) 지지집단의 주요 목적은 동병상련의 경험으로 해결책을 모색하는 것이다.

02 (19-04-03) 지지집단은 유사한 문제와 욕구를 가진 사람들로 구성하여 유대가 빨리 형성된다.

03 (19-04-03) 성장집단은 집단 참여자의 자기인식을 증가시켜 개인의 잠재력을 최대화하는 데 초점을 둔다.

04 (19-04-03) 치료집단은 성원의 병리적 행동과 외상 후 상실된 기능을 회복하는 데 초점을 둔다.

05 (19-04-03) 교육집단은 지도자가 집단 성원의 문제와 욕구를 해결하기 위해 필요한 기술과 정보를 제공한다.

06 (18-04-04) '치료집단 < 교육집단 < 성장집단 < 자조집단'의 순으로 집단성원의 주도성이 높게 나타난다.

07 (14-04-11) 지지집단의 특징: 비슷한 문제를 경험한 사람들로 집단을 구성한다. 유대감 형성이 쉽고 자기 개방성이 높다. 상호 원조하면서 대처기술을 형성하도록 돕는다.

08 (14-04-12) 자조모임은 자기노출을 통해 문제의 보편성을 경험할 수 있다.

09 (14-04-12) 자조모임은 집단성원 간의 학습을 통해 모델링 효과를 얻는다.

10 (13-04-11) 치료집단의 예: 장애인복지관에서 발달장애아동의 비장애 형제를 대상으로 주 1회 8회기 집단을 운영하였다. 집단의 목적은 비장애 형제의 장애 형제와 관련한 부적응적 사고와 신념의 변화였다. 이를 위해 자기 모니터링, 인지재구성, 의사소통훈련, 문제해결훈련을 활용하였다.

11 (12-04-16) 은퇴준비 노인 집단, 청소년을 위한 가치명료화 집단, 여성을 위한 의식고양 집단, 부부를 위한 참만남 집단 등은 병리의 치료보다 사회심리적 기능 향상에 초점을 둔 성장집단으로 구성될 수 있다.

12 (10-04-24) 지지집단의 예: 알코올중독치료를 받은 후 퇴원한 A는 지역 알코올상담기관에서 매주 운영하는 알코올중독회복 자자조모임에서 만나게 된 동료들의 도움으로 단주를 유지하며 회복에 대한 희망을 갖게 되었다.

13 (10-04-29) 집단성원 간의 유대감 강화를 강조하는 집단의 리더는 모든 성원이 집단과정에 참여하도록 촉진하고, 개별성원들의 부정적 감정을 표현하도록 격려하며, 성원 간 갈등을 해결하고 긴장을 완화할 수 있도록 해야 한다.

14 (09-04-21) 장애아동부모 대상 자조집단은 아동의 권리보호, 가족치료, 가족관계 증진을 위한 정보 습득 등을 목적으로 한다.

15 (08-04-21) 명예퇴직을 준비하는 50대 클라이언트는 성장집단이 적합하다.

16 (08-04-21) 최근 부모의 이혼을 경험한 중학생 클라이언트에게는 지지집단이 적합하다.

17 (08-04-12) 사회복지사 없이 주기적인 만남을 통해 자녀양육에 대한 정보를 교환하고 경험을 공유하는 집단은 자조집단이다.

18 (06-04-19) 병원의 외래환자집단과 금연자집단은 치료집단으로 구성할 수 있다.

19 (05-04-16) 교육집단은 강의나 토론이 주로 이루어지는 집단으로 집단을 통해 새로운 정보를 습득하는 데 초점을 둔다.

20 (03-04-15) 성장집단은 구성원의 잠재력 발견, 자의식 고취, 자아성장 강조, 개인발달 유도 등을 목표로 한다.

대표기출 확인하기

난이도 ★★★

지지집단의 주요 목적으로 옳은 것은?

① 구성원의 자기인식 증진
② 클라이언트의 병리적 행동 치료
③ 구성원에게 기술과 정보 제공
④ 사회적응 지원
⑤ 동병상련의 경험으로 해결책 모색

 알짜확인

• 다양한 집단의 유형에 대해 살펴보자. 각 집단의 목적 및 특징에 따라 사회복지사가 수행할 과업의 범위도 조금씩 다르다.

답 ⑤

✔ 응시생들의 선택

① 28%	② 5%	③ 6%	④ 13%	⑤ 48%

① 구성원의 자기인식 증진 – 성장집단
② 클라이언트의 병리적 행동 치료 – 치료집단
③ 구성원에게 기술과 정보 제공 – 교육집단
④ 사회적응 지원 – 사회화집단

관련기출 더 보기

난이도 ★☆☆

집단유형별 특성에 관한 설명으로 옳지 않은 것은?

① 지지집단은 유사한 문제와 욕구를 가진 사람들로 구성하여 유대가 빨리 형성된다.
② 성장집단은 집단 참여자의 자기인식을 증가시켜 개인의 잠재력을 최대화하는 데 초점을 둔다.
③ 치료집단은 성원의 병리적 행동과 외상 후 상실된 기능을 회복하는 데 초점을 둔다.
④ 교육집단은 지도자가 집단 성원의 문제와 욕구를 해결하기 위해 필요한 기술과 정보를 제공한다.
⑤ 자조집단에서는 전문가가 의도적으로 집단을 구성하여 정서적 지지와 문제 해결을 지원한다.

답 ⑤

✔ 응시생들의 선택

① 3%	② 3%	③ 1%	④ 3%	⑤ 90%

⑤ 자조집단에서 전문가의 역할은 매우 제한적이다. 자조집단은 보통 전문가가 개입하지 않고 집단 구성원끼리 집단 활동을 이끌어가며 전문가는 이들의 활동을 돕는 정도에 그친다.

토스랜드와 리바스(R. Toseland & R. Rivas)가 분류한 성장집단에 관한 설명으로 옳지 않은 것은?

① 촉진자로서의 전문가 역할이 강조된다.
② 성원 간의 상호작용이 중요한 도구가 된다.
③ 개별 성원의 자기표출을 긍정적으로 인식한다.
④ 공동과업의 성공적 수행이 일차적 목표이다.
⑤ 공감과 지지를 얻기 위해 동질성이 높은 성원으로 구성한다.

답 ④

✅ 응시생들의 선택

① 15%	② 1%	③ 6%	④ 55%	⑤ 23%

④ 공동과업의 성공적 수행을 일차적 목표로 하는 집단은 과업집단이다.

집단 프로그램 유형별 지도자의 역할로 옳지 않은 것은?

① 한부모가족 자조모임 – 감정이입적 이해와 상호원조의 촉진자
② 중간관리자 역량강화 프로그램 – 집단토의를 위한 구조 제공자
③ 애니어그램을 통한 자기인식향상 프로그램 – 통찰력 발달의 촉진자
④ 우울증 인지행동집단치료 프로그램 – 무력감 극복을 위한 옹호자
⑤ 중도입국자녀들의 한국사회적응 프로그램 – 프로그램 디렉터

답 ④

✅ 응시생들의 선택

① 9%	② 15%	③ 6%	④ 53%	⑤ 17%

④ 우울증 인지행동집단치료 프로그램 등 치유집단(therapy group)에서 사회복지사는 구성원들의 행동변화, 개인적인 문제의 개선 또는 상실된 기능의 회복을 원조하기 위해 전문가, 변화매개인으로서의 역할을 한다.

집단유형별 특성에 관한 설명으로 옳지 않은 것은?

① 치료집단은 자기노출정도가 높아서 비밀보장이 중요하다.
② 과업집단은 구성원의 발달과업 완수를 위해 조직구조의 영향을 최소화한다.
③ 자발적 형성집단은 구성원들이 설정한 목적을 보호하는 것이 중요하다.
④ 자조집단에서 사회복지사의 역할은 공유된 문제에 대한 지지를 하는 것이다.
⑤ 비자발적 집단에서는 협상 불가능영역이 있음을 분명히 한다.

답 ②

✅ 응시생들의 선택

① 13%	② 33%	③ 8%	④ 28%	⑤ 18%

② 과업집단은 조직의 과업을 달성하기 위한 목적으로 구성되기 때문에 구성원 선정, 역할, 활동 등 모든 범위에서 조직구조의 영향 아래에 놓이게 된다.

치료집단에 관한 설명으로 옳은 것을 모두 고른 것은?

> ㄱ. 자기표출의 정도가 높은 편이다.
> ㄴ. 정서적·개인적 문제를 가진 성원들로 구성된다.
> ㄷ. 행동변화 및 재활을 목표로 한다.
> ㄹ. 집단지도자는 권위적인 인물의 역할을 수행한다.

① ㄱ, ㄴ, ㄷ　　　　　② ㄱ, ㄷ
③ ㄴ, ㄹ　　　　　　　④ ㄹ
⑤ ㄱ, ㄴ, ㄷ, ㄹ

답 ⑤

✅ 응시생들의 선택

① 50%	② 6%	③ 7%	④ 1%	⑤ 36%

➕ 덧붙임

'권위적 인물'이라는 표현 때문에 정답을 놓친 응시생들이 많았는데, 여기서 권위라는 말은 전문가로서 갖는 권위를 뜻한다. 치료집단에서 지도자는 성원들의 회복이나 증상 완화 등을 위한 지식을 갖추고 변화를 이끌어가는 전문적 권위를 갖는다.

다음 내용이 왜 틀렸는지를 확인해보자

01 성장집단은 문제에 대한 해결책을 찾고 새로운 아이디어를 만들어내며 결정들을 내리는 것을 목적으로 한다.

> 과업집단에 대한 설명이다.
> 성장집단은 사회정서적 건강의 증진에 초점을 둔다.

14-04-12

02 자조모임에서는 과업을 달성할 수 있도록 **집단 사회복지사가 주도적인 역할을 수행**해야 한다.

> 자조모임은 구성원들이 상호지지, 옹호 등의 기능을 하며 모임을 이끌어가기 때문에 집단사회복지사가 주도하지 않는다.

03 지지집단에서는 구성원 간 **유대감 형성이 어렵다.**

> 지지집단은 비슷한 문제를 경험하거나 고민하는 사람들로 구성되기 때문에 유대감 형성이 쉽다.

04-04-04

04 지역사회 내 문제해결을 위해 논의할 수 있는 임시위원회를 만들었는데, 이 위원회에서는 지역사회에서 문제가 되고 있는 현안들을 해결하기 위해 효과적으로 문제를 해결할 수 있는 방법과 자원동원의 방법에 대해 대책을 마련하여 이를 실행에 옮겼다. – **사회화집단의 사례에 해당**한다.

> 과업집단의 사례이다.
> 사회화집단은 사회적 기술을 가르치고 증진시키는 것을 목적으로 하는 집단이다.

12-04-12

05 치료집단은 행동변화 및 재활을 목표로 하며, 이때 **집단지도자는 권위적인 인물로서 역할을 수행해서는 안 된다.**

> 치료집단의 집단지도자는 권위적인 인물로서 역할을 수행한다.

08-04-21

06 퇴원을 앞둔 사회기술훈련이 필요한 만성질환자 클라이언트는 **교육집단이 적합**하다.

> 사회기술훈련이 필요한 클라이언트에 대해서는 사회적 기술 향상에 초점을 두게 되므로 사회화집단이 적합하다.

빈칸에 들어갈 알맞은 말을 채워보자

01 `19-04-03`
(   )집단은 집단 참여자의 자기인식을 증가시켜 개인의 잠재력을 최대화하는 데 초점을 둔다.

02 `19-04-03`
(   )집단은 성원의 병리적 행동과 외상 후 상실된 기능을 회복하는 데 초점을 둔다.

03 `19-04-03`
(   )집단은 지도자가 집단 성원의 문제와 욕구를 해결하기 위해 필요한 기술과 정보를 제공한다.

답 **01** 성장 **02** 치료 **03** 교육

다음 내용이 옳은지 그른지 판단해보자

01 `18-04-06`
성장집단은 성원 간의 상호작용이 중요한 도구가 된다. ◎✕

02 `12-04-12`
치료집단의 성원들은 자기표출 정도가 낮은 편이다. ◎✕

03 `18-04-04`
'치료집단 < 교육집단 < 성장집단 < 자조집단'의 순으로 집단성원의 주도성이 높게 나타난다. ◎✕

04 `19-04-03`
지지집단은 유사한 문제와 욕구를 가진 사람들로 구성하여 유대가 빨리 형성된다. ◎✕

05 `14-04-12`
자조모임에서는 자기노출을 통해 문제의 보편성을 경험한다. ◎✕

답 **01** ○ **02** ✕ **03** ○ **04** ○ **05** ○

해설 **02** 치료집단의 성원들은 자기표출 정도가 높은 편이다.

118 집단역동성(집단역학)

강의 QR코드

1회독	2회독	3회독
월 일	월 일	월 일

최근 10년간 **7문항** 출제

이론요약

집단역동성의 개념 및 특징
- 집단성원들의 상호작용으로 나오는 특성이나 힘
- 집단의 역동을 적절히 활용하게 되면 집단과 집단구성원 모두에게 긍정적인 영향을 미치지만, 그 반대로 집단역동이 집단 발전에 역기능적인 영향을 미치기도 함

기본개념
사회복지실천기술론
pp.244~

집단역동성의 구성요소
집단규범, 지위와 역할, **집단응집력**, 집단의사소통과 상호작용(정서적 유대, 하위집단, 집단의 크기와 물리적 환경), **집단문화**, 피드백 등

▶ **집단목적**
- 사회복지사는 집단의 목적을 설정하고 이를 고려하여 집단크기, 선발기준, 활동내용 등을 구성함
- 집단의 목적과 개인의 목적이 일치하지 않을 수 있으며 **집단의 목적과 개인의 목적이 연결**될 수 있도록 해야 함

▶ **집단응집력**
- 성원들이 집단에 대해 느끼는 매력이 클수록 응집력은 높아짐
- 집단응집력이 높을수록 성원들의 자기개방이나 공동체 의식, 친밀감 형성에 용이함
- **집단응집력이 높을수록 갈등해결이 빠르고, 목표달성에 효과적**
- 대체로 집단의 규모가 크면 집단응집력이 약화될 확률이 높음

▶ **하위집단**
- 하위집단의 형성은 **자연스러운 현상**이지만 **갈등을 일으킬 수도 있음**
- 하위집단의 형성 여부는 소시오그램을 통해 파악 가능

▶ **집단문화**
- 집단문화는 성원들이 공유하는 가치, 신념, 관습 등을 의미
- 구성원들이 동질적일수록 집단문화는 빠르게 형성되며, 한번 수립되면 바꾸기 어려움

▶ **집단규칙**
- 집단 내에서 허용되는 행동과 허용되지 않는 행동이 규정되는 것으로, 집단 활동의 과정에서 **암묵적으로 생성되기도 함**
- 사회복지사는 집단규칙이 **역기능적인지를 살펴봐야 함**

▶ **지위와 역할**

• 사회복지사는 개별 성원이 집단 내에서 어떤 역할을 하는지, 역할이 어떻게 변화하고 있는지 등을 살펴야 하며, 성원들 사이에 특정 성원에게 부여된 <u>특정 역할이 고정화되지 않도록 해야 함</u>

기출문장 CHECK

01 (20-04-06) 구성원이 소속감을 가지면 응집력이 강화되고, 구성원 간 신뢰감이 높을수록 응집력이 높다.

02 (20-04-06) 응집력이 높은 집단이 낮은 집단보다 생산적인 작업에 더 유리하다.

03 (19-04-04) 집단응집력이 강할 경우, 집단성원들 사이에 상호 의존하려는 경향이 강해진다.

04 (19-04-04) 개별성원의 목적과 집단 전체의 목적의 일치 여부 에 따라 집단역동은 달라진다.

05 (19-04-17) 집단응집력 향상 요인: 집단에 대한 자부심 고취, 집단성원간의 다른 인식과 관점의 인정, 집단성원간 공개적이고 활발한 상호작용, 집단의 참여를 통해 얻게 되는 보상, 자원 제공

06 (17-04-12) 집단사회복지실천에서 하위집단은 정서적 유대감을 갖게 된 집단구성원 간에 형성된다.

07 (16-04-23) 집단역학의 구성요소로 긴장과 갈등, 가치와 규범, 집단의 목적, 의사소통 유형 등을 꼽을 수 있다.

08 (12-04-11) 집단성원으로서의 책임성 강조, 집단성원의 기대와 목적의 일치, 집단 참여에 대한 보상 제시, 토의 및 프로그램 활동 활용 등을 통해 집단응집력을 향상시킬 수 있다.

09 (11-04-02) 집단응집력이 강할수록 집단성원의 자기노출이 용이하다.

10 (11-04-13) 집단역동을 증진시키기 위해서는 성원이 다양한 지위와 역할을 경험하도록 해야 한다.

11 (11-04-13) 집단역동을 증진시키기 위해서는 성원이 집단 중심적인 생각과 행동을 보이도록 촉진해야 한다.

12 (08-04-17) 집단문화는 성원들이 공유하는 가치, 신념, 관습 등을 의미한다.

13 (08-04-17) 한 번 형성된 집단문화는 쉽게 바뀌지 않는다.

14 (08-04-18) 집단 구성원들의 출석률을 토대로 집단의 역동성을 살펴볼 수 있다. 대체로 응집력이 높을수록 출석률도 높다.

15 (08-04-18) 집단에서 나타나는 긴장과 갈등은 자연스러운 현상이다.

16 (06-04-29) 하위체계 결속력이 강하면 집단응집력이 강하다.

17 (06-04-29) 집단역동은 집단발전에 역기능적인 영향을 미칠 수도 있다.

18 (04-04-24) 집단에서 얻는 것이 많을 때, 즉 집단에 매력을 느끼고 있을 때 집단응집력이 생긴다.

19 (03-04-07) 집단의 문제해결 방식, 상호 간 정서적 상호작용 등을 통해 집단 내 규칙을 살펴볼 수 있다.

20 (02-04-07) 집단규범, 집단문화, 집단구조, 집단지도력 등을 통해 집단역학을 파악할 수 있다.

대표기출 확인하기

20-04-06
난이도 ★☆☆

집단 응집력에 관한 설명으로 옳은 것을 모두 고른 것은?

> ㄱ. 구성원 간 신뢰감이 높을수록 응집력이 높다.
> ㄴ. 응집력이 높은 집단에서는 자기노출을 억제한다.
> ㄷ. 구성원이 소속감을 가지면 응집력이 강화된다.
> ㄹ. 응집력이 높은 집단이 낮은 집단보다 생산적인 작업에 더 유리하다.

① ㄱ　　　　　　② ㄱ, ㄷ
③ ㄴ, ㄹ　　　　　④ ㄱ, ㄷ, ㄹ
⑤ ㄱ, ㄴ, ㄷ, ㄹ

▶ 알짜확인

- 집단역동성의 요소 및 특징, 집단응집력의 향상, 하위집단의 형성 등에 대해 살펴보자.
- 개념적 특징을 단순히 외우는 것이 아니라 실제로 집단활동에서 어떤 양상이 일어날 수 있는지를 생각하면서 이해해야 한다.

답 ④

✅ 응시생들의 선택

① 1%	② 5%	③ 1%	④ 88%	⑤ 5%

ㄴ. 응집력이 높은 집단일수록 구성원들은 집단 내에서 편안함, 소속감, 친밀감 등을 더 강하게 느끼기 때문에 구성원들의 자기노출도 더 자연스럽게 더 활발하게 일어날 수 있다.

관련기출 더 보기

22-04-22
난이도 ★☆☆

역기능적 집단의 특성으로 옳은 것은?

① 자발적인 자기표출
② 문제 해결 노력의 부족
③ 모든 집단성원의 토론 참여
④ 집단성원 간 직접적인 의사소통
⑤ 집단 사회복지사를 존중

답 ②

✅ 응시생들의 선택

① 6%	② 86%	③ 2%	④ 5%	⑤ 1%

①③④⑤는 기능적 집단의 특성이다.
② 기능적 집단은 구성원들이 서로 의사소통하며 문제를 해결하기 위해 적극적인 자세로 지속적으로 활동한다.

집단역동에 관한 설명으로 옳지 않은 것은?

① 하위집단은 집단에 부정적인 영향을 미치기 때문에 사회복지사가 개입하여 만들어지지 않도록 한다.
② 집단성원 간 직접적 의사소통을 격려하여 집단역동을 발달시킨다.
③ 집단응집력이 강할 경우, 집단성원들 사이에 상호 의존하려는 경향이 강해진다.
④ 개별성원의 목적과 집단 전체의 목적의 일치 여부에 따라 집단역동은 달라진다.
⑤ 긴장과 갈등을 적절하고 건설적인 방법으로 해결할 때 집단은 더욱 성장할 수 있다.

답 ①

✔ 응시생들의 선택

① 97%	② 2%	③ 1%	④ 0%	⑤ 0%

① 하위집단은 친밀함을 느끼는 구성원들끼리 자연스럽게 생겨나는 것이기 때문에 사회복지사가 하위집단의 형성 자체에 개입하기는 어려운 점이 있으며, 하위집단이 항상 역기능만 있는 것도 아니다. 이를 테면, 소극적인 성격을 가진 성원은 하위집단을 통해 집단 활동에 참여하기도 한다. 다만, 하위집단 간에 경쟁이나 갈등이 심해지거나 하위집단이 집단 활동에 배타적인 모습을 보일 때에는 집단지도자가 개입하는 것이 필요하다.

집단응집력을 향상하는 요인이 아닌 것은?

① 이질적 집단으로 구성
② 집단에 대한 자부심 고취
③ 집단성원간의 다른 인식과 관점의 인정
④ 집단성원간 공개적이고 활발한 상호작용
⑤ 집단의 참여를 통해 얻게 되는 보상, 자원 제공

답 ①

✔ 응시생들의 선택

① 98%	② 1%	③ 0%	④ 0%	⑤ 1%

① 동질성을 중심으로 구성하는 것이 응집력 향상에 더 유리하다.

집단사회복지실천에서 하위집단에 관한 설명으로 옳은 것을 모두 고른 것은?

> ㄱ. 집단 초기단계에 나타나 집단응집력을 촉진한다.
> ㄴ. 정서적 유대감을 갖게 된 집단구성원 간에 형성된다.
> ㄷ. 적게는 한 명에서 많게는 다수로 구성된다.
> ㄹ. 소시오메트리를 통해 측정 가능하다.

① ㄱ, ㄴ　　　　② ㄴ, ㄹ
③ ㄱ, ㄷ, ㄹ　　　④ ㄴ, ㄷ, ㄹ
⑤ ㄱ, ㄴ, ㄷ, ㄹ

답 ②

✔ 응시생들의 선택

① 11%	② 25%	③ 4%	④ 32%	⑤ 28%

ㄱ. 친구나 지인이 함께 집단에 참여하는 경우도 있지만, 보통은 집단 활동이 진행되면서 특별히 공통점을 발견하거나 상호 간에 매력을 느끼는 성원들이 생기면서 하위집단이 형성된다. 하위집단은 자연스럽게 형성되는 것이지만 하위집단이 집단에 배타적인 경우에는 집단응집력에 방해 요인으로 작용할 수도 있다.
ㄷ. 대체로 2~4명으로 이루어진다.

집단역학(group dynamics)의 구성요소가 아닌 것은?

① 긴장과 갈등
② 가치와 규범
③ 집단목적
④ 의사소통유형
⑤ 지식 및 정보습득

답 ⑤

✔ 응시생들의 선택

① 24%	② 5%	③ 8%	④ 13%	⑤ 50%

집단역학의 구성요소와 관련하여 학자마다 조금씩 다르게 제시하기는 하지만, 일반적으로 가치와 규범, 지위와 역할, 하위집단, 집단 의사소통과 상호작용(정서적 유대, 하위집단 등), 집단의 크기와 물리적 환경, 집단문화, 피드백, 대인관계, 집단의 목적, 긴장과 갈등, 집단지도력, 집단응집력 등을 꼽을 수 있다.

복습 3 정답훈련

다음 내용이 왜 틀렸는지를 확인해보자

01 사회복지사는 항상 하위집단의 형성에 관심을 두고 <u>하위집단의 활동에 적극적으로 개입해야 한다.</u>

> 하위집단이 전체 집단 활동에 배타적이거나 방해가 될 경우에 한정적으로 사회복지사의 개입이 필요하다.

`08-04-17`
02 물질적 환경은 집단문화에 <u>영향을 주지 않는다.</u>

> 물질적 환경은 그 집단이 향유하는 놀이나 분위기 등에 영향을 주고 이는 집단문화로 연결된다.

`11-04-13`
03 집단응집력이 강할수록 성원들은 <u>자기노출에 대한 저항감이 증가</u>한다.

> 집단응집력이 강할수록 집단 성원 간 유대감, 신뢰감이 높기 때문에 자기노출이 용이하다.

`12-04-11`
04 사회복지사는 집단응집력 향상을 위해 <u>성원 간 경쟁적 관계가 형성</u>될 수 있도록 해야 한다.

> 경쟁적 관계에서는 상호 간에 불필요한 견제로 응집력 형성이 저해될 수 있다.

05 집단역동이 강조되는 이유는 <u>집단발전에 긍정적인 영향을 주기 때문</u>이다.

> 집단역동은 집단응집력, 집단규범, 집단문화 등의 요소로 구성되는데 이러한 집단역동은 집단의 발전에 역기능적 영향을 주기도 한다. 예를 들어 집단의 규칙이 너무 많다고 생각하는 성원은 집단 활동에 소극적이 될 수 있다.

06 집단규칙은 집단의 활동 과정에서 암묵적으로 자연스럽게 생겨나기도 하는데 <u>사회복지사는 공식적인 집단규칙에만 관여하면 된다.</u>

> 집단규칙은 집단이 시작되면서 이미 설정된 것도 있지만 활동 과정에서 집단성원들 사이에 암묵적으로 생겨나기도 한다. 사회복지사는 규칙이 집단에 역기능적으로 작용하는지를 살펴봐야 한다.

다음 내용이 옳은지 그른지 판단해보자

01 하위집단이 항상 집단응집력에 부정적인 것은 아니다. ◎ⓧ

02 집단규범이 너무 많으면 집단 활동에 제약이 많아질 수 있기 때문에 규칙이 많다고 좋은 것은 아니다. ◎ⓧ

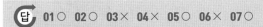

03 집단역동을 증진시키기 위해서는 긴장과 갈등을 피해야 한다. ◎ⓧ

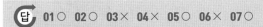

04 하위집단은 집단 초기단계에 나타난다. ◎ⓧ

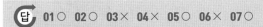

05 집단문화는 서서히 발전하지만 일단 수립되고 나면 수정이 용이하지 않다. ◎ⓧ

06 집단응집력이 높은 집단에서는 성원 간 의견 불일치가 일어나지 않는다. ◎ⓧ

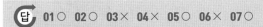

07 집단응집력을 향상시키기 위한 방법으로 집단참여에 대한 보상을 제시할 수 있다. ◎ⓧ

답 **01** ○ **02** ○ **03** × **04** × **05** ○ **06** × **07** ○

해설 **03** 긴장과 갈등 자체가 집단에 부정적 영향을 미치는 것은 아니다. 오히려 긴장과 갈등을 다루고 해결함으로써 집단의 역동성이 증가하고 건강하게 발달할 수 있다.
04 집단 초기단계에는 서로에 대한 탐색이 진행되기 때문에 집단 활동이 어느 정도 진행되면서 하위집단이 뚜렷해진다.
06 집단응집력이 높아도 성원 간 의견 불일치는 일어날 수 있다. 다만 응집력이 낮은 집단에 비해 빠르고 효율적으로 불일치의 문제를 해결해나간다.

집단의 치료적 효과

강의 QR코드

1회독	2회독	3회독
월 일	월 일	월 일

최근 10년간 **5문항** 출제

복습 **1** 이론요약

집단을 통해 기대할 수 있는 다양한 효과

- **희망주기**: 희망 자체가 치료적 효과
- **보편성**: 비슷한 문제의 집단성원을 통하여 위로받기
- **정보전달**: 사회복지사의 교육 및 지도, 집단성원 간의 정보교환
- **이타심**: 서로의 문제를 위로하고 도움으로써 자존감 획득
- 사회기술 발달: 성원 간 피드백 교환, 역할극
- **모방행동**: 사회복지사 및 성원들의 행동 관찰
- 대인관계 학습: 상호작용을 통해 자신의 대인관계를 통찰, 새로운 대인관계 방식 적용 및 시험
- **집단응집력**: 집단의 소속감·친밀감이 클라이언트에게 큰 위로가 됨
- **감정의 정화(카타르시스)**: 그동안 억압된 감정의 자유로운 표현
- 실존적 요인들: 자기 자신을 인생의 궁극적인 책임자로 인식
- 1차 가족집단의 교정적 반복(재현): 집단의 가족적 성격으로 인해 클라이언트는 집단 과정에서 자신의 가족갈등을 탐색하고 재경험을 통한 성장의 기회를 갖게 됨

기본개념

사회복지실천기술론
pp.251~

01 (22-04-23) 희망의 고취: 문제가 개선될 수 있다는 희망을 갖게 한다.

02 (22-04-23) 이타심: 위로, 지지 등으로 서로 도움을 주고 받는다.

03 (22-04-23) 사회기술의 발달: 대인관계에 관한 사회기술을 습득한다.

04 (22-04-23) 보편성: 다른 사람들도 비슷한 경험을 하는 것으로 위로를 받는다.

05 (21-04-18) 집단 대상 실천을 통해 타인의 문제에 관심을 갖고 공감하면서 이타심이 커진다.

06 (21-04-18) 집단 대상 실천을 통해 유사 경험을 가진 사람들을 만나면서 문제의 보편성을 경험한다.

07 (21-04-18) 집단 대상 실천에서는 사회복지사나 성원의 행동을 모방하면서 사회기술이 향상된다.

08 (21-04-18) 집단 대상 실천에서는 성원간 관계를 통해 원가족과의 갈등을 탐색하는 기회를 갖는다.

09 (19-04-01) 집단 내 상호작용 과정에서 그동안 해결되지 않은 원가족과의 갈등에 대해 탐색하고 행동패턴을 수정할 재경험의 기회를 갖게 된다.

10 (17-04-16) 사회복지실천에서 집단을 활용함에 따라 얻을 수 있는 치료적 효과 요인으로는 이타성 향상, 실존적 요인, 재경험의 기회 제공, 희망고취 등이 있다.

11 (16-04-19) 집단사회사업의 장점: 타인에게 도움을 줄 수 있는 기회를 통해 이타심이 향상된다. 서로 공통된 문제를 확인함으로써 자신의 문제를 일반화할 수 있다. 타인의 행동을 관찰하는 과정에서 자신의 잘못된 생각을 고쳐나갈 수 있다. 집단 내에서 역기능적인 경험을 재현해보면서 성장의 기회를 가질 수 있다.

12 (12-04-13) 보편성(일반화): 집단성원은 상호 간 유사한 걱정을 공유함으로써 다른 사람도 비슷한 문제를 겪는다는 것을 발견하고 안도감을 얻을 수 있다.

13 (11-04-17) 일반화(보편성), 모방행동, 정보전달, 실존적 요인 등은 집단사회복지실천의 치료적 요소이다.

14 (10-04-14) 보편성의 예: 자신의 성정체감을 숨겨왔던 동성애자 A는 집단모임에 참여하면서 자신과 비슷한 갈등을 경험한 사람들을 만나 위안을 얻었다.

15 (09-04-08) 가정폭력피해여성을 위한 집단프로그램에서는 폭력에 대처할 수 있는 사회기술을 개발하고, 폭력에 압도된 감정을 자유롭게 표현함으로써 카타르시스를 경험하도록 하는 데 초점을 둔다. 가족집단의 재현을 통해 가해상황이나 권위에 압도되지 않도록 하는 것이 필요하다.

16 (08-04-13) 원가족 교정적 반복(1차 가족집단의 교정적 재현)이란 자신의 가족 내에서 경험했던 일 중 만족스럽지 못했던 일들을 가족과 유사점을 가지고 있는 집단 내에서 상호작용을 통해 교정하는 것을 말한다.

17 (07-04-09) 카타르시스의 예: 집단 내 지지적이고 안정적인 분위기 덕분에 억압되고 부정적이었던 감정을 자유롭게 표출할 수 있었다.

18 (05-04-13) 얄롬이 제시한 치료적 요인으로는 모방행동, 집단응집력, 실존적 요인들 등이 있다.

19 (04-04-22) 보편성의 예: 집단경험을 통해, 클라이언트는 이전에는 자신의 문제가 제일 심각하다고 생각했다가 다른 사람을 보면서 "그게 아니구나"라고 생각하고 위로를 얻었다.

20 (03-04-16) 집단사회복지실천을 통해 구성원들은 문제를 일반화하는 효과를 얻을 수 있다.

21 (02-04-27) 클라이언트는 집단에 참여함으로써 정보공유, 희망고취, 보편성, 사회기술발달 등의 효과를 얻을 수 있다.

대표기출 확인하기

난이도 ★★★

집단 대상 실천의 장점으로 옳지 않은 것은?

① 타인의 문제에 관심을 갖고 공감하면서 이타심이 커진다.
② 유사 경험을 가진 사람들을 만나면서 문제의 보편성을 경험한다.
③ 다양한 성원들로부터 새로운 행동을 학습하면서 정화 효과를 얻는다.
④ 사회복지사나 성원의 행동을 모방하면서 사회기술이 향상된다.
⑤ 성원간 관계를 통해 원가족과의 갈등을 탐색하는 기회를 갖는다.

> ▶ 알짜확인
>
> • 클라이언트가 집단 활동에 참여함으로써 얻을 수 있는 이점이 무엇인지를 생각하면서 치료적 효과들을 정리해두도록 하자.
> • 집단의 치료적 효과가 어떤 것들이 있는지를 확인하는 단순한 문제도 출제된 바 있지만, 사례에서 어떤 치료적 효과를 기대할 수 있는지를 파악하는 문제들도 출제되고 있으므로 각 개념들을 잘 정리해두어야 한다.

답 ③

✔ 응시생들의 선택

① 14%	② 5%	③ 35%	④ 12%	⑤ 34%

③ 사회복지사 및 성원들의 행동을 관찰하면서 모방행동의 효과를 얻을 수 있다. 또한 집단 내에서 자신의 감정을 표현하면서 감정의 정화(카타르시스) 효과를 얻을 수 있다.

관련기출 더 보기

난이도 ★★☆

집단을 활용한 사회복지실천의 치료적 효과 요인으로 옳지 않은 것은?

① 고유성
② 이타성 향상
③ 실존적 요인
④ 재경험의 기회 제공
⑤ 희망고취

답 ①

✔ 응시생들의 선택

① 64%	② 6%	③ 17%	④ 8%	⑤ 5%

집단의 치료적 효과로 희망주기, 보편성(일반화), 정보전달, 이타심, 사회기술 발달, 모방행동, 대인관계 학습, 집단응집력, 감정의 정화(카타르시스), 실존적 요인들, 1차 가족집단의 교정적 재현 등을 꼽을 수 있다.

난이도 ★★☆

집단사회사업의 장점에 대한 설명으로 옳지 않은 것은?

① 타인에게 도움을 줄 수 있는 기회를 통해 이타성이 향상된다.
② 집단 내에서 서로 공통된 문제를 확인함으로써 자신의 문제를 일반화할 수 있다.
③ 타인의 행동을 관찰하는 과정에서 자신의 잘못된 생각을 고쳐 나갈 수 있는 치료적 효과를 가진다.
④ 구성원과 자신의 문제를 분석하고 역전이를 통해 해결하는 보편성을 경험한다.
⑤ 집단 내에서 역기능적인 경험을 재현함으로써 이를 통해 성장의 기회를 가진다.

답 ④

✔ 응시생들의 선택

① 3%	② 8%	③ 2%	④ 75%	⑤ 12%

④ 보편성은 집단을 통해 '내가 겪는 문제가 나만의 문제가 아니라 누구나 겪을 수 있는 문제'라는 생각을 갖게 되며 이를 통해 위안을 느낄 수 있게 됨을 말한다.

다음 내용이 왜 틀렸는지를 확인해보자

01 집단의 장점 중 <u>이타심</u>은 집단모임에 참여하면서 자신과 비슷한 갈등을 경험한 사람들을 만나 위안을 얻는 것이다.

> 이타심이 아닌 보편성에 해당한다.

02 집단 과정에서 성원들은 서로의 행동을 모방하기도 하는데 이는 **집단의 단점**이다.

> 내가 미처 생각해보지 못한 행동을 다른 성원의 행동을 보면서 따라해보는 것을 모방행동이라고 한다. 이는 집단의 치료적 효과 중 하나이다.

03 집단 내 지지적이고 안정적인 분위기 덕분에 억압되고 부정적이었던 감정을 자유롭게 표출할 수 있게 된 것은 치료적 효과 중 **보편성**에 해당한다.

> 감정의 정화(카타르시스)에 해당한다.

04 집단의 치료적 효과와 집단응집력은 **무관**하다.

> 집단응집력이 강하게 형성되면 집단의 성원은 소속감을 느끼면서 안정감을 갖게 될 수 있다.

05 집단의 치료적 효과 중 정보전달은 사회복지사가 성원들에게 제공하는 **전문적 정보를 의미**한다.

> 정보전달에는 성원들 사이에 이루어지는 정보교환도 포함된다.

`22-04-23`
06 모방행동은 **기존의 행동**을 고수하는 것을 의미한다.

> 다른 사람의 행동을 살펴보면서 새로운 행동을 학습하게 되는 집단의 치료적 효과를 모방행동이라 한다.

빈칸에 들어갈 알맞은 말을 채워보자

12-04-13

01 ( ): 집단성원은 상호 간 유사한 걱정을 공유함으로써 다른 사람도 비슷한 문제를 겪는다는 것을 발견하고 안도감을 얻게 된다.

06-04-08

02 ( )의 예: 결혼 이주여성 프로그램에 참가하고 있는 ○○는 자신의 영어실력으로 방과 후 지역아동센터에서 아이들의 영어를 가르칠 수 있다는 동료의 말을 듣고 누군가에게 도움이 될 수 있다는 새로운 자신감이 생겼다.

03 ( ): 사회복지사 혹은 다른 성원들의 행동을 관찰함으로써 치료적 효과를 얻을 수 있다.

10-04-14

04 ( )의 예: 자신의 성정체감을 숨겨왔던 동성애자 A는 집단모임에 참여하면서 자신과 비슷한 갈등을 경험한 사람들을 만나 위안을 얻었다.

07-04-09

05 ( )의 예: 집단 내 지지적이고 안정적인 분위기 덕분에 억압되고 부정적이었던 감정을 자유롭게 표출할 수 있었다.

06 다른 성원들의 문제가 해결되어가는 것을 보면서 자신의 문제도 해결될 수 있다는 ( )을/를 갖게 되는 것만으로도 치료적 효과가 된다.

19-04-01

07 집단 내 상호작용 과정에서 그동안 해결되지 않은 원가족과의 갈등에 대해 탐색하고 행동패턴을 수정할 수 있는 ( )의 기회를 갖게 된다.

답 **01** 보편성(일반화) **02** 이타심 **03** 모방행동 **04** 보편성 **05** 카타르시스 **06** 희망 **07** 재경험

120 집단 지도자의 역할 및 기술

강의 QR코드

1회독	2회독	3회독
월 일	월 일	월 일

최근 10년간 **8문항** 출제

복습 1 이론요약

집단사회복지사의 역할
- 사회복지사는 집단활동에서 집단의 지도자로서 활동함
- 조력자, 중개자, 중재자, 옹호자, 교육자 등

집단사회복지사의 기술
토스랜드와 리바스(R. Toseland & R. Rivas)는 집단사회복지실천의 기술로 집단과정 촉진기술, 자료수집과 사정 기술, 행동기술 등 3가지를 제시하였다.

기본개념

사회복지실천기술론 pp.223~

▶ 집단과정 촉진기술
- 집단성원 간 이해 증진 및 개방적 의사소통의 형성을 위한 기술
- 집단성원의 참여 촉진, 사회복지사의 자기노출, 집단성원에게 집중하기, 표현기술, 반응기술, 집단 의사소통의 초점유지하기, 집단과정을 명확하게 하기, 내용 명료화하기, 집단 상호작용 지도

▶ 자료수집과 사정 기술
- 집단 성원의 문제 분석·이해, 계획 수립·실행을 위한 기술
- 확인 및 묘사하기, 정보를 요청하고 질문하고 탐색하기, 요약 및 세분화하기, 언어적·비언어적 의사소통 통합하기, 정보 분석하기

▶ 행동기술
- 집단의 목적 및 과업 성취를 위한 기술
- 지지하기, 재구성(재명명, 재정의), 집단구성원의 의사소통 연결, 지시하기, 조언·제안·교육, 직면, 모델링, 역할극, 예행연습, 지도 등

집단지도력

▶ 개념
- 사회복지사는 구성원들로부터 권한을 위임받아 집단지도자가 됨
- 회기가 거듭될수록 구성원 내에서 자생적으로 비공식적인 집단지도자가 생겨나기도 함

10장 집단 대상 실천기법 **169**

▶ **공동지도력**

- 집단의 지도자가 다수인 경우
- 장점: 지도자 간 역할분담, 슈퍼비전, 부재 시 대체, 지도자의 역전이 및 소진 예방 등
- 단점: 지도자 간 과도한 경쟁심, 권력다툼으로 인한 하위집단의 형성 등

기출문장 CHECK

01 (19-04-10) 집단과정 촉진을 위한 직면하기를 통해 말과 행동의 불일치를 밝히고 이를 해결할 수 있도록 원조한다.

02 (19-04-10) 집단과정 촉진을 위한 직면하기 기법에서는 행동을 구체적으로 지적하고 집단에 미치는 영향을 설명한다.

03 (19-04-10) 집단과정 촉진을 위한 직면하기 기법은 집단성원이 아직 인식하지 못했던 부분을 볼 수 있도록 한다.

04 (18-04-25) 집단과정을 촉진하기 위해 공동지도자를 둘 수 있다.

05 (18-04-25) 성원간의 갈등이 심할 때에는 조기종결을 할 수 있다.

06 (18-04-25) 집단 실천에서는 의도적으로 개별성원의 집단 경험을 유도한다.

07 (17-04-06) 집단과정의 명료화기술은 성원들이 어떻게 상호작용하고 있는지를 인식하도록 돕는 기술이다.

08 (16-04-10) 사회복지사는 집단과정을 촉진하기 위해 집단 성원이 전달하는 메시지 사이에 불일치가 있을 경우 이를 확인해야 한다.

09 (14-04-10) 사회복지사는 지지를 통해 집단성원의 참여를 촉진하고, 개인의 욕구에 대응함으로써 성원들의 성장을 돕는다.

10 (13-04-08) 집단지도자는 집단과정 촉진을 위해 집단성원의 요청이 있을 때 적절한 피드백을 제공한다.

11 (13-04-08) 집단지도자는 집단과정 촉진을 위해 구체적인 행동이나 관계에 대한 피드백을 제공한다.

12 (13-04-08) 집단성원 상호간에 피드백이 이루어지도록 하는 것도 집단과정을 촉진하는 방법이 된다.

13 (12-04-14) 집단사회복지사는 성원 간 갈등 해결을 위한 중재자 역할을 한다.

14 (11-04-18) 집단지도자가 여러 명일 때에는 집단 성원들이 다양한 갈등해결방법을 모델링할 수 있다.

15 (07-04-07) 집단지도자는 자료수집 및 사정 단계에서 분석, 탐색, 질문, 세분화 등의 기법을 활용한다.

16 (06-04-07) 집단지도력은 집단목표 달성에 영향을 주는 제반 힘과 과정이다.

대표기출 확인하기

19-04-24 난이도 ★★★

집단과정을 촉진하기 위한 직면하기에 관한 설명으로 옳은 것을 모두 고른 것은?

ㄱ. 시작단계에서 가장 많이 쓰는 기법이다.
ㄴ. 집단성원이 아직 인식하지 못했던 부분을 볼 수 있도록 한다.
ㄷ. 말과 행동의 불일치를 밝히고 이를 해결할 수 있도록 원조한다.
ㄹ. 행동을 구체적으로 지적하고 집단에 미치는 영향을 설명한다.

① ㄱ, ㄴ   ② ㄴ, ㄹ
③ ㄱ, ㄷ, ㄹ   ④ ㄴ, ㄷ, ㄹ
⑤ ㄱ, ㄴ, ㄷ, ㄹ

▶ 알짜확인

• 사회복지사가 집단지도자로서 집단을 이끌어가는 데에 필요한 역할 및 기술들을 살펴보고, 공동지도력의 장단점도 확인해두자.

답 ④

✓ 응시생들의 선택

① 3%	② 5%	③ 1%	④ 81%	⑤ 10%

ㄱ. 직면은 사회복지사와 클라이언트의 관계 형성이 미미한 초반에 사용할 경우 클라이언트가 거부감을 보일 수 있으므로 주의할 필요가 있다.

직면하기
• 직면은 클라이언트가 보이는 말과 행위 사이의 불일치를 인식하도록 하는 것이다.
• 집단과정을 촉진하기 위한 기술 중에서도 행동적 차원에 개입하는 기술로, "당신은 이렇게 말하고 있으면서도, 막상 행동은 그렇게 하고 있다"라고 직접적이고 구체적으로 전달하여 자신의 언행이나 태도를 검토할 수 있게 한다.

관련기출 더 보기

17-04-06 난이도 ★★★

집단사회복지실천기술에 관한 설명으로 옳은 것은?

① 집단과정의 명료화기술은 성원들이 어떻게 상호작용하고 있는지를 인식하도록 돕는 기술이다.
② 사회복지사와의 의사소통을 집단성원들 간 의사소통보다 중시해야 한다.
③ 사회복지사는 특정한 집단과정에서 선택적으로 반응해서는 안 된다.
④ 직면은 집단 초반에 구성원의 참여를 촉진하는 기술이다.
⑤ 집단의 목표는 집단과정을 통해 성취하면 되므로 처음부터 설명할 필요는 없다.

답 ①

✓ 응시생들의 선택

① 30%	② 1%	③ 66%	④ 2%	⑤ 1%

② 사회복지사와 성원과의 의사소통, 집단성원들 간 의사소통 모두 중요하다.
③ 집단과정 촉진에 있어 사회복지사가 특정한 집단 과정에 선택적으로 반응함으로써 그 행동을 강화시킬 수 있다. 이를 반응기술이라 한다.
④ 직면은 구성원이 보이는 말과 행동의 불일치를 알아차리도록 하는 것인데, 사회복지사와 클라이언트 간 라포가 형성된 후에 사용하도록 권장되는 기술이다.
⑤ 집단사회복지는 특정한 목표를 달성하기 위한 목표지향적 활동이다. 목표는 집단활동의 이유가 되므로 구성원들에게 명확하게 설명하고 합의해야 집단활동이 더 효율적이고 효과적으로 진행될 수 있다.

집단과정을 촉진하기 위한 사회복지사의 실천 활동으로 옳은 것은?

① 원만한 관계 유지를 위해 추상적이고 우회적인 피드백 제공
② 집단 성원이 전달하는 메시지 사이에 불일치가 있을 경우, 이를 확인
③ 집단 성원의 긍정적 변화를 위해 그의 단점을 중심으로 피드백 제공
④ 자신의 경험, 감정, 생각 등을 집단 성원에게 지속적으로 상세하게 노출
⑤ 다차원적인 내용의 여러 가지 피드백을 한 번에 제공

답 ②

✅ 응시생들의 선택

① 2%	② 93%	③ 2%	④ 2%	⑤ 1%

① 피드백은 구체적으로 명확하게 제공하는 것이 좋다.
③ 단점을 중심으로 피드백을 제공할 경우 해당 성원은 정서적으로 위축되어 집단활동에 소극적이 될 수 있다.
④ 사회복지사는 성원들의 적극적인 활동을 이끌어내는 방법으로 자기개방, 자기노출을 할 수 있지만 경우에 따라 선택적으로 실시하는 것이 좋다.
⑤ 여러 내용을 한번에 전달하면 클라이언트는 혼란을 느낄 수 있다.

토스랜드와 리바스(R. Toseland & R. Rivas)가 분류한 세 가지 집단사회복지실천기술 중 집단과정 촉진기술에 해당하지 않는 것은?

① 성원의 말이나 행동에 집중하는 반응을 한다.
② 개방적 의사소통을 위해 사회복지사가 먼저 자기노출을 할 수 있다.
③ 토론범위를 제한하여 집단목표와 관련 없는 의사소통을 감소시킨다.
④ 성원이 문제상황을 긍정적으로 인식하도록 재정의한다.
⑤ 성원이 의견을 분명하게 표현하도록 의사소통의 내용을 명확히 한다.

답 ④

✅ 응시생들의 선택

① 48%	② 9%	③ 34%	④ 7%	⑤ 2%

④ 토스랜드와 리바스는 집단사회복지기술을 집단과정 촉진기술, 자료수집 및 사정 기술, 행동기술 등 3가지로 구분하였는데, 성원이 문제상황을 긍정적으로 인식하도록 재정의하는 것은 행동기술에 속한다.

집단성원 간의 갈등이나 상반되는 관점 등을 해결할 수 있도록 원조하는 집단사회복지사의 역할은?

① 교육자(educator)
② 중개자(broker)
③ 옹호자(advocate)
④ 중재자(mediator)
⑤ 조성자(enabler)

답 ④

✅ 응시생들의 선택

① 0%	② 1%	③ 2%	④ 94%	⑤ 2%

중재자(mediator)
• 집단성원 간의 갈등이나 상반되는 관점 등을 해결할 수 있도록 원조하는 집단사회복지사의 역할은 중재자이다.
• 중재자로서 사회복지사는 한쪽의 편을 들지 않고 중립적인 위치에 서야 하며 개인적인 생각이나 가치를 배제하는 것이 중요하다.

다수의 지도자가 집단을 진행할 때 클라이언트가 공동지도력으로부터 얻을 수 있는 것은?

① 소진 예방
② 역전이 방지
③ 지도자의 전문적 성장 도모
④ 초보 진행자의 훈련에 유리
⑤ 다양한 갈등해결방법의 모델링

답 ⑤

✅ 응시생들의 선택

① 5%	② 7%	③ 5%	④ 3%	⑤ 79%

공동지도력의 장점은 여러 가지이다. 이 중에서 소진 예방, 역전이 방지, 지도자의 전문적 성장 도모, 초보 진행자의 훈련에 유리한 점은 지도자가 얻을 수 있는 이점이다.
반면에 다양한 갈등해결방법을 모델링하는 것은 클라이언트가 공동지도력으로부터 얻을 수 있는 이점이다. 공동지도자 간에 논쟁이나 문제를 해결하는 방법 등을 보면서 성원들은 논쟁 해결, 상호작용, 의사소통 등의 적절한 모델을 배울 수 있다.

다음 내용이 왜 틀렸는지를 확인해보자

13-04-08

01 집단과정의 촉진을 위해 사회복지사는 <u>집단성원의 단점을 변화시키는 데에 초점을 두어야</u> 한다.

> 집단성원의 문제해결 능력 향상을 위해서 사회복지사는 집단성원들이 자신의 장점과 자원을 발견하고 이를 활성화시킬 수 있도록 해야 한다.

05-04-01

02 직면 기술, 갈등해결 기술, 문제해결 기술, **자기소개 기술**, 모델링과 코치 등은 집단사회사업에서 사회복지사가 활용하는 핵심적인 기술이다.

> 집단과정에서 자기소개가 이루어지기는 하지만 이것이 사회복지사의 핵심 기술이라고 볼 수는 없다.

03 집단 사회복지사는 교육자로서 정보를 알려주는 역할도 수행하지만, 구성원 사이에 일어난 갈등에 중립적 입장에서 개입하여 원조하는 **옹호자로서의 역할도 수행**한다.

> 구성원 사이에 일어난 갈등 문제에 개입하여 원조하는 것은 중재자로서의 역할에 해당한다.

07-04-07

04 집단지도자는 자료수집 및 사정을 하는 과정에서 질문, 탐색, 분석, **직면** 등의 기술을 활용한다.

> 직면은 사정 단계에서 활용되는 기술은 아니다. 클라이언트로 하여금 자신의 모순에 대해 주목하도록 하는 기술로 서로 간에 신뢰 관계가 쌓인 이후에 사용할 수 있다.

13-04-23

05 토스랜드와 리바스가 구분한 집단사회복지실천의 기술 중 성원이 문제상황을 긍정적으로 인식하도록 재정의하는 것은 **집단과정 촉진기술에 속한다.**

> 재정의(재구성, 재명명)는 행동기술에 해당한다.

다음 내용이 옳은지 그른지 판단해보자

01 사회복지사는 집단과정을 촉진하기 위해 먼저 자기노출을 하기도 한다. ◎⊗

16-04-10

02 집단과정을 촉진하기 위해 사회복지사는 성원 간의 원만한 관계 유지를 위해 추상적이고 우회적인 ◎⊗
피드백을 제공해야 한다.

18-04-25

03 집단과정을 촉진하기 위해서는 공동지도자를 두어야 한다. ◎⊗

17-04-06

04 집단 사회복지실천에서 사회복지사는 특정 성원에게만 선별적으로 반응해서는 안 된다. ◎⊗

09-04-05

05 집단지도자가 지도력을 발휘할 때에는 개별 성원들에게 공평하게 관심을 표현해야 한다. ◎⊗

06 집단 지도자가 다수일 경우 지도자 간 슈퍼비전이 가능하다. ◎⊗

07 집단 지도자가 다수일 경우 각 지도자를 따르는 하위집단이 형성될 수도 있다. ◎⊗

(답)  **01** ○ **02** × **03** × **04** × **05** ○ **06** ○ **07** ○

(해설) **02** 피드백은 구체적이고 직접적으로 제공하는 것이 더 좋다.
03 둘 사이에 뚜렷한 상관관계는 없다. 즉 꼭 공동지도자를 두어야 집단과정이 촉진되는 것은 아니다.
04 사회복지사는 의도적으로 특정 성원에게만 선별적으로 반응하기도 한다. 이러한 사회복지사의 행동은 집단 성원들에게 영향을 미치
게 된다. 즉 한 집단 성원의 노력을 지지하는 반응은 다른 성원들의 노력을 촉진시킬 수 있다. 반대로 한 성원이 집단 과정의 집중력
을 흐리는 행동을 한다면 그에 반응하지 않음으로써 다른 성원들이 그와 같은 행동을 하지 않게 할 수 있다.

11장

집단발달단계

이 장에서는

준비단계 → 초기단계 → 사정단계 → 중간단계 → 종결단계로 이어지는 집단발달단계에서 사회복지사의 과업을 정리해두어야 한다.

※ 알림: 기출회독은 키워드별 출제빈도에 따라 구성하여, 이 책에서는 준비, 사정, 초기, 중간, 종결의 순서로 학습한다.

10년간 출제분포도

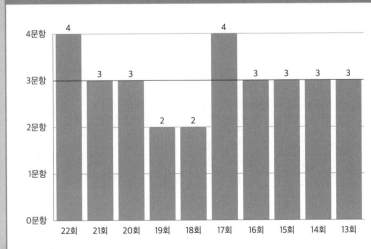

3.0
문항

평균 출제문항수

121 집단 준비단계(계획단계)

강의 QR코드

최근 10년간 **10문항** 출제

1회독		2회독		3회독	
월	일	월	일	월	일

복습 1 이론요약

준비단계의 과업

• 집단이 형성되기 이전에 사회복지사가 <u>집단에 대한 계획과 구성에 대해 준비</u>
• 집단목적의 설정
• 잠재적 성원 확인 및 정보수집
• 집단의 회합빈도 및 지속시간 정하기
• **성원모집 및 집단구성**
• <u>집단의 환경적 요소 마련하기</u>

기본개념

사회복지실천기술론
pp.258~

집단구성 시 고려할 사항

• <u>동질성과 이질성</u>
  – 동질성이 높은 경우 의사소통이 원활하고, 문제 및 과업을 규명하기에 용이함
  – 이질성이 높은 경우 서로 다른 관점의 차이를 통해 열린 사고를 배울 수 있음
• **개방집단과 폐쇄집단**
  – 개방집단은 새로운 성원이 유입되면서 새로운 아이디어와 분위기가 쇄신되는 효과를 얻을 수도 있지만 집단응집력이나 집단문화 등이 변동될 수 있음
  – 폐쇄집단은 새로운 성원의 유입이 없기 때문에 성원들 간 자기개방 및 응집력을 높일 수 있지만 중간에 이탈자가 발생하면 집단활동을 이어가기 어려울 수도 있음
• **집단의 크기**
  – 집단의 내용 및 성격, 구성원 간 상호작용, 구성원의 만족도 등을 고려하여 구성
  – 집단이 너무 크면 결속력이 떨어질 수 있고, 집단이 너무 작으면 상호작용이 작아 기대하는 효과를 거두지 못할 수 있음
• 인구사회학적 특성과 다양성: 연령, 성별, 사회·문화적 요소 등 다양성을 고려해야 함

01 (22-04-19) 폐쇄형 집단은 개방형 집단에 비해 집단 규범이 안정적이다.

02 (21-04-19) 집단을 준비 또는 계획하는 단계에서는 집단성원의 참여 자격, 공동지도자 참여 여부, 집단성원 모집방식과 절차, 집단의 회기별 주제 등을 고려해야 한다.

03 (19-04-22) 개방집단은 새로운 정보와 자원의 유입을 허용한다.

04 (17-04-04) 아동집단은 성인집단에 비해 모임 시간은 더 짧게 빈도는 더 자주 설정한다.

05 (17-04-04) 개방형집단이 폐쇄형집단에 비해 위기상황에 처한 사람들에게 더 융통성 있는 참여기회를 제공한다.

06 (16-04-21) 집단이 개방적일 경우, 집단에 대한 유입과 이탈이 쉽게 발생하기 때문에 집단의 발달단계를 예측하는 것이 어렵다.

07 (15-04-15) 집단을 구성할 때에는 인구학적 특성, 문제 유형 간의 동질성과 이질성의 균형을 고려한다.

08 (15-04-15) 집단을 구성할 때에는 응집력과 신뢰감을 발달시킬 만큼 충분한 회기로 계획한다.

09 (15-04-15) 회합의 빈도구성은 구성원들의 욕구나 문제를 다루기에 적절해야 한다.

10 (15-04-15) 집단크기는 목적을 달성할 만큼 작고 경험의 다양성을 제공할 만큼 크게 구성하는 것이 좋다.

11 (14-04-16) 집단의 응집력을 높이기 위해 참여 동기가 유사한 성원을 모집한다.

12 (14-04-16) 다양한 집단성원의 참여를 유도하기 위해 개방형 집단으로 구성한다.

13 (14-04-16) 집단성원의 동질성을 높이기 위해 사전에 욕구수준을 파악한다.

14 (14-04-16) 집단의 목표에 따라 집단의 크기를 융통성있게 정한다.

15 (14-04-16) 집단의 정서적 안정감을 높이기 위해 쾌적한 장소를 선정한다.

16 (13-04-05) 집단프로그램 활동을 선택할 때 사회복지사는 집단규범과의 적합성, 집단성원의 동의, 수행의 안전성, 시기의 적절성 등을 고려해야 한다.

17 (10-04-03) 집단을 구성할 때에는 목표달성을 위해 집단모임의 기간을 정하고, 상호작용을 촉진하기 위해 집단의 크기를 고려해야 한다.

18 (10-04-03) 구성원들의 공감대 형성을 위해서는 동질적인 성원들로 구성하는 것이 유리하다.

19 (10-04-03) 집단연속성을 높이기 위해서는 폐쇄집단으로 운영하는 것이 좋다.

20 (09-04-06) 집단사회복지실천의 계획단계에서는 집단구성원의 동질성과 이질성, 집단의 개방수준, 집단의 크기 등을 고려해야 한다.

21 (07-04-13) 집단을 계획하는 단계에서는 기관의 승인, 집단의 목적, 집단의 물리적 환경, 집단모임의 시간과 횟수 등을 고려해야 한다.

22 (05-04-17) 집단의 응집력, 결속력, 협동력을 높이기 위해서는 동질성을 우선적으로 고려한다.

23 (05-04-17) 집단 활동에서 반론이나 이의제기가 요구될 때에는 이질성을 고려한다.

24 (03-04-05) 치료과정이 단계별로 진행되는 알코올 중독자 치료모임은 보통 폐쇄형으로 운영된다.

25 (03-04-05) 정신과 병동에서 이루어지는 사회기술훈련 집단은 입퇴원에 따라 구성원이 교체되기 때문에 개방형으로 운영된다.

대표기출 확인하기

22-04-19 난이도 ★★☆

집단에 관한 설명으로 옳은 것은?

① 개방형 집단은 폐쇄형 집단에 비해 집단 성원의 중도 가입이 어렵다.
② 개방형 집단은 폐쇄형 집단에 비해 응집력이 강하다.
③ 개방형 집단은 폐쇄형 집단에 비해 집단 성원의 역할이 안정적이다.
④ 폐쇄형 집단은 개방형 집단에 비해 집단 발달단계를 예측하기 어렵다.
⑤ 폐쇄형 집단은 개방형 집단에 비해 집단 규범이 안정적이다.

▶ 알짜확인

• 준비단계(계획단계)에서 이루어져야 할 과업들에 대해 살펴보자.
• 집단을 구성할 때에 고려해야 할 사항 중 동질성과 이질성, 개방집단과 폐쇄집단, 집단의 크기 등이 어떻게 집단 활동에 영향을 미칠지를 생각해보자.

답 ⑤

✔ 응시생들의 선택

① 2%	② 6%	③ 8%	④ 2%	⑤ 82%

• 개방형 집단은 집단 과정 중간에 새로운 성원이 합류할 수 있다. 이로 인해 새로운 성원의 가입으로 기존 성원들의 역할도 바뀔 수 있으며, 폐쇄형 집단보다 응집력이 약하다.
• 폐쇄형 집단은 집단 과정 중에 새로운 성원을 받지 않기 때문에 집단 발달단계를 예측하여 그 과정에 따라 집단활동을 진행해야 할 경우에 적합하다.

관련기출 더 보기

21-04-19 난이도 ★★☆

집단을 준비 또는 계획하는 단계에서 고려할 사항으로 옳은 것을 모두 고른 것은?

> ㄱ. 집단성원의 참여 자격
> ㄴ. 공동지도자 참여 여부
> ㄷ. 집단성원 모집방식과 절차
> ㄹ. 집단의 회기별 주제

① ㄱ
② ㄱ, ㄷ
③ ㄴ, ㄹ
④ ㄱ, ㄷ, ㄹ
⑤ ㄱ, ㄴ, ㄷ, ㄹ

답 ⑤

✔ 응시생들의 선택

① 0%	② 17%	③ 4%	④ 15%	⑤ 64%

집단을 준비하는 단계에서는 집단의 목적 및 성격을 바탕으로 어떤 특성을 가진 사람들로 집단을 구성할 것인지, 어떤 방식으로 운영할 것인지 등을 결정해야 한다. 또한 집단의 과정, 지속기간, 주제, 활동사항 등을 계획하여 구성원 모집에 공고해야 한다.

집단사회복지실천에서 집단구성과 구조에 관한 설명으로 옳지 않은 것은?

① 일반적으로 사회적 목표모델보다 치료모델의 집단 규모가 더 작다.

② 아동집단은 성인집단에 비해 모임 시간은 더 짧게 빈도는 더 자주 설정한다.

③ 집단구성원의 동질성이 강할수록 성원 간 방어와 저항도 더 많이 발생한다.

④ 물리적 공간을 결정할 때 좌석배치까지 고려한다.

⑤ 개방형집단이 폐쇄형집단에 비해 위기상황에 처한 사람들에게 더 융통성 있는 참여기회를 제공한다.

답 ③

☑ 응시생들의 선택

① 5%	② 2%	③ 82%	④ 4%	⑤ 7%

③ 집단을 구성함에 있어 성원들의 동질성이 강하면, 서로에 대한 관심도가 높고 의사소통이 원활하게 이루어질 수 있고 문제 및 과업을 규명하기에도 용이하다.

집단 구성단계에서 유의할 점으로 옳지 않은 것은?

① 인구학적 특성, 문제 유형 간의 동질성과 이질성의 균형을 고려한다.

② 의사결정의 역효과 예방을 위해 구성원들의 집단의사결정방법을 확인한다.

③ 응집력과 신뢰감을 발달시킬 만큼 충분한 회기로 계획한다.

④ 회합의 빈도구성은 구성원들의 욕구나 문제를 다루기에 적절해야 한다.

⑤ 집단크기는 목적을 달성할 만큼 작고 경험의 다양성을 제공할 만큼 크게 구성하는 것이 좋다.

답 ②

☑ 응시생들의 선택

① 2%	② 25%	③ 9%	④ 1%	⑤ 63%

② 의사결정 방법은 집단활동이 시작되는 과정에서 집단규칙을 설정할 때 결정한다.

초등학교 학교사회복지사가 학교폭력 피해아동의 외상(trauma) 치유를 위한 소집단을 구성할 때, 집단 구조에 관한 설명으로 옳은 것은?

① 한 학급 정원 20~30명을 하나의 단위로 운영한다.

② 아동의 기능수준을 고려하여 매 회기 3시간으로 운영한다.

③ 아동의 참여가 가능한 방과 후에 모임시간을 가진다.

④ 아동 행동의 의미 있는 변화를 위해 개방형 집단으로 한다.

⑤ 개별아동과의 눈 맞춤과 상호작용을 위해 사회복지사는 아동들을 일렬로 앉히고 마주 본다.

답 ③

☑ 응시생들의 선택

① 14%	② 2%	③ 62%	④ 4%	⑤ 18%

① 치료집단의 경우 5~7명 정도로 구성되는 것이 가장 적절하다.

② 아동들은 집중력이 낮아 약 30분 내외로 하는 것이 적절하다.

④ 폐쇄집단은 새로운 성원의 유입이 없어 회기에 더 집중할 수 있고, 집단성원의 일정 틀 내에서 집단활동을 하기 때문에 더욱 기능적이다.

⑤ 일렬로 배치하면 강압적이거나 위계적인 분위기가 조성될 수 있기 때문에 동그랗게 둘러앉는 것이 더 편안한 자리 배치가 될 수 있다.

집단을 구성하는 단계에서 고려할 내용으로 옳지 않은 것은?

① 목표달성을 위해 집단모임의 기간을 정한다.

② 상호작용을 촉진하기 위해 집단크기를 고려한다.

③ 참여자 만족도를 높이기 위해 모임회기를 늘린다.

④ 집단연속성을 높이기 위해 폐쇄집단으로 운영한다.

⑤ 공감대 형성을 위해 동질적인 성원들로 구성한다.

답 ③

☑ 응시생들의 선택

① 1%	② 1%	③ 55%	④ 35%	⑤ 8%

③ 모임회기가 늘어난다고 참여자 만족도가 높아지는 것은 아니다. 모임회기는 모임의 목적에 따라 조절되어야 한다. 모임이 장기화되면 오히려 참여자의 집중도와 만족도는 낮아질 수 있다.

다음 내용이 왜 틀렸는지를 확인해보자

01 동질성이 높은 성원들로 집단을 구성하는 경우 성원 간 **친밀도나 결속력이 낮게 나타날 수 있다.**

> 동질성이 높은 경우에 친밀도나 결속력이 더 강하게 나타난다.

`08-04-20`
02 이주노동자들을 위한 집단교육프로그램을 준비하는 단계에서 사회복지사는 **집단의 역동성을 파악**해야 한다.

> 집단역동성은 집단이 본격적으로 시작한 후 일어나는 현상이기 때문에 준비단계에서는 파악할 수 없다.

`14-04-16`
03 다양한 집단성원의 참여를 유도하기 위해 **폐쇄형 집단으로 구성**한다.

> 다양한 집단성원의 참여를 유도하기 위해서는 개방형 집단이 적절하다.

04 집단의 크기는 **되도록 작은 것이 좋다.**

> 집단의 크기는 효과적이고 만족스러운 상호작용이 일어날 수 있는 수준에서 적절히 설정해야 한다. 집단의 크기가 너무 작으면, 성원 간 상호작용이 충분히 일어나지 않으며 중간에 이탈자가 발생했을 때 활동을 이어가기 어려울 수 있다.

`05-04-17`
05 집단을 구성함에 있어 성원 간의 방어와 저항을 줄이기 위해서는 **이질성을 우선적으로** 고려하여야 한다.

> 성원 간의 방어와 저항을 줄이기 위해서는 이질성보다 동질성을 우선적으로 고려하여야 한다.

06 단계별로 성취해야 할 목표가 있는 집단의 경우 **개방집단으로 구성**하는 것이 더 효과적이다.

> 단계별로 성취해야 할 목표가 있는 집단을 개방집단으로 구성할 경우 새로운 성원이 적응하기 어렵기 때문에 폐쇄집단으로 구성하는 것이 적절하다.

07 집단의 크기가 작을 때에는 <u>탈퇴를 막고 폐쇄집단으로 운영해야</u> 한다.

> 집단활동에서 탈퇴를 강제로 막기는 어렵다. 한편, 집단이 소규모일 때에는 한두 명의 탈퇴로도 집단활동에 지장이 생길 수 있기 때문에 폐쇄집단으로 운영하는 것이 적절하지 않을 수 있다.

`19-04-22`

08 집단의 크기가 클수록 <u>참여의식이 증가하고 통제와 개입이 쉽다.</u>

> 성원의 수가 많을수록 참여의식은 감소할 수 있고, 통제와 개입도 어려울 수 있다.

`13-04-05`

09 사회복지사 집단활동을 계획함에 있어서는 <u>집단지도자가 추구하는 가치가 우선적으로 고려되어야</u> 한다.

> 집단형성에서 고려할 내용은 집단의 목적, 잠재적 성원의 모집과 사정, 집단의 구성, 집단의 지속기간과 회합 빈도, 물리적 환경, 기관의 승인에 관한 것이다.

빈칸에 들어갈 알맞은 말을 채워보자

`05-04-17`

01 집단을 구성함에 있어 성원 간의 방어와 저항을 줄이기 위해서는 동질성과 이질성 중 (   )을 우선적으로 고려하여야 한다.

`19-04-22`

02 (   )집단은 새로운 정보와 자원의 유입을 허용하지 않는다.

`19-04-22`

03 집단성원의 동질성은 집단소속감을 (   ) 시킨다.

04 집단의 크기, 회합빈도 등은 집단(   ) 형성에 영향을 미치기 때문에 집단을 구성함에 있어 중요하게 고려해야 한다.

 답 **01** 동질성 **02** 폐쇄 **03** 증가 **04** 응집력

다음 내용이 옳은지 그른지 판단해보자

16-04-21
01 집단이 개방적일 경우, 발달단계를 예측하는 것이 용이하다. ◎ⓧ

14-04-16
02 집단의 응집력을 높이기 위해 참여 동기가 유사한 성원을 모집한다. ◎ⓧ

03 집단의 활동시간은 참여자들의 성격, 연령 등에 따라 달라질 수 있다. ◎ⓧ

04 집단의 크기가 크면 목적을 달성하는 데에 유리하다. ◎ⓧ

07-04-13
05 사회복지사는 집단을 계획하는 단계에서 집단의 목적, 물리적 환경 등을 파악하며 집단 활동을 모 ◎ⓧ
니터링한다.

06 집단의 크기가 클 경우 집단활동에 있어 소극적이거나 위축감을 느끼는 참여자가 발생할 수 있다. ◎ⓧ

09-04-26
07 집단 프로그램은 언어적 의사소통 위주의 프로그램으로 구성될 수 있도록 해야 한다. ◎ⓧ

13-04-05
08 집단 활동을 계획할 때에는 프로그램 수행에 있어서의 안정성이나 시기적 적절성 등을 고려해야 한다. ◎ⓧ

답 **01**ⓧ **02**○ **03**○ **04**ⓧ **05**ⓧ **06**○ **07**ⓧ **08**○

해설 **01** 개방집단은 집단이 시작된 이후 이탈하는 성원도 생기고 새롭게 참여하는 성원도 생기기 때문에 개방집단의 발달단계를 예측하는
것은 어렵다. 계획에 따라 집단을 발달시키려고 하는 경우에는 폐쇄집단으로 운용하는 것이 더 적절할 수 있다.
04 집단의 크기가 크다고 해서 목적 달성에 유리한 것은 아니다. 오히려 구성원들마다 원하는 바가 달라 갈등이 발생할 우려도 있기 때
문이다.
05 집단 활동에 대한 모니터링은 집단 활동이 시작된 이후에 활동의 진행상황을 점검하기 위해 진행되므로 보통 중간단계에서 이루어
진다.
07 집단 프로그램은 언어적 프로그램으로 진행되기도 하지만, 미술치료, 놀이치료, 스포츠 등 다양한 비언어적 활동으로 진행되는
경우도 많다.

122 집단 사정단계

최근 10년간 **6문항** 출제

복습 1 이론요약

집단사정의 개념

- 집단이 갖는 목적과 성격 등에 따라 사정의 초점이나 내용이 달라지게 된다.
- 집단역동이 일어나면서 집단은 변화하기 때문에 집단발달에 따라 재사정이 필요하다.

기본개념

사회복지실천기술론
pp.266~

집단사정의 수준

▶ **개별성원에 대한 사정**

- 사회복지사는 집단에 참여한 개별성원들이 자신의 행동패턴을 인식하고 잘못된 행동을 변화시키도록 원조
- 개별성원의 기능적 행동과 역기능적 행동을 사정

▶ **집단에 대한 사정**

- 집단의 행동양식, 하위집단, 집단의 규범 등을 확인

▶ **집단환경에 대한 사정**

- 기관 및 시설의 환경에 대한 사정, 시설 간 환경에 대한 사정, 지역사회환경에 대한 사정 등

집단사정도구

▶ **의의차별척도(의미분화척도)**

- 두 개의 상반된 입장 중에서 하나를 선택하도록 요청하는 척도
- 5개 혹은 7개의 응답범주를 제시
- 동료성원에 대한 평가, 동료성원의 잠재력에 대한 인식, 성원의 활동력에 대한 인식 등을 사정
- 집단의 평균점수를 다른 집단과 비교하여 활용할 수 있음

▶ **소시오그램(사회도, 모레노와 제닝스)**

- 상징을 사용해서 집단 내 성원 간 상호작용을 도식화하는 방식
- 집단 내에서 **성원들 간의 수용과 거부 등의 질적인 관계**를 파악
- 성원 간에 느끼는 **친밀감 혹은 반감**의 유형 및 방향을 알 수 있음
- **하위집단 형성, 소외된 성원, 삼각관계 형성** 등을 알 수 있음
- 친밀한 성원은 가깝게, 소원한 성원은 멀게 그림으로써 **결속의 강도**가 나타남

▶ **소시오메트리**

- 한 성원이 다른 성원들에게 느끼는 **호감도 평가**
- 각 성원에게 **점수를 부여하거나 순위를 매기는 방식**으로 진행
- 소시오그램을 소시오메트리의 한 방법으로 보기도 함

▶ **상호작용차트**

- 집단성원들 사이의 상호작용 또는 집단성원과 사회복지사 사이에 일어나는 **상호작용의 빈도를 기록**
- 집단활동이 진행되는 동안 성원들 사이에 특정 행동이 나타날 때마다 표시

기출문장 CHECK

01 (22-04-18) 집단 사정에서는 집단 사회복지사의 관찰, 외부 전문가의 보고, 표준화된 사정도구, 집단성원의 자기관찰 등을 활용한다.

02 (18-04-03) 소시오그램은 성원 간의 관계를 표현한 것으로 하위집단의 유무를 알 수 있다.

03 (17-04-23) 전체집단 사정에서는 하위집단 형성, 집단 내 상호작용 방식 등을 살펴본다.

04 (16-04-16) 소시오그램을 활용하여 집단 성원 간 결탁, 수용, 거부 등을 파악한다.

05 (16-04-16) 상호작용차트를 활용하여 일정시간 동안 집단 성원 간 발생한 특정 행동의 빈도를 측정한다.

06 (16-04-16) 집단 사정에서는 집단에서 허용되지 않은 감정표현이나 이야기 주제, 그리고 집단활동에 대한 성원의 태도 등을 통해 집단의 규범을 확인한다.

07 (12-04-17) 소시오메트리: 집단성원 간 관심 정도를 측정하기 위한 방법으로 각 성원에 대한 호감도를 1점(가장 싫어함)에서 5점(가장 좋아함)으로 평가한다.

08 (09-04-29) 소시오그램은 집단구성원의 선호도와 무관심, 배척 등의 상호관계를 선으로 표시하여 나타낸다.

09 (08-04-29) 소시오그램을 통해 하위집단의 형성 여부, 소외된 성원, 삼각관계 형성 여부, 성원 간 친화력 방향 등을 알 수 있다.

10 (08-04-28) 의미분화척도를 통해 집단 내 성원들의 의사소통이나 상호작용의 의미를 측정한다.

11 (06-04-18) 소시오그램에서 소원한 관계는 (- - - - - - - ▶)으로 표시한다.

12 (03-04-24) 사정단계에서는 성원간 의사소통 유형을 관찰하여 집단 기능을 평가한다.

대표기출 확인하기

20-04-05
난이도 ★★★

집단 사정을 위한 소시오그램에 관한 설명으로 옳은 것은?

① 구성원 간 호감도 질문은 하위집단을 형성하므로 피한다.
② 구성원 모두가 관심을 갖는 주제를 발견하는 데 목적이 있다.
③ 소시오메트리 질문을 활용하여 정보를 파악한다.
④ 구성원 간 상호작용을 문장으로 표현한다.
⑤ 특정 구성원에 대한 상반된 입장 중 하나를 선택하는 것이다.

▶ 알짜확인

• 사정단계에서는 집단을 사정하는 데에 활용되는 다양한 사정도구를 살펴보자.
• 사정단계에서의 과업과 관련하여 집단에 대한 사정만 진행되는 것이 아니라 개별 성원에 대한 사정도 진행된다는 점 같이 기억해두자.

답 ③

✔ 응시생들의 선택

① 2%	② 26%	③ 53%	④ 12%	⑤ 7%

① 구성원 간 호감도 질문을 통해 하위집단의 형성을 파악할 수 있다.
② 소시오그램의 목적은 집단 내 성원 간의 관계를 살펴보기 위한 것이다.
④ 구성원 간 상호작용을 그림으로 표현한다.
⑤ 특정 구성원에 대한 상반된 입장 중 하나를 선택하는 방식의 사정도구는 의의차별척도이다.

관련기출 더 보기

22-04-18
난이도 ★★☆

집단 사회복지실천 사정에 활용되는 것을 모두 고른 것은?

ㄱ. 집단 사회복지사의 관찰
ㄴ. 외부 전문가의 보고
ㄷ. 표준화된 사정도구
ㄹ. 집단성원의 자기관찰

① ㄱ, ㄴ   ② ㄱ, ㄹ
③ ㄴ, ㄷ   ④ ㄱ, ㄷ, ㄹ
⑤ ㄱ, ㄴ, ㄷ, ㄹ

답 ⑤

✔ 응시생들의 선택

① 1%	② 7%	③ 3%	④ 28%	⑤ 61%

모두 사정을 위한 자료로 활용될 수 있다.

난이도 ★★☆

집단성원 간의 관계를 파악하는 사정도구에 관한 설명으로 옳은 것은?

① 소시오메트리: 성원 간의 상호작용 빈도를 기록한다.
② 상호작용차트: 집단성원에 대한 다양한 측면의 인식 정도를 평가한다.
③ 소시오그램: 성원 간의 관계를 표현한 것으로 하위집단의 유무를 알 수 있다.
④ 목적달성척도: 목적달성을 위한 집단성원들의 협력과 지지정도를 측정한다.
⑤ 의의차별척도: 가장 호감도가 높은 성원과 호감도가 낮은 성원을 파악할 수 있다.

답 ③

응시생들의 선택

| ① 6% | ② 3% | ③ 67% | ④ 13% | ⑤ 11% |

① 소시오메트리: 성원 간 정서적 관계를 파악하기 위한 도구이다.
② 상호작용차트: 집단성원들 사이의 상호작용 또는 집단성원과 사회복지사 사이에 일어나는 상호작용의 빈도를 기록한다.
④ 목적달성척도: 목표를 설정한 후 그 목표를 얼마나 달성했는지를 측정하는 평가도구이다.
⑤ 의의차별척도: 두 개의 상반된 입장 중에서 하나를 선택하도록 요청하는 척도이다. 보통 5개 혹은 7개의 응답범주를 제시한다.

난이도 ★★★

집단사정이 개별성원 – 전체집단 – 집단외부환경 차원에서 수행될 때 '전체집단' 사정에 해당하는 것을 모두 고른 것은?

> ㄱ. 집단을 인가하고 지원하는 기관의 목표
> ㄴ. 하위집단 형성
> ㄷ. 집단구성원의 변화와 성장
> ㄹ. 집단 내 상호작용 방식

① ㄱ
② ㄴ
③ ㄴ, ㄹ
④ ㄴ, ㄷ, ㄹ
⑤ ㄱ, ㄴ, ㄷ, ㄹ

답 ③

응시생들의 선택

| ① 4% | ② 2% | ③ 30% | ④ 42% | ⑤ 22% |

ㄱ. 집단외부환경에 대한 사정
ㄷ. 개별성원에 대한 사정

난이도 ★★★

다음 설명에 해당되는 집단사정도구는?

> • 집단성원이 동료성원에 대하여 평가하는 것이다.
> • 5개 혹은 7개의 응답 범주를 갖는다.
> • 두 개의 상반된 입장에서 하나를 선택하도록 요청한다.

① 상호작용차트
② PIE분류체계
③ 의의차별척도
④ 소시오그램
⑤ 생활주기표

답 ③

응시생들의 선택

| ① 31% | ② 14% | ③ 37% | ④ 17% | ⑤ 1% |

의의차별척도(의미분화척도)
• 두 개의 상반된 입장 중에서 하나를 선택하도록 요청하는 척도인데 5개 혹은 7개의 응답범주를 가지고 있다.
• 동료 성원에 대한 평가, 동료성원의 잠재력에 대한 인식, 성원의 활동력에 대한 인식 등 집단성원이 동료 집단성원을 사정하는 데 활용될 수 있다.

난이도 ★★★

집단사정도구인 소시오그램(sociogram)을 통해 알 수 있는 내용으로 옳은 것을 모두 고른 것은?

> ㄱ. 성원 간 호감도
> ㄴ. 하위집단의 존재
> ㄷ. 성원 간 갈등관계
> ㄹ. 성원 간 의사소통 방식

① ㄱ, ㄴ, ㄷ
② ㄱ, ㄷ
③ ㄴ, ㄹ
④ ㄹ
⑤ ㄱ, ㄴ, ㄷ, ㄹ

답 ①

응시생들의 선택

| ① 56% | ② 13% | ③ 3% | ④ 1% | ⑤ 27% |

소시오그램
집단사정도구로서 집단의 구성원이 서로 가지고 있는 감정이나 태도를 바탕으로 하여 구성원 상호 간의 선택, 거부, 무관심 따위의 관계를 나타낸다. 성원 간 의사소통 방식을 알 수는 없다.

다음 내용이 왜 틀렸는지를 확인해보자

14-04-15

01 초기사정 단계에서는 재구조화에 초점을 둔다.

> 집단을 재구조화하는 것은 개입이 진행되면서 점검을 통해 이루어진다.

---

02 소시오그램은 친밀한 성원에 초점을 두기 때문에 어떤 구성원이 소외되고 있는지를 알 수는 없다.

> 소시오그램에서는 친밀도, 하위집단 형성, 삼각관계 형성 여부 외에 어떤 성원이 소외되고 있는지, 성원 간의 감정이 쌍방적인지 일방적인지 등이 나타난다.

08-04-28

03 집단을 사정할 때에는 집단지도자의 주관적인 관찰은 배제해야 한다.

> 정보수집이나 사정에서 집단지도자, 사회복지사의 주관적인 관찰 내용도 중요한 자료이다.

08-04-29

04 소시오그램을 통해 집단과 집단 외부와의 경계가 갖는 유연성 정도를 알 수 있다.

> 소시오그램은 집단 내 성원 간 상호작용을 표현하는 그림으로 집단 외부는 표현하지 않는다.

09-04-29

05 집단 구성원의 선호도와 무관심, 배척 등의 상호관계를 선으로 표시하는 것은 의의차별척도이다.

> 소시오그램에 해당한다.
> 의의차별척도는 두 개의 상반된 입장을 제시하고 5개 혹은 7개 응답범주 중에서 선택하도록 하는 방식이다.

---

06 사정단계에서는 개인에 대한 사정을 지양하고 전체 집단에 대한 사정에 집중해야 한다.

> 개인에 대한 사정도 진행해야 한다.

빈칸에 들어갈 알맞은 말을 채워보자

12-04-17

01 ( ): 집단성원 간 관심 정도를 측정하기 위한 방법으로 각 성원에 대한 호감도를 1점(가장 싫어함)에서 5점(가장 좋아함)으로 평가한다.

11-04-24

02 ( ): 5개 혹은 7개의 응답 범주를 갖는다. 두 개의 상반된 입장에서 하나를 선택하도록 요청한다.

09-04-29

03 ( ): 집단구성원의 선호도와 무관심, 배척 등의 상호관계를 선으로 표시하여 나타냄으로써 하위집단의 형성을 알 수 있다.

답 **01** 소시오메트리 **02** 의의차별척도 **03** 소시오그램

다음 내용이 옳은지 그른지 판단해보자

01 집단 사정에서는 객관성과 타당성을 위해 검증된 사정도구나 척도만을 이용해야 한다.

08-04-28

02 성원들의 상호작용 빈도를 사정할 때는 의미분화척도가 유용하다.

08-04-29

03 소시오그램을 통해 성원 간 친화력 방향, 삼각관계 형성 등을 알 수 있다.

04 사정은 특정 단계에 일회적으로 진행되는 것은 아니며, 특히 집단 중간과정에서 진행되는 사정에 따라 개입계획을 수정할 수 있다.

05 집단 전체에 대한 사정을 위해 시설의 환경에 대한 사정을 진행한다.

06 집단을 사정할 때에는 현재 나타나고 있는 집단의 규범이 기능적인지 역기능적인지를 살펴봐야 한다.

답  **01** × **02** × **03** ○ **04** ○ **05** × **06** ○

해설 **01** 개별성원의 자기관찰 내용이나 사회복지사가 관찰한 내용도 사정에 포함된다.
02 성원들의 상호작용 빈도를 사정하는 도구는 상호작용차트이다. 의미분화척도는 5점 혹은 7점 척도로 된 사정도구로 이 척도를 통해 성원은 자신에 대한 평가, 능력에 대한 지각, 대상이나 개념, 활동에 대한 지각 등을 사정한다.
05 시설의 환경에 대한 사정은 '집단 전체'에 대한 사정이 아닌 '집단 환경'에 대한 사정에 해당한다.

123 집단 초기단계

강의 QR코드

최근 10년간 **4문항** 출제

1회독	2회독	3회독
월 일	월 일	월 일

복습 1 이론요약

초기단계의 과업

- 사회복지사 소개 및 성원소개
- 비밀보장의 한계 정하기
- 개별 목표설정
- 집단참여에 대한 동기부여
- 집단목적의 명확화
- 성원들의 집단소속감을 위해 원조
- 계약하기
- 장애물 예측

기본개념

사회복지실천기술론
pp.262~

기출문장 CHECK

01 (21-04-22) 집단발달의 초기단계에서는 집단성원이 신뢰감을 갖고 참여할 수 있는 분위기를 조성한다.

02 (20-04-03) 집단 초기단계에서 사회복지사의 과업: 자기소개 및 신뢰감 형성, 집단과 구성원의 목표 설정, 구성원 간 응집력 형성 등

03 (19-04-16) 집단 초기단계에서는 오리엔테이션이 필요하며, 집단성원의 불안감과 저항이 높을 수 있다.

04 (16-04-12) 집단 초기단계에서 사회복지사는 집단 성원의 불안감, 저항감을 감소시키기 위해 노력해야 한다.

05 (16-04-12) 집단 성원 간 공통점을 찾아 연결키시며, 집단의 목적이 공유될 수 있도록 해야 한다.

06 (10-04-28) 집단 초기단계에서 사회복지사는 집단성원의 의무와 책임을 명확히 하고, 집단활동에 대한 참여동기를 확인하며, 집단목표에 대해 성원들의 의견을 수렴한다.

07 (07-04-10) 초기단계에서 사회복지사는 성원들의 불안감을 감소시키고, 비밀보장에 대해 설명하는 시간을 갖는다.

08 (07-04-10) 초기단계에서 사회복지사는 집단의 목적을 공유하며, 성원들이 갖는 기대에 대해 파악한다.

09 (05-04-12) 초기단계에서는 집단의 규칙을 설정하고 성원 간 자기소개 시간을 갖는다.

10 (03-04-14) 초기단계에서는 집단규범 및 집단문화 등을 다루며, 목표에 도달하지 못할 수도 있다는 점을 설명한다.

대표기출 확인하기

집단발달의 초기단계에 적합한 실천기술에 해당하는 것을 모두 고른 것은?

> ㄱ. 집단성원이 신뢰감을 갖고 참여할 수 있는 분위기를 조성한다.
> ㄴ. 집단성원이 수행한 과제에 대해 솔직하고 구체적인 피드백을 준다.
> ㄷ. 집단역동을 촉진하기 위해 사회복지사가 의도적인 자기노출을 한다.
> ㄹ. 집단성원의 행동과 태도가 불일치하는 경우에 직면을 통해 지적한다.

① ㄱ
② ㄱ, ㄷ
③ ㄴ, ㄹ
④ ㄱ, ㄷ, ㄹ
⑤ ㄱ, ㄴ, ㄷ, ㄹ

▶ **알짜확인**

• 본격적인 집단활동에 앞서 오리엔테이션이 이루어지는 초기단계의 과업에 대해 정리해두자.

답 ①

✅ **응시생들의 선택**

① 28%	② 60%	③ 3%	④ 4%	⑤ 5%

ㄴ. 과제에 대한 피드백은 과제가 주어지고 수행된 이후에 진행되기 때문에 중간단계에 해당한다.
ㄷ. 집단 활동이 본격적으로 시작된 이후에 성원들의 참여가 소극적인 경우 사회복지사는 자기노출을 통해 성원들의 적극적 참여를 촉진할 수 있다.
ㄹ. 직면은 사회복지사와 클라이언트의 관계가 미처 형성되지 못했을 때 사용하면 클라이언트를 위축시킬 수 있기 때문에 초기 과정에서 사용하는 기술은 아니다.

관련기출 더 보기

집단 초기단계에서 사회복지사의 역할을 모두 고른 것은?

> ㄱ. 집단과 구성원의 목표를 설정한다.
> ㄴ. 지도자인 사회복지사를 소개하며 신뢰감을 형성한다.
> ㄷ. 구성원 간 유사성을 토대로 응집력을 형성한다.
> ㄹ. 구성원이 집단에 의존하는 정도를 감소시킨다.

① ㄱ, ㄴ
② ㄴ, ㄷ
③ ㄷ, ㄹ
④ ㄱ, ㄴ, ㄷ
⑤ ㄱ, ㄴ, ㄷ, ㄹ

답 ④

✅ **응시생들의 선택**

① 24%	② 11%	③ 2%	④ 61%	⑤ 2%

ㄹ. 종결단계에서의 과업이다. 집단에 대한 의존도가 높은 성원일수록 집단 프로그램이 종결된 이후 혼자서도 잘해나갈 수 있을까에 대한 불안감이 크게 나타날 수 있다. 종결단계에서는 성원들의 이러한 불안감을 다루어야 하며, 이후 자조모임 등으로 이어질 수 있도록 안내하는 것도 필요하다.

다음의 집단사회복지사의 활동이 주로 나타나는 단계는?

> • 집단 성원의 불안감, 저항감을 감소시키기 위해 노력
> • 집단 성원 간 공통점을 찾아 연결시킴
> • 집단의 목적을 집단 성원 모두가 공유하게 함

① 준비 단계
② 초기 단계
③ 중간 단계
④ 종결 단계
⑤ 사후관리 단계

답 ②

✅ **응시생들의 선택**

① 7%	② 78%	③ 14%	④ 1%	⑤ 0%

복습 3 정답훈련

다음 내용이 옳은지 그른지 판단해보자

01 집단활동에 있어 계약은 대체로 초기단계에 진행된다.

> 03-04-14

02 초기단계에서는 집단불안감을 해소해주는 한편 목표에 도달하지 못할 수도 있다는 점을 설명할 필
요가 있다.

> 10-04-28

03 집단의 초기단계에서는 집단의 구성요소를 고려하여 집단을 계획한다.

> 12-04-15

04 초기단계에서 집단사회복지사는 집단의 목적 및 성원의 역할을 명확히 하고, 집단의 규칙을 수립한다.

> 05-04-12

05 초기단계에서 집단사회복지사는 집단의 규칙을 설정하고 집단 의존성을 감소시키는 데에 초점을 둔다.

> 16-04-12

06 초기단계에서 집단사회복지사는 집단 성원 간 공통점을 찾아 연결시키도록 한다.

> 19-04-16

07 집단 초기단계에서 성원들은 사회복지사보다는 다른 성원과 대화하려고 시도하는 특징이 있다. ◎⊗

답 01○ 02○ 03× 04○ 05× 06○ 07×

해설 **03** 집단을 계획하는 것은 준비단계(계획단계)의 과업이다.
05 집단 의존성 감소는 종결단계의 과업이다.
07 집단 초기단계에서는 아직 성원 간 서로에 대한 정보가 없고 친밀감이 형성되지 않아 다른 성원과의 대화에 소극적인 경우가 더 많다.

124 집단 중간단계

1회독	2회독	3회독
월 일	월 일	월 일

★★★
최근 10년간 **5문항** 출제

이론요약

중간단계의 과업

- 집단 모임(회합) 준비
- 집단구조화
- 성원의 목적달성 원조
- 성원의 참여유도와 능력고취
- **저항하는 집단성원 다루기**
- **모니터링**: 집단진행과정 점검 및 평가

기본개념

사회복지실천기술론
pp.273~

기출문장 CHECK

01 (22-04-20) 집단 중간단계에서는 집단성원 간 상호작용 향상, 집단의 목표 달성, 집단의 응집력 향상, 집단성원의 적극적 활동 촉진 등을 고려한다.

02 (20-04-04) 집단활동 중 구성원의 저항은 구성원이 피하고 싶은 주제가 논의될 때, 사회복지사가 제안한 과업의 실행방법을 모를 때 발생할 수 있다.

03 (20-04-04) 집단활동 중 구성원의 저항은 다른 구성원의 의견을 통해 해결방안을 찾을 수 있다.

04 (20-04-04) 집단 성원의 저항이 효과적으로 해결되면 집단활동이 촉진될 수 있다.

05 (17-04-14) 집단회기를 마무리할 때에는 사회복지사의 관찰과 생각을 전달한다.

06 (17-04-14) 회기 중 제기된 이슈를 다 마무리하지 않고 회기를 마쳐도 된다.

07 (17-04-14) 집단회기에서 다룬 내용을 집단 밖에서 어떻게 적용할지에 대한 계획을 물으며 회기를 마친다.

08 (17-04-14) 집단회기를 마무리할 때에는 다음 회기에 다루기 원하는 주제나 문제를 질문한다.

09 (13-04-02) 중간단계에서는 집단성원 간의 공통점과 차이점을 파악한다.

10 (13-04-02) 중간단계에서는 집단의 상호작용, 갈등, 진행상황, 협조체계 등을 파악한다.

11 (08-04-22) 중간단계에서 사회복지사는 집단성원의 참여를 촉진해야 하며 집단참여 감소가 일어날 경우 그에 대해 탐색해야 한다.

대표기출 확인하기

집단사회복지실천의 중간 단계에 해당하는 내용으로 옳은 것을 모두 고른 것은?

> ㄱ. 성원의 내적 변화를 파악하기 위해 개별상담을 한다.
> ㄴ. 성원들의 참여를 촉진하기 위해 집단의 목적을 상기시킨다.
> ㄷ. 하위집단의 의사소통과 상호작용 빈도를 평가한다.
> ㄹ. 집단에 대한 의존성을 감소시키기 위해 모임주기를 조절한다.

① ㄱ, ㄷ   ② ㄴ, ㄹ
③ ㄱ, ㄴ, ㄷ   ④ ㄴ, ㄷ, ㄹ
⑤ ㄱ, ㄴ, ㄷ, ㄹ

▶ 알짜확인

- 중간단계는 실제 회기가 이루어지는 단계이다. 사회복지사의 과업을 정리해두되 집단에 개입할 때 고려해야 할 사항들을 생각해보자.

답 ③

✓ 응시생들의 선택

① 26%	② 10%	③ 43%	④ 6%	⑤ 15%

ㄹ. 집단에 대한 의존성을 감소시키기 위해 모임주기를 조절하는 것은 종결단계에 해당한다.

관련기출 더 보기

집단회기를 마무리하는 방식으로 옳은 것을 모두 고른 것은?

> ㄱ. 회기에 대한 사회복지사의 관찰과 생각을 전달한다.
> ㄴ. 회기 중 제기된 이슈를 다 마무리하지 않고 회기를 마쳐도 된다.
> ㄷ. 회기에서 다룬 내용을 집단 밖에서 어떻게 적용할지에 대한 계획을 묻는다.
> ㄹ. 다음 회기에 다루기 원하는 주제나 문제를 질문한다.

① ㄱ, ㄷ   ② ㄱ, ㄹ
③ ㄷ, ㄹ   ④ ㄱ, ㄷ, ㄹ
⑤ ㄱ, ㄴ, ㄷ, ㄹ

답 ⑤

✓ 응시생들의 선택

① 20%	② 3%	③ 6%	④ 59%	⑤ 12%

ㄱ. 그날 있었던 대화나 일들에 대해 간단히 정리하면서 사회복지사와 클라이언트의 생각과 기분을 나누는 시간을 갖는다.
ㄴ. 1회기에 정해진 시간이 있으므로 제기된 이슈를 다 마무리하기에 현실적 제약이 발생할 수 있다.
ㄷ. 실제 클라이언트가 자기 생활에서 어떤 방식으로 적용할 수 있는지를 확인함으로써 집단활동에 대한 이해 및 습득 정도를 파악할 수 있다. 또한 다음 회기에서 계획을 얼마나 실행했는지를 물음으로써 시작할 수 있다.
ㄹ. 회기별로 정해진 주제나 문제가 미리 있는 경우도 있지만 그렇지 않은 경우에는 미리 주제를 확인하고 준비해올 수 있도록 하는 것도 필요하다.

다음 내용이 왜 틀렸는지를 확인해보자

01 중간단계에서는 집단을 구성하고 구성원의 목적 성취를 원조한다.

> 집단을 구성하는 것은 준비단계에 해당한다.

02 중간단계에서는 집단에 참여하는 불안감을 해소해주는 한편, 목표에 도달하지 못할 수도 있다는 점을 미리 설명할 필요가 있다.

> 초기단계의 과업에 해당한다.

`04-04-16`
03 중간단계에서 사회복지사는 집단에 대한 개별 성원들의 의존성을 감소시키는 데에 초점을 둔다.

> 종결단계에서의 과업이다.

04 집단 성원들의 불안이나 긴장을 가중시킬 수 있으므로 중간단계에서는 되도록 평가를 진행하지 않는다.

> 중간단계에서는 모니터링을 통해 개별성원의 태도, 관계, 행동, 동기, 목표 등에 대한 점검 차원의 평가를 진행할 수 있다.

05 모니터링은 프로그램이 원래 의도했던 목표를 달성했는지를 평가하기 위한 것이다.

> 모니터링은 중간단계에서 프로그램이 원래 의도된 대로 진행되고 있는지, 미흡한 점이나 수정할 점은 없는지 등을 점검하기 위한 것이다.

`20-04-04`
06 집단활동 중 특정 성원이 저항을 보일 때에는 목표 달성을 위해 저항의 이유를 무시해야 한다.

> 집단 성원의 저항 정도와 이유를 확인해보고 집단 활동에의 참여를 이끄는 것이 필요하다.

125 집단 종결단계

강의 QR코드

최근 10년간 **5문항** 출제

이론요약

종결단계의 과제

- **변화의 유지 및 일반화**
- 개별성원의 독립적인 기능 촉진
- 의존성 감소
- **종결에 대한 감정다루기**
- 의뢰하기
- 평가하기

기본개념

사회복지실천기술론
pp.275~

계획되지 않은 종결

▶ **집단이 종결되기 전에 성원들이 참여를 중단하는 경우**
- 이사 등으로 인해 참여가 어려운 경우도 있지만 성원들 간 갈등이 있거나 만족도가 낮아서 중단하는 경우도 있음
- 문제의 원인을 탐색할 필요가 있음
- **참여자의 자기결정권을 존중해야 함**

▶ **집단지도자의 사정에 따른 종결**
- 새로운 집단지도자가 있을 경우는 미리 소개하거나 얼마 간 공동으로 진행하는 것도 고려할 수 있음
- 새로운 집단지도자가 없을 경우 집단이 종결됨을 미리 고지하고 종결을 준비해야 함

계획된 종결

▶ **성공적인 종결**
- 집단과 성원들이 대체적으로 목표 성취, 만족감과 자존감 높아짐
- **성공에도 불구하고 이별에 대한 상실감을 경험할 수 있으며** 이때에는 종결에 대한 감정적 반응을 다룸

▶ **성공적이지 않은 종결**
- 집단과 성원의 목표의 대부분 또는 모두를 이루지 못한 경우 결과에 대해 분노, 좌절, 실망, 절망, 죄책감, 책임전가, 비난 등이 발생할 수 있음
- **성공적이지 못하더라도 종결의 시간이 필요함.** 어떤 활동들이 있었는지, 어떤 점이 아쉬운지, 다른 대안적인 시도들은 없을지 등에 대해 이야기를 나눔

• 준비 단계(계획 단계): 집단이 형성되기 이전에 사회복지사가 집단에 대해 계획하고 구성하는 단계
• 초기 단계: 오리엔테이션을 통해 서로를 소개하고 집단의 목적을 설명하고 개별 성원의 목표를 설정하고 집단의 규칙을 정하며 불안감이나 저항감을 다루며 신뢰감을 조성하는 단계
• 사정 단계: 개별 성원 및 집단 전체에 대한 사정을 진행하는 단계
• 중간 단계: 실질적인 프로그램이 진행되는 단계
• 종결 단계: 종결 시기를 정하고 종결로 인해 나타날 수 있는 감정적 문제를 다루는 단계

기출문장 CHECK

01 (22-04-21) 집단 종결단계에서 사회복지사는 성원들이 집단과정에서 성취한 변화를 지속적으로 유지하도록 돕는다.

02 (22-04-21) 집단 종결단계에서 사회복지사는 집단에 대한 성원들의 의존성을 서서히 감소시켜 나간다.

03 (21-04-20) 집단의 성과를 평가하기 위해 사전사후 검사, 개별인터뷰, 단일사례설계, 초점집단면접 등을 활용할 수 있다.

04 (17-04-05) 집단 종결단계의 과업: 집단 의존성 감소, 의뢰의 필요성 검토, 변화노력의 일반화, 구성원 간 피드백 교환 등

05 (15-04-25) 집단의 종결단계에서 사회복지사는 종결에 대한 양가감정을 이해하고 이를 반영하여 다룬다.

06 (14-04-13) 종결단계에서는 미래에 대한 계획, 변화유지 능력의 확인, 변화 결과를 생활영역으로 일반화하기, 종결에 따른 감정 다루기 등의 과업을 진행한다.

07 (14-04-13) 종결단계에서는 집단경험을 평가한다.

08 (09-04-12) 집단프로그램 진행 중 사회복지사의 이직이 결정된 경우 사회복지사는 구성원의 정서적 반응과 혼란을 수용하고 다룬다.

09 (09-04-12) 집단프로그램 진행 중 사회복지사의 이직이 결정된 경우 사회복지사는 집단과정을 통해 획득한 변화나 기술, 기법 등이 유지되도록 지지하는 동시에 남아 있는 문제와 목표들을 재점검한다.

10 (09-04-12) 집단프로그램 진행 중 사회복지사의 이직이 결정된 경우 사회복지사는 새로운 지도자를 맞이할 수 있도록 한다.

11 (01-04-07) 집단사회복지실천 과정: 모집 → 오리엔테이션→ 탐색과 시험→ 문제해결 → 종결

대표기출 확인하기

22-04-21 〔난이도 ★★☆〕

집단 종결단계에서 사회복지사의 역할로 옳은 것을 모두 고른 것은?

ㄱ. 집단과정에서 성취한 변화를 지속적으로 유지하도록 돕는다.
ㄴ. 집단성원의 개별 목표를 설정한다.
ㄷ. 종결을 앞두고 나타나는 다양한 감정을 토론하도록 격려한다.
ㄹ. 집단에 대한 의존성을 서서히 감소시켜 나간다.

① ㄱ, ㄴ
② ㄷ, ㄹ
③ ㄱ, ㄴ, ㄹ
④ ㄱ, ㄷ, ㄹ
⑤ ㄴ, ㄷ, ㄹ

 알짜확인

• 종결단계에서는 집단에 대한 의존성을 감소시켜 나가면서 변화의 지속성이 유지될 수 있도록 돕는 것이 주요 과업이다.

답 ④

✓ 응시생들의 선택

① 2%	② 3%	③ 3%	④ 91%	⑤ 1%

ㄴ. 집단성원의 개별 목표를 설정하는 것은 초기단계의 과업이다.

관련기출 더 보기

21-04-20 〔난이도 ★★☆〕

집단의 성과를 평가하는 방법으로 옳지 않은 것은?

① 사전사후 검사
② 개별인터뷰
③ 단일사례설계
④ 델파이조사
⑤ 초점집단면접

답 ④

✓ 응시생들의 선택

① 3%	② 14%	③ 19%	④ 59%	⑤ 5%

④ 델파이조사: 전문가들에게 우편으로 의견이나 정보를 수집하여 분석한 결과를 다시 응답자들에게 보내 의견을 묻는 방식으로 진행된다. 문답의 과정을 만족스러운 결과를 얻을 때까지 반복한다. 어떤 문제의 변화 상황을 예측하거나 해결방법을 모색하는 과정에서 전문가의 의견을 구하기 위해 사용한다.

14-04-13 〔난이도 ★★★〕

집단 사회복지실천의 종결단계 과업이 아닌 것은?

① 미래에 대한 계획
② 변화유지 능력의 확인
③ 평가계획의 수립
④ 변화 결과를 생활영역으로 일반화하기
⑤ 종결에 따른 감정 다루기

답 ③

✓ 응시생들의 선택

① 17%	② 11%	③ 62%	④ 8%	⑤ 2%

③ 평가계획을 수립하는 것은 계획단계에서 이루어진다.

다음 내용이 옳은지 그른지 판단해보자

01 집단활동이 종결되기 전 중도 하차를 요구하는 참여자에 대해서는 자기결정의 원칙이 적용되지 않는다.

15-04-25
02 종결 시 계획된 목표달성 여부에 집중하며 의도하지 않았던 결과에 대해서도 확인하고 적절하게 다루어야 한다.

03 종결단계에서는 성원들이 집단에 대해 갖는 의존성을 감소시켜나갈 수 있도록 한다.

04 결과가 성공적이지 못한 경우에는 종결을 위한 별도의 시간을 갖지 않는 것이 바람직하다.

05 종결단계에서 목표달성 정도가 높은 경우 성원들의 감정적 문제가 발생하지 않는다.

01-04-07
06 집단사회복지실천 과정: 모집 → 오리엔테이션→ 탐색과 시험→ 문제해결 → 종결

15-04-25
07 종결단계에서 사회복지사는 집단의 목적에 따른 집단구성과 구성원의 목적 성취를 원조한다.

 답 **01** × **02** ○ **03** ○ **04** × **05** × **06** ○ **07** ×

해설 **01** 중도 하차를 요구하는 참여자에 대해서도 자기결정을 존중해줄 필요가 있다. 다만, 법원의 판결에 따라 의뢰된 경우 등에는 클라이언트의 자기결정에 따라 중도 하차를 할 수 없다.
04 결과가 성공적이지 않더라도 활동 내용 및 실패 이유, 감정적 문제들을 이야기하면서 종결을 위한 시간을 갖는 것이 필요하다.
05 목표달성 정도가 높다고 해서 감정적 문제가 발생하지 않는 것은 아니다. 집단이 종료됨에 따른 상실감이나 불안감 등은 목표달성 정도가 높더라도 나타날 수 있는 현상이다.
07 집단을 구성하는 것은 준비단계의 과업이고 구성원의 목적 성취를 원조하는 것은 중간단계의 과업이다.

12장

사회복지실천 기록

이 장에서는

이전에는 기록의 목적이 주로 다뤄졌다면 최근에는 기록 유형이 출제되면서 좀 더 출제빈도도 높아지고 다뤄지는 내용도 더 깊어졌다. 실제 어떻게 활용될 수 있는지를 생각하면서 각 기록유형의 특징을 잘 정리해두도록 하자.

10년간 출제분포도

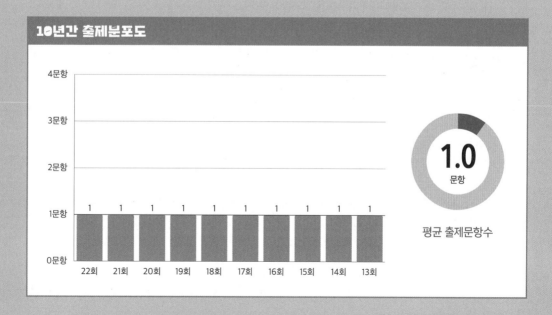

1.0
문항

평균 출제문항수

126 기록의 유형

강의 QR코드

★★★
최근 10년간 **4문항** 출제

이론요약

과정기록

- 클라이언트와 면담하면서 이야기한 내용, 클라이언트의 행동, 사회복지사가 관찰한 것과 판단한 것 등 **클라이언트와 사회복지사의 상호작용을 있는 그대로 세밀하게 기록**
- 사회복지실습이나 교육방법으로 유용
- 기록하는 데에 시간과 비용이 너무 많이 소요됨

기본개념

사회복지실천기술론
pp.286~

요약기록

- 사회복지기관에서 가장 많이 사용되는 기록형태
- **시간의 경과에 따라 변화된 상황, 개입활동, 중요한 정보 등을 요약하여 기록**
- 일시와 클라이언트에 대해 간단한 내용을 적은 후 서비스나 개입 내용, 클라이언트의 변화에 대해 짧게 요약함
- **지나치게 요약될 경우 단순화되어 초점이 분명하지 않을 수 있음**
- 기록자의 주관이나 성향에 따라 기록 내용이나 질이 달라짐

문제중심기록

- 문제를 중심으로 기록
- **각 문제를 해결하기 위한 개입계획을 기록**하여 문제해결 접근방법이 제시됨
- 동일한 기록지에 기록함으로써 **다양한 전문직 간의 의사소통 및 정보교환에 유용함**
- 의학 및 보건분야에서 학제 간 협력을 증진시키기 위해 개발됨
- 클라이언트의 자원이나 강점, 개인과 환경 간의 상호작용 등이 무시되는 경향
- 구성: 자료수집 및 DB구축 → 문제목록 작성 → 목표설정 및 계획수립 → 진행 및 결과 기록
- SOAP 기록
  - S(주관적 정보): 클라이언트가 스스로 보고한 내용으로서 클라이언트가 상황을 어떻게 인식하고 느끼는가를 나타낸다.
  - O(객관적 정보): 전문가의 직접 관찰, 임상적 실험, 체계적인 자료수집 등을 통해 얻어진 정보를 말한다.
  - A(사정): 전문가가 주관적 정보 및 객관적 정보를 검토하여 추론해낸 견해와 결론을 의미한다.
  - P(계획): 전문가가 특정한 문제를 제기하거나 해결하는 방법을 말한다.

녹화 및 녹음

- 대체로 보충적으로 사용됨
- 클라이언트의 사전 동의가 필수적임
- 클라이언트가 녹음이나 녹화를 지나치게 의식해서 긴장하거나 부자연스러울 수 있음

이야기체 기록

- 기록하는 문체 유형의 하나로 이야기하듯이 풀어서 서술하는 방식
- 직접인용 방식의 과정기록이 대화체 서술이라면, 간접인용 방식의 과정기록이나 요약기록은 이야기체 서술

기출문장 CHECK

01 (21-04-24) 과정기록: 면담전개 과정을 시간의 흐름에 따라 기술하는 방식. 교육과 훈련의 중요한 수단이며, 자문의 근거자료로 유용. 사회복지사 자신의 행동분석을 통해 사례에 대한 개입능력 향상에 도움.

02 (20-04-24) 요약기록: 날짜와 클라이언트의 기본사항을 기입하고 개입 내용과 변화를 간단히 기록함. 시간 흐름에 따라 변화된 상황, 개입 활동, 주요 정보 등의 요점을 기록함

03 (18-04-22) 문제중심기록은 클라이언트의 주관적 진술과 사회복지사의 관찰과 같은 객관적 자료를 구분하여 기록한다.

04 (18-04-22) 문제중심기록의 특징: 슈퍼바이저, 조사연구자, 외부자문가 등이 함께 검토하는데 용이하다. 문제유형의 파악이 용이하며 책무성이 명확해진다. 현상의 복잡성을 단순화시키고 부분화를 강조하는 단점이 있다.

05 (12-04-09) 과정기록은 사회복지 실습이나 교육수단으로 유용하다.

06 (11-04-15) 과정기록은 사회복지사와 클라이언트 사이의 활동을 개념화·조직화함으로써 사례에 대한 개입기술을 향상시키는 데 도움이 된다.

07 (11-04-15) 문제중심기록은 문제의 목록화와 진행을 중심으로 기록하는데, 서비스 전달의 복잡성을 간과하는 경향이 있다.

08 (08-04-19) SOAP기록: S-주관적 정보, O-객관적 정보, A-사정, P-계획

09 (07-04-30) SOAP 기록은 심리사회적 관심보다는 생의학적 관심에 초점을 맞춘다.

10 (04-04-03) 일정한 간격이나 특정 행동 및 사실 등에 관한 중요한 정보를 조직화해서 기록하는 것으로 장기간의 사례에 유용한 기록방법은 요약기록이다.

11 (04-04-08) 과정기록은 사회복지사와 클라이언트 사이에 있었던 일을 있는 그대로 기록한다.

12 (04-04-08) 과정기록은 의사소통의 내용 외에 비언어적 표현까지 포함한다.

13 (04-04-08) 과정기록은 사회복지사와 클라이언트와의 상호작용에 대한 이해를 높일 수 있다.

14 (04-04-08) 과정기록은 사회복지사가 동료직원이나 슈퍼바이저에게 클라이언트의 사례를 의논하려고 할 때 기초자료로 사용한다.

15 (03-04-25) 문제중심기록은 목표달성정도를 점검하고 사후관리를 진행하는 데에 적합하다.

16 (02-04-03) 과정기록은 사회복지실습, 교육 및 슈퍼비전 등에서 유용하다.

17 (02-04-25) 요약기록은 개입기간 동안 계속적인 진행에 대해 요약하여 기록하는 것이다.

대표기출 확인하기

21-04-24 　난이도 ★★★

다음에 해당되는 기록방법은?

- 교육과 훈련의 중요한 수단이며, 자문의 근거자료로 유용
- 면담전개 과정을 시간의 흐름에 따라 기술하는 방식
- 사회복지사 자신의 행동분석을 통해 사례에 대한 개입능력 향상에 도움

① 과정기록
② 문제중심기록
③ 이야기체기록
④ 정보시스템을 이용한 기록
⑤ 요약기록

 알짜확인

- 과정기록의 장단점, 요약기록의 특징, SOAP 기록 방식 등이 출제되고 있다. <사회복지실천론> 영역에서도 간헐적으로 출제되기도 한다.

답 ①

응시생들의 선택

① 88%	② 3%	③ 5%	④ 1%	⑤ 3%

과정기록

- 클라이언트와 나눈 이야기뿐만 아니라 클라이언트의 행동, 사회복지사의 상호작용 등을 있는 그대로 세밀하게 기록하는 방식이다.
- 모든 사항을 기록하기 때문에 기록에 걸리는 시간이 너무 많이 소요된다는 단점이 있지만, 모든 내용을 담고 있기 때문에 사례회의나 슈퍼비전 등에서는 유용한 자료가 될 수 있다.

관련기출 더 보기

20-04-24 　난이도 ★★★

다음 설명에 해당하는 기록방법은?

- 날짜와 클라이언트의 기본사항을 기입하고 개입 내용과 변화를 간단히 기록함
- 시간 흐름에 따라 변화된 상황, 개입 활동, 주요 정보 등의 요점을 기록함

① 과정기록
② 요약기록
③ 이야기체기록
④ 문제중심기록
⑤ 최소기본기록

답 ②

응시생들의 선택

① 10%	② 83%	③ 2%	④ 3%	⑤ 2%

덧붙임

과정기록은 과정을 모두 기록!
요약기록은 요점만 기록!
문제중심기록은 문제목록에 따라 기록(+SOAP)!

문제중심기록의 특성으로 옳지 않은 것은?

① 현상의 복잡성을 단순화시키고 부분화를 강조하는 단점이 있다.
② 문제유형의 파악이 용이하며 책무성이 명확해진다.
③ 클라이언트의 주관적 진술과 사회복지사의 관찰과 같은 객관적 자료를 구분한다.
④ 클라이언트의 문제 상황을 진단하고 개입계획을 제외한 문제의 목록을 작성한다.
⑤ 슈퍼바이저, 조사연구자, 외부자문가 등이 함께 검토하는 데 용이하다.

답 ④

✔ 응시생들의 선택

① 13%	② 6%	③ 31%	④ 40%	⑤ 10%

④ 문제중심기록은 자료를 수집하여 문제목록을 작성하고 문제목록에 있는 각 문제마다 개별적으로 계획과 목표를 설정한다.

다음을 문제중심기록의 S−O−A−P 순서대로 배치한 것은?

> ㄱ. 질문에만 겨우 답하고 눈물을 보이며 시선을 제대로 마주치지 못함
> ㄴ. "저는 이 문제를 해결할 수 없어요. 저를 도와줄 사람도 없고요."
> ㄷ. 우울증 검사와 욕구에 따른 인적, 물적 자원연결이 필요함
> ㄹ. 자기효능감이 저하된 상태로 지지체계가 빈약함

① ㄱ − ㄴ − ㄷ − ㄹ
② ㄱ − ㄹ − ㄴ − ㄷ
③ ㄴ − ㄱ − ㄷ − ㄹ
④ ㄴ − ㄱ − ㄹ − ㄷ
⑤ ㄴ − ㄹ − ㄱ − ㄷ

답 ④

✔ 응시생들의 선택

① 4%	② 8%	③ 8%	④ 73%	⑤ 7%

ㄴ. S: 주관적 정보
ㄱ. O: 객관적 정보
ㄹ. A: 사정
ㄷ. P: 계획

과정기록에 관한 설명으로 옳은 것은?

① 문제를 목록화한다.
② 시간 및 비용 측면에서 효율적이다.
③ 사회복지 실습이나 교육수단으로 유용하다.
④ 클라이언트와의 면담 내용을 요약체로 기록한다.
⑤ 면담에 대하여 클라이언트가 분석한 내용을 기록한다.

답 ③

✔ 응시생들의 선택

① 3%	② 2%	③ 84%	④ 9%	⑤ 2%

① 문제를 목록화하는 것은 문제중심기록에 해당한다. 문제중심기록은 문제목록을 작성하는 것으로 시작된다.
② 과정기록은 면담 내용을 있는 그대로 모두 기록하므로 시간 및 비용 측면에서 매우 비효율적이다.
④ 과정기록은 요약하지 않고 대화 내용을 모두 기록한다.
⑤ 과정기록에서는 면담 내용에 대해 사회복지사의 의견 및 슈퍼바이저가 분석한 내용이나 코멘트를 기록한다.

사회복지실천 기록에 관한 설명으로 옳지 않은 것은?

① 과정기록은 사회복지 실습이나 교육수단으로 유용하다.
② 과정기록은 시간과 비용이 너무 많이 소요되어 비효율적이다.
③ 이야기체기록은 사회복지사의 재량에 의존하기 때문에 추후에 원하는 정보를 찾기 어렵다.
④ 문제중심기록은 기록이 간결하고 통일성이 있어 팀 접근 시 활용이 용이하다.
⑤ 문제중심기록은 사회복지사와 클라이언트의 상호작용을 구체적으로 기록한다.

답 ⑤

✔ 응시생들의 선택

① 1%	② 5%	③ 13%	④ 3%	⑤ 78%

⑤ 사회복지사와 클라이언트의 상호작용을 구체적으로 기록하는 것은 과정기록이다.

다음 내용이 왜 틀렸는지를 확인해보자

`10-04-26`

01 문제중심기록은 <u>사회복지사와 클라이언트의 상호작용을 구체적으로 기록</u>한다.

> 사회복지사와 클라이언트의 상호작용을 있는 그대로 구체적으로 작성하는 것은 과정기록에 해당한다.
> 문제중심기록은 문제를 중심으로 개입의 초점을 명확히 보여주는 데에 초점을 두기 때문에 단순하게 기록된다.

---

02 SOAP기록에서 객관적 자료는 <u>사회복지사의 판단이 아닌</u> 검사 결과 등을 통한 자료를 의미한다.

> SOAP기록에서 객관적 자료는 검사 결과 외에 사회복지사가 관찰한 내용을 포함한다.

`12-04-09`

03 과정기록은 <u>시간 및 비용 측면에서 효율적</u>이다.

> 과정기록은 기록에 드는 시간과 비용이 비효율적이라는 단점이 있다.

`11-04-15`

04 이야기체 기록은 이후에 정보를 복구하거나 필요한 정보를 찾는 데에 <u>용이하다</u>.

> 이야기체 기록은 대화를 그대로 기록하는 것이 아니라 기록자가 이야기하듯 풀어서 쓰기 때문에 정보를 복구하거나 필요한 정보를 찾는 데에는 불리하다는 단점이 있다.

---

05 SOAP 기록: <u>S(객관적 정보) → O(주관적 정보)</u> → A(사정) → P(계획)

> S(주관적 정보) → O(객관적 정보) → A(사정) → P(계획)

---

06 과정기록은 클라이언트의 표정이나 몸짓 등 <u>비언어적 의사표현까지 다 기록하지는 않는다</u>.

> 과정기록은 사회복지사와 클라이언트 사이에 일어나는 모든 상호작용을 전부 기록한다. 따라서 클라이언트의 표정이나 몸짓 등 비언어적 의사표현도 모두 기록에 포함한다.

다음 내용이 옳은지 그른지 판단해보자

01 SOAP 기록 방식은 과정기록의 유형이다. ◎ ⊗

12-04-09
02 과정기록은 사회복지 실습이나 교육수단으로 유용하다. ◎ ⊗

03-04-25
03 문제중심기록은 목표달성의 정도를 점검하는 데에 용이하다. ◎ ⊗

04 문제중심기록은 클라이언트의 문제 목록을 작성하여 그 각각에 대한 목표와 계획을 설정하는 방식이다. ◎ ⊗

05 문제중심기록은 다양한 분야의 전문가들과 함께하기에 적절하지 않다. ◎ ⊗

06 SOAP 기록에서 A는 '사정'을 의미하며, 전문가가 주관적 정보와 객관적 정보를 분석하여 결론을 도출해내는 것을 말한다. ◎ ⊗

07 요약기록은 클라이언트의 언어적, 비언어적 표현이 사실적으로 전달된다는 장점이 있다. ◎ ⊗

08 요약기록은 사례가 장기간 지속될 경우에 유용하다. ◎ ⊗

09 요약기록은 이야기체 기록 방식을 사용할 수 있지만, 과정기록은 이야기체 기록 방식을 사용할 수 없다. ◎ ⊗

04-04-23
10 요약기록은 클라인언트의 특정 행동 및 사실 혹은 일정한 기간의 간격을 두고 중요한 정보를 중심으로 기록하는 방식이다. ◎ ⊗

답 **01**✕ **02**○ **03**○ **04**○ **05**✕ **06**○ **07**✕ **08**○ **09**✕ **10**○

해설 **01** SOAP 기록은 문제중심기록의 방법이다.
05 문제중심기록은 어떤 문제에 대해 무엇을 했는지가 기록되기 때문에 참여하는 전문가들의 역할이 하나의 기록지에 정리된다.
07 요약기록은 사회복지사가 중요하다고 판단한 것을 선택적으로 기록하게 되기 때문에 클라이언트의 표현이 사실적으로 전달되지는 않는다.
09 이야기체 기록 방식은 기록을 서술하는 방식으로, 과정기록에서도 사용할 수 있다.

127 기록의 특징,
목적 및 용도

강의 QR코드

1 회독	2 회독	3 회독
월 일	월 일	월 일

최근 10년간 **6문항** 출제 ★★★

복습
1 **이론요약**

기록의 목적 및 용도

- 클라이언트 및 가족에게 필요한 정보 제공(기록을 공개할 수 있음)
- 책임성 제고, 실천활동에 대한 입증자료, 과정 점검 및 평가
- 클라이언트에 대한 이해
- 슈퍼비전, 지도·감독 및 교육 활성화
- 예산배분을 위한 근거자료
- 효과적인 사례관리, 전문직 간 의사소통

기본개념

사회복지실천기술론
pp.282~

좋은 기록

- 클라이언트에 대한 정보 및 서비스에 관한 정보 등을 포함하여 작성
- 객관적 사실과 기록자의 견해를 구분하여 작성
- 긴 내용을 구조화하여 정리: 소제목 달기 등을 통해 필요한 내용을 쉽게 찾아볼 수 있도록 해야 함
- 내용과 절차 혹은 과정에 있어 전문가의 윤리를 준수
- 전문가의 관점에 기초를 두되, 클라이언트의 관점도 포함
- 구체적이고 명료한 문장과 쉬운 단어로 작성

기출문장 CHECK

01 (16-04-03) 기록의 목적으로 지도감독 및 교육의 활성화, 책임성의 확보, 정보제공, 클라이언트에 대한 이해 증진 등을 꼽을 수 있다.

02 (15-04-09) 좋은 기록은 서비스의 결정과 실행에 초점을 둔다.

03 (14-04-09) 기록은 슈퍼비전의 도구로 활용될 수 있으며, 학제 간 원활한 의사소통을 위해 필요하다.

04 (14-04-09) 기록을 통해 클라이언트와 목표 및 개입방법을 공유할 수 있다.

05 (13-04-20) 기록의 목적 및 용도: 수급자격 입증자료, 슈퍼비전의 활성화, 프로그램 예산 확보, 클라이언트 당사자와 정보 공유

06 (05-04-25) 좋은 기록은 표현이 간결하고 논리적인 것이다. 수동형 문장보다는 능동형 문장을 사용하여 이해하기 쉽게 서술한다.

대표기출 확인하기

19-04-18 난이도 ★★☆

기록의 목적과 용도에 관한 설명으로 옳은 것을 모두 고른 것은?

> ㄱ. 사회복지사의 전문적 활동을 입증하는 자료로 활용한다.
> ㄴ. 기관 내에서만 활용하고 다른 전문직과는 공유하지 않는다.
> ㄷ. 기관의 프로그램 수행 자료로 보고하며 기금을 조성하는 근거로 활용한다.
> ㄹ. 클라이언트와 정보를 공유하고 의사소통하는 도구로 활용한다.

① ㄷ
② ㄱ, ㄹ
③ ㄱ, ㄷ, ㄹ
④ ㄴ, ㄷ, ㄹ
⑤ ㄱ, ㄴ, ㄷ, ㄹ

▶ **알짜확인**

• 기록의 목적 및 용도, 포함되어야 할 내용 등을 정리해두자.
• 기록 내용은 클라이언트 혹은 가족들에게 공개할 수 있다는 점 기억해둘 필요가 있다.

답 ③

✔ **응시생들의 선택**

① 3%	② 15%	③ 72%	④ 4%	⑤ 6%

ㄴ. 기록 내용은 사례관리, 연계, 의뢰 등의 과정에서 다른 전문직과 공유하기도 한다.

관련기출 더 보기

22-04-24 난이도 ★☆☆

사회복지실천 과정의 개입단계 기록에 포함될 내용으로 옳지 않은 것은?

① 클라이언트와의 활동
② 개입과정의 진전 상황
③ 클라이언트의 문제에 관한 추가 정보
④ 클라이언트에게 제공한 자원들
⑤ 클라이언트에 관한 사후지도 결과

답 ⑤

✔ **응시생들의 선택**

① 0%	② 1%	③ 2%	④ 1%	⑤ 96%

⑤ 사후지도(사후관리)는 종결 이후에 클라이언트의 변화가 유지되고 있는지, 다른 문제가 발생하지는 않았는지 등을 확인하기 위해 진행되는 것으로 개입단계에서는 알 수 없다.

15-04-09 난이도 ★★☆

좋은 기록의 특징으로 옳은 것은?

① 서비스의 결정과 실행에 초점을 둔다.
② 상황묘사와 사회복지사의 견해를 구분하지 않는다.
③ 비밀보장을 위해 정보를 쉽게 분류할 수 없게 한다.
④ 모든 문제나 상황을 가능한 자세하고 풍부하게 기술한다.
⑤ 클라이언트의 관점은 배제하고 전문적 견해를 강조한다.

답 ①

✔ **응시생들의 선택**

① 22%	② 2%	③ 41%	④ 33%	⑤ 2%

② 객관적인 사실과 기록자의 사적인 견해가 구분되어 혼돈되지 않게 정리되어야 한다.
③ 클라이언트에 대한 기본적인 정보뿐만 아니라 각 단계의 목적, 목표, 계획, 진행 등에 대한 정보를 포함해야 하며 필요할 때 유용하게 찾아볼 수 있도록 정리해야 한다.
④ 내용이 너무 길고 복잡하면 핵심을 파악하기 어렵기 때문에 긴 내용을 구조화하여 효과적으로 작성하도록 한다.
⑤ 전문가의 관점에 기초들 두되, 클라이언트의 관점을 배제해서는 안 된다.

다음 내용이 옳은지 그른지 판단해보자

14-04-09
01 사회복지사가 기록한 내용은 클라이언트에게 공개되지 않도록 해야 한다.

02 기록은 전문적인 표현을 위주로 작성하여 기록자의 전문성이 드러나도록 해야 한다.

14-04-09
03 기록은 학제 간 원활한 의사소통을 위해 필요하다.

04 기록은 사회복지실천에 있어 효과성 및 책임성을 제고하는 수단이기도 하다.

05-04-25
05 간결하고 논리적이어 핵심을 잘 파악할 수 있도록 표현하는 것이 좋은 기록이다.

02-04-24
06 정확한 기록을 위해 면담시간을 최대한 활용해야 한다.

07 녹음이나 녹화 등을 진행한다고 해서 클라이언트의 동의를 반드시 구해야 하는 것은 아니다.

16-04-03
08 기록은 사회복지사가 개인적으로 보관하거나 활용해서는 안 된다.

답 01 ✕ 02 ✕ 03 ◯ 04 ◯ 05 ◯ 06 ✕ 07 ✕ 08 ◯

해설 **01** 사회복지사가 기록한 내용은 클라이언트에게 공개할 수 있다. 기록한 내용을 되짚어보면서 클라이언트가 자신을 되돌아 볼 수 있으며, 사회복지사가 기록한 내용의 오류가 없는지를 확인할 수도 있다.
02 기록은 사회복지 전문가들만 보는 것이 아니라 클라이언트와 그 가족들 혹은 다른 분야의 전문가에게 공개되기도 하므로 쉽게 이해할 수 있도록 작성하는 것이 좋은 기록이다.
06 면담시간에는 클라이언트와의 대화 내용에 집중해야 한다. 사회복지사가 기록에만 너무 몰두하면, 클라이언트 입장에서는 면담에 집중하기 어려울 수 있고 자신에게 관심이 없다고 생각하거나 사회복지사를 신뢰하지 않을 수도 있다.
07 녹음이나 녹화를 진행할 때에는 반드시 클라이언트의 동의를 받아야 하며, 클라이언트가 동의하지 않을 때 무리하게 진행해서도 안 된다.

13장

사회복지실천 평가

이 장에서는

이 장에서는 주로 단일사례설계에 대해 출제되고 있는데, 특히 사례제시형 문제가 지속적으로 출제되고 있으므로 이러한 경향에 맞춰 AB, ABA, ABAB, BAB, 다중기초선, 다중요소(ABC, ABAC) 등의 설계방식을 사례와 연결할 수 있도록 해야 한다.

10년간 출제분포도

128 단일사례설계

1회독	2회독	3회독
월 일	월 일	월 일

최근 10년간 **8문항** 출제

이론요약

단일사례설계의 유형

▶ **AB설계: 기본단일설계(기초선 → 개입단계)**
- 기초선(A) 설정 후 개입(B)이 뒤따르는 설계
- 개입으로 인해 표적행동이 변화된 것인지에 대한 신뢰도가 낮음

기본개념

사회복지실천기술론
pp.300~

▶ **ABA설계(기초선 → 개입단계 → 제2기초선)**
- AB설계에 개입 이후 또 하나의 기초선(A)을 추가한 설계
- AB설계에 일정 기간 개입하고 나서 개입 중단 후 표적행동을 관찰
- 개입의 효과를 평가하기 위한 목적으로 인해 개입을 중단함에 따라 윤리적 문제가 야기됨

▶ **ABAB설계(기초선 → 개입단계 → 제2기초선 → 개입국면)**
- ABAB설계는 외생변수를 좀 더 효과적으로 통제하기 위해 제2기초선(A)과 제2개입단계(B)를 추가
- 두 번째(A)에서는 개입을 철회
- 개입과 철회를 반복함으로써 같은 결과가 나오면 인과관계를 명확히 할 수 있음

▶ **BAB설계(개입단계 → 기초선 단계 → 개입단계)**
- 기초선 측정 없이 바로 개입할 때 사용하는 설계
- 클라이언트가 위기에 처해 있거나 기초선을 측정할 수 없는 상황에서 바로 개입
- 클라이언트 상황이 어느 정도 안정되면 개입을 중지하고 기초선 단계 자료를 수집
- 개입이 이루어지기 전에 기초선을 측정하지 못했기 때문에 개입의 효과성을 알기 어렵고 개입 이후에 기초선을 측정하더라도 이미 개입이 이루어졌기 때문에, 기초선에는 개입의 효과가 어느 정도 반영되어 있음

▶ **다중요소설계(기초선 단계 → 서로 다른 개입방법 사용)**
- ABCD, ABAC, ABACA 설계 등
- 하나의 기초선 자료에 대해 여러 개의 각기 다른 개입방법(B, C, D)을 연속적으로 도입

▶ **복수기초선(다중기초선, multiple baseline) 설계**
- 둘 이상의 클라이언트, 둘 이상의 문제에 대해 적용하는 설계로서 동시에 기초선을 측정하면서 각각 다른 시점에 개입
- 개입을 중단하는 대신에 동시에 개입을 시작하므로 윤리적·실천적 문제를 피할 수 있음

01 (22-04-25) ABA설계의 예: 김모씨는 대인관계에 어려움이 있어서 지역사회복지관에서 실시하는 사회기술훈련프로그램에 참여하였다. 개입 전 4주간(주2회) 조사를 실시하고 4주간(주2회) 개입의 변화를 기록한 후 개입을 멈추고 다시 4주간(주2회)의 변화를 기록하였다.

02 (21-04-25) 다중기초선설계의 예: 친구를 사귀는데 어려움을 갖고 있는 여름이와 겨울이는 사회복지기관을 찾아가 대인관계 향상 프로그램에 참여하게 되었다. 먼저 두 사람은 대인관계 수준을 측정하였으며, 여름이는 곧바로 대인관계 훈련을 시작하여 변화정도를 측정하고 있다. 3주간 시간차를 두고 겨울이의 대인관계 훈련을 시작하고 그 변화를 관찰하였다.

03 (20-04-25) ABC설계의 예: 독거노인의 우울감 해소를 위해 5주간의 전화상담(주1회)에 이어 5주간의 집단활동(주1회)을 진행했다. 참가자 5명을 대상으로 프로그램 시작 3주 전부터 매주 1회 우울증검사를 실시했고, 프로그램 시작 전, 5주 후, 10주 후에 삶의 만족도를 조사했다.

04 (18-04-07) ABAC설계(다중요소설계)의 예: 노인복지관 사회복지사가 어르신들의 우울감 개선 프로그램을 계획하였다. 프로그램 시작 전에 참여하는 어르신들의 심리검사를 행하였고, 2주간의 정서지원프로그램 실시 후 변화를 측정하였다. 1주일 후에는 같은 어르신들을 대상으로 2주간의 명상프로그램을 진행하여 우울감을 개선하고자 한다.

05 (17-04-17) 다중(복수)기초선 설계의 예: 대인관계 문제로 어려움을 겪던 재훈이와 수지는 사회성 측정 후 사회기술훈련에 의뢰되었다. 재훈이는 곧바로 사회기술훈련을 시작하여 사회성의 변화추이를 측정해 오고 있으며, 수지는 3주간 시간차를 두고 사회기술훈련을 시작하면서 변화추이를 관찰하였다.

06 (14-04-17) 단일사례설계는 개입 이후에 기초선 자료를 수집할 수 있다.

07 (14-04-17) 단일사례설계는 개입의 효과성을 알기 위해 반복측정을 해야 한다.

08 (14-04-17) 단일사례설계를 통해 다수의 클라이언트의 변화를 점검할 수 있다.

09 (13-04-06) 단일사례설계는 둘 이상의 클라이언트, 둘 이상의 상황이나 문제에 적용 가능하다.

10 (13-04-06) 단일사례설계는 어떤 개입이 대상문제의 변화를 설명하는지 알 수 있으며, 반복적 시행으로 개입의 효과성을 일반화할 수 있다.

11 (12-04-21) 단일사례설계에서는 개입과 개입철회를 반복할 수 있다.

12 (12-04-21) 단일사례설계에서는 사전자료가 없는 경우 개입 이후에 기초선 자료를 수집할 수 있다.

13 (12-04-21) 단일사례설계에서는 여러 개의 표적행동에 대해 기초선을 설정할 수 있다.

14 (12-04-21) 단일사례설계에서는 한 명 이상의 클라이언트를 대상으로 비교할 수 있다.

15 (10-04-20) BAB설계의 예: 도벽습관이 있는 아동에 대한 행동치료 평가를 위해 다음과 같이 단일사례설계를 실시하였다. 아동의 도벽행동에 대한 치료를 먼저 시행한 후, 문제행동 변화를 측정한다. 개입효과를 확인하기 위해 치료를 잠시 중단한다. 다시 치료를 시행하면서 아동의 행동 변화를 관찰한다.

16 (09-04-19) 단일사례설계는 개입과정의 변화 정보를 제공한다.

17 (09-04-19) 단일사례설계는 주로 하나의 클라이언트체계의 변화를 측정한다.

18 (09-04-19) 단일사례설계에서 기초선은 안정화될 때까지 반복적으로 측정해야 한다.

19 (09-04-19) 단일사례설계를 활용함에 있어 둘 이상의 문제에 대해 개입할 때 다중기초선설계를 활용한다.

20 (09-04-28) 단일사례설계의 결과를 분석할 때 유의성 검증은 클라이언트의 문제에 얼마나 의미 있는 변화가 일어났는지(=실질적 유의성)와 클라이언트의 변화가 우연히 일어난 것이 아닌 확률적 판단에서 나오는 절차인지(=통계적 유의성)를 살펴보아야 한다.

21 (08-04-30) 다중기초선 설계는 두 가지 이상의 문제, 두 개 이상의 세팅, 두 명 이상의 클라이언트에게 적용할 수 있는 단일사례연구방법으로서 동시에 기초선을 측정하면서 각각 다른 시점에서 개입을 시도한다.

대표기출 확인하기

난이도 ★★☆

다음에 해당하는 단일사례설계유형에 관한 설명으로 옳지 않은 것은?

김모씨는 대인관계에 어려움이 있어서 지역사회복지관에서 실시하는 사회기술훈련프로그램에 참여하였다. 개입 전 4주간(주2회) 조사를 실시하고 4주간(주2회) 개입의 변화를 기록한 후 개입을 멈추고 다시 4주간(주2회)의 변화를 기록하였다.

① 기초선을 두 번 설정한다.
② 통제집단을 활용한다.
③ 개입 효과성에 대한 파악이 가능하다.
④ 표본이 하나다.
⑤ 조사기간이 길어진다.

 알짜확인

• 조사론에서는 단일사례설계의 특징이 주로 출제되고 있고, 기술론에서는 단일사례설계의 유형을 사례에 적용하는 문제가 주로 출제되고 있다.
• 보통 AB나 BAB 설계 방식은 쉽게 답을 찾는데, 최근에는 다중요소설계나 다중기초선설계가 출제되면서 정답률을 놓친 응시생들이 많았으므로 다양한 유형을 기억해두면서 사례에서 기초선(A)과 개입(B)을 파악하는 훈련을 해두어야 한다.

답 ②

✔ **응시생들의 선택**

① 10%	② 73%	③ 3%	④ 9%	⑤ 5%

② 사례는 '개입 전 조사(A) → 4주간 개입(B) → 변화 기록(A)'으로 진행된 ABA설계에 해당한다. 그러나 단일사례설계는 참여자가 스스로 통제집단이 되기 때문에 별도의 통제집단이 없다는 점에서 사례의 설계 유형과 상관없이 이 문제의 답은 ②번이다.

관련기출 더 보기

난이도 ★★★

다음 사례에 해당되는 단일사례설계의 유형은?

독거노인의 우울감 해소를 위해 5주간의 전화상담(주1회)에 이어 5주간의 집단활동(주1회)을 진행했다. 참가자 5명을 대상으로 프로그램 시작 3주 전부터 매주 1회 우울증검사를 실시했고, 프로그램 시작 전, 5주 후, 10주 후에 삶의 만족도를 조사했다.

① AB설계   ② ABC설계
③ ABAB설계   ④ ABAC설계
⑤ 다중(복수)기초선설계

답 ②

✔ **응시생들의 선택**

① 3%	② 23%	③ 8%	④ 27%	⑤ 39%

② 사례는 'A(기초선): 우울증검사 → B(개입): 전화상담 → C(개입): 집단활동'으로 전개된 ABC설계에 해당한다. ABC설계는 하나의 기초선 자료에 각기 다른 개입방법을 진행하는 것이다.

➕ **덧붙임**

이 문제에서는 '삶의 만족도 조사' 때문에 헷갈린 응시생들이 많았던 것 같은데 삶의 만족도 조사가 프로그램 시작 전, 5주 후, 10주 후에 진행되기는 했지만 이에 대한 개입국면이 제시되지는 않았으며, 개입의 목적이 '우울감 해소를 위해'라고 제시되어 있기 때문에 우울감에 대한 기초선(A)인 '우울증검사'와 개입(B) '전화상담', 개입(C) '집단활동'으로 설계유형을 찾아야 한다.

18-04-07 난이도 ★★★

다음 사례에 해당하는 단일사례설계의 유형은?

노인복지관 사회복지사가 어르신들의 우울감 개선 프로그램을 계획하였다. 프로그램 시작 전에 참여하는 어르신들의 심리검사를 행하였고, 2주간의 정서지원프로그램 실시 후 변화를 측정하였다. 1주일 후에는 같은 어르신들을 대상으로 2주간의 명상프로그램을 진행하여 우울감을 개선하고자 한다.

① AB
② BAB
③ ABA
④ ABAB
⑤ ABAC

답 ⑤

✅ 응시생들의 선택

① 2%	② 5%	③ 15%	④ 28%	⑤ 50%

사례는 다음과 같이 다중요소설계 방식으로 진행되었다.
프로그램 시작 전 심리검사 시행(기초선 A) → 2주간의 정서지원프로그램 실시(개입 B) → 개입이 진행되지 않은 1주일(기초선 A) → 2주간의 명상프로그램(개입 C)

➕ 덧붙임

꽤 많은 응시생들이 ④ ABAB설계를 선택했는데, 이는 AB설계에 철회(A)와 동일한 개입B를 추가한 방식이다. 문제의 사례에서는 다른 개입방식을 진행했기 때문에 ABAC설계가 된다.

16-04-11 난이도 ★★☆

알코올 중독 노숙인의 자활을 위해 다차원적으로 개입한 후, 단일사례설계를 활용하여 사업의 성과를 평가하려고 한다. 이때 성과지표로 사용 가능한 자료가 아닌 것은?

① 밤사이 숙소 밖에 버려진 술병의 수
② 직업훈련 참여 시간
③ 직업훈련의 성격
④ 스스로 측정한 자활의지
⑤ 단주 모임에 나간 횟수

답 ③

✅ 응시생들의 선택

① 12%	② 1%	③ 73%	④ 13%	⑤ 1%

③ 직업훈련의 성격은 개입에 따른 결과물이 아니기 때문에 성과평가를 위한 자료가 되지 않는다.

13-04-06 난이도 ★★★

단일사례설계의 활용에 관한 설명으로 옳은 것을 모두 고른 것은?

ㄱ. 어떤 개입이 대상문제의 변화를 설명하는지 알 수 있다.
ㄴ. 둘 이상의 클라이언트, 둘 이상의 상황이나 문제에 적용 가능하다.
ㄷ. 행동빈도의 직·간접 관찰, 기존 척도, 클라이언트 자신의 주관적 사고나 감정 등의 측정 지수를 사용한다.
ㄹ. 반복적 시행으로 개입효과성의 일반화가 가능하다.

① ㄱ, ㄴ, ㄷ
② ㄱ, ㄷ
③ ㄴ, ㄹ
④ ㄹ
⑤ ㄱ, ㄴ, ㄷ, ㄹ

답 ⑤

✅ 응시생들의 선택

① 34%	② 31%	③ 3%	④ 4%	⑤ 29%

11-04-25 난이도 ★★★

단일사례연구의 기초선 자료수집방법으로 적절하지 않은 것은?

① 형성평가척도
② 목표달성척도
③ 개별화된 척도
④ 표준화된 척도
⑤ 클라이언트의 주관적 감정 강도

답 ①

✅ 응시생들의 선택

① 16%	② 22%	③ 3%	④ 7%	⑤ 53%

① 기초선 자료수집은 개입이 시작되기 전 문제의 수준을 평가하는 것이다. 그런데 형성평가척도는 계획된 목표대로 서비스가 이루어지고 있는지, 목표는 달성되어 가고 있는지 등을 점검하는 척도이므로 기초선 자료수집방법으로 적절하지 않다.

3 정답훈련

다음 내용이 왜 틀렸는지를 확인해보자

01 ABA 설계 방식은 일단 개입이 진행되면 <u>중단하지 않는 것을 원칙</u>으로 한다.

> ABA, ABAB, ABAC 등의 설계에서 개입의 중단이 발생한다. 이렇듯 일정기간 개입을 진행하고 중단하는 설계를 철회설계라고 한다.

02 사전자료가 없는 경우에는 <u>단일사례설계를 적용할 수 없다</u>.

> BAB 설계의 경우 개입 이후에 기초선 자료를 수집할 수 있기 때문에 사전자료가 없어도 단일사례설계를 적용할 수 있다.

03 단일사례설계는 개인에게는 적용할 수 있지만 <u>가족에게는 적용할 수 없다</u>.

> 단일사례설계는 클라이언트가 한 명이 아니어도 적용할 수 있기 때문에 가족뿐만 아니라 소집단인 경우에도 적용할 수 있다.

`14-04-17`

04 단일사례설계는 <u>개입과정에서 개입의 강도나 방식을 바꿀 수 없다</u>.

> 개입과정에서 개입의 강도나 방식을 바꿀 수 있다.

05 단일사례설계는 <u>하나의 기초선 자료에 대해서는 하나의 개입방법만을 시도해야 한다는 한계</u>가 있다.

> 하나의 기초선 자료에 대해 서로 여러 개의 각기 다른 개입방법을 시도해볼 수 있다. 이를 다중요소설계라 하며, ABCD설계나 ABAC설계 등으로 이루어질 수 있다.

`08-04-30`

06 둘 이상의 클라이언트, 둘 이상의 문제에 대해 적용하는 단일사례연구방법으로서 동시에 기초선을 측정하면서 각각 다른 시점에서 개입을 시도하는 연구설계는 <u>ABAB설계</u>이다.

> 복수기초선(다중기초선) 설계에 대한 설명이다.
> ABAB설계는 하나의 기초선에 대해 기초선(A)과 개입(B)을 반복하는 설계방식이다.

빈칸에 들어갈 알맞은 말을 채워보자

01 (　　　　　　) 설계의 예: A군(12세)에게 상담 전 일주일 동안 스마트폰 사용 시간을 기록해오도록 했다. A군은 일주일 동안 저녁 식사 이후에만 평균 8시간 정도를 스마트폰을 사용했으며, 이로 인해 밤을 새우고 등교하기도 한 것으로 나타났다. A군과의 상담을 통해 저녁 식사 이후에는 최대 2시간까지만 스마트폰을 하고 자정 전에 잠자리에 들기로 과제를 주고 2주간 개입을 진행하였다. 이후 과제를 중단하고 일주일 동안 스마트폰 사용 시간을 기록해오도록 했다.

02 (　　　　　　) 설계의 예: 실직 이후 재취업에 연이어 실패하게 되어 우울감을 호소하는 클라이언트 A씨에 대해 2주간의 우울감 정도를 확인한 후 4회의 심리상담을 진행하였다. 이후 다시 2주간 우울감 정도를 확인하고 4회의 심리상담을 추가적으로 실시하였다.

03 (　　　　　　) 설계의 예: 한 청소년 모임에서 심리검사를 실시한 결과 긴장감과 불안감이 다소 높은 A, B, C에 대해 별도의 심리상담 프로그램을 시작하기로 하였다. 4월 첫째 주부터 A를 시작으로 순서대로 주 2회씩 4회의 심리상담을 제공하기로 하였다.

04 (　　　　　　) 설계의 예: 31세 여성 A씨는 약 3년 전 심한 데이트 폭력을 당한 뒤 사람이 무서워지고 점차 밖에 나가기가 두려워졌다고 한다. 결국 다니던 직장을 그만두게 되었고 최근 3,4개월 동안은 그 정도가 더 심해져 아예 집밖에 외출한 적이 없다고 한다. 이에 사회복지사는 개입을 우선적으로 실시한 후 기초선을 측정하고 그 결과에 맞춰 다시 개입을 실시하기로 했다.

05 (　　　　　　) 설계의 예: 아이를 혼자 키우게 된 후로 아이가 학교에 가있는 동안 불안한 마음이 너무 커졌다고 호소하는 A씨에 대해 2주 동안 불안의 빈도 및 정도를 측정한 후 여섯 차례 심리상담을 진행하였다. 이후 유사한 고민을 호소하는 한부모 집단상담을 4주 동안 진행하면서 불안감을 낮추고자 하였다.

 01 ABA　**02** ABAB　**03** 복수(다중)기초선　**04** BAB　**05** ABC(혹은 다중요소)

다음 내용이 옳은지 그른지 판단해보자

01 단일사례설계는 통제집단을 어떻게 설정하느냐에 따라 결과가 달라질 수 있다. ◎ⓧ

12-04-21
02 단일사례설계에서는 개입과 개입철회를 반복할 수 있다. ◎ⓧ

03 단일사례설계의 일차적인 목적은 가설의 검증에 있다. ◎ⓧ

09-04-19
04 단일사례설계는 주로 하나의 클라이언트체계 변화를 측정하기 위한 방식으로 사용된다. ◎ⓧ

05 ABAB설계는 개입에 따른 결과에 대한 인과관계가 명확해진다는 장점이 있다. ◎ⓧ

06 단일사례설계의 유형 중 다중요소설계는 둘 이상의 기초선을 사용한다. ◎ⓧ

09-04-28
07 단일사례설계의 결과를 분석할 때 클라이언트의 문제에 얼마나 의미 있는 변화가 일어났는지를 살펴보는 것은 이론적 유의성을 검증하기 위한 것이다. ◎ⓧ

08 ABA 설계에서는 개입의 중단에 따른 윤리적 문제가 제기된다. ◎ⓧ

09 클라이언트가 둘 이상일 때에는 복수기초선 설계를 적용할 수 있다. ◎ⓧ

10 ABA설계는 개입을 먼저 진행한 후 기초선 자료를 수집하는 방식으로 진행된다. ◎ⓧ

답 01✕ 02○ 03✕ 04○ 05○ 06✕ 07✕ 08○ 09○ 10✕

해설 01 단일사례설계는 통제집단이 없기 때문에 통제집단의 영향을 받지 않는다.
03 단일사례연구의 일차적인 목적은 가설의 검증에 있는 것이 아니라 표적행동에 대한 개입의 효과성을 분석하는 데 있다.
06 둘 이상의 기초선을 사용하는 방법은 복수기초선설계이다. 다중요소설계는 하나의 기초선에 다른 방식의 개입을 진행하는 것이다.
07 클라이언트의 문제에 얼마나 의미 있는 변화가 일어났는지를 살펴보는 것은 실질적 유의성 분석이다. 이론적 유의성 분석은 클라이언트의 변화를 개입의 근거가 되는 이론과 비교하여 살펴보는 것을 말한다.
10 개입을 먼저 진행한 후 기초선 자료를 수집하게 되는 설계 방식은 BAB 설계이다.